임동석중국사상100

세설신어
世說新語

劉義慶 撰 / 林東錫 譯註

〈竹林七賢圖〉清, 華嵒(그림)

> 象犀珠玉珍怪之物有悅於人之耳目而不適於用金石草木絲麻五穀六材有適於用而用之則弊取之則竭悅於人之耳目而適於用用之而不弊取之而不竭賢不肖之所得各因其才仁智之所見各隨其分才分不同而求無不獲者惟書乎

> 丁亥菊秋錄東坡李氏山房藏書記 丘堂 呂元九

"상아, 물소 뿔, 진주, 옥. 진괴한 이런 물건들은 사람의 이목은 즐겁게 하지만 쓰임에는 적절하지 않다. 그런가 하면 금석이나 초목, 실, 삼베, 오곡, 육재는 쓰임에는 적절하나 이를 사용하면 닳아지고 취하면 고갈된다. 그렇다면 사람의 이목을 즐겁게 하면서 이를 사용하기에도 적절하며, 써도 닳지 아니하고 취하여도 고갈되지 않고, 똑똑한 자나 불초한 자라도 그를 통해 얻는 바가 각기 그 자신의 재능에 따라주고, 어진 사람이나 지혜로운 사람이나 그를 통해 보는 바가 각기 그 자신의 분수에 따라주되 무엇이든지 구하여 얻지 못할 것이 없는 것은 오직 책뿐이로다!"

《소동파전집》(34) 〈이씨산방장서기〉에서 구당(丘堂) 여원구(呂元九) 선생의 글씨

책머리에

　　벌써 30년이 훌쩍 넘었다. 1976년, 대만 유학을 가서 아직 학기가 시작되지 않아 우선 그곳 국립 중앙도서관을 드나들면서 무심코 목록을 검색하다가 「조선수초본 세설신어」(등록번호 1908)라는 것이 보여 흥분을 감춘 채 대출을 신청했더니 대출은 불가하고 대신 그 자리에서 볼 수는 있도록 해주겠다는 것이었다. 그리하여 조심스럽게 건네받은 책은 한지에 아주 곱게 정성을 들여 베낀 《세설신어》였다. 아직 빛도 바래지 않았고 먹물도 냄새가 배어날 정도로 단아하였다. 책 내용보다 우선 가슴을 뭉클하게 하는 것은 바로 "어쩌다가 이 조선 수초본이 흘러흘러 이곳 대만 도서관에 소장되게 되었을까?"하는 것이었다. 그리하여 이를 복사할 수 없겠는가 특별 부탁을 하였지만 전혀 불가한 일이라는 것이었다. 좋은 연구로 보답하겠노라 사정을 이야기하면서 안타까워하는 모습을 보다 못한 사서 선생은 원문은 시중에 얼마든지 있으니 대신 앞 몇 페이지만 복사를 허락하겠다는 것이었다.

　　그리하여 우선 《세설신어》 책을 모으기 시작하였고 내친김에 한글로 번역을 해볼 참이었다. 유학 과정 중 수시로 이 책과 전국책을 번역하였고 그 원고를 가지고 유학을 마치고 돌아왔을 때는 아직 출판 사정이 여의치 않아 재미있는 일부만 추려 책을 낼 수밖에 없었다. 그것이 1984년 출간된 《세설신어》와 전국책이었다. 그러나 당시 천학비재에 그저 의욕만 앞서 오류와 오역이 한두 곳이 아니었다. 겁이 나서 그 뒤로 내 입으로 책이름도 거론하지 못하다가 아니다 싶어 다시 완역을 서둘러 원고를 완성은 하였지만 이런 저런 사정으로 결국 지금에야 비로소 교정을 보고 책으로 꾸미게 되었다.

물론 지금이라고 옛날보다 문장을 보는 실력이 느는 것도 아니요 더 완벽하게 하자 없이 책을 낼 수 있다는 자신감은 없다. 다만 인간은 완벽할 수 없으나 완벽을 추구하는 과정만으로도 가치를 부여받을 수 있으리라는 핑계가 무모하게 다시 덤비게 한 것이다.

일사문학逸事文學의 백미. 과연 읽어볼수록 가슴을 흥분시킨다. 중국 남방 문화와 사상의 정화이며 인간 한계의 모든 것까지 세세히 기록된 이 책은 뒤로 나의 중국학 공부에 적잖은 영향을 주었다. 이 책은 그야말로 사람으로서 감정과 행동이 어디까지 미칠 수 있는가 하는 문제까지 다루고 있다. 사람은 얼마나 해학스러울 수 있으며 언어는 어느 한계까지 아름답게 표현할 수 있으며 나아가 사람은 얼마나 악할 수 있으며 사람은 얼마나 거칠게 행동할 수 있으며 얼마나 화를 낼 수 있고 얼마만큼 지저분할 수 있으며 얼마나 비열할 수 있으며 얼마나 인색할 수 있으며 얼마나 아무것도 아닌 일에 목숨을 걸 수 있으며 얼마나 남을 괴롭힐 수 있으며 자존심은 얼마나 엉뚱한 결과를 낳으며, 얼마나 교묘할 수 있으며, 얼마나 참을 수 있는가 등 이루 헤아릴 수 없는 인간군상의 처절한 밑바닥을 거침없이, 숨김없이, 적나라하게 기록하고 있다. 그 때문에 살아 있는 표현이며 소시민의 일상 감정과 행동이 이렇게까지 아름답게 결말을 맺을 수 있는가를 엿볼 수 있다.

물론 쇄사쇄언瑣事碎言이다. 그 때문에 일사문학이라 명명한 것이다. 여기서 '일사'란 무엇인가? 한자로는 "逸事, 佚事, 軼事" 등 여러 가지로 표기된다. 뜻 그대로 "그대로 지나치면 그만인 일들", "사라져 잃어버릴 일들", "기록을 하지 않아도 편안히 여길 수 있는 일들"이라는 뜻이다. 그러니 기록해 두지 않는다고 해서 누가 안타까워하거나 귀한 역사적 사실을 놓쳤다고 불안해할 일들이 아니다.

한 여름 수업을 하고 있는데 강의실 뒷문이 바람에 계속 열리는 것이었다. 자꾸 신경이 쓰여 뒤에 앉은 학생에게 닫도록 하였다. 그 학생이 일어나서 문을 닫고 돌아서자 다시 문이 열렸다. 학생은 다시 일어서 또 문을 닫았다. 다시 문은 바람에 열렸다. 이렇게 세 번을 반복하자 지켜보고 있던 나는 참다못해 학생에게 한마디 던졌다. "머리를 좀 써라."

그랬더니 그 학생은 아무 말도 하지 아니한 채 자신의 책상을 문 가까이로 옮겨놓고 앉더니 머리를 젖혀 그 문에 대고 열리지 않도록 버티는 것이었다. 한바탕 웃었다. "그래 머리는 그럴 때 쓰는 거야." 물론 문을 닫으면서 종이나 얇은 무엇을 접어 함께 끼워 고정시킬 수 있는 머리는 그 머리가 아니었다.

이러한 것이 일사이다. 이를 기록한다면 그것이 일사문학이 될 것이다. 이처럼 굵은 역사의 큰 줄기나 고매한 사상의 '군자연君子然', '학자연學者然' 해야 하는 그런 일이 아닌 그저 해프닝이나 일상 대화, 모임 속에 오가는 행동들 속의 누구에게나 있을 수 있는 평범한 사안들이다. 조리나 체계가 있는 것도 아니고 교훈이라고 못 박을 것도 아니며, 단편적이기도 하고 길가다 마주친 사람이 툭 던진 그저 좀 특이한 편언片言일 수도 있다.

이러한 이야기를 1,130여 가지 모아두겠다고 한 그 발상이야말로 참으로 중국 남방 문학다운 모습이며 중국을 이해하는 데 필수적인 거울이다. 이제 《세설신어》를 편한 마음으로 읽어보자. 그 속에서 내가 살고 있는 지금 일상의 소중한 보물들을 발견하게 될 것이다. 물론 부담을 갖지 않고 읽어야 한다. 그래야 일사가 내 주위에서 끊임없이 일어나고 있음을 고맙게 여기며 기록에는 영 게으른 나의 안일함에 도리어 행복감을 맛볼 수 있을 테니까 말이다.

줄포 임동석이 취벽헌에서 적음.

일러두기

1. 이 책은 여가석余嘉錫의 《세설신어전소世說新語箋疏》(수정판 1996 上海古籍 出版社)와 양용楊勇의 《세설신어교전世說新語校箋》(正文書局 1992 臺北)을 저본으로 하여 완역한 것이다.
2. 그 외 국내외 현대 역주번역본을 충분히 섭렵하였으며 특히 《신역세설 신어新譯世說新語》(劉正浩 外 三民書局 1996, 臺北), 《세설신어전역世說新語全譯》 (柳士鎭 外, 貴州人民出版社 1996, 貴陽)과 《세설신어世說新語》(3책, 金長煥 譯註, 살림 2000, 서울)는 큰 도움이 되었다.
3. 전체 일련번호를 부여하여 검색과 인용에 편리하도록 하였다.
4. 직역을 위주로 하였으나 간혹 너무 비약된 문장일 경우 의역으로도 풀이하였다.
5. 역문과 원문을 실어 대조하기에 편리하도록 하였다.
6. 인명과 지명 등 역주 표제어는 매번 출현할 때마다 중복하여 실어 원의를 이해하는 데 편리하도록 하였다.
7. 〈참고 및 관련 자료〉 난을 마련하여 본문에 관련된 여러 기록을 제시 하여 원문 이해에 도움이 되도록 하였으며 이는 주로 양용楊勇의 교전본을 근거로 하였다.
8. 부록에 《세설신어》의 내용에 해당하는 〈양한兩漢, 삼국三國, 진晉, 남조 南朝 세계표世系表〉를 실어 시대 배경을 살필 수 있도록 하였으며, 아울러 본 《세설신어》 찬자撰者 유의경劉義慶과 주자注者 유효표(劉孝標, 劉峻)의 전傳을 정사《宋書》,《南史》,《梁書》에서 절록하여 실었다. 그리고 《세설신어》 관련 역대 서발序跋 등 관련 자료를 원문으로 실어 학술적인 연구에 도움이 되도록 하였다.

9. 인명 색인과 주요 인물 인칭, 대사 연표大事年表 등은 싣지 않았다. 이는 《세설신어사전世說新語辭典》(張永言 主編, 四川人民出版社 1992. 成都)이 따로 출간되어 이를 이용하는 편이 합리적이라 여겼기 때문이다.
10. 본 책을 역주하는 데에 참고한 기본 자료 목록은 다음과 같다.

● 참고문헌

1. 《世說新語箋疏》余嘉錫, 上海古籍出版社 1996, 上海
2. 《世說新語校箋》楊勇, 正文書局 1992, 臺北
3. 《世說新語校箋》楊勇, 臺灣時代書局 1975, 臺北
4. 《世說新語》四庫全書(文淵閣本) 商務印書館(印本) 臺北
5. 《新譯世說新語》劉正浩(外) 三民書局 1996, 臺北
6. 《世說新語全譯》柳士鎭(外) 貴州人民出版社 1996, 貴陽
7. 《世說新語》文白對照全書 姚寶元(外) 天津人民出版社 1997, 天津
8. 《世說新語譯注》張撝之 上海古籍出版社 1996, 上海
9. 《世說新語辭典》張永言(主編) 四川人民出版社 1992, 成都
10. 《世說新語》毛德富・段書偉(主編) 中州古籍出版社 1994, 鄭州
11. 《世說新語選譯》徐傳武 齊魯書社 1991, 濟南
12. 《世說新語》林玉馨 漢學出版社 1992, 臺北
13. 《世說新語》五福出版社(編輯部) 1978, 臺北
14. 《世說新語新釋》白惟良 大衆書局 1978, 臺南

15. 《世說新語(A New Account of Tales of the World)》Richard B. Mather. University of Minnesota. 1976, 南天書局(印本) 1978, 臺北
16. 中英對照《世說新語》Richard B. Mather 文致出版社 1979, 臺北
17. 《世說新語》簡美玲 文國書局 1992, 臺南
18. 《白話世說新語》蕭艾 岳麓書社 1996, 長沙
19. 《國語注音世說新語》金谷書局 1979, 臺北
20. 《世說新語》(朝鮮手抄本) 臺灣 國立中央圖書館 藏本
21. 《世說探幽》蕭艾 湖南出版社 1992, 長沙
22. 《白話世說新語》韓秋白(外) 北京廣播學院出版社 1993, 北京
23. 《世說新語》新編諸子集成本(제8책) 世界書局 1978, 臺北
24. 《世說新語》中國古典文學大系9 森三樹三郎 平凡社 1979, 東京
25. 《今世說》王晫(著), 沈世榮(標點) 大達圖書供應社 1936, 上海
26. 《世說新語》林東錫(譯) 教學研究社 1984, 서울
27. 《世說新語》(3책) 金長煥(譯註) 살림 2000, 서울
28. 《竹林七賢》林耀川 常春樹書坊 1975, 臺北
29. 《竹林七賢研究》何啓民 臺灣學生書局 1978, 臺北
30. 《魏晉南北朝文學史參考資料》北京大學中國文學史教研室 複寫本 臺北
31. 《中國中古文學史》劉師培 育民出版社 1975, 臺北
32. 《中國文學發展史》劉大杰 華正書局 1975, 臺北
33. 《漢魏六朝文》臧勵龢 河洛圖書出版社 1979, 臺北
34. 《漢魏六朝百三家集題辭注》張溥(著) 殷孟倫(注) 人民文學出版社 1981 北京
35. 《兩漢魏晉南北朝文學批評資料彙編》國立編譯館 成文出版社 1980, 臺北

36. 《中國通史》傅樂成 大中書局 1973, 臺北
37. 《高僧傳》梁, 慧皎 中華書局 1996, 北京
38. 《洛陽伽藍記》北魏, 楊衒之(著) 劉九洲(譯) 三民書局 1994, 臺北
39. 《歷代高僧傳》李山·過常寶(主編) 山東人民出版社 1994, 濟南
40. 《史記》鼎文書局 1996, 臺北
41. 《漢書》鼎文書局 1996, 臺北
42. 《後漢書》鼎文書局 1996, 臺北
43. 《三國志》鼎文書局 1996, 臺北
44. 《晉書》鼎文書局 1996, 臺北
45. 《宋書》鼎文書局 1996, 臺北
46. 《南齊書》鼎文書局 1996, 臺北
47. 《梁書》鼎文書局 1996, 臺北
48. 《南史》鼎文書局 1996, 臺北
49. 《郡齋讀書志校證》宋, 晁公武(著) 孫猛(校證) 上海古籍出版社 1990 上海
50. 《藝文類聚》唐, 歐陽詢(등) 文光出版社 1977 臺北
51. 《初學記》唐, 徐堅(등) 鼎文書局 1976 臺北
52. 《水經注疏》後魏, 酈道元(주) 淸, 楊守敬(소) 江蘇古籍出版社 1989 江蘇
53. 《文選》梁, 蕭統(편), 唐, 李善(주) 上海古籍出版社 1992 上海
54. 《太平廣記》宋, 李昉(등) 中華書局 1994 北京
55. 《太平御覽》宋, 李昉(등) 中華書局 1995 北京
56. 《三才圖會》明, 王圻·王思義(編集) 上海古籍出版社 2005 上海
57. 기타 공구서 등은 생략함.

해제

1. 《세설신어》의 가치

《세설신어》는 남조 송宋나라 유의경劉義慶이 지은 것으로 중국 문학 중에 소설, 필기, 소품, 전기, 일사逸事 문학에 가장 영향을 크게 끼친 작품이다. 특히 유효표劉孝標의 이 책에 대한 주석은 흔히 《삼국지주三國志注》(裵松之), 《수경주水經注》(酈道元), 《문선주文選注》(李善)와 더불어 중국 주석학의 대표적인 작업으로 널리 알려져 있다.

《세설신어》는 약 1,300여 장의 길고 짧은 문장의 단락으로 이루어져 있으며 짧은 것은 수십 자에 불과하고, 긴 것이라 해도 수백 자를 넘지 않는다. 동한東漢 말부터 삼국, 특히 위魏나라를 중심으로 서진西晉을 거쳐 동진東晉까지 약 200여 년 간 정치가, 문인, 명사, 예술가는 물론 특이한 인물과 여인들까지 모두 36부문으로 주제를 대강 나누어 기록한 것이다. 그 문자의 간결함과 이야기 전개의 우수성은 족히 논픽션이면서도 픽션의 구성에 못지않은 멋진 것들이다. 그 때문에 중국 문학에서 소설을 연구할 때는 그 양과 질로 보아 이 《세설신어》의 내용과 체재, 영향을 거론하지 아니하고는 안 될 정도의 길목을 지키고 있다.

유대걸劉大杰의 《중국문학발전사中國文學發展史》에는 위진 시대 소설을 내용상 3가지로 분류하고 있다. 그 첫째가 이 《세설신어》를 대표하는 것으로서 이는 정시(正始: 240~248, 魏나라 齊王 曹芳의 연호) 시대 현언玄言과 죽림칠현竹林七賢의 광달한 내용을 중심으로 그 언행을 기록한 유형이다. 그리고 종교와 사상을 기초로 한 것이 있으니 바로 왕염王琰의 《명상기冥祥記》와 안지추顏之推의 《원혼지寃魂志》이며, 세 번째 부류는 불경의 고사나 도교의 이야기를 중심으로 펼쳐나간 것으로 오균吳均의 《속제해기續齊諧記》를 들고 있다. 그리고 반중규潘重規는 《중국고대단편소설선주中國古代短篇小說選注》에서 중국의 소설 명칭과 내용에 근거하여 "장화張華의 《열이지列異志》, 유의경의 《세설신어》 등도 소설에 포함시켜야 하며, 《좌전左傳》, 《전국책戰國策》, 《사기史記》, 《한서漢書》, 《맹자》, 《장자》, 《한비자》, 《열자》 중 가장 흡인력 있게 문학성을 가진 작품과 위진 육조시대의 소품이 〈도화원기〉, 《세설신어》 등, 또한 당송 이후의 고문, 즉 한유韓愈의 〈모영전毛穎傳〉, 귀유광歸有光의 〈선비사략先妣事略〉, 〈항척헌기項脊軒記〉 등을 거의가 소설의 조건을 구비한 뛰어난 창작품이다"라 하였다. 이로써 소설의 모태이며 그 발전과정에 길목인 셈인 이 《세설신어》의 가치를 충분히 인정하고 있는 셈이다.

이 《세설신어》는 이상의 소설 발전 단계에서의 확고한 지위를 지닌 것 외에도 사료, 목록학, 일사문학으로서의 가치 등 세 가지 중요한 특징을 가지고 있다.

즉 첫째 이 《세설신어》에 수록된 기록들은 거의가 당대唐代 정관貞觀 18년(644) 태종太宗이 방현령房玄齡, 저수량褚遂良 등에게 《진서晉書》를 중찬하도록 하였을 때 그 자료 중에 이 책이 중요한 저본이 되었었음을 말한다.

둘째, 이 《세설신어》를 양梁나라 때 유효표가 주를 달고 본문의 착오를 정치하게 고증, 교정하였다. 그 때 동원된 인용 서적이 무려 4백 여 종이었으나 그 많은 책은 지금 대부분 사라지고 오늘날은 거의 유효표가 이 《세설신어》 주석에 인용한 구절을 통해 일부나마 살필 수 있어 집일輯佚학자나 목록학자에게는 보고와 같은 역할을 하고 있다는 점이다. 그 때문에 배송지의 《삼국지주》와 역도원의 《수경주》, 이선의 《문선주》와 더불어 고증학, 문헌학, 목록학, 집일학의 귀중한 자료가 되고 있다.

셋째, 일사문학으로서 유의경의 《세설신어》 이전에 물론 진晋나라 때 배계裵啓의 《어림語林》과 곽징郭澄의 《곽자郭子》 등이 있었으나 지금은 모두 전하지 못하고 그 내용의 일부가 《태평광기太平廣記》, 《태평어람太平御覽》, 《예문유취藝文類聚》 등에 전할 뿐 실제 널리 영향을 미치지 못하였다. 그런데 이 《세설신어》가 나온 이래 그 체재, 내용, 기술방법을 본 뜬 많은 필기, 잡기, 일사류의 문학작품이 쏟아져 나왔다. 이를테면 양梁나라 심약 沈約의 《속설俗說》(3권. 兩晋 宋齊 시대 명인들의 일사를 기록함), 당唐나라 때의 《속세설續世說》(10권, 《唐志》에 기록되지 않은 것으로 보아 위서라 보고 있음.) 송宋 공평중孔平仲의 《속세설續世說》(12권), 명明 하량준何良俊이 《세설신어》를 모방한 《어림語林》(30권, 兩漢부터 元代에 이르기까지 명인의 일사를 모은 2,700장의 기록), 그 외 당唐 왕방경王方慶의 《속세설신서續世說新書》, 송宋 왕당王讜의 《당어림 唐語林》, 청淸 양유추梁維樞의 《옥검존문玉劍尊聞》, 오숙공吳肅公의 《명어림 明語林》, 장무공章撫功의 《한세설漢世說》, 이청李淸의 《여세설女世說》, 안종교 顔從喬의 《승세설僧世說》, 왕탁王晫 《금세설今世說》, 그리고 근대 역종기易宗夔의 《신세설新世說》 등 그 명칭에 의탁한 아류가 끊임없이 쏟아져 나왔다.

이상 몇 가지 외에도 빼놓을 수 없는 가치는 이 《세설신어》는 곧 위진 문학 연구의 중요한 보고라는 점이다. 즉 이 책에는 「죽림칠현」(阮籍, 嵇康, 山濤, 劉伶, 阮咸, 向秀, 王戎)과 「건안칠자建安七子」(孔融, 王粲, 劉楨, 徐幹, 陳琳, 應瑒, 阮瑀), 「삼조三曹」(曹操, 曹丕, 曹植), 「정시문인」(何晏 등), 「태강문인太康文人」(三張二陸兩潘 一左, 즉 張華, 張亢, 張協, 陸機, 陸雲, 潘岳, 潘尼, 左思), 「영가문인永嘉文人」(劉琨 등), 태원왕씨太原王氏와 낭야왕씨瑯琊王氏의 대표적 인물들, 특히 서예 예술로 이름난 서성書聖 왕희지王羲之 집안과 중국 화가의 대표적인 고개지顧愷之, 그리고 석숭石崇과 사씨대족謝氏大族 등 이루 헤아릴 수 없는 인물들이 망라되어 있다. 이 《세설신어》(注 포함)에 이름이 올라 있는 인물이 무려 1,500여 명에 이른다.

이러한 문학 연구 자료로서의 가치를 넘어 또한 위진 사상의 대표라 할 수 있는 현학玄學, 즉 노장을 중심으로 한 청담 현리와 삼현학三玄學, 나아가 불학佛學 연구의 귀중한 문헌적 가치를 가지고 있으며 게다가 왕필王弼, 두예杜預, 곽박郭璞, 복건服虔 등 노장老莊과 《주역周易》 연구의 대성황을 고스란히 담고 있으며 유가의 경학도 그에 못지않게 발달했던 일면을 볼 수 있다. 게다가 당시 복잡한 정치 변화에 대한 생생한 기록은 물론, 이민족과의 결합, 그에 따른 남방 세족의 정서와 생활상 등 이루 헤아릴 수 없는 귀중한 내용을 담고 있다.

그런가 하면 우리의 언어생활에 널리 쓰이는 고사성어도 풍부히 그 근원을 일러주고 있다. 즉 '칠보성시七步成詩', '낙양지고洛陽紙高', '난형난제難兄難弟', '찬핵찬핵鑽核', '소시료료小時了了', '칠석폭서七夕曝書', '할석절교割席絶交', '유령병주劉伶病酒', '점입가경漸入佳境', '군계일학群鷄一鶴', '오석산五石散' 등 헤아릴 수 없는 많은 성어를 수록하고 있다. 그보다 대화체 위주의 문장으로 위진 백화어의 어휘와 어법 연구의 살아 있는 자료의 역할도 충분히 하고 있다.

더구나 우리나라에도 판본이 전하고 있으며 조선朝鮮 시대 수초본手抄本 까지 있었던 점으로 보아 일찍부터 관심을 가지고 읽혀온 책임을 알 수 있다.

2. 명칭

《세설신어》는 원래 《세설世說》이라 불렸다. 즉 《남사南史》 유의경전劉義慶傳에 "그가 지은 저술은 《세설》 10권(所著《世說》十卷)"이라 하여 단순히 "세설" 두 글자의 서명이었다. 그런데 이 이름이 우선 《세설신서世說新書》로 바뀌었다. 이에 대해 황백사黃伯思는 《동관여론東觀餘論》에서는 "《한서》 예문지에 이미 유향劉向이 서문을 쓴 《세설》이라는 책이 있었는데 이 책이 사라지자 유의경이 같은 책을 쓰고 이와 구별하기 위하여 《세설신서》라 했다"(世說之名, 肇於劉向, 其書已亡, 故義慶所集, 名曰世說新書)라 하였다. 실제로 당대唐代 단성식段成式은 《유양잡조酉陽雜俎》에서 왕돈王敦의 조두澡豆 고사(본 책 〈紕漏〉 제 1장)를 인용하면서 그 출전을 《세설신서》라 하여 그 때까지 서명이 《세설신서》였음을 알 수 있다. 그러나 이 책이 언제부터 《세설신어》로 바뀌었는지는 알 수 없으며 다만 오대말五代末, 송초宋初부터 바뀐 것이 아닌가 여길 뿐이다. 특히 송대 육유(陸游, 放翁)가 이 책을 중간할 때도 역시 《세설》이라는 이름이었으니 이로 보면 한 동안 《세설》, 《세설신서》, 《세설신어》 등 이름이 그대로 혼용되어 사용되다가 뒤에 완전히 《세설신어》 하나로 굳어진 것이 아닌가 한나.

3. 유의경劉義慶과 유효표(劉孝標, 劉俊)

일반적으로 이 책은 남조 송宋나라 임천왕臨川王 유의경(劉義慶: 403~444)에 의해 찬집된 것으로 인정하고 있다. 다만 노신魯迅은 《중국소설사략中國小說史略》에서 《송서宋書》의 기록을 중심으로 《세설신어》는 당시 여러 사람들의 손에 의해 이루어진 것을 유의경이 모두 모아 정리한 것이라 의견을 제시하였다.

유의경은 남조 송대(420~479) 사람으로 그의 전傳은 《송서》(51, 열전 11, 宗室, 臨川烈武王 劉道規傳)와 《남사南史》(13, 宋宗室及諸王列傳(上) 臨川烈武王道規傳)에 실려 있다.

그에 의하면 그는 팽성인彭城人이며 동진東晉 안제安帝 원흥元興 2년(403)에 장사경왕長沙景王 유도련劉道憐의 둘째 아들로 태어났으나 그의 백부 임천열무왕臨川烈武王 유도규劉道規가 후사가 없어 그의 양자로 들어갔다. 그리고 송 무제武帝 유유劉裕 영초永初 원년(420) 송나라가 들어서자 18세의 나이로 임천왕 자리를 습봉받아 왕호를 얻게 되었다. 그는 어려서부터 무제 유유의 총애를 입어 "此我家豊城"(풍성은 보검이 나는 곳)이라 칭송을 받았으며 유유를 따라 북벌에 참가하여 낙양洛陽과 장안長安을 둘러보는 기회를 얻게 되었다. 그리고 다시 문제(文帝, 劉義隆: 424~452 재위, 연호는 元嘉) 연간에는 수도행정장관인 단양윤丹陽尹을 9년 간 역임한 뒤 평서장군平西將軍, 형주자사荊州刺史, 강주자사江州刺史, 중서령시중中書令侍中 등의 요직을 거쳐 개부의동삼사開府儀同三司에 오르게 되었다. 그는 종실의 신분에다가 성격도 청렴하여 13살 때 남군공南郡公에 봉해졌으나 거절할 정도였다. 조정에서도 끝까지 그를 신임하여 평생 큰 변화 없이 생을 마친 사람이다. 그러다가 원가元嘉 21년(444)에 겨우 42세의 젊은 나이로 생을 마감하고 말았다. 그는 성격이 간박簡樸하고 욕심이 적었으며 다만 원근의 문인 명사들을 불러들여 함께 문학을 토론하는 것으로 낙을 삼아 당시 뛰어난 문인, 원숙袁叔을 강주자사 때 위군자의衛軍諮議로 삼아 곁에 두었으며 그 외 육전陸展, 하장유何長瑜 등도 막료로 삼아 가까이 하였다. 또한 당시 포조鮑照의 「투시자천投詩自薦」에 즉시 상을 내리고 천거한 일은 유명한 가화佳話로 그의 전에 실려 있다. 그의 저작으로《서주선현전徐州先賢傳》,《유명록幽冥錄》,《집림集林》 등이 있었으나 모두 전하지 아니하고 지금은《세설신어》만이 남아 널리 알려져 있다. (부록〈劉義慶傳〉을 볼 것).

한편 이 책에 주를 단 인물로《세설신어》가 나온 지 불과 50년 뒤 남조 제齊나라 때 이미 경윤敬胤이라는 사람이 있었던 것으로 기록에 나와 있으나 아깝게도 지금은 전하지 아니한다.(서발 참고란을 볼 것.)

지금 전하는《세설신어주世說新語注》는 같은 남조 양(502~557)나라 때 유효표劉孝標의 작업이다. 그는 본명이 유준劉峻이며 유명한《문심조룡文心雕龍》의 저자인 유협劉勰 등과 함께 이름을 날리던 인물로 송宋, 제齊, 양梁 삼대를 거치면서 풍부한 학식과 해박한 견문을 바탕으로 원문의 내용은 물론 미비한 사항을 일일이 교정 보충함으로써《세설신어》를 명실 공히 온전한 저작물로 격상시켰다. 그의 사적은《양서梁書》(50, 列傳 44, 文學)에 실려 있으며 무려 400여 종의 문서와 전적을 동원하여 이 책에 주를 달았다.(부록〈劉峻傳〉을 볼 것) 그리하여 앞서 밝힌 대로《삼국지주》,《수경주》,《문선주》와 함께 주석학, 목록학, 문헌학, 집일학의 귀중한 자료를 제공해 주고 있다.

4. 체재

《사고전서총목》(140) 자부(子部, 50) 소설가류(小說家類, 1)에는 《세설신어》 3권으로 되어 있고 총 38문으로 분류하였다. 그러나 《당서唐書》 예문지에는 "世說新語八卷, 劉孝標續十卷"이라 하였으며, 《숭문총목崇文總目》에는 "十卷"(유의경의 8권과 유효표의 2권을 합해 10권이라 한 것이라 함)으로, 그리고 조공무晁公武의 《군재독서지郡齋讀書志》에는 "世說新語十卷, 重編世說十卷"(袁本前志卷三下小說類第八)이라 하고 "右宋劉義慶撰, 梁劉孝標注. 記東漢以後事, 分三十八門. 唐藝文志云: '劉義慶世說八卷, 劉孝標續十卷.' 而崇文總目止載十卷, 當是孝標續義慶元本八卷, 通成十卷耳. 家本有二: 一極詳, 一殊略. 略有稱改正, 未知誰氏所定, 然其目則同, 劉知幾頗言此書非實錄, 予亦云"이라 하였다.

그러나 현존하는 것은 상중하 3권에 36문으로 되어 있다. 이를 분류하면 다음과 같다.

상권 4문(德行, 言語, 政事, 文學)

중권 9문(方正, 雅量, 識鑒, 賞譽, 品藻, 規箴, 捷悟, 夙慧, 豪爽)

하권 23문(容止, 自新, 企羨, 傷逝, 棲逸, 賢媛, 術解, 巧藝, 寵禮, 任誕, 簡傲, 排調, 輕詆, 假譎, 黜免, 儉嗇, 汰侈, 忿狷, 讒險, 尤悔, 紕漏, 惑溺, 仇隙)

그러나 황로직黃魯直 본에 의하면 〈직간直諫〉,〈간녕姦佞〉 등 2편이 더 있어 총 38문의 제목이 보인다. 한편 조목은 모두 여가석余嘉錫 《전소전笺疏》본에는 1,130조, 양용《교전校笺》본에는 1,134조 등 약간의 출입이 있으며 혹 1,131조로 보기도 한다. 본인은 양용본에 의해 1,134조로 분장하여 전체를 역주하였다.

5. 판본 및 근래 연구 동향

본《세설신어》는 송 소흥紹興 8년(1138) 동분董弅이 안원현晏元獻의 수초본 手抄本을 근거로 엄주嚴州에서 판각한 것을 시작으로, 남송南宋 때 육유(陸游, 放翁)가 순희淳熙 15년(1188)에 다시 중간한 것이 있으며, 명 가정嘉靖 을미(1535) 원경袁褧이 육유의 간본을 근거로 오군吳郡에서 다시 출간하였다. 그리고 명 왕세정王世貞이 배계裵啓의《어림語林》과 이《세설신어》를 병산倂刪하여《세설신어부世說新語補》를 내었다. 근대에 이르러 다시 이《세선신어》에 대한 연구와 주소注疏가 활발히 이루어져 양용楊勇은 일본 전전씨前田氏 소장의 송본宋本《세설신어》와 당사본唐寫本《세설신어》잔권殘卷을 저본으로 교열한《세설신어교전世說新語校箋》(1969)을 내었으며 왕숙민王叔岷의《세설신어보증世說新語補證》(1976)이 나왔으며, 여가석은 분흔각紛欣閣본과 호남사현정사湖南思賢精舍 간본을 1937년부터 일일이 대조하여 작업한《세설신어전소世說新語箋疏》(1983), 그 외 서진악徐震堮의《세설신어교전世說新語校箋》(1984) 등이 출간되어 학문적으로 큰 업적을 이룬 것으로 평가받고 있다.(이상 부록 서발 등을 참조할 것.)

그 뒤를 이어 허소조許紹早 등의《세설신어역주世說新語譯註》, 유정호劉正浩, 구섭우邱燮友, 진만명陳滿銘의《신역세설신어新譯世說新語》, 유사진柳士鎭의《세설신어전역世說新語全譯》등 백화어 번역본, 평역본, 평석본 등은 물론 장영언張永言의《세설신어사전世說新語辭典》, 장만기張萬起의《세설신어사전世說新語詞典》, 오금화吳金華의《세설신어고석世說新語考釋》, 강람생江藍生의《위진남조소설사어회석魏晉南朝小說詞語滙釋》, 왕운로王雲路의《중고한어사례석中古漢語語詞例釋》, 동지교董志翹의《중고허사어법례석中古虛詞語法例釋》등 관련 저술도 수를 헤아릴 수 없을 정도로 쏟아져 나오고 있다.

한편 이 《세설신어》는 9세기 말 일본으로 흘러들어 송본宋本이 전해져 존경각尊經閣본(金澤文庫본)에 들어 있으며 이로 인해 일본은 한때 《세설신어》 연구 붐이 일기도 하였다. 그리하여 《세설신어색인世說新語索引》(高橋淸)이 이미 나왔으며 일역본으로 대촌매웅大村梅雄의 《세설신어》(平凡社, 中國古典文學前集 32. 단 〈賞譽〉, 〈品藻〉, 〈輕詆〉 등 몇 편은 생략되어 있음)와 삼삼수삼랑森三樹三郎의 《세설신어》(平凡社, 中國古典文學大系 9), 천승의웅川勝義雄 등 네 사람이 공역한 《세설신어》(筑摩書坊, 世系文學大系 71. 中國古小說集) 등이 나와 있다.

그런가 하면 서양에서는 이미 하버드 연경학회燕京學會에서 《세설신어 인덱스世說新語引得》(附劉注引書引得)가 나왔으며 1976년에는 미국인 Richard B. Mather(馬瑞志)에 의해 《세설신어世說新語(A New Account of Tales of the World)》(University of Minnesota. 1976)라는 이름으로 영역본이 출간되었다. 그리고 2년 뒤(1978) 이 책은 다시 대만臺灣 남천서국南天書局에서 영인 출간되었고, 이 책을 간추린 중영대조中英對照 판 《세설신어》가 대만 문광출판사(文治出版社, 1979)에서 출간되기도 하였다. 그리고 1974년에는 불어로도 번역되었다.

한편 우리나라에서는 일찍이 이미 조선시대 수초본(3책)이 어쩌다가 대만 국립 중앙도서관에 소장(등기번호 1908)되어 있는 것을 본인이 발견하였으며, 규장각奎章閣 도서 〈중국본총목록〉에 의하면 청淸 광서光緖 연간에 간행된 목판본과 조선 현종顯宗 실록자實錄字로 인쇄된 《세설신어보》가 있다. 그리고 1984년 본인이 당시 613조를 추려 우리말로 번역한 것이 최초였으며, 뒤에 김장환 교수에 의해 원문과 주까지 상세하게 역주한 《세설신어》가 출간(2000년)되어 학술적으로 큰 반향을 일으키기도 하였다. 그 외에 국내에서는 중국 문학의 획기적인 발전으로 인해 《세설신어》를 대상으로 한 전제專題 논문도 수없이 발표되는 등 상당히 널리 알려져 읽혀지고 있으며 우리에게도 생소하지 않은 중국 대표적인 고전의 읽을거리로 자리를 잡아 가고 있다.

欽定四庫全書

世說新語卷上之上

宋 劉義慶 撰
梁 劉孝標 注

德行第一

陳仲舉言為士則行為世範登車攬轡有澄清天下之志汝南先賢傳曰陳蕃字仲舉汝南平輿人有室荒蕪不掃應對桓帝問曰大丈夫當為國家埽天下値漢末陵遲堅志用事外戚擅權蕃以忠正忤宦官為所陷黨錮禁錮家屬禁錮門生故吏累遷豫章太守賢傳曰為豫章太守至便問徐孺子所在欲先看之謝承漢書曰徐穉字孺子豫章南昌人清妙高跱超世絕俗前後為諸公所辟雖不就及其死萬里赴弔常豫炙雞一隻以綿漬酒中暴乾以裹雞徑到所赴冢隧外以水漬綿使有酒氣斗米飯白茅為藉以雞置前醊酒畢留謁則去不見喪主主簿白府君先入敷陳曰武王式商容之閭席不暇煗吾之禮賢有何不可陳仲舉性方峻登車之始便有澄清天下之心登南昌郡境問徐孺子所在欲先詣之

周子居常云吾時月不見黃叔度則鄙吝之心已復生矣戴良字叔鸞汝南慎陽人時論以為頗有類頴川苟子也執憲手曰卿復牧牛邪宿高卿見吾奴俊憲良對曰良少所敬下見顏憲子已

郭林宗至汝南造袁奉高車不停軌鸞不輟軛詣黃叔度乃彌日信宿人問其故林宗曰叔度汪汪如萬頃之波澄之不清擾之不濁其器深廣難測量也郭泰別傳曰薛恭祖問曰謝祖袁奉高之器何如曰薛伯祖未聞其名謁問云奉高之器譬諸汎濫雖清易挹也林宗至茅容家春黍之秦別傳曰郭林宗至汝南造袁奉高不宿而退從黃叔度累日不去人問其故林宗曰奉高之器譬諸氾濫雖清而易挹叔度之器汪汪若千頃之波澄之不清擾之不濁不可量也

李元禮風格秀整高自標持欲以天下名教是非為已任後進之士有升其堂者皆以為登龍門河津去長安九百里三春之際大魚集龍門下上則化為龍否則點額水憊鰓之屬矣其能上上則化為龍也

李元禮嘗歎荀淑鍾皓曰荀君清識難尚鍾君至德可師先賢行狀曰荀淑字季和頴川頴陰人也所拜郎陵侯相所在流化裴所在流化裴松之曰淑有高名當時稱為八俊皓字季明頴川長社人祖父皆為英彥卓著名皓高風承祖業不仕除林慮長不之官天爾寢有不人位不足天爾寢有餘人曰荀君清識難尚鍾君至德可師

簾坐好射雉王其時冒去夕反暮
臣莫不上諫此為小物耿介過人朕
所以好之第六子也初封琅邪王夢赤氣
深濟吳紀曰徒作一道香太皇帝
上天頃不見毛據徙廷徒立之說意
興楷欲早覽百家之事頗好射雉至春晨出
暮又唯此時抬書繭艦景皇帝徐列吳事
日住在政丞之此有遷事頗以射雉為歡
永云

唐寫本《世說新語》殘卷

宋本《世說新語》

《世說新語》紛欣閣 간본. 余嘉錫이 手稿를 더한 것.

階庭耳

道壹道人好整飾音辭辭王珣遊嚴陵瀨詩敘曰道壹姓
壹道人好整飾音辭辭王珣遊嚴陵瀨詩敘曰道壹姓
鋒富瞻孫綽為之贊曰馳騁遊說言不虛詣唯茲道壹公
輝然有餘璧若春月載芬載敷條柯翰扶鬱茲疏
從都下遇東山經吳中巴而會雪下未甚寒諸道人問
在逍所經壹公曰風霜固所不論乃先集其慘澹郊邑
正自飄寶林岫便巳皓然

張天錫為涼州刺史稱制西隅既為符堅所禽用為侍
中俊於壽陽俱敗至都安定張貪涼州記天錫字公純報
永嘉中為涼州牧符堅佼京師大亂逐據涼州土天錫鼎足
自立為涼州中此部尚書俠從沒涼州天錫墓位
堅以為侍中此部尚書俠從沒涼州天錫墓位
南歸拜散騎常侍西平公中與書日天錫後堅以貪
江太守襲為奔武所執無八言論無不頓有𢝺色
誠曾頌曰歸彼飛鴉集于淳酪養性人無姤心事曰河
澤林飡我粲椹懷我好音淳酪養性人無姤心事曰河
西牛羊肥酪過精好但寫
鴟梟草上都不解散也

范寗奪作恆宣武墓作詩云山崩溟海竭魚鳥將何依

世說新語卷上之上

宋　臨川王義慶　撰
梁　　　劉孝標　　注

德行第一

陳仲舉言爲士則行爲世範登車攬轡有澄清天下之志汝南先賢傳曰陳蕃字仲舉汝南平輿人祖河東太守蕃爲光祿勳與大將軍竇武謀誅中官事洩爲王甫所害詳列傳也爲豫章太守至便問徐孺子所在欲先看之謝承後漢書曰徐穉字孺子豫章南昌人清妙高跱超世絕俗前後爲諸公所辟雖不就有所賻贈受之主簿白羣情欲府君先入陳曰武王式商容之閭席不暇煖殷紀曰武王伐紂旌商容之閭許叔重曰商容殷之賢人老子師也吾之禮賢有何不可

周子居常云吾時月不見黃叔度則鄙吝之心已復生矣子居別見典略曰黃憲字叔度汝南慎陽人父爲牛醫潁

郭林宗至汝南造袁奉高續漢書曰郭泰字林宗太

世說新語卷上之上

宋 臨川王義慶 撰
梁 劉孝標 注

德行第一

陳仲舉言為士則行為世範登車攬轡有澄清天下之志先賢
人為豫章太守至便問徐孺子所在欲先看之主簿曰羣情欲府君先入廨陳曰武
王式商容之閭席不暇煖吾之禮賢有何不可
周子居常云吾時月不見黃叔度則鄙吝之心已復生矣

우리나라 朝鮮시대 手抄本《世說新語》대만 국립중앙도서관(등기번호 1908)에 소장되어 있다.

世說新語卷一

宋劉義慶撰
梁劉孝標注

德行第一

陳仲舉言為士則，行為世範。登車攬轡，有澄清天下之志。為豫章太守，至便問徐孺子所在，欲先看之。主簿白：羣情欲府君先入廨。陳曰：武王式商容之閭，席不暇煖。吾之禮賢，有何不可。

周子居常云：吾時月不見黃叔度，則鄙吝之心已復生矣。

郭林宗至汝南，造袁奉高，車不停軌，鸞不輟軛，詣黃叔度，乃彌日信宿。人問其故，林宗曰：叔度汪汪如萬頃之陂，澄之不清，擾之不濁，其器深廣，難測量也。

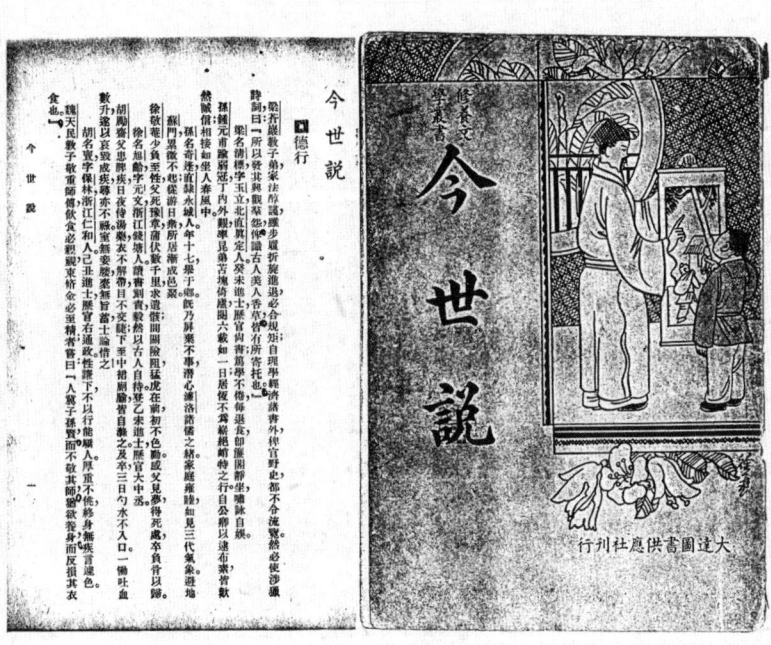

王晫이 《세설신어》를 모방하여 지은 《今世說》 표지와 본문.
1936년 上海 大達圖書에서 간행함.

南京 西善橋 六朝墓에서 출토된 「죽림칠현」 벽돌 그림.

차례

- 책머리에
- 일러두기
- 해제

世說新語 上

1. 덕행德行 ·········· (001~048) ·········· 37
2. 언어言語 ·········· (049~156) ·········· 113
3. 정사政事 ·········· (157~182) ·········· 291
4. 문학文學 ·········· (183~286) ·········· 335

世說新語 中

5. 방정方正 ·········· (287~352) ·········· 533
6. 아량雅量 ·········· (353~395) ·········· 651
7. 식감識鑑 ·········· (396~423) ·········· 723
8. 상예賞譽 ·········· (424~580) ·········· 773

世說新語 중

9. 품조品藻 …… (581~668) …… 997
10. 규잠規箴 …… (669~695) …… 1125
11. 첩오捷悟 …… (696~702) …… 1171
12. 숙혜夙惠 …… (703~709) …… 1185
13. 호상豪爽 …… (710~722) …… 1199
14. 용지容止 …… (723~761) …… 1219
15. 자신自新 …… (762~763) …… 1267
16. 기선企羨 …… (764~769) …… 1273
17. 상서傷逝 …… (770~788) …… 1283
18. 서일棲逸 …… (789~805) …… 1311
19. 현원賢媛 …… (806~837) …… 1335
20. 술해術解 …… (838~848) …… 1391
21. 교예巧藝 …… (849~862) …… 1409
22. 총례寵禮 …… (863~868) …… 1429

世說新語 하

23. 임탄任誕 …… (869~922) …… 1477
24. 간오簡傲 …… (923~939) …… 1553
25. 배조排調 …… (940~1004) …… 1581
26. 경저輕詆 …… (1005~1037) …… 1677
27. 가휼假譎 …… (1038~1051) …… 1723
28. 출면黜免 …… (1052~1060) …… 1749
29. 검색儉嗇 …… (1061~1069) …… 1761
30. 태치汰侈 …… (1070~1081) …… 1773

31. 분견忿狷 ·············· (1082~1089) ·············· 1795
32. 참험讒險 ·············· (1090~1093) ·············· 1809
33. 우회尤悔 ·············· (1094~1110) ·············· 1817
34. 비루紕漏 ·············· (1111~1119) ·············· 1843
35. 혹닉惑溺 ·············· (1120~1126) ·············· 1859
36. 구극仇隙 ·············· (1127~1134) ·············· 1871

● 부록 I

兩漢, 三國, 晉, 南朝 世系表 ·············· 1890

● 부록 II

傳記類
1. 〈劉義慶傳〉······《宋書》(51) 宗室列傳 臨川烈武王道規傳 ·············· 1898
2. 〈劉義慶傳〉······《南史》(13) 宋宗室及諸王列傳(上) 臨川烈武王道規傳 ··· 1900
3. 〈劉孝標傳〉······《梁書》(50) 文學列傳(下) 劉峻傳 ·············· 1902

● 부록 III

각종 서발 등 자료
1. 《世說新語》原序 ·············· 明, 袁褧〈四庫全書〉·············· 1906
2. 題《世說新語》·············· 宋, 高似孫 ·············· 1907

3.《世說敍錄》後	宋，汪藻	1908
4.《世說》舊題・舊跋	宋，陸游(放翁)	1910
5.《世說新語》跋	宋，董弅	1911
6.《世說新語》序	宋，劉應登	1912
7.《世說新語》識語	清，周心如	1913
8.《世說新語》跋	清，孫毓修	1914
9.《世說新語》提要	四庫全書	1915
10. 跋《世說新語》後語	宋，黃伯思	1916
11.《世說》舊注序	明，楊慎	1917
12.《世說新語》跋	清，穎谷	1918
13.《世說新語》跋	清，沈巖	1919
14.《世說新語》跋	清，吳嘉泰	1920
15.《世說新語》跋	清，王士禎	1921
16.《世說》舊注序	清，李調元	1922
17. 唐寫本《世說新書》跋	楊守敬	1923
18. 唐寫本《世說新書》跋	日本 神田醇	1924
19. 唐寫本《世說新書》跋	羅振玉	1925
20. 重印《世說新語》序	殷韻初	1926
21.《世說新語箋疏》前言	周祖謨	1927
22.《世說新語箋疏》凡例		1930
23.《世說新語校箋》饒序	饒宗頤	1932
24.《世說新語校箋》自序	楊勇	1933

1. 덕행 德行

총48장 (001-048)

《논어論語》 선진편先進篇에 "德行: 顔淵, 閔子騫, 冉伯牛, 仲弓"이라 하였다. 그리고 《주례周禮》 지관地官 사씨師氏에는 "二曰: 敏德以爲 行本"이라 하였고 정현鄭玄 주에는 "德行內外之稱; 在心爲德, 施之 爲行"이라 하였다. 이편에서는 당시 인물들의 행동 중에 세상에 모범이 되는 것들을 모아 기록한 것이다.

총 48장이다.

관녕의 할석절교(割席絶交) 011 참조.
※그림은 《世說新語新釋》(白惟良, 大衆書局 1982 臺灣 高雄)의 그림을 전재한 것임(이하 같음).

001(1-1)

　진중거(陳仲擧, 陳蕃)의 말은 곧 선비의 준칙準則이 되고, 행동은 사람들의 모범이 되었다. 그가 수레에 올라 고삐를 잡은 당당한 모습은 천하를 깨끗이 하려는 뜻을 나타내고 있었다.

　그가 예장豫章 태수가 되어 그곳에 이르자 문득 서유자(徐孺子, 徐穉)의 소재부터 묻고는 우선 먼저 그 사람부터 만나 보려 하였다.

　그러자 주부主簿가 아뢰었다.

　"모두들 부군(府君, 太守)께서 군청에 먼저 납시기를 원하고 있습니다."

　그러자 진중거는 이렇게 말하였다.

　"옛날 주周 무왕武王은 주紂를 멸한 후 앉은자리가 따뜻해질 겨를도 없이 우선 먼저 상용商容의 마을에 식(式, 軾)을 하였다 한다. 내가 현자를 먼저 찾아가 예우하는 것이 어찌 불가한 것이겠는가?"

陳仲擧言爲士則, 行爲世範, 登車攬轡, 有澄淸天下之志.
爲豫章太守, 至, 便問徐孺子所在, 欲先看之.
主簿白:「群情欲府君先入廨.」
陳曰:「武王式商容之閭, 席不暇煖. 吾之禮賢, 有何不可!」

【陳仲擧】 漢나라 때 인물 陳蕃(?~168). 자는 仲擧. 汝南人. 太傅에 이르렀으며 桓帝 때 대장군 竇武와 宦官을 탄핵하다가 해를 입었음.《後漢書》(66)에 傳이 있음.

【豫章】 지금의 江西 南昌縣. 陳仲擧가 尙書로 있을 때 忠正으로 諫하다가 예장태수로 좌천됨.

【徐孺子】徐穉(97~168). 예장의 高士·賢人. 진번이 지극히 존경하여 그만을 위하여 따로 자리를 마련하였다가 그가 떠나면 그 자리를 걸어두었다 함. 《後漢書》(53)에 전이 있음.

【主簿】관직 이름. 수행원. 《文獻通考》職官考에 "古者, 官府皆有主簿官, 上自三公及御史府, 下至九寺五監, 以至郡縣多置之; 所掌者簿書, 蓋曹掾之流耳"라 함.

【府君】魏晉시대 언어로 상대를 높여 부르는 호칭. 혹은 太守를 이렇게 지칭하기도 하였음. '明府', '明府君', '明公'등도 모두 같음.

【武王】周나라 文王(姬昌)의 아들이며 그 뒤를 이어 殷을 멸하고 주나라를 세움. 姬發. 그는 은을 멸한 뒤 제일 먼저 그곳의 현인 商容을 찾아 예를 올렸다 함.

【商容】殷나라 때의 현인.

【式】軾과 같음. 수레에 탄 채 橫木(軾)을 잡고 예를 행함.

> 참고 및 관련 자료

1. 《汝南先賢傳》
陳蕃字仲擧, 汝南平輿人. 有室荒蕪不掃除, 曰:「大丈夫當爲國家掃天下」値漢桓之末, 閹豎用事, 外戚豪橫; 及拜太傅, 與大將軍竇武謀誅宦官, 反爲所害.

2. 《後漢書》陳蕃傳
蕃父友薛勤, 知其有清世志. ……郡人周璆, 高潔之士, 前後郡守招命莫肯全, 唯蕃能致焉. 字而不名, 特爲置一榻, 去則懸之.

3. 《海內先賢傳》
蕃爲尙書, 以忠正忤貴戚, 不得在臺, 遷豫章太守.

4. 《後漢書》徐穉傳
徐穉字孺子, 豫章南昌人. 清妙高跱, 超世絶俗. 前後爲諸公所辟, 雖不就; 有死喪, 負笈赴弔. 常預炙雞一隻, 以綿漬酒中, 暴乾以裹雞, 徑到所起冢隧外, 以水漬綿. 使有酒氣, 斗米飯, 白茅爲藉, 以雞置前. 酹酒畢, 留謁卽去, 不見喪主.

5. 《漢紀》袁宏
蕃在豫章, 爲穉獨設一榻, 去則懸之, 見禮如此.

002(1-2)

주자거(周子居, 周乘)는 평소 늘 이렇게 말하였다.
"나는 잠시 몇 달만이라도 황숙도(黃叔度, 黃憲)를 보지 못하면 곧 비루하고 인색한 마음이 되살아난다."

周子居常云:「吾時月不見黃叔度, 則鄙吝之心已復生矣」

【周子居】周乘을 가리킴. 西陽太守, 泰山太守 등을 지냄. 천품이 고결하여 黃憲이나 陳寔 같은 이가 아니면 사귀지 않았다고 함. 〈賞譽篇〉에도 그의 일화가 실려 있음.
【黃叔度】黃憲(75~122). 《後漢書》(53)에 전이 있음. 덕과 수양이 높아 당시 많은 이들이 흠모하였으며 荀淑은 그를 '顔子'라 예찬하였음.

참고 및 관련 자료

1. 《汝南先賢傳》周乘
周乘, 字子居, 汝南安成人, 天資聰明, 高崎嶽立, 非陳仲擧黃叔度之儔, 則不交也. 仲擧嘗嘆曰:「周子居者, 眞治國之器也.」爲太山太守, 甚有惠政.

2. 《典略》黃憲
黃憲字叔度, 汝南愼陽人. 時論者咸云「顔子復生」. 而族出孤鄙, 父爲牛醫. 潁川荀季和執憲手曰:「足下, 吾師範也.」後見袁奉高曰:「鄕國有顔子, 寗知之乎?」奉高曰:「卿見吾叔度邪?」戴良少所服下, 見憲則自降薄, 悵然若有所失. 母問:「汝何不樂乎? 復從牛醫兒所來邪?」良曰:「瞻之在前, 忽焉在後, 所謂良之師也.」

3. 《後漢書》黃憲傳
同郡陳蕃, 周擧常謂曰:「時月不見黃生, 則鄙吝之萌復存乎心.」

003(1-3)

곽림종(郭林宗, 郭泰)이 여남汝南에 이르러 그곳의 두 원로元老를 찾아뵙되 원봉고(袁奉高, 袁閎)의 집을 방문할 때는 수레도 풀지 않고 방울소리도 그치지 않을 만큼 아주 잠깐 들러 지나가더니 황숙도(黃叔度, 黃憲)의 집에 들러서는 종일, 그리고 다시 연 이틀을 그 집에 머물러 담론하는 것이었다.
어떤 사람이 그 까닭을 묻자 곽림종은 이렇게 대답하였다.
"황숙도 선생은 넓고 넓어 마치 만경萬頃의 큰 바다와 같아서 이를 맑게 하려 해도 맑아지지 않고, 이를 흔들어도 탁해지지 않으며 또 그의 그릇 됨은 심히 넓어 측량할 길이 없기 때문이라오."

郭林宗至汝南造袁奉高, 車不停軌, 鸞不輟軛; 詣黃叔度, 乃彌日信宿. 人問其故?
林宗曰:「叔度汪汪, 如萬頃之陂; 澄之不淸, 擾之不濁, 其器深廣, 難測量也.」

【郭林宗】郭泰(127~169). 經典에 博通하여 제자가 천여 명에 이르렀으며 당시 학문의 조종으로 추앙받았음. 뒤에 范曄이 《後漢書》를 쓰면서 자신의 아버지(范泰)의 이름을 피휘하여 '郭太'로 표기하였음. 《後漢書》(68)에 전이 있음. 李元禮(李膺)가 극찬하였던 인물.
【袁奉高】袁閎. 자는 奉高. 동한 때 愼陽 사람으로 후진을 추천하기를 즐겨 하였다 함. 黃憲과 陳蕃 등이 모두 그에 의해 추천을 받음.
【黃叔度】黃憲(75~122). 동한의 저명한 인물로 荀淑이 그를 '顔子'라 칭하였음. 당시 陳蕃, 周擧, 郭泰 등 명사들이 모두 그를 높여 '徵君'이라 불렀음. 《後漢書》(53)에 전이 있음.

【信宿】연이어 이틀 밤을 보내는 것. 雙聲連綿語임. 《詩經》 豳風 九罭 "於女 信宿"의 傳에 "再宿曰信, 宿, 猶處也"라 함.
【萬頃之陂】'陂'는 '波'의 뜻으로 봄.

참고 및 관련 자료

1.《續漢書》郭泰

郭泰字林宗, 太原介休人. 泰少孤, 年二十, 行學至成皐屈伯彦精廬. 乏食, 衣不蓋形, 而處約味道, 不改其樂. 李元禮一見稱之曰: 「吾見士多矣, 無如林宗者也.」 及卒, 蔡伯喈爲作碑, 曰: 「吾爲人作銘, 未嘗不有慙容: 唯爲郭有道碑, 頌無愧耳.」 初, 以有道君子徵. 泰曰: 「吾觀乾象人事, 天之所廢, 不可支也.」 遂辭以疾.

〈郭泰〉《三才圖會》

2.《後漢書》郭泰傳

或勸林宗仕進者. 對曰: 「吾夜觀乾象, 晝察人事, 天之所廢, 不可支也.」 遂並不應.(注: 『《左傳》晉汝叔寬之詞.』)

3.《汝南先賢傳》: 袁奉高(袁閬)

袁閬字奉高, 愼陽人. 友黃叔度於童齒, 薦陳仲擧於家巷. 辟太尉掾, 卒.

4.《郭泰別傳》

薛恭祖問之, 泰曰: 「奉高之器, 譬諸汜濫, 雖淸易挹耳.」

5.《後漢書》黃憲傳

叔度汪汪若千頃陂. 淆之不濁, 不可量也.(《太平廣記》169에 인용된 《世說新語》에는 '千'을 '萬'으로 고쳐 썼음.)

6.《太平廣記》169에 인용된《世說新語》

郭泰秀立高峙, 澹然淵停, 九州之士, 悉懍懍宗仰, 以爲覆蓋. 蔡伯喈告盧子幹·馬日磾曰: 「吾爲天下作碑銘多矣, 未嘗不有慙德; 唯郭有道先生碑頌, 無愧色耳.」

004(1-4)

이원례(李元禮, 李膺)는 풍격風格이 수정秀整하고 고고하여 스스로 표준의 긍지를 갖고 있었으며 천하에 훌륭한 교화를 펴고, 시비를 가려내는 것이 곧 자신의 임무라 여기고 있었다. 후진들로서는 그 문하에서 수업을 받은 자들은 모두가 용문에 오르는 '등용문登龍門'이라 여길 정도였다.

李元禮風格秀整, 高自標持, 欲以天下名敎是非爲己任.
後進之士, 有升其堂者, 皆以爲「登龍門」.

【李元禮】李膺(110~169). 인물 품평에 가장 뛰어났던 사람. 孔融과의 '小時了了', 그리고 본장의 '登龍門'등의 고사를 남김. 뒤에 당쟁에 얽혀 자결함.《後漢書》(67)에 전이 있음.
【登龍門】원래 황하 상류 山西 河津縣과 陝西 韓城縣 사이 급류로 잉어가 이 급류를 오르면 용이 된다고 함. 참고란을 볼 것.

〈李膺〉《三才圖會》

참고 및 관련 자료

1.《後漢書》李膺傳
李膺字元禮, 潁川襄城人. 抗志淸妙, 有文武雋才. 遷司隸校尉, 爲黨事自殺.

2.《後漢書》李膺傳
士有被其容接者, 名爲登龍門.

3.《三秦記》
龍門, 一名河津, 去長安九百里. 水懸絶, 龜魚之屬莫能上. 上則化爲龍矣.

4. 《後漢書》李膺傳 注에 인용된 《三秦記》
河津, 一名龍門, 水險不通, 魚鼈之屬莫能上, 江海大魚薄集龍門下數千; 不得上, 上則爲龍也. 又曰: 龍門, 河水所下之口, 在今絳州龍門縣.

005(1-5)

이원례(李元禮, 李膺)가 일찍이 순숙荀淑과 종호鍾皓를 칭찬하여 이렇게 말하였다.

"순숙은 맑고 식견이 높아 그를 숭상하여 따라 배우기조차 어렵고 종호는 덕이 지극하여 가히 스승이 될 만하다."

李元禮嘗歎荀淑·鍾皓曰;「荀君淸識難尙, 鍾君至德可師」

【李元禮】李膺(110~169). 인물 품평에 가장 뛰어났던 사람. 孔融과의 '小時了了', 그리고 본장의 '登龍門'등의 고사를 남김. 뒤에 당쟁에 얽혀 자결함. 《後漢書》(67)에 전이 있음.

【荀淑】자는 季和(83~149). 荀爽의 아버지이며 당시 李固, 李賢 등이 그를 스승으로 모셨음. 그의 아들 여덟(儉·緄·靖·燾·汪·爽·肅·敷)이 모두 훌륭하여 '八龍'이라 불렸음. 《後漢書》(62)에 전이 있음.

【鍾皓】자는 季明. 詩에 뛰어나 제자가 천여 명에 이르렀으며 荀淑과 이름을 함께 날렸음. 《後漢書》(62)에 전이 있음.

참고 및 관련 자료

1. 《先賢行狀》荀淑
荀淑字季和, 潁川潁陰人也. 所拔韋褐芻牧之中, 執案刀筆之吏, 皆爲英彦. 擧方正, 補朗陵侯相, 所在流化. 種皓字季明, 潁川長社人. 父·祖至德著名. 皓高風承世, 除林慮長, 不之官. 人位不足, 天爵有餘.

2. 《海內先賢傳》鍾皓
潁川先輩, 爲海內所師者: 定陵陳穉叔, 潁陰荀淑, 長社鍾皓. 少府李膺宗此三君, 常言: 「荀君淸識難尙, 陳·鍾至德可師.」

006(1-6)

진태구(陳太丘, 陳寔)가 순랑릉(荀朗陵, 荀淑)의 집을 찾아갔다. 순랑릉은 빈한하나 검소하여 노비도 없었다. 태구는 당시 맏이 원방(元方, 陳紀)으로 하여금 수레를 몰게 하고 계방(季方, 陳諶)은 지팡이를 태우고 뒤따르게 하였으며, 손자 상문長文은 아직 어린 때였으므로 그냥 수레에 태우고 갔다. 그들이 순랑릉의 집에 도착하자 순랑릉은 아들 숙자(叔慈, 荀靖)를 시켜 나가 맞게 하고 자명(慈明, 荀爽)에게는 술 심부름을 시켰다. 그 나머지 순랑릉의 아들 여섯 명六龍에게는 음식을 나르게 하였으며 문약(文若, 荀彧)은 아직 어려 무릎 앞에 앉혀 놓고 있었다.
　이때 궁중에서는 태사太史가 임금에게 이렇게 아뢰었다.
　"진인眞人이 동쪽 순랑릉의 집으로 모두 몰려갔습니다."

陳太丘詣荀朗陵, 貧儉無僕役; 乃使元方將車, 季方持杖從後; 長文尙小, 載著車中. 旣至, 荀使叔慈應門, 慈明行酒,餘六龍下食; 文若亦小, 坐箸膝前.
于時太史奏:「眞人東行」

【陳太丘】陳寔(104~187). 자는 仲弓. 후한 때 인물로 태구현의 현장을 지냈으며 향리에 덕행으로 소문이 나서 "寧爲刑罰所加, 不爲陳君所短"이라 하였음. 그가 죽었을 때 3만 명의 조문객이 왔었다 함. 아들 여섯 중에 陳紀와 陳諶이 가장 어질고 똑똑하였다 함. 《後漢書》(62)에 傳이 있음.
【荀朗陵】荀淑(83~149). 자는 季和. 朗陵侯를 지냈었음. 《後漢書》(62)에 전이 있음.
【元方】진식의 첫째아들 陳紀. 漢末 侍中과 平原相, 尙書令, 大鴻臚 등을 지냄. 《後漢書》(62)에 전이 있음.
【季方】역시 진식의 아들. 陳諶. 아버지 陳寔, 형 陳紀와 함께 '三君'으로 불림. 일찍 죽음. 《後漢書》(62)에 전이 있음.
【長文】진식의 손자이며. 陳紀의 아들 陳群. 뒤에 曹操를 도와 司空掾이 되었으며 尙書로서 九品官人法을 제정함. 曹丕가 한나라를 이어받자 鎭東大將軍, 錄尙書事가 되었으며 明帝 때 潁陰侯에 봉해짐. 《後漢書》(62)와 《三國志》 (22)에 전이 있음.
【叔慈】荀淑의 셋째아들 荀靖. 죽은 뒤 '玄行先生'이라 불렸음. 《後漢書》 荀淑傳 注와 《三國志》 荀彧傳 주 참조.
【慈明】荀淑의 여섯째아들 荀爽(128~190). 荀諝로도 불림. 당시 "荀氏八龍, 慈明無雙"이라 칭해졌음. 《後漢書》(62)에 전이 있음.
【文若】荀緄의 아들이며 荀淑의 조카 荀彧(163~212). 《後漢書》(70)와 《三國志》 (10)에 전이 있음.
【太史】天文과 曆法을 관장하여 길흉을 예측하는 관직.
【眞人東行】眞人은 별자리로 德星. 여기서는 훌륭한 인물을 가리킴.

> 참고 및 관련 자료

1. 《後漢書》 陳寔傳
寔字仲弓, 潁川許人. 爲聞喜令. 太丘長, 風化宣流.

2. 《先賢行狀》陳紀

陳紀字元方, 寔長子也. 至德絶俗, 與寔高名並箸, 而弟諶又配之. 每宰府辟召, 羔鴈成羣, 世號三君. 百城皆圖畫.

3. 《漢紀》張璠

淑有八子: 儉·緄·靖·燾·汪·爽·肅·旉. 淑居西豪里, 縣令苑康曰:「昔高陽氏有才子八人.」遂署其里爲高陽里, 時人號曰'八龍'.

4. 《續晉陽秋》檀道鸞

陳仲弓從諸子姪造荀父子, 于時德星聚, 太史奏:「五百里內賢人聚」.

5. 劉孝標 箋

案一統志: 潁陰, 今許昌縣治. 漢之許昌, 在今許昌縣西南. 作眞人西行爲是. 星文與地理方隅相値也.

007(1-7)

어떤 객이 진계방(陳季方, 陳諶)에게 물었다.

"그대의 가군家君이신 태구(太丘, 陳寔)께서는 무슨 공덕으로 그렇게 훌륭한 명성을 천하에 누리고 계십니까?"

계방은 이렇게 대답하였다.

"나와 우리 부친의 사이는 비유컨대 계수나무가 태산의 언덕에 나서 위로는 만 길의 높이, 아래로는 헤아릴 수 없는 깊이, 위로는 감로甘露가 적셔 주고, 아래로는 연천淵泉이 적셔 주고 있는 것과 같습니다. 이런 경우 계수나무와 같은 제가 어찌 태산의 높이와 연천의 깊이를 알겠습니까? 나는 저의 부친이 공덕이 있는지 없는지를 알지 못합니다."

客有問陳季方:「足下家君太丘, 有何功德, 而荷天下重名?」
季方曰:「吾家君譬如桂樹生泰山之阿, 上有萬仞之高, 下有不測之深; 上爲甘露所霑, 下爲淵泉所潤; 當斯之時, 桂樹焉知泰山之高, 淵泉之深, 不知有功德與無也!」

【陳季方】陳諶. 陳寔의 막내아들. 아버지 陳寔, 형 陳紀와 함께 '三君'으로 불림. 일찍 죽음.《後漢書》(62)에 전이 있음.
【家君】부친.
【太丘】陳太丘. 陳寔(104~187). 太丘(지명)의 長을 지냄. 자는 仲弓. 향리에 덕행으로 소문이 나서 "寧爲刑罰所加, 不爲陳君所短"이라 하였음. 그가 죽었을 때 3만 명의 조문객이 왔었다 함.
【荷天下重名】'荷'는 〈宋本〉에는 '何'로 되어 있음.

참고 및 관련 자료

1.《海內先賢傳》
陳諶字季方, 寔少子也. 才識博達. 司空掾公車徵, 不就.

008(1-8)

진원방(陳元方, 陳紀)의 아들 장문(長文, 陳群)은 재주가 뛰어났었다.
어느 날 계방(季方, 陳諶)의 아들 효선(孝先, 陳忠)과 서로 자신들 아버지의 공을 다투었는데 끝내 해결할 수가 없어 할아버지 태구(太丘, 陳寔)에게 여쭙기로 하였다. 그러자 태구가 대답하였다.
"원방은 형이 되기 어렵고, 계방은 아우 되기 어렵다."

陳元方子長文有英才, 與季方子孝先, 各論其父功德,
爭之不能決, 咨於太丘.
太丘曰:「元方難爲兄, 季方難爲弟.」

【陳元方】陳寔의 맏이 陳紀. 자는 元方. 여러 차례 부름을 받았으나 나가지 않음. 董卓이 洛陽을 점령하여 억지로 五官中郞將을 시켰다가 侍中으로 발탁, 平原相에 이름. 뒤에 尙書令이 되었다가 獻帝 建安 초에 大鴻臚가 됨. 《後漢書》(62)에 전이 있음.
【長文】陳群. 자는 長文. 陳寔의 손자이며 陳紀의 아들. 《後漢書》(62)와 《三國志》(22)에 전이 있음.
【季方】진식의 아들. 陳諶. 아버지 陳寔, 형 陳紀와 함께 '三君'으로 불림.
【孝先】陳忠. 陳諶의 아들. 季方과 사촌.
【太丘】陳寔(104~187). 太丘의 長을 지냄. 자는 仲弓.
【難兄難弟】이 成語는 이곳이 原出典임. 우열을 가릴 수 없다는 단순한 뜻이 아니라 '둘 모두 훌륭하다'는 의미임. 칭찬의 말.

참고 및 관련 자료

1. 《魏書》
陳羣字長文. 祖寔, 嘗謂宗人曰:「比兒必興吾宗.」及長, 有識度. 其所善, 皆父黨.
2. 《陳氏譜》
諶子忠, 字孝先. 州辟不就.
3. 《十八史略》卷三
寔嘗爲大丘長, 修德淸淨, 吏民追思之. 紀諶之子, 問其父優劣於其祖, 寔曰: 「元方難爲兄, 季方難爲弟.」

009(1-9)

순거백荀巨伯이 멀리 친구 문병을 갔더니 마침 그 친구가 사는 군郡에 호적胡賊이 공격하여 들이닥쳤다. 그 앓던 친구가 순거백에게 이렇게 말하였다.
"난 어차피 죽을 몸, 그대나 어서 떠나게."
그러자 거백은 이렇게 말하였다.
"그대를 보러 멀리서 왔는데 그대는 나에게 떠나라 하니 이는 의를 버리고 삶을 구하라는 것이네. 나 거백이 어찌 그런 행동을 취하겠는가?"
도적의 무리가 이미 닥쳐와 거백에게 물었다.
"대군大軍이 닥쳐와 일군一郡이 모두 도망하여 텅 비었는데, 너는 어떤 사나이기에 감히 홀로 머물러 있느냐?"
순거백이 대답하였다.
"친구가 병이 들어 차마 버리고 갈 수 없어서이다. 차라리 내 몸으로 친구의 목숨을 대신하고 싶다."
적賊들은 서로 웅성거렸다.
"우리 이렇게 의義를 모르는 무리들이 의로운 나라에 잘못 왔구나."
그리고는 드디어 군사를 이끌고 되돌아가 버렸다. 이리하여 그 덕분에 이 고을은 전체가 온전함을 얻을 수 있었다.

荀巨伯遠看友人疾, 値胡賊攻郡.
友人語巨伯曰:「吾今死矣, 子可去!」
巨伯曰:「遠來相視, 子令吾去; 敗義以求生, 豈荀巨伯所行邪?」
賊旣至, 謂巨伯曰:「大軍至, 一郡盡空, 汝何男子, 而敢獨止?」
巨伯曰:「友人有疾, 不忍委之, 寧以我身代友人命!」

賊相謂曰:「我輩無義之人, 而入有義之國.」
遂班軍而還. 一郡並獲全.

【荀巨伯】東漢 桓帝 때의 潁川許州(지금의 河南省 許昌縣) 사람. 생애는 자세히 알 수 없음.
【胡賊】북방 이민족의 流寇.

> 참고 및 관련 자료

1.《荀氏家傳》
巨伯. 漢桓帝時人也. 亦出潁川, 未詳其始末.
2.《藝文類聚》21
世記(太平御覽四百零九作說)曰: 荀巨伯遠看友人疾, 值胡賊攻郡. 巨伯不忍去, 賊旣至. 謂巨伯曰:「大軍至, 一郡並空, 汝何男子, 敢獨止此?」巨伯曰:「有友人疾, 不忍委之. 寧以我身代友人之命.」賊知其賢, 疾旋軍而還.
3.《太平御覽》409 등에도 轉載되어 있다.

010(1-10)

화흠華歆은 자제子弟들에게 몹시 엄하여 비록 집안에 편안히 있을 때라도 조정에 있는 듯 근엄한 모습을 보였다.

이에 비해 진원방(陳元方, 陳紀) 형제들은 제멋대로 하게 하면서도 부드럽게 아껴주는 방법으로 키웠다. 그러나 이 두 집안 어느 하나도 올바른 법도에서 벗어나는 아이들이 없었다.

華歆遇子弟甚整, 雖閒室之內, 儼若朝典. 陳元方兄弟恣柔愛之道. 而二門之裏, 兩不失雍熙之軌焉.

【華歆】 자는 子魚(156~231). 삼국시대 魏나라 高堂人. 어릴 때 관녕과 함께 같이 공부하였으며 漢末에 豫章太守를 거쳐 뒤에 吳나라 孫策을 따르다가, 다시 魏나라에 벼슬하여 曹丕를 도와 漢나라를 찬탈함. 《三國志》(13)에 전이 있음.
【陳元方】 陳紀. 자는 元方. 陳寔의 맏이. 여러 차례 부름을 받았으나 나가지 않음. 董卓이 洛陽을 점령하여 억지로 五官中郞將을 시켰다가 侍中으로 발탁, 平原相에 이름. 뒤에 尙書令이 되었다가 獻帝 建安 초에 大鴻臚가 됨. 《後漢書》(62)에 전이 있음.
【雍熙】 '雍和'와 같음. 진실되고 훌륭함. 바른 법도를 지킴.

참고 및 관련 자료

1.《魏志》
歆字子魚, 平原高唐人.
2.《魏略》
靈帝時, 與北海邴原, 管寧俱遊學相善, 時號三人爲一龍. 謂歆爲龍頭, 寧爲龍腹, 原爲龍尾.
3.《後漢書》陳寔傳
紀兄弟孝養, 閨門雍和, 後進之士, 皆推恭其風.

011(1-11)

관녕管寧과 화흠華歆이 함께 채소밭을 갈다가 금덩이를 발견하였다. 관녕은 조금도 마음을 움직이지 않고 기와나 돌 조각처럼 여겨 호미질을 계속하였으나 화흠은 이를 주워 다시 집어 보고는 던져 버리는 것이었다.
그리고 한 번은 자리를 같이 깔고 앉아 글을 읽고 있었다. 그때 수레를 타고 면관冕冠을 한 어떤 귀인이 지나가자, 관녕은 여전히 마음의 동요 없이 글을 읽었으나 화흠은 책을 덮고 부러운 듯이 나가 구경을 하고 돌아왔다.
관녕은 함께 깔고 앉았던 자리를 잘라 나누며 이렇게 말하였다.
"너는 이제부터 내 친구가 아니다!"

管寧·華歆共園中鋤菜, 見地有片金, 管揮鋤與瓦石不異, 華捉而擲去之. 又嘗同席讀書, 有乘軒過門者, 寧讀書如故, 歆廢書出看.
寧割席分坐曰:「子非吾友也!」

【管寧】자는 幼安(158~241). 삼국시대. 魏의 先虛人. 春秋 齊나라 때 管仲의 후손으로 遼東에 피해 살다가 魏나라 文帝와 明帝 때 벼슬을 내렸으나 끝내 사양하였음. 寧은 甯으로도 씀.《三國志》(11)에 전이 있음.
【華歆】자는 子魚(156~231). 삼국시대 魏나라 高堂人. 어릴 때 관녕과 함께 같이 공부하였으며 漢末에 豫章太守를 거쳐 뒤에 吳나라 孫策을 따르다가 다시 魏나라에 벼슬하여 曹丕를 도와 漢나라를 찬탈함.《三國志》(13)에 전이 있음.
【割席絶交】'割席而交'라고도 함.
【軒冕】卿大末의 車服. 고관대작. 현달한 이의 수레와 복장을 말함. '軒'은 대부 이상의 수레. '冕'은 冕冠. 楊勇〈校箋〉에는 이 '冕'자를 衍文으로 보았음. "軒下, 宋本有冕字. 疑衍. 左傳閔公二年: 鶴有乘軒者, 杜預注: 軒, 大末車也. 當無冕字"라 함.

> 참고 및 관련 자료

1. 본장의 내용이「割席絶交」, 혹「割席而交」의 고사임.
2. 楊勇〈校箋〉
傅子曰:「寧字幼安, 北海朱虛人, 齊相管仲之後也.」
3. 《魏略》
寧少恬靜, 常笑邴原, 華子魚有仕宦意; 及歆爲司徒, 上書讓寧. 寧聞之, 笑曰:「子語本欲作老吏, 故榮之耳.」
4. 楊勇〈校箋〉에 인용된 沈箋
魏志管寧傳: 黃初四年, 詔公卿擧獨行君子, 司徒華歆薦寧. 明帝卽位, 太尉華歆遜位讓寧. 又華歆傳: 文帝踐祚, 改爲司徒. 黃初中, 詔公卿獨行君子, 歆擧管寧. 明帝卽位, 轉爲太尉, 稱病乞退, 讓位於寧. 則歆爲司徒, 擧獨行君子, 爲讓位於寧, 則在爲太尉時.

012(1-12)

왕랑王朗은 중년 이후에 식견과 도량을 화흠華歆을 표준으로 삼아 본받으며 추앙하였다. 화흠이 12월 사일蜡日에 여러 아들과 조카들을 불러놓고 연회를 벌이자 왕랑도 이를 본받아 그렇게 하였다. 뒤에 어떤 사람이 장화張華에게 이 일을 얘기하자 장화는 이렇게 비꼬았다.
 "왕랑이 화흠의 흉내 내는 것은 겉껍질에 불과해. 그럴수록 더욱 그에게 미치지 못할 뿐이지."

王朗中年以識度推華歆. 歆蜡日, 嘗集子姪燕飮, 王亦學之. 有人向張華說此事, 張曰:「王之學華, 皆是形骸之外, 去之所以更遠.」

【王朗】 자는 景興(?~228). 삼국시대 위나라 사람으로 王肅의 아버지. 학문이 넓어 《易》·《春秋》·《孝經》·《周官》 등의 경서에 傳을 지음. 《三國志》(13)에 전이 있음.

【華歆】 자는 子魚(156~231). 삼국시대 魏나라 高堂人. 어릴 때 관녕과 함께 같이 공부하였으며 漢末에 豫章太守를 거쳐 뒤에 吳나라 孫策을 따르다가, 다시 魏나라에 벼슬하여 曹丕를 도와 漢나라를 찬탈함. 《三國志》(13)에 전이 있음.

【蜡日】 '臘日'과 같음. 12월. 한해의 마지막 달(12월)을 夏나라 때는 淸祀, 殷나라는 嘉平, 周나라는 蜡, 秦나라는 臘이라 불렀음. 참고란을 볼 것.

【張華】 자는 茂先(232~300). 詩, 書, 文章 등에 고루 능하였던 晉나라 때의 문호이며 학자. 司空을 지냈으며 趙王 司馬倫에게 해를 입음. 후인이 집일한 《張茂先集》이 있으며 저서로는 유명한 《博物志》가 전함. 《晉書》(36)에 전이 있음.

참고 및 관련 자료

1. 《魏書》
朗字景興, 東海郯人, 魏司從.

2. 《禮記》
天子大蜡八, 伊耆氏始爲蜡, 蜡, 索也; 歲十二月, 合聚萬物而索饗之.

3. 《晉書》 王隱
張華字茂先, 范陽人也. 累遷司空, 而爲趙王倫所害.

4. 《五經要義》
夏曰嘉平, 殷曰淸祀, 周曰大蜡, 總謂之臘.

5. 晉 張亮
蜡者, 合聚百物索饗之, 歲終休老息民也. 臘者, 祭宗廟五祀. 傳曰:「臘. 接也.」 祭宜在新故交接也. 俗謂之臘之明日爲初歲. 秦漢以來有祝歲者, 古之遺語也.」

6. 《禮記》 禮運
與於蜡賓.(釋文:「夏曰淸祀, 殷曰嘉平, 周曰蜡, 秦曰臘.」)

013(1-13)

화흠華歆과 왕랑王朗이 함께 배를 타고 피난할 때였다. 어떤 사람이 그들을 따라오며 태워 주기를 원하였다. 이에 화흠은 거절하였지만 왕랑은 태워주자고 하였다.
"다행히 이 배가 넓어 더 태울 수가 있는데 불가하다 할 이유가 없지 않소?"
적의 추격이 심해지자 이번엔 왕랑이 태워준 그 사람을 버리자고 하였다. 이에 화흠이 이렇게 말하였다.
"내가 애초 의심하였던 것은 이런 경우를 당할까 해서였소. 이미 받아서 의탁을 허락해 놓고는 어찌 급박하다고 해서 다시 버릴 수 있겠소?"
그리고는 당초의 결정대로 이들을 구해 주었다. 뒷사람들은 이 일을 가지고 왕왕 이 두 사람의 우열에 대한 논쟁거리로 삼고 있다.

華歆·王朗俱乘船避難, 有一人欲依附, 歆輒難之.
朗曰:「幸尙寬, 何爲不可?」
後賊追至, 王欲捨所攜人.
歆曰:「本所以疑, 正爲此耳; 旣已納其自託, 寧可以急相棄邪?」
遂攜拯如初. 世以此定華王之優劣.

【王朗】자는 景興(?~228). 삼국시대 위나라 사람으로 王肅의 아버지. 학문이 넓어 《易》·《春秋》·《孝經》·《周官》 등의 경서에 傳을 지음. 《三國志》(13)에 전이 있음.
【避難】이 당시 漢末의 난으로 華歆은 下邳令으로 있다가 鄭太守 등과 함께 남으로 피난하였음.

> 참고 및 관련 자료

1. 《晉書》 和嶠

歆爲下邽令, 漢室方亂, 乃與同志士鄭太等六七人避世. 自武關出, 道遇一丈夫獨行, 願得與俱, 皆歆許之. 歆獨曰:「不可! 今在危險中, 禍福患害, 義猶一也. 今無故受之, 不知其義, 若有進退, 可中棄乎?」衆不忍, 卒與俱行. 此丈夫中道墮井, 皆欲棄之. 歆乃曰:「已與俱矣, 棄之不義.」卒共還, 出之而後別.

2. 楊勇 〈校箋〉

魏志王朗傳:「漢獻帝在長沙 朗爲陶謙治中, 尋遷會稽太守, 後爲孫策所略, 遂流寓江東.」又華歆傳:「何進徵鄭泰, 荀攸及歆, 歆至爲尙書郎. 董卓遷天子長安, 歆求出下邽令, 遇病不行, 改依袁術.」藉知王朗流寓江東, 適歆應何進徵, 朗·歆未嘗共處. 故孝標引華嶠譜敍, 謂歆與鄭泰等避世, 而不及朗也.

014(1-14)

왕상王祥은 계모 주부인朱婦人을 심히 잘 섬겼다. 정원에 마침 오얏나무 한 그루가 있었는데 열매가 아주 잘 열려 있었다. 계모는 항시 그 나무를 왕상에게 지키도록 하였다. 비바람이 불어와도 왕상은 나무를 껴안고 울면서라도 지켰다. 그러던 어느 날 왕상이 다른 침대에서 자고 있을 때, 계모가 몰래 와서 그를 죽이려고 하였다. 마침 왕상은 소변을 보러 나간 사이 계모는 왕상이 있는 줄 여기고 칼을 휘둘렀으나 빈 이불뿐이었다. 왕상이 돌아와 어머니가 뜻을 이루지 못하여 분통을 금하지 못하고 있음을 알고 엎드려 죽음을 청하였다. 계모는 이에 깊이 뉘우치고 깨달아 왕상을 자기 친자식처럼 사랑하게 되었다.

王祥事後母朱夫人甚謹. 家有一柰樹, 結子殊好, 母恒使守之. 時風雨忽至, 祥抱樹而泣. 祥嘗在別牀眠, 母自往闇斫之; 値祥私起, 空斫得被. 既還, 知母憾之不已, 因跪前請死. 母於是感悟, 愛之如己子.

【王祥】자는 休徵(184~268). 晉나라 때 琅邪 臨沂 사람. '剖冰得鯉'의 孝道 고사로 널리 알려진 인물. 벼슬이 太保에 이름.《晉書》(63) 王祥傳이 있음. 《太平御覽》과《晉諸公贊》에 "祥子休徵, 琅邪覽沂人"이라 하였음.

참고 및 관련 자료

1.《王祥世家》
祥父融, 娶高平薛氏, 生祥. 繼室以廬江朱氏, 生覽.

2.《晉陽秋》
後母數譖祥, 屢以非理使祥, 弟覽輒與祥俱, 又虐使祥婦, 覽妻亦趨而共之. 母患之, 乃止. 方盛寒冰凍, 母欲生魚, 祥解衣, 將剖冰求之: 會有處冰小解, 魚出.

3.《孝子傳》蕭廣濟
祥後母忽欲黃雀炙, 祥念難卒致: 須臾, 有數十黃雀飛入其幕. 母之所順. 必自奔走, 無不得焉. 其誠至如此.

4.《孝子傳》蕭廣濟
祥後母庭中有李, 始結子, 使祥晝視鳥爵, 夜則趁鼠, 一夜, 風雨大至, 祥抱泣至曉, 母見之惻然.

5.《晉書》虞預
祥以後母故, 陵遲不仕. 年向六十, 刺史呂虔檄爲別駕, 時人歌之曰:「海沂之康, 實賴王祥; 邦國不空, 別駕之功!」累遷太保.

6.《晉書》王祥傳
祥喪父之後, 漸有時譽, 朱深疾之, 密使酖祥. 覽知之, 徑起取酒; 祥疑其有毒, 爭而不與, 朱遽奪反之. 自後朱賜祥饌, 覽輒先嘗; 朱懼覽致斃, 遂止.

7. 《北堂書鈔》 158에 인용된 臧榮緒 《晉書》

祥母思魚, 于時盛寒, 河海堅冰, 旦旦冒厲風于崖伺魚, 一朝忽冰開小穴, 有雙鯉俱出, 祥取以奉母.

8. 王祥의 "剖冰得鯉" 고사는 그밖에 《初學記》 7·《蒙求》·《太平御覽》 970, 68·《北堂書鈔》 158 등에도 실려 있다.

015(1-15)

진晉 문왕(文王, 司馬昭)은 완사종(阮嗣宗, 阮籍)을 가리켜 지극히 근신覲愼한 인물이라 평하였다. 매번 그와 더불어 이야기를 나눌 때는 모두가 현묘심원玄妙深遠한 것이었으며 한 번도 인물의 장단점을 품평하는 일이 없었다.

晉文王稱阮嗣宗至愼: 每與之言, 言皆玄遠, 未嘗臧否人物.

【晉文王】司馬昭. 晉文王, 晉文帝. 晉宣帝의 둘째아들이며 이름은 昭, 자는 子上. 晉武帝 司馬炎이 진나라를 세우고 나서 文帝로 추존함. 《晉書》(2)에 紀가 있음.
【阮嗣宗】阮籍(210~263)을 가리킴. 陳留의 尉氏人. 阮瑀의 아들이며 字가 嗣宗이었음. 老莊에 밝았으며 거문고, 바둑, 시문 등에 능하였음. 步兵校尉를 역임하여 흔히 阮步兵이라 불림. '竹林七賢'중의 하나. 〈豪傑詩〉, 〈詠懷詩〉, 〈達莊論〉, 〈大人先生傳〉 등이 있으며 《三國志》(21), 《晉書》(49)에 전이 있음.
【臧否】칭찬과 폄훼. 즉 품평·평가의 뜻. 《後漢書》儒林傳 許愼에 "初, 愼以五經傳說臧否不同, 於時撰爲五經異說, 又作說文解字十四篇"이라 함.

> 참고 및 관련 자료

1. 《魏書》
文王諱昭, 字子上, 宣帝第二子也.

2. 《魏氏春秋》
阮籍字嗣宗, 陳留尉氏人, 阮瑀子也. 宏達不羈, 不抱禮俗. 兗州刺史王昶請與相見, 終日不得與言. 昶愧歎之, 自以不能測也. 口不論事, 自然高邁.

016(1-16)

왕융王戎이 말하였다.

"혜강嵇康과 20년을 같이 살면서 한 번도 기뻐하거나 화를 내는 기색을 본적이 없다."

王戎云:「與嵇康居二十年, 未嘗見其喜慍之色」

【王戎】자는 濬沖(234~305). 王安豊으로도 불림. 王綏의 아버지이며 安豊縣侯를 역임함. 성격이 인색하였으며 禮敎에 얽매이지 않았음. 阮籍, 山濤, 向秀, 阮咸, 嵇康, 劉伶과 더불어 '竹林七賢'으로 불렸음. 《晉書》(43)에 전이 있음.

【嵇康】자는 叔夜(223~262). 어릴 때 고아였으며 奇才가 있었음. 老莊에 심취하였으며 시문에 능하였고 '竹林七賢'의 하나임. 뒤에 鍾會의 모함을 입어 司馬昭에게 죽임을 당함. 本姓은

南京 西善橋 六朝墓(宮山墓)의 〈嵇康〉

奚氏였으나 뒤에 銍縣 嵇山 곁에 옮겨 살아 성을 嵇氏로 바꾸었다 함. 〈廣陵散曲〉, 〈琴賦〉, 〈養生論〉, 〈聲無哀樂論〉, 〈與山巨源絶交書〉 등이 유명함. 《晉書》(49)에 전이 있음.

참고 및 관련 자료

1. 《嵇康集》敍
康字叔夜, 譙國銍人.

2. 《晉書》王隱
嵇本姓奚, 其先避怨徙上虞, 移譙國銍縣. 以出自會稽, 取國一支, 音同本奚焉.

3. 《晉書》虞預
銍有嵇山, 家於其側, 因氏焉.

4. 《嵇康別傳》
康性含垢藏瑕, 愛惡不爭於懷, 喜怒不倚於顔. 所知王濬沖, 在襄城面數百, 未嘗見其疾聲朱顔. 此亦方中之美範, 人倫之勝業也.

5. 《文章敍綠》
康以魏長樂亭主壻, 遷郞中, 拜中散大夫.

6. 《魏志》王粲傳 注에 인용된 虞預《晉書》
康家本姓奚, 會稽人. 先自會稽遷於譙之銍縣. 改爲嵇氏. 取'稽'字之上, 加'山'以爲姓, 蓋以志其木也.

7. 楊勇 〈校箋〉
文選恨賦注引王隱晉書:「嵇康妻魏武帝孫穆王林女也.」魏志沛穆王林傳:「子緯嗣.」注引嵇氏譜:「嵇康妻, 林子之女也.」未知孰是.

017(1-17)

왕융王戎과 화교和嶠가 동시에 친상親喪을 입었다. 둘 모두 효성으로 이름이 나 있는 터였다. 왕융은 너무 슬퍼하여 뼈만 남아 침상에 의지하고 있었고, 화교는 그 정도까지는 아니었으나 예를 갖추어 곡읍哭泣을 계속하고 있었다.
무제(武帝, 司馬炎)가 유중웅(劉仲雄, 劉毅)에게 물었다.
"그대는 자주 왕융과 화교를 살펴보았겠지? 듣자 하니 화교의 애통해 하기가 예에 지나칠 정도라는데 불쌍하고 걱정이 되는군!"
그러자 유중웅은 이렇게 대답하였다.
"화교는 비록 예를 갖추었으나 정신과 기운이 손상이 가지 않을 정도로 하고 있으며, 왕융은 비록 예를 갖추지는 못하였으나 뼈만 남을 정도로 애통해 하고 있습니다. 제 생각으로는 화교는 삶을 유지하면서 효를 다하려는 자요, 왕융은 죽음으로라도 효를 다하겠다는 인물입니다. 그러니 폐하께서는 화교를 걱정하실 게 아니라 왕융을 걱정하셔야 합니다."

王戎·和嶠同時遭大喪, 俱以孝稱. 王雞骨支牀, 和哭泣備禮.

武帝謂劉仲雄曰:「卿數省王和不? 聞和哀苦過禮, 使人憂之!」

仲雄曰:「和嶠雖備禮, 神氣不損; 王戎雖不備禮, 而哀毀骨立. 臣以和嶠生孝, 王戎死孝; 陛下不應憂嶠, 而應憂戎」

【王戎】자는 濬沖(234~305). 王安豐으로도 불림. 王綏의 아버지이며 安豐縣侯를 역임함. 성격이 인색하였으며 禮敎에 얽매이지 않았음. 阮籍, 山濤, 向秀, 阮咸, 嵇康, 劉伶과 더불어 '竹林七賢'으로 불렸음. 《晉書》(43)에 전이 있음.

【和嶠】 자는 長輿. 惠帝가 즉위하여 太子少傅를 거쳐 尙書令을 지냈으며 당시 부자로서 매우 인색하였다 함. 《晉書》(45)에 전이 있음.
【武帝】 西晉나라 제 1대 황제 司馬炎. 재위 26년(265~290).
【劉仲雄】 劉毅(?~285). 자는 仲雄. 九品中正制度의 폐단을 상소하여 "上品無寒門, 下品無世族"이라 하여 폐지할 것을 주장함. 《晉書》(45)에 전이 있음.

〈晉武帝〉《三才圖會》

참고 및 관련 자료

1. 《晉諸公贊》
戎字濬沖, 琅邪人, 太保祥宗族也. 文皇帝輔政, 鍾會薦之曰: 「裴楷清通, 王戎簡要.」 卽俱辟爲掾. 晉踐祚, 累遷荊州刺史, 以平吳功, 封安豐侯.

2. 《晉陽秋》
戎爲豫州刺史, 遭母憂, 性至孝, 不抱禮制, 飲酒食肉, 或觀棊奕, 而容貌毀悴, 杖而後起. 時汝南和嶠亦名士也, 以禮法自持; 處大憂, 量米而食; 然憔悴哀毁, 不逮戎也.

3. 《晉陽秋》
世祖及時談, 以此貴戎也.

4. 《晉書》王隱
劉毅字仲雄, 東萊掖人, 漢城陽景王後也. 亮直清方, 見有不善, 必評論之. 王公大人, 望風憚之. 僑居陽平, 太守杜恕致爲功曹, 沙汰郡史三百餘人. 三魏僉曰: 「但聞劉功曹, 不聞杜府君.」 累遷尙書, 司隸校尉.

018(1-18)

양왕(梁王, 司馬肜)과 조왕(趙王, 司馬倫)은 진晉나라 때 천자와 가장 가까운 친속親屬이면서 당시에 최고 권력자들이었다. 배령공(裴令公, 裴楷)은 해마다 이들의 세금 중에 수백만을 얻어내어 가난한 내외 친족을 구제해 주고 있었다. 어떤 이가 이를 두고 이렇게 비웃었다.
"하필이면 그들의 재물을 얻어 구제할 게 뭐람?"
그러자 배령공은 이렇게 응수하였다.
"남아도는 자의 것을 덜어 모자라는 자에게 보태 주는 것은 하늘의 도이다."

梁王·趙王, 國之近屬, 貴重當時. 裴令公歲請二國租錢數百萬, 以恤中表之貧者.
或譏之曰:「何以乞物行惠?」
裴曰:「損有餘, 補不足, 天之道也.」

【梁王】 晉 宣帝(司馬懿) 張夫人 소생으로 梁孝王에 봉해진 사마동(司馬肜. ?~301?). 자는 子徽이며 벼슬이 太宰에 이름. 《晉書》(38)에 전이 있음.
【趙王】 宣帝 桓夫人 소생으로 趙王에 봉해진 司馬倫. 자는 子彝. 벼슬이 相國에 이름.
【裴令公】 裴楷.(237~291). 자는 叔則. 河東 聞喜人. 裴徽의 셋째아들이며 司空 裴秀의 從弟. 용모가 준수하고 깨끗하여 '玉人'이라 불렸음. 河南尹과 中書令을 지냄. 시호는 元. 《晉書》(35)에 전이 있음.
【中表】 내외친족. 고모의 자녀를 '外兄弟', 이모와 외삼촌의 자녀를 '內兄弟'라 함.

참고 및 관련 자료

1.《晉書》朱鳳
宣帝張夫人, 生梁孝王肜, 字子徽, 位至太宰. 柏夫人生趙王倫, 字子彝, 位至相國.

2.《晉諸公贊》
裴楷字叔則, 河東聞喜人, 司空秀之從弟也. 父徽, 冀州刺史, 有俊識. 楷特精易義, 累遷河南尹, 中書令, 以卒.

3. 《名士傳》
楷行己取與, 任心而動, 毀譽雖至, 處之晏然. 皆此類.
4. 《老子》77장
天地道, 其猶張弓與! 高者抑之. 下者舉之; 有餘者損之, 不足者補之. 天之道, 損有餘而補不足; 人之道, 則不然, 損不足以奉有餘.

019(1-19)

왕융王戎이 말하였다.
 "태보(太保, 王祥)는 정시正始 연간에 말 잘하는 무리에게 들지는 못하였다. 그러나 그와 한 번 말해보면 이치理致가 청원淸遠해서 덕이 뛰어나다고 상대적으로 언변이 낮을 것이라고 여겨서는 안될 것이다."

王戎云:「太保居在正始中, 不在能言之流; 及與之言, 理致淸遠, 將無以德掩其言!」

【王戎】자는 濬沖(234~305). 王安豊으로도 불림. 王綏의 아버지이며 安豊縣侯를 역임함. 성격이 인색하였으며 禮敎에 얽매이지 않았음. 阮籍, 山濤, 向秀, 阮咸, 嵇康, 劉伶과 더불어 '竹林七賢'으로 불렸음. 《晉書》(43)에 전이 있음.
【王太保】王祥(184~268). 자는 休徵. 晉나라 때 琅邪 臨沂 사람. '剖冰得鯉'의 孝道 고사로 널리 알려진 인물. 벼슬이 太保에 이름. 《晉書》(63) 王祥傳이 있음.
【正始】三國 때 魏 曹芳(齊王)의 연호. 240~248년. 淸談의 풍조가 극성하였던 시기임.

参고 및 관련 자료

1. 《晉陽秋》
祥少有美德行.

020(1-20)

왕안풍(王安豊, 王戎)이 어머니 상을 당하여 애통해하기가 지극하였다.
배령(裴令, 裴頠)이 문상을 가서 이렇게 말하였다
"만약 사람이 애통해하는 만큼 실제로 그 몸이 상한다면 준충(濬沖, 王戎) 자네는 틀림없이 자신이 스스로 생명을 줄인 자라는 비웃음밖에 살 게 없네."

王安豊遭艱, 至性過人.
裴令往弔之, 曰:「若使一慟果能傷人, 濬沖必不免滅性之譏」

【王戎】자는 濬沖(234~305). 王安豊으로도 불림. 王綏의 아버지이며 安豊縣侯를 역임함. 성격이 인색하였으며 禮敎에 얽매이지 않았음. 阮籍, 山濤, 向秀, 阮咸, 嵇康, 劉伶과 더불어 '竹林七賢'으로 불렸음. 《晉書》(43)에 전이 있음.
【裴令】裴頠(267~300). 자는 逸民. 司空 裴秀의 막내아들. 학문이 넓고 의술에도 밝았다 함. 〈崇有論〉으로 유명함. 尙書左僕射를 지냈으며 趙王(司馬倫)에게 피살됨. 시호는 成. 《晉書》(35)에 전이 있음.

> 참고 및 관련 자료

1. 《禮記》曲禮
居喪之禮, 毀瘠不形, 視聽不衰; 不勝喪, 乃比於不慈不孝.
2. 《孝經》
毀不滅性, 聖人之敎也.

021(1-21)

왕융王戎의 아버지 왕혼王渾은 명성이 뛰어난 인물로 양주자사涼州刺史까지 지냈다. 그 왕혼이 죽자 그가 관직을 거쳤던 주군州郡의 사람들이 그의 덕과 은혜를 사모하여 보내온 부의금賻儀金이 모두 수백만에 이르렀다. 그러나 왕융은 한 푼도 접수하지 않았다.

王戎父渾有令名, 官至涼州刺史. 渾薨, 所歷州郡義故, 懷其德惠, 相率致賻數百萬. 戎悉不受.

【王渾】자는 長原, 혹은 玄沖(223~297). 王昶의 아들이며 王戎의 아버지. 司徒와 侍中 등 높은 관직에 올랐음.《晉書》(42)에 전이 있음.
【薨】제후의 죽음을 뜻함.《禮記》曲禮에 "天子死曰崩, 諸侯死曰薨"이라 함.

참고 및 관련 자료

1. 《世語》
渾字長原, 有才望. 歷尙書, 涼州刺史.
2. 《晉書》에 의하면 王戎은 이 일로 인해서 이름이 나기 시작하였다 함. 虞預 《晉書》에 「戎由是顯名」이라 함.

022(1-22)

유도진(劉道眞, 劉寶)이 죄를 지어 도역徒役을 할 때 부풍왕扶風王 사마준司馬駿이 5백 필로 그를 보석시켰다.
얼마 후 그를 다시 종사중랑從事中郞으로 기용하자 당시 사람들은 모두 아름다운 일로 여겼다.

劉道眞嘗爲徒, 扶風王駿以五百匹布贖之; 旣而, 用爲從事中郞. 當時以爲美事.

【劉道眞】劉寶. 어려서 가난했으며 노래를 잘하고 휘파람을 잘 불었다 함. 부풍왕 사마준이 布 5백 필로 대속금을 물고 풀어주었음.
【徒】徒役. 몸으로 노역하여 죄 값을 치르는 형벌.
【扶風王駿】司馬懿의 일곱째아들 司馬駿. 자는 子藏으로 扶風王에 봉해짐.

참고 및 관련 자료

1. 《晉百官名》
「劉寶字道眞, 高平人」, 徒. 罪役作者.

2. 《晉書》虞預
駿字子臧, 宣帝第七子. 好學至孝.
3. 《晉諸公贊》
駿八歲爲散騎常侍, 侍魏齊王講. 晉受禪, 封扶風王, 鎭關中, 爲政最美. 薨, 贈武王. 西土思之, 但見其碑贊者, 皆拜之而泣. 其遺愛如此.

023(1-23)

　왕평자(王平子, 王澄)와 호모언국(胡母彥國, 胡母輔之)의 무리들은 제멋대로 하는 짓 때문에 이름이 났는데, 더러는 나체로 돌아다니기까지 하였다.
　당시 악광樂廣은 이를 이렇게 비평하였다.
　"옛 성현의 가르침 속에 저절로 즐거움이 많은데, 하필이면 저렇게까지 해서 즐거움을 찾을까!"

王平子·胡母彥國諸人, 皆以任放爲達, 或有裸體者.
樂廣笑曰:「名敎中自有樂地, 何爲乃爾也!」

【王平子】 王澄(269~312). 자는 平子. 王衍의 아우. 荊州刺史를 지냄. 뒤에 王敦에게 죽임을 당함.《晉書》(43)에 전이 있음.
【胡母彥國】 이름은 輔之(補之). 자는 彥國. 泰山 高峯人. 湘州刺史를 지냄. 王澄, 王敦, 庾顗 등과 함께 太尉 王衍에게 사랑을 받음. '胡母'는 복성으로 판본에 따라 흔히 '胡毋'로도 표기함.《晉書》(49)에 전이 있음.
【樂廣】 자는 彥輔(?~304). 王衍과 같은 시대 인물로 당시 청담 풍조에 이름을 날렸음. 여러 관직을 거쳐 王戎을 이어 尙書令이 됨. 그 때문에 흔히 '樂令'으로도 불림. 두 딸이 있어 하나는 衛玠에게, 하나는 成都王(司馬穎)

에게 시집을 보냈으나 마침 사마영과 長沙王(司馬乂)의 싸움이 심해지자 근심을 품고 죽음.《晉書》(43)에 전이 있음. 단 '樂'은 성씨의 경우 '악'(yue)으로 읽으나(예 樂毅)《世說新語辭典》(1992, 四川)에서는 '락'(le)의 항목에 실려 있어 '락광'으로 되어 있음.

참고 및 관련 자료

1.《晉諸公贊》
王澄字平子, 有達識. 荊州刺史.

2.《永嘉流人名》
胡母輔之字彦國, 泰山奉高人. 湘州刺史.

3.《晉書》
魏末, 阮籍嗜酒荒放, 露頭散髮, 裸袒箕踞. 其後貴游子弟阮瞻, 王澄, 謝鯤, 胡母輔之之徒, 皆祖述於籍, 謂得大道之本. 故去巾幘, 脫衣服, 露醜惡, 同禽獸. 甚者名之爲通, 次者名之爲達也.

024(1-24)

치공(郗公, 郗鑒)이 영가永嘉의 난亂을 만나 향리에 묻혀 궁벽하게 살고 있을 때 향인鄕人들이 그의 덕을 높이 사서 먹을 것을 대어 주었다.
그때 치공은 늘 조카(형의 아들) 매(邁, 郗邁)와 외질外甥 주익周翼을 데리고 얻어먹으러 다녔다. 이에 동네 사람들이 이렇게 걱정을 하였다.
"우리도 모두 먹을 것이 없으나 그대의 어짊 때문에 그대를 불러 먹여 드리는 것뿐입니다. 아마도 저 두 아이까지 먹여 주는 것은 장차 어려울 듯합니다."

그러자 치공은 홀로 가서 밥을 얻어먹을 때마다 문득 밥을 양 볼이 튀어 나오도록 물고는 돌아와 두 아이에게 뱉어 먹였다. 이렇게 하여 두 아이도 살아날 수 있었으며 함께 강남으로 옮겨 살게 되었다.

치공이 죽자 당시 주익周翼은 마침 섬현剡縣의 현령이었다. 그러나 그는 즉시 상석(喪席, 苫席)을 깔고 치공의 영전에서 존사尊師의 예로 3년의 상기를 지켰다.

郗公值永嘉喪亂, 在鄕里窮餒, 鄕人以公名德, 共餉之.
公常攜兄子邁及外生周翼二小兒往食.

鄕人曰:「各自饑困, 以君之賢, 欲共濟君耳; 恐不能兼有所存?」

公於是獨往食, 輒含飯著兩頰邊, 還吐與二兒. 後並得存, 同過江. 郗公亡, 翼爲剡縣解職歸, 席苫於公靈牀頭, 心喪終三年.

【郗公】 晉나라 때 郗鑒(269~339). 자는 道徽. 高平金鄕人. 두 아들 郗愔과 郗曇 역시 뛰어난 인물이었음. 西晉이 망하지 가족과 마을 사람 천여 명을 데리고 남으로 피난하였으며 陶侃, 溫嶠 등과 함께 祖約, 蘇峻의 난을 평정함. 侍中을 역임하였으며 太尉에 오름.《晉書》(67)에 전이 있음.
【永嘉之亂】 永嘉는 晉 懷帝의 年號. 영가 5년(311)에 劉淵이 稱帝하고 劉曜가 洛陽을 함락, 황제를 포로로 잡아간 大亂. 이에 天下가 시끄럽고 기근이 들어 대혼란을 초래하였으며, 결국 西晉은 망하고 남쪽 建康(南京)으로 옮겨 東晉 시대를 맞는 계기가 됨.
【邁】 郗邁. 자는 思遠. 郗鑒의 아들. 少府中護軍 벼슬을 지냄.
【周翼】 字는 子卿. 陳郡人. 郗鑒의 조카로 뒤에 剡令, 靑州子思, 少府卿 등을 역임함.
【剡縣】 지금의 浙江省 嵊縣.
【苫席】 蒿茅(짚이나 띠)로 짠 喪席. 喪期 동안 앉거나 자는 거친 자리.

【心喪】상복은 입지 않으나 마음속으로 상기 동안 애념을 끊지 않는 예. 흔히 스승에 대하여 제자가 행하는 喪禮. 朱子는 "事師者心喪三年, 其哀如父母而無服情之至而義有不得盡者也"라 함.

참고 및 관련 자료

1. 《郗鑒別傳》
鑒字道徽, 高平金鄕人, 漢御史大夫郗慮後也. 少有體正, 耽思經籍, 以儒雅著名. 永嘉末, 天下大亂, 饑饉相望, 冠帶以下, 皆割己之資供鑒. 元皇徵爲領軍, 遷司空, 太尉.

2. 《晉書》郗鑒傳
漢御司大夫慮之玄孫.

3. 《中興書》
鑒兄子邁, 字思遠. 有幹世才畧. 累遷少府, 中護軍.

4. 《周氏譜》
翼字子卿, 陳郡人. 祖奕, 上谷太守. 父優, 車騎諮議. 歷剡令, 靑州刺史, 少府卿. 六十四卒.

5. 《晉書》郗鑒傳
于時所在饑荒, 州中之士, 素有感其恩義, 相與資贍. 鑒復分所得, 以恤宗族及鄕曲. 孤老卿而全濟者甚多.

025(1-25)

고영顧榮이 낙양洛陽에 있을 때 한때 어떤 이의 초청에 응한 적이 있었다. 그 자리에서 그는 음식을 나르는 자가 그 구운 고기를 몹시 먹고 싶어 하는 눈치를 채고는 자기 몫을 거두어 주었다. 같이 앉았던 손님들이 모두 이를 비웃자 고영은 이렇게 말하였다.

"어찌 종일 음식을 나르면서 맛도 보지 못하는 자가 있어야 되겠는가?"
뒤에 그가 난을 만나 강江을 건너며 위급함을 당할 때마다 어떤 사람이 곁에서 도와주었다. 그가 도와주는 까닭을 묻자 그는 바로 옛날 그 구운 고기를 얻어먹었던 사람이었다.

顧榮在洛陽, 嘗應人請, 覺行炙人有欲炙之色, 因輟己施焉. 同坐嗤之.
榮曰:「豈有終日執之, 而不知其味者乎?」
後遭亂渡江, 每經危急, 常有一人左右己; 問其所以, 乃受炙人也.

【顧榮】字는 彥先. 三國시대부터 晉나라 때 인물. 吳郡 사람. 吳나라가 평정되자 陸機, 陸雲 형제와 낙양으로 들어가 흔히 '三俊'이라 불렸음. 뒤에 다시 남으로 내려와 남쪽 인재를 적극 추천한 것으로도 유명함.《晉書》(68)에 전이 있음.
【遭亂渡江】당시 趙王(司馬倫)이 반란을 일으킨 사건으로 많은 사람들이 난을 피하여 강남으로 피신하여 이주하였음.

> 참고 및 관련 자료

1.《文士傳》
榮字彥先, 吳郡人. 其先越王勾踐之支庶. 封於顧邑, 子孫遂氏焉. 世爲吳著姓. 大父雍, 吳承相. 父穆, 宜都太守. 榮少朗俊機警, 風穎標徹, 歷廷尉正. 曾在省與同僚共飮, 見行炙者有異於常僕, 乃割炙以啖之. 後趙王倫篡位, 其子爲中領軍, 逼用榮爲長史. 及倫誅, 榮亦被執. 凡受戮等輩十有餘人. 或有救榮者, 問其故. 曰:「某省中受炙臣也.」榮乃悟而嘆曰:「一餐之惠, 恩今不忘, 古人豈虛言哉!」
2.《晉書》顧榮傳
及趙王倫敗, 榮被執; 將誅, 而執炙者爲督率, 遂救之, 得免.

3. 《戰國策》中山策에도 비슷한 이야기가 실려 있다.
中山君亡, 有二人絜戈而隨其后者, 曰:「臣父嘗飢且死, 君不壺餐臣父. 父且死, 曰: '中山有事, 汝必死之!'故來, 死君也.」中山君嘆曰:「吾以一壺餐, 得士二人.」

026(1-26)

조광록(祖光祿, 祖納)은 어려서 아버지를 잃고 가난하게 살았으나 성품만은 지극히 효순하여 늘 어머니를 위해 밥을 지어드리곤 하였다.
당시 왕평북(王平北, 王乂)이 그의 가명佳名을 듣고, 두 비녀婢女를 그에게 딸려 주고 또 그를 불러다 중랑中郞의 벼슬까지 주었다. 이에 어떤 사람이 이를 두고 비웃었다.
"흥, 노재奴才가 비녀婢女의 두 배 값이로구나."
조광록은 이렇게 말하였다.
"백리해百里奚의 값이 어찌 또한 그 다섯 장의 검은 양가죽만 못하랴?"

祖光祿少孤貧, 性至孝, 常自爲母炊爨作食. 王平北聞其佳名, 以兩婢餉之, 因取爲中郞.

有人戱之者曰:「奴價倍婢.」

祖云:「百里奚亦何必輕於五羖之皮耶?」

【祖光祿】祖納. 字는 士言. 范陽人. 강남으로 피신하였을 때 溫嶠가 光祿大夫에 천거함. 《晉書》(62)에 전이 있음.
【王平北】王乂. 字는 叔元. 琅邪 臨沂人. 탁군태수 왕웅의 둘째아들이며 왕이보의 아버지. 司馬昭가 그를 불러 相國으로 삼았으며 뒤에 平北將軍에

벼슬을 지냄.

【百里奚】春秋시대 虞나라 현신. 虞君을 섬길 때 晉이 虞를 멸하자 포로가 되어 秦穆公 부인의 종이 됨. 백리해는 이에 부끄럽게 여겨 완(宛)으로 도망 쳤다가 다시 楚人에게 잡힘. 秦穆公이 그의 어짊을 듣고 오고양피(五羖 羊皮, 다섯 마리 검은 양의 가죽)를 초인에게 속금(贖金)으로 물고로 데려옴. 秦의 재상이 되어 7년 만에 秦을 패자로 성공시킴. 세상엔 그를 흔히 '五羖 大夫'(五羔大夫)라 부름.

참고 및 관련 자료

1. 《晉書》王隱
祖納字士言, 范陽遒人. 九世孝廉. 納諸母三兄, 最治行操. 能淸言, 歷太子中庶子, 廷尉卿. 避地江南, 溫嶠薦爲光祿大夫.

2. 《王乂別傳》
乂字叔元, 琅邪臨沂人. 時蜀新平, 二將作亂, 文帝西之長安, 乃徵爲相國司馬, 遷大尙書, 出督幽州諸軍事, 平北將軍.

3. 《說苑》
秦穆公使賈人戴臨於虞, 諸賈人賈百里奚以五羊皮. 穆公觀藍, 怪其牛肥, 問其故. 對曰:「飮食以時, 使之不暴, 是以肥也.」公令有司沐浴衣冠之. 公孫 支讓其卿位, 號曰五羖大夫.

4. 《楚國先賢傳》
百里奚字井伯, 楚國人. 少任於虞, 爲大夫. 晉欲假道於虞以伐虢, 諫而不廳, 奚乃去之.

5. 《史記》秦本紀 등에도 百里奚의 고사가 실려 있음.

027(1-27)

주진周鎭이 임천군수臨川郡守에서 해임되어 서울로 돌아와 아직 거주지를 정하지 못하고 청계淸溪란 강가에 그대로 정박하여 배 안에서 살고 있었다. 왕승상(王丞相, 王導)이 방문을 하였더니 마침 폭우가 쏟아져 배는 좁고 빗물은 새어들어 와 피할 곳이 없었다.
　이에 승상은 이렇게 말하였다.
　"호위胡威처럼 청렴하다는 사람도 이보다 심하지는 않을 거요!"
　그리고는 곧 장계狀啓를 올려 그를 오흥군吳興郡의 태수로 삼아주었다.

周鎭罷臨川郡還都, 未及上住, 泊青溪渚. 王丞相往看之; 時夏月, 暴雨卒至, 舫至狹小, 而又大漏, 殆無復坐處.
王曰:「胡威之淸, 何以過此!」
卽啓用爲吳興郡.

【周鎭】자는 康時. 臨川郡守와 吳興太守 등을 역임함.
【淸溪】東晉 때의 수도였던 建康(지금의 南京)의 秦淮河.
【王丞相】王導(276~339). 자는 茂弘. 어릴 때 자는 阿龍. 王敦의 從弟. 서진이 망하자 王敦과 함께 司馬睿를 황제로 추대하여 東晉을 세움. 그 공으로 丞相이 되었으며 號를 '仲父'라 하였음. 천하의 권세를 잡아 당시 "王與馬, 共天下"라 하였음. 元帝와 明帝, 成帝를 차례로 즉위시켰음. 아울러 남방 세족의 도움으로 강남에서의 동진 정권을 안정시킴. 《晉書》(65)에 전이 있음.
【胡威】일명 胡貔. 자는 伯虎. 혹 伯武. 당시 제일 청렴하였다고 소문났던 인물. 安豐太守, 徐州刺史 등을 거쳐 靑州刺史 등을 역임하였으며 平春侯에 봉해짐. 《晉書》(90)에 전이 있음.
【吳興郡】지금의 浙江省 嘉興縣.

참고 및 관련 자료

1. 《永嘉流人名》
鎭字康時, 陳留尉氏人也. 祖父和, 故安令. 父震, 司空長史.

2. 《王丞相別傳》

王導字茂弘, 琅邪人. 祖覽, 以德行稱. 父裁, 侍御史. 導少知名, 家世貧約. 恬暢樂道, 未嘗以風塵經懷也.

3. 《晉陽秋》

胡威字伯虎, 淮南人. 父質, 以忠淸顯. 質爲荊州, 威自京師往省之; 及告歸, 質賜威絹一匹. 威跪曰:「大人淸高, 於何得此?」質曰:「是吾俸祿之餘, 故以爲汝糧耳.」威受而去. 每至客舍, 自放驢取樵爨炊, 食畢, 復隨旅進道. 質帳下都督, 陰資裝百餘里要之, 因與爲伴, 每事相助經營之. 又進少飯, 威疑之. 密誘問之, 乃知都督也. 因取向所賜絹答謝而遺之. 後以白質, 質杖都督一百, 除其吏名, 父子淸愼如此. 及威爲徐州, 世祖賜見, 與論邊事, 及平生; 帝歎其父淸, 因謂威曰:「卿淸孰與父?」對曰:「臣淸不如也.」帝曰:「何以爲勝汝邪?」對曰:「臣父淸畏人知, 臣淸畏人不知; 是以不如遠矣.」

4. 《中興書》

鎭淸約寡欲, 所在有異績.

028(1-28)

등유鄧攸가 일찍이 영가永嘉의 난亂을 피할 때 도중에서 자기의 아들은 버리고 동생의 아들만을 온전하게 데리고 오게 되었다.

양자강을 건너 피난한 후 뒤에 첩을 하나 얻어 심히 사랑하게 되었다.

세월이 흐른 후 첩의 과거를 물어보니, 첩은 원래 북쪽 출신으로 역시 난을 피해 남으로 내려온 여자였으며, 그의 부모 이름을 더듬어 보았더니 바로 자신의 조카였던 것이다.

유攸는 평소에 덕업이 있고 언행에 오점이 없었는데, 이 사실을 듣자 종신토록 애한哀恨하여 다시는 첩을 두지 않았다.

鄧攸始避難, 於道中棄己子全弟子. 旣過江, 取一妾, 甚寵愛; 歷年後, 訊其所由, 妾具說是北人遭亂; 憶父母姓名, 乃攸之甥也.

攸素有德業, 言行無玷, 聞之哀恨, 終身遂不復畜妾.

【鄧攸】자는 伯道(?~326). 晉나라 때 인물. 平陽人. 河東太守였을 때 石勒의 난을 만나 가족을 이끌고 피난하면서 아들을 버리고 조카를 살린 본 장의 이야기가 유명하다. 당시 사람들은 그의 아들 없음을 두고 "天道無知, 使鄧伯道無兒"라 안타까워하였다 함. 元帝 때 吳郡太守를 거쳐 吏部尙書 등을 역임함. 《晉書》(90)에 전이 있음.

【避難】永嘉之亂을 뜻함. 西晉 말 호족의 침입으로 인하여 대혼란이 일어난 난. 이 난으로 인하여 西晉이 망하고 남으로 내려와 建康에서 東晉을 건국함. 역사적으로 劉聰(劉載. 자는 玄明, ?~318)은 匈奴 사람으로 劉淵의 넷째 아들로 유연이 五胡十六國 중의 漢(前趙. 304~329)을 세우자 유총은 大司馬, 大單于, 錄尙書事 등의 직위를 담당하면서 晉 懷帝 永嘉 4년(310) 유연이 죽자 유총은 태자 劉和를 죽이고 자립하여 제위에 올라 光興 2年(311) 王彌와 劉曜 등으로 하여금 洛陽을 공격하여 懷帝를 포로로 하여 끌고 갔음. 다시 5년 뒤 長安을 함락시켜 愍帝를 포로로 끌고 가 결국 서진이 망하고 말았음. (317) 이를 '永嘉之亂'이라 하며, 뒤에 사마씨(元帝 司馬睿)는 남으로 내려와 建康(지금의 南京)에서 왕실을 잇고 이를 동진(317~420)이라 하였음.

참고 및 관련 자료

1. 《晉陽秋》
攸字伯道, 平陽襄陵人. 七歲喪父母及祖母, 持重九年. 性淸愼平簡.

2. 《晉書》鄧攸傳
攸七歲喪父, 壽喪母及祖母; 居喪九年, 以孝致稱.

3. 《晉書》鄧粲
永嘉中, 攸爲石勒所獲, 召見, 立幕下, 與語, 悅之, 座而飯焉. 攸車所止, 與胡人鄴轂, 胡人失火燒車營, 勒史案問胡, 胡誣攸. 攸度不可與爭, 乃曰:「向爲老姥作粥. 失火延逸, 罪應萬死.」勒知遣之. 所誣胡厚德攸, 遺其驢馬, 護送令得逸.

4.《晉書》王隱
石勒過泗水, 攸以路遠, 乃斫壞車, 以牛馬負妻子以逃; 賊又掠其牛馬. 攸語妻曰:「吾弟早亡, 唯有遺民, 今當步走擔兩兒, 盡死; 不如棄己兒, 抱遺民. 吾後猶當有兒.」婦從之.

5.《中興書》
攸棄兒於草中, 兒啼呼追之, 至幕復及. 攸明日繫兒於樹而去, 遂渡江. 至尚書左僕射, 卒. 弟子綏, 服攸齊衰三年.

029(1-29)

왕장예(王長豫, 王悅)는 인품이 근신勤愼하여 부모를 모심에도 효성이 지극하였다. 왕승상(王丞相, 王導)은 늘 그런 아들을 대하는 것이 기뻤으나, 그의 둘째아들인 경예(敬豫, 王恬)를 보면 화가 치밀었다.

승상과 장예 부자 사이의 담화는 언제나 조심스럽고 조용한 것이 기본이었다. 승상이 매번 상서성에 나가 일을 볼 때면 장예는 아버지를 수레로 모셔다드린 후 항상 어머니 조부인曹夫人의 물건을 상자에 담아 잘 정리해 주지 않은 적이 없었다.

장예가 먼저 죽자 승상은 출근할 때마다 수레에 올라 대문臺門에 이를 때까지 울었다.

조부인은 이에 상자를 하나 만들어 이를 봉한 후 아들 생각이 날까 두려워 차마 열어보지를 못하였다.

王長豫爲人謹順, 事親盡色養之孝. 丞相見長豫輒喜,見敬豫輒嗔. 長豫與丞相語, 恒以愼密爲端. 丞相還臺, 及行, 未嘗不送至車後.
　恒與曹夫人倂當箱篋. 長豫亡後, 丞相還臺, 登車後, 哭至臺門. 曹夫人作篋, 封而不忍開.

【王長豫】王悅. 자는 長豫. 승상 王導의 장자. 어릴 때의 자는 阿太. 王羲之, 王承과 함께 "王氏三少"라 불렸음. 뒤에 일찍 죽어 아우 王恬의 아들 王混(王琨)이 양자로 뒤를 이음. 《晉書》(65)에 전이 있음.
【王丞相】王導(276~339). 자는 茂弘. 어릴 때 자는 阿龍. 王敦의 從弟. 서진이 망하자 王敦과 함께 司馬睿를 황제로 추대하여 東晉을 세움. 그 공으로 丞相이 되었으며 號를 '仲父'라 하였음. 천하의 권세를 잡아 당시 "王與馬, 共天下"라 하였음. 元帝와 明帝, 成帝를 차례로 즉위시켰음. 아울러 남방 세족의 도움으로 강남에서의 동진 정권을 안정시킴.《晉書》(65)에 전이 있음.
【敬豫】왕도의 둘째아들 王恬. 어릴 때의 자는 仲豫, 혹은 螭虎. 여러 군의 太守 등을 거쳐 哀帝 때 太保를 지냄. 武를 숭상하고 행동이 거칠어 王導에게 중시를 받지 못하였으나 만년에 선비를 좋아하고 기예와 바둑에 뛰어난 재능을 보였음. 《晉書》(65)에 전이 있음.
【曹夫人】王導의 妻. 이름은 淑. 彭城 曹韶의 딸.
【臺門】臺는 尙書省을 가리킴.

　참고 및 관련 자료

1.《中興書》
王悅字長豫 丞相導長子也. 仕至中書侍郎.
2.《文字志》
王恬字敬豫, 導次子也. 少卓犖不羈, 疾學尙武, 不爲導所重. 至中軍將軍. 多才藝, 善隷書, 與濟陽江虨以善弈聞.
3.《王氏譜》
導娶彭城曹韶女, 名淑.
4.《考異注》
曹夫人, 彭城人也. 父韶, 字道武, 鎭軍將軍司馬. 祖說, 字祖嗣, 征西參軍也.

5. 본 편의 뒤에는 048[1-48]이 뒤섞여 있다. 즉「王長豫爲人勤順」다음에 48장의 문장이 삽입되어 있다. 楊勇은 《世說新語校箋》에서 이렇게 말하고 있다. 『爲人勤順, 下, 《考異》有「王丞相夢, 人欲以百萬錢買長豫, 丞相甚惡之, 潛爲之祈禱者備矣. 後作屋, 忽掘得一窖錢, 料之百億, 大不歡, 一皆藏閉. 俄而長豫亡」等字. 下連至「見敬豫輒嗔」爲一條. 其餘另作一條. 勇按: 考異當是宋代另本如此, 必有據. 今錄其異者另作一條, 置於篇末.』

030(1-30)

환상시(桓常侍, 桓彝)는 남이 심공(深公, 竺法深)을 비평하는 소리를 들으면 문득 이렇게 말하였다.

"심공은 이미 이름을 드날렸고 게다가 고승高僧으로 알려져 있으며, 또한 나의 선부先父와는 지교至交가 있으니 그 어떤 비평도 들어 줄 수 없다."

桓常侍聞人道深公者, 輒曰:「此公旣有宿名, 加先達知稱, 又與先人至交, 不宜說之.」

【桓常侍】桓彝(276~328). 字는 茂倫. 元帝 때 安東장군을 거쳐 中書郎, 尙書吏部郎, 散騎常侍 등의 벼슬을 지냄. 蘇峻의 난을 만나 涇縣을 평정함. 《晉書》(74)에 전이 있음.
【深公】竺法深(286~374). 진나라 때의 고승. 이름은 潛. 일명 道潛. 18세에 출가하여 中州 劉元眞을 사사하였으며 元嘉 초에 난을 피하여 강남으로 내려옴. 元帝와 明帝 때에 승상 王導와 태위 庾亮이 그를 매우 우대하였음. 만년에 剡山으로 은거하여 원근 제자들이 모여들었음. 佛法과 老莊에 밝아

황제의 부름으로 자주 궁중법회를 열기도 하였음. 慧皎 《高僧傳》(4)에 전이 있음.

> 참고 및 관련 자료

1. 《桓彝別傳》
彝字茂倫, 譙國龍亢人, 漢五更桓榮九世孫也. 父顥, 有高名. 彝少孤, 識鑒明朗, 避亂渡江, 累遷散騎常侍.

2. 劉孝標 注
增法深, 不知其俗姓, 蓋衣冠之胤也. 道徹高扇, 譽播山東, 爲中州劉公弟子. 值永嘉亂, 投迹揚土, 居止京邑; 內持法網, 外允具瞻, 弘道之法師也. 以業慈清淨, 而不耐風塵. 考室剡縣東二百里岬山中; 同遊十餘人, 高棲浩然. 支道林宗其風範, 與高麗道人書, 稱其德行. 年七十有九, 終於山中也.

〈高僧圖〉

031(1-31)

유공庾公이 타고 다니는 말 중에 적로的盧라는 흉마凶馬가 있었다. 어떤 사람이 그것을 팔아 버리라고 권하였다.

그러자 유공은 이렇게 말하였다.

"팔려고만 한다면 반드시 살 사람이 있기는 있을 것이다. 그렇게 되면 다시 그 산 사람이 생명에 해를 입을 것이다. 어찌 내가 살겠다고 남에게 화를 옮길 수 있겠는가? 옛날 손숙오孫叔敖가 뒷사람을 위해 양두사兩頭蛇를 죽인 것은 하나의 좋은 미담이다. 이를 본받으면 어찌 달명達命하지 않으랴?"

庾公乘馬有的盧, 或語令賣去.
庾云:「賣之必有買者, 卽復害其主; 寧可不安己而移於他人哉? 昔孫叔敖殺兩頭蛇以爲後人, 古之美談; 效之, 不亦達乎?」

【庾公】庾亮(289~340). 자는 元規. 蘇峻, 祖約의 난을 평정하였으며 명제 때 王導를 이어 中書監이 됨. 征西大將軍, 荊州刺史 등을 지냄. 청담을 좋아하였으며 老莊에 밝았음. 죽은 후 太尉에 추증되었고 시호는 文康.《晉書》(73)에 전이 있음.

【的盧】凶馬의 이름. 이 말을 타는 사람은 불길한 일을 당한다는 속설이 있다 함. 伯樂의《相馬經》에 "馬白額入口至齒者, 名曰楡雁, 一名的盧. 奴乘客死, 主乘棄市. 凶馬也"라 함.

【孫叔敖】春秋시대 楚나라 令尹. 어릴 때 '兩頭蛇'를 보고 이를 죽여 묻고는 돌아와 어머니를 보고 울음. 어머니가 그 이유를 묻자 兩頭蛇를 보면 죽는다고 하였는데 오늘 그 뱀을 보았으며, 남이 보면 자신처럼 죽게 될 것을 안타깝게 여겨 죽여서 묻었다고 대답하였다. 그러자 어머니는 "陰德을 베푼 자는 반드시 陽報가 있게 마련이란다"하며 그의 사람됨을 칭찬하였음. 뒤에 초나라 令尹이 되어 나라를 중흥시킨 명재상이 됨.《說苑》·《列女傳》·《新書》(賈誼)·《新序》 등에 자세히 실려 있음.

참고 및 관련 자료

1.《晉陽秋》
庾亮字元規, 潁川鄢陵人, 明穆皇后長兄也. 淵雅有德量, 時人方之夏侯太初·陳長文之倫. 侍父琛避地會稽, 端拱凝然, 郡人嚴憚之; 觀接之者, 數人而已. 累遷征西大將軍·荊州刺史.

2.《新序》
孫叔敖爲兒時, 出道上, 見兩頭蛇, 殺而埋之. 歸見其母, 泣. 問其故. 對曰:「夫見兩頭蛇者, 必死; 今出見之, 故爾.」母曰:「蛇今安在?」對曰:「恐後人見, 殺而埋之矣.」母曰:「夫有陰德, 必有陽報: 爾無憂也!」後遂興於楚朝. 及長, 爲楚令尹.

032(1-32)

완광록(阮光祿, 阮裕)이 섬剡 땅에 살 때에 아주 좋은 수레를 가지고 있었다. 그런데도 그는 누구든지 빌려 달라면 빌려 주지 않은 적이 없었다. 어떤 사람이 어머니 장례를 치를 때 이 수레를 빌리고 싶었지만 감히 말을 꺼내지 못하였다.
완광록이 뒤에 이 사실을 알고는 이렇게 탄식하였다.
"나의 이 수레를 두고 남들로 하여금 감히 빌려 달라는 말도 못 꺼내게 하였으니 이 수레는 무엇에 쓰자고 하는 것이냐?"
그리고는 수레를 태워 버리고 말았다.

阮光祿在剡, 曾有好車, 借者無不皆給. 有人葬母, 意欲借而不敢言.
阮後聞之, 歎曰:「吾有車而使人不敢借, 何以車爲?」
遂焚之.

【阮光錄】阮裕(300?~360?). 字는 思曠. 侍中 벼슬을 지내다가 병으로 사직하고 會稽의 剡山에 집을 짓고 은거함. 뒤에 金紫光祿大夫에 임명되었으나 사양함. 宋 武帝 劉裕의 이름을 피휘하여《세설신어》에서는 그 이름을 직접 적지 않고 흔히 阮思曠, 阮光祿, 阮主簿, 阮公 등으로 부름.《晉書》(49)에 전이 있음.
【剡縣】지금의 浙江省 嵊縣.

참고 및 관련 자료

1.《阮光祿別傳》
裕字恩曠, 陳留尉氏人. 祖略, 齊國內史. 父顗, 汝南太守. 裕淹通有理識, 累遷侍中. 以疾築室會稽剡山. 微金紫光祿大夫, 不就. 年六十一卒.

033(1-33)

　사혁謝奕이 섬령剡令이 되었을 때 어떤 노인이 죄를 범하자 사혁은 독한 술로 벌주를 내렸다.
　노인이 매우 취하였는데도 그치지 않고 계속 먹이자 당시 7, 8세밖에 안 되었던 동생 사안謝安이 푸른 바지를 입고 사혁의 무릎 옆에 있다가 이렇게 간諫하였다.
　"형, 노인이 불쌍합니다. 어찌 이토록 하십니까?"
　그러자 사혁도 이에 얼굴을 바로 고치며 이렇게 물었다.
　"아노阿奴, 너는 그를 놓아주고 싶으냐?"
　그리고는 그 노인을 풀어 주었다.

謝奕作剡令, 有一老翁犯法, 謝以醇酒罰之, 乃至過醉而猶未已.

太傅時年七·八歲, 箸靑布袴在兄膝邊坐.

諫曰:「阿兄, 老翁可念, 何可作此?」

奕於是改容曰:「阿奴欲放去邪?」

遂遣之.

【謝奕】字는 無奕(?~358). 謝安의 형이며 謝玄의 아버지. 豫州刺史, 鎭西將軍 등을 지냄.《晉書》(79)에 전이 있음.
【剡令】剡은 지금의 浙江省 嵊縣.
【謝安】字는 安石(320~385). 謝裒의 아들이며 謝琰(望蔡)의 아버지. 謝奕의 동생. 덕망이 있고 기개가 높아 桓彛, 王濛의 사랑을 받음. 처음에는 벼슬에 뜻을 버리고 王羲之, 支遁 등과 산수를 즐기며 조정의 부름에 응하지 않았으나 40이 넘어 桓溫의 司馬를 거쳐 吳興太守, 侍中, 吏部尙書, 太保錄尙書事

등의 관직을 지냄. 뒤에 다시 太傅에 추증되었으며 시호는 文靖.《晉書》(79)에 전이 있음.
【阿奴】'너.'당시의 말로 동생을 부르는 말. 참고란을 볼 것.

> 참고 및 관련 자료

1.《中興書》
謝奕字無奕, 陳郡陽夏人. 祖衡, 太子少傅. 父裒, 史部尚書. 奕少有器鑒, 辟太尉掾, 剡令, 累遷豫州刺史.

2.《文字志》
謝安字安石, 奕弟也. 世有學行. 安弘粹通遠, 溫雅融暢. 桓彝見其四歲時, 稱之曰:「此兒風神秀撤, 當繼蹤王東海」善行書. 累遷太保·錄尚書事. 贈太傅.

3. 楊勇〈校箋〉
『阿奴, 六朝時人習語, 用於親昵之第二身稱代名詞. 魏書蕭明業傳:「臨死執明業手曰:'阿奴若憶翁, 當奴作.'明業呼何氏曰:'阿奴暫起去.'」本書方正篇26:「阿奴好自愛」, 容止篇25:「阿奴恨才不稱」, 諸此阿奴皆是代稱詞. 伽藍記卷一景寧寺條:「吳人之鬼, 住居建康, 少作冠帽, 短製衣裳, 目呼阿儂, 語則阿傍.」蓋中古時江左人語氣舒緩遲慢故也. 世說中所謂阿兄, 阿母, 阿翁等是也. 唯識鑒篇14:「阿奴碌碌, 當在阿母目下耳」注引鄧粲晉紀曰:「阿奴, 嵩之弟周謨也.」(雅量篇21同) 及品藻篇43:「阿奴比丞相, 但有都長」注云:「阿奴, 濛小字也.」此二條者, 殆因親昵稱代詞, 而轉爲某人之私名也. 然又自習語演變而出無疑. 劉箋, 周記, 許世瑛釋阿奴以此爲孝標之誤, 又覺武斷. 蓋不當一概論之也. 並見文學篇23校箋.』

034(1-34)

사공(謝公, 謝安)은 저공(褚公, 褚裒)을 지극히 존중하여 늘 이렇게 칭하였다.

"저계야(褚季野, 褚裒)는 말은 하지 아니할 뿐, 사시四時의 이치가 다 갖추어져 있는 인물이야."

謝太傅絶重褚公, 常稱:「褚季野雖不言, 而四時之氣亦備.」

【謝太傅】謝安. 字는 安石(320~385). 謝裒의 아들이며 謝琰(望蔡)의 아버지. 謝奕의 동생. 덕망이 있고 기개가 높아 桓彛, 王濛의 사랑을 받음. 처음에는 벼슬에 뜻을 버리고 王羲之, 支遁 등과 산수를 즐기며 조정의 부름에 응하지 않았으나 40이 넘어 桓溫의 司馬를 거쳐 吳興太守, 侍中, 吏部尙書, 太保錄尙書事 등의 관직을 지냄. 뒤에 다시 太傅에 추증되었으며 시호는 文靖.《晉書》(79)에 전이 있음.

〈謝安(安石)〉《三才圖會》

【褚季野】褚裒(303~349). 자는 季野. 東晉 康帝(343~344 재위)의 장인이며 後趙를 토벌하러 나섰으나 병을 얻어 귀환 중에 죽음. 侍中太傅에 추증됨. 《晉書》(93)에 전이 있음.

참고 및 관련 자료

1.《太平廣記》(207)에 인용된《書斷》
謝安石學正於右軍, 右軍云:「卿是卿書者, 然正書解爲難.」安石尤善行書, 亦猶衛洗馬風流名士, 海內所瞻. 王僧虔云:「謝安入能書品錄也, 安石行草幷入妙.」

2.《晉陽秋》
褚裒字季野, 河南陽翟人. 祖䂮, 安東將軍. 父洽, 武昌太守. 裒少有簡貴之風, 沖默之稱. 累遷江·兗二州刺史. 贈侍中·太傅.

3.《晉書》褚裒傳
少有簡貴之風, 與京兆杜乂俱有盛名, 冠於中興. 譙國桓彛見而目之曰:「季野有皮裏陽秋.」言其外無臧否, 而內有所褒貶也. 謝安亦雅重之.

035(1-35)

　유윤(劉尹, 劉惔)이 군수郡守로 있을 때 임종에 이르자 누각 아래에서 어떤 사람이 유윤의 병을 낫게 해 달라고 신에게 제사를 지내며 고무하는 것을 듣고 정색하며 이렇게 말하였다.

　"옳지 않은 제사를 그만두어라!"

　밖에서 실어온 소를 잡아 제사를 지내자고 청하자 유윤眞長은 이렇게 대답하였다.

　"'내 오래도록 기도해 왔다' 하였으니 더 이상 괴롭히지 말아 달라."

　劉尹在郡, 臨終綿惙, 聞閣下祠神鼓舞; 正色曰:「莫得淫祀!」

　外請殺車中牛祭神.

　眞長答曰:「丘之禱久矣, 勿復爲煩」

【劉尹】劉惔. 字는 眞長. 劉宏의 손자로 沛國 相 땅 출신. 明帝(323~326 재위)의 廬陵長公主에게 장가들어 駙馬가 됨. 司從左長史. 侍中. 丹陽尹 등을 지냄. 36세에 죽어 孫綽이 "居官無官官之事, 處事無事事之心"이라 誄文을 지어 명언이라 하였음.《晉書》(75)에 전이 있음.

【臨終綿惙】綿惙은 임종이 가까울 때 얇은 솜을 코끝에 대어 숨의 尙存 여부를 살피는 것을 말함. 참고란을 볼 것.

【丘之禱久矣】丘는 孔子.《論語》述而篇의 구절로 平素에 행동이 神明에 부합되기 때문에 뜻으로는 평소에 기도한 것이나 다름없으니 지금 제사 지내며 기도하는 것은 평소에 다한 일로 굳이 천명을 그르칠 필요가 없다는 뜻.

> 참고 및 관련 자료

1. 《劉尹別傳》
惔字眞長, 沛國相人也, 漢氏之後. 眞長有雅裁, 雖篳門陋巷, 晏如也. 歷司從左長史, 侍中, 丹陽尹. 爲政務鎭靜信誠, 風塵不能移也.
2. 楊勇〈校箋〉
『綿纊, 古人屬纊之際, 以綿置鼻端, 何氣之尚存與否.』
3. 《論語》包氏注
「禱, 請也.」孔安國曰:「孔子素行合於神明, 故曰丘之禱久矣.」

036(1-36)

사공(謝公, 謝安)의 아내 유부인劉夫人이 자녀 교육에 대해 남편 태부(太傅, 謝安)에게 이렇게 불만을 털어놓았다.
"어떻게 하면 당신이 자식 교육을 위해 애쓰는 꼴을 한번 볼 수 있겠소?"
그러자 사안은 이렇게 대답하였다.
"나는 항상 스스로 자식을 가르치고 있는데."

謝公夫人敎兒, 問太傅:「那得初不見君敎兒?」
答曰:「我常自敎兒.」

【劉夫人】謝安의 부인. 沛國 劉耽의 딸이며 劉惔의 누이.《晉書》謝安傳 참조.
【太傅】謝安. 字는 安石(320~385). 謝裒의 아들이며 謝琰(望蔡)의 아버지. 謝奕의 동생. 덕망이 있고 기개가 높아 桓彛, 王濛의 사랑을 받음. 처음에는 벼슬에 뜻을 버리고 王羲之, 支遁 등과 산수를 즐기며 조정의 부름에 응하지

1. 덕행德行 89

않았으나 40이 넘어 桓溫의 司馬를 거쳐 吳興太守, 侍中, 吏部尙書, 太保錄尙書事 등의 관직을 지냄. 뒤에 다시 太傅에 추증되었으며 시호는 文靖. 《晉書》(79)에 전이 있음.

참고 및 관련 자료

1. 《謝氏譜》
安娶沛國劉耽女.
2. 《晉書》劉惔傳
父耽, 晉陵太守, 亦知名.
3. 《晉書》謝安傳
安妻, 劉惔妹也.
4. 《晉書》謝安傳
處家, 常以儀範訓子弟.
5. 劉孝標 注
『案: 太尉劉子眞, 淸潔有志操, 行己以禮; 而二子不才, 並瀆貨致罪. 子眞坐免官. 客曰:「子奚不訓導之?」子眞曰:「吾之行事, 是其耳目所聞見, 而不放效, 豈嚴訓所能變啊? 安石之旨, 同子眞之意也.』

037(1-37)

진晉 간문제(簡文帝, 司馬昱)가 무군撫軍으로 있을 때 앉는 의자의 먼지를 털지 말도록 해서 먼지 위의 쥐 발자국을 보고 징조를 예측하였다.
참군參軍 하나가 대낮에 쥐가 다니는 것을 보고 홀笏을 던져 죽여 버렸다. 그러자 무군이 문득 불쾌한 빛을 보였다.

문하門下에서 그 참군을 탄핵하는 상서를 올리자 무군은 곧 이렇게 말하였다.

"쥐가 죽임을 당한 일만으로도 찜찜한 기분이 잊혀지지 않고 있는데, 그 쥐를 죽인 일로 해서 이제 사람을 해치는 일까지 생긴다면 안될 일이 아니겠는가?"

晉簡文爲撫軍時, 所坐牀上, 塵不聽拂, 見鼠行跡, 視以爲佳. 有參軍見鼠白日行, 以手板批殺之, 撫軍意色不悅.
門下起彈; 敎曰:「鼠被害, 尙不能忘懷; 今復以鼠損人, 無乃不可乎?」

【晉簡文帝】晉나라 제8대 황제 司馬昱. 字는 道萬. 中宗의 少子. 穆帝가 어려서 撫軍으로 보필, 뒤에 桓溫이 海西公을 폐하고 이를 세워 皇帝에 오름. 재위 2년(371~372). 《世說新語》에서는 흔히 '晉簡文', '簡文', '簡文帝', '簡文皇帝', '相王', '撫軍', '會稽王'등으로 칭함. 《晉書》(9)에 紀가 있음.

【撫軍】임금을 도와 군사를 위무하는 직책. 《晉紀》에 의하면 成帝 咸康 6년(340)에 간문제(司馬昱)는 撫軍將軍이 되었다가 穆帝 永和 원년(345)에 撫軍大將軍이 됨.

참고 및 관련 자료

1. 《續晉陽秋》
帝諱昱, 字道萬, 中宗少子也. 仁明有智度. 穆帝幼沖, 以撫軍輔政. 大司馬桓廢海西公而立帝, 在位二年而崩.

2. 《晉書》簡文紀
咸安元年冬十一月己酉, 卽皇帝位; 二年秋七月乙未, 崩於東堂.

038(1-38)

범선范宣이 나이 8세 때에 후원의 채소밭에서 채소를 고르다가 잘못하여 손가락을 다쳐서 울음을 터뜨렸다. 이에 어떤 이가 물었다.
"아프니?"
그러자 그는 이렇게 대답하는 것이었다.
"아파서 우는 게 아니랍니다. 다만 신체발부身體髮膚를 불감훼상不敢毀傷이라 하였으니 이 때문에 우는 것입니다."
이렇게 범선은 결행염약潔行廉約하였다.
어느 때 한예장(韓豫章, 韓伯)이 그에게 비단 1백 필을 주었으나 받지 않아서, 이를 줄여서 50필을 보냈으나 그래도 받지 않아 계속 반씩 줄여 한 필을 주었지만 끝내 받지 않는 것이었다.
뒤에 한예장이 범선과 같은 수레에 타게 되었을 때 수레 안에서 그 마지막 비단 한필을 찢어 둘로 나누어 범선에게 보이면서 물었다.
"사나이로서 그래 자신의 부인으로 하여금 아랫도리 치마도 없이 살게 할 작정인가?"
그제야 범선은 웃으며 받는 것이었다.

范宣年八歲, 後園挑菜誤傷指, 大啼.
人問:「痛邪?」
答曰:「非爲痛也; 但身體髮膚, 不敢毀傷, 是以啼耳.」
宣潔行廉約: 韓豫章遺絹百匹, 不受; 減五十匹, 復不受; 如是減半, 遂至一匹, 旣終不受.
韓後與范同載, 就車中裂二丈與范, 云:「人寧可使婦無褌邪?」
范笑而受之.

【范宣】晉나라 때 인물. 字는 子宣(宣子). 陳留人. 詩書와 三禮에 능통하였으며 太尉 郗鑒의 主簿를 역임함. 太學博士, 散騎郞으로 부름을 받았으나 벼슬에 오르지 않고 講誦을 업으로 삼아 당시 豫章의 儒風을 크게 일으킴.《晉書》(91)에 전이 있음.

【身體髮膚】《孝經》에 "身體髮膚, 受之父母, 不敢毀傷, 孝之始也"라 하였음.

【韓豫章】韓伯. 자는 康伯. 潁川人. 秀才로 천거되어 著作郞에 부름을 받았으나 응하지 않음. 뒤에 侍中, 丹陽尹, 吏部尙書, 領軍將軍, 豫章太守 등의 벼슬을 지냄. 죽은 후 太常에 추증됨.《晉書》(75)에 전이 있음.

참고 및 관련 자료

1.《范宣別傳》
宣字子宣, 陳留人, 漢萊蕪長范丹後也. 年十歲, 能誦詩書. 兒童時, 手傷改容, 家人以其年幼, 皆異之. 徵太學博士, 散騎常侍, 一無所就. 年五十四卒.

2.《續晉陽秋》
韓伯字康伯, 潁川人. 好學, 善言理. 歷豫章太守, 領軍將軍.

3.《中興書》
宣家至貧, 罕交人事. 豫章太守殷羨見宣茅茨不完, 欲爲功室, 宣固辭. 庾爰之以宣貧, 加年饑疾疫, 厚餉給之, 宣又不受.

4.《晉書》阮籍傳
群蝨之處裩中, 逃乎深縫, 匿乎敗絮, 自以爲吉兆也.

5.《孝經》開宗明義章
子曰:「夫孝德之本也. 教之所由生也. 復坐吾語汝. 身體髮膚受之父母, 不敢毀傷孝之始也; 立身行道揚名於後世, 以顯父母, 孝之終也. 夫孝始於事親中於事君終於立身. 大雅云無念爾祖聿脩厥德.」

039(1-39)

왕자경(王子敬, 王獻之)이 병이 심해지자 집사람들이 도사道士를 모셔서 천제에게 기도하게 하였는데, 도가道家의 의식에서는 우선 먼저 죄를 진술하게 되어 있었다.

그래서 자경에게 이렇게 물었다.

"그대는 일찍이 언행을 다르게 하였다거나 잘못을 저지른 일이 없소?"

그러자 자경은 이렇게 대답하였다.

"다른 일은 깨닫지 못하겠으나 오직 내 아내郗家와 이혼한 것이 죄일 것 같소."

王子敬病篤, 道家上章應首過; 問子敬:「由來有何異同得失?」
子敬云:「不覺有餘事, 唯憶與郗家離婚」

【王子敬】王獻之(344~388). 자는 子敬. 王羲之의 일곱째아들. 처음에 郗曇의 딸과 결혼하였으나 뒤에 簡文帝의 新安公主와 재혼함. 吳興太守, 尙書令 등을 역임함. 丹靑에 재능이 있었고 아버지 王羲之와 함께 글씨에도 능하여 '二王'이라 불렸음. 지금 남아 있는 묵적으로는 眞書의 '洛神賦十三行', 行書 '鴨頭丸帖', 草書 '十二月帖'등이 유명함.《晉書》(80)에 전이 있음.

【上章】道家의 기도 중에 자신의 죄를 고백하면서 除厄을 기원하는 의식.

【妻】王獻之의 처는 高平 郗曇의 딸 郗道茂였음.

> 참고 및 관련 자료

1.《獻之別傳》
祖父曠, 淮南太守. 父羲之, 右將軍. 咸安中, 詔尙餘姚公主, 遷中書令. 卒.

2.《晉書》王獻之傳과 後妃傳
起家爲州主簿, 祕書郞. 轉出, 以選尙新安公主.

3.《太平御覽》(152)에 인용된《中興書》
新安愍公主道, 簡文第三女, 徐淑媛所生, 適桓濟重, 適王獻之.(吳士鑑:「此云餘姚公主, 疑重適之後改封耶.」)

4. 《王氏譜》

獻之娶高平郗曇女, 名道茂, 後離婚.

040(1-40)

은중감殷仲堪이 형주荊州 자사가 되었을 때 마침 수재를 만났다.

그는 하루 다섯 공깃밥 외에는 상에 아무런 반찬이 없었으며, 밥알이 상 밖에 떨어지면 문득 이를 주워 먹을 정도였다.

이런 절약 행동은 비록 만물에 솔선을 보이기 위한 것이기도 하였지만 역시 본래 그 자신의 몸에 밴 것이었다. 그리고 그는 매번 자제들에게 이렇게 말하였다.

"내가 지금 형주 자사가 되었다고 해서 이미 내 옛날 소원을 이루었다고 이르지 말라. 지금 내 처지는 아직도 다 이룬 것이 아니다. 가난이란 선비에게 늘 있는 것이니 어찌 가지 하나에 오르겠다고 그 근본을 버릴 수 있겠느냐? 너희들은 명심하여 이를 기억하라!"

殷仲堪旣爲荊州, 値水儉, 食常五盌, 盤外無餘肴; 飯粒脫落盤席間, 輒拾以啖之; 雖欲率物, 亦緣其性眞素.

每語子弟云:「勿以我受任方州, 云我豁平昔時意; 今吾處之不易; 貧者士之常, 焉得登枝而捐其本? 爾曹其存之!」

【殷仲堪】(?~399) 太常 殷融의 손자이며 殷仲文의 종형. 문장과 淸言(賢談)에 능하여 당시 韓康伯과 이름을 나란히 하였음. 振威將軍, 荊州刺史 등을 지냈

으며 청렴하였음.《晉書》(84)에 전이 있음.
【水儉】水災를 만남.
【貧者, 士之常】《說苑》雜言篇과《孔子家語》六本篇에 "孔子見榮啓期, 問曰: '先生何樂也?'對曰: '夫貧者, 士之常也; 死者, 民之終也. 處常待終, 當何憂乎?'"라 함.

참고 및 관련 자료

1.《晉書》安帝紀
仲堪, 陳郡人, 太常融孫也. 車騎將軍謝玄請爲長史, 孝武說之, 俄爲黃門侍郎. 自殺袁悅之後, 上深爲晏駕後計, 故先出王恭爲北蕃. 荊州刺史王忱死, 乃中詔用仲堪代焉.

2.《通鑑》孝武紀
太元十七年十一月, 帝欲制道子, 以黃門郎殷仲堪爲都督荊‧益‧寧三州諸軍事, 荊州刺史, 鎭江陵. 是秋冬大旱. 十九年七月, 荊‧徐大水, 傷秋稼, 詔遣使振卹之. 二十年六月, 荊‧徐大水.

041(1-41)

처음 환남군(桓南郡, 桓玄)과 양광楊廣 등이 은형주(殷荊州, 殷仲堪)를 설득하였다. 즉, 마땅히 은의殷顗의 남만교위南蠻校尉 군사를 빼앗아 자신의 방비로 삼도록 한 것이다. 은의도 역시 이 사실을 알고 있었다.
그래서 은의는 행산行散을 나갔다가 돌연 고향으로 되돌아가서는 다시 돌아오지 않았다. 안팎의 그 누구도 그의 그러한 행동을 미리 알아차리지 못하였다. 그러나 은의의 마음과 표정은 소연蕭然하여 마치 옛날 세 번이나 축출을 당하고도 노한 기색이 없던 초나라 영윤令尹 자문子文 투생鬪生 같았다. 당시 사람들은 이 일로 그를 무척 존경하였다.

初, 桓南郡·楊廣共說殷荊州, 宜奪殷顗南蠻以自樹. 顗亦卽曉其旨; 嘗因行散, 率爾去下舍, 便不復還. 內外無預知者. 意色蕭然, 遠同鬪生之無慍. 時論以此多之.

【桓南郡】桓玄(369~404). 字는 敬道. 大司馬 桓溫의 막내아들. 南郡公에 봉해졌었음. 劉裕의 기병과 맞섰다가 建康에서 참수당함.《晉書》(99)에 전이 있음.

【楊廣】字는 德度(?~399). 한나라 楊震의 후손으로 양준의 증손이며 楊佺期의 형. 淮南太守, 南蠻校尉, 征虜將軍 등을 역임함.

【殷荊州】殷仲堪(?~399). 殷融(洪遠)의 손자이며 殷仲文의 종형. 문장과 賢言에 뛰어나 韓康伯과 이름을 나란히 하였음. 振威將軍, 荊州刺史 등을 역임함. 뒤에 桓玄에게 죽임을 당함.《晉書》(84)에 전이 있음.

〈楊震〉《三才圖會》

【殷顗】자는 伯道(伯通). 은중감의 從兄. 殷覬로 표기된 곳도 있음.《晉書》(83)에 전이 있음.

【行散】당시 淸談家들이 五石散을 먹고 약 기운의 발산을 위해 산보를 다니는 것. 환각작용으로 자유롭고 예의규범에 구속되지 않는 행동을 중시한 뜻도 들어 있음.

【鬪生】楚나라 令尹 子文을 가리킴. 鬪는 초나라의 성씨.《論語》公冶長篇에서 그 행적이 거론됨. 참고란을 볼 것.

참고 및 관련 자료

1.《桓玄別傳》
玄字敬道, 譙國龍亢人, 大司馬溫少子也. 幼童中, 溫甚愛之. 臨終, 命以爲嗣. 年七歲, 襲封南郡公, 拜太子洗馬, 出補義興太守. 不得志, 少時去職, 歸其國. 與荊州刺史殷仲堪素舊, 情好甚隆.

2.《隆安記》周祇
廣字德度, 弘農人, 楊震後也.

3.《中興書》
初, 仲堪欲起兵, 密邀顗, 顗不同. 楊廣與弟佺期勸殺顗, 仲堪不許.』

4.《晉書》安帝紀
顗字伯道, 陳郡人. 由中書郎出爲南蠻校尉. 顗亦以率易才悟著稱, 與從弟仲堪俱知名.

5.《論語》公冶長篇
令尹子文, 三仕爲令尹, 無喜色, 三已之, 無慍色.

6.《春秋傳》
楚令尹子文鬪氏也.

042(1-42)

왕복야(王僕射, 王愉)가 강주江州에 있을 때 은중감殷仲堪과 환현桓玄에게 쫓기어 예장豫章으로 숨어들었으나 존망을 예측할 수 없는 지경에 이르렀다.
그때 그의 아들 왕수王綏가 서울에 있었는데, 슬퍼하는 모습이 얼굴에 역력하였고, 행동과 음식을 모두 낮추고 조심스럽게 하여 당시 사람들은 그를 '시수효자試守孝子'라 일컬었다.

王僕射在江州, 爲殷·桓所逐, 奔竄豫章, 存亡未測.
王綏在都, 旣憂戚在貌, 居處飮食, 每事有降. 時人謂爲試守孝子.

【王僕射】王愉(?~404). 자는 茂和. 王坦之의 둘째아들. 桓玄이 簒位하자 尙書左僕射로 강등됨. 劉裕가 宋을 세울 때 도왔으나 뒤에 배반하여 참수당함.《晉書》(75)에 전이 있음.

【江州】 지금의 江西省 및 湖北省 일대. 王愉가 쫓겨간 것은 隆安 2년(398) 8월임.

【王綏】 자는 彦猷(?~404). 王愉의 아들. 桓玄이 찬위할 때 尙書令이 되었으며 劉裕가 환현을 깨뜨릴 때 冠軍將軍이 되었다가 荊州刺史가 됨. 뒤에 아버지와 함께 유유에게 반기를 들었다가 살해당함. 《晉書》(75)에 전이 있음.

【試守孝子】 부모의 喪이 닥칠 것을 예상하고 미리 행동을 삼가는 경우를 뜻함. 試守는 원래 見習의 뜻. 秦漢 시대 관리 임명제도로 정식 직급을 맡기 전에 먼저 견습으로 일을 익히도록 하는 것이었음.

참고 및 관련 자료

1. 《晉紀》徐廣
王愉字茂和, 太原晉陽人. 安北將軍坦之次子也. 以輔國司馬. 出爲江州刺史. 愉始至鎭, 而桓玄, 楊佺期擧兵以應王恭, 乘流奄至, 愉無防, 惶遽奔臨川, 爲玄所得. 玄簒位, 遷尙書左僕射.

2. 《中興書》
綏字彦猷, 愉子也. 少有令譽. 自王澤至坦之, 六世盛德, 綏又知名, 于時冠冕, 莫與爲比. 位至中書令, 荊州刺史. 桓玄敗後, 與父愉謀反, 伏誅.

3. 《後漢書》馬援傳 李賢 注
前漢書音義曰: 試守者, 試守一歲乃爲眞, 食其全俸.

043(1-43)

환남군(桓南郡, 桓玄)이 이미 형주자사荊州刺史 은중감殷仲堪을 퇴패시킨 후 은중감의 무장과 문관 10여 명을 사로잡았다. 그 중에 은중감의 자의참군 咨議參軍 나기생羅企生도 잡혀 있었다.

환현은 평소 기생을 대단히 후대하고 있던 터라 곧 그들에 대한 처결 결정이 내리자 먼저 사람을 보내 이렇게 말하였다.

"그대가 나에게 사죄하기만 하면 죄를 용서하리라."

그러자 나기생이 이렇게 말을 전하라고 하였다.

"나는 당초 은형주의 속관이었다. 지금 그와 병사들이 패망하여 생사조차 알 수 없는데 나 혼자 살아 무슨 낯으로 환공에게 사죄한단 말이냐?"

드디어 기시棄市의 형으로 저자에 끌려 나가자 환현은 다시 사람을 보내어 무슨 유언을 남길 만한 게 없느냐고 물었다. 기생이 이렇게 대답하였다.

"옛날 진문왕(晉文王, 司馬昭)이 혜강嵇康을 사형시켰지만 그 아들 혜소嵇紹는 그래도 화를 입지 않은 채 진晉나라 조정에 충성을 다하였다. 나의 소원은 다만 내 동생이 온전히 살아 늙으신 어머니를 봉양해 주기를 바랄 뿐이다."

환현은 그의 소원대로 그의 동생을 풀어 주었다. 환현은 앞서 고양羔羊의 가죽으로 만든 외투를 나기생의 어머니 호씨胡氏에게 보내 주었다.

당시 어머니 호씨는 예장豫章에 있었는데 기생의 피살 소문을 듣자 그날로 그 외투를 태워 버렸다.

桓南郡旣破殷荊州, 收殷將佐十許人; 諮議羅企生亦在焉. 桓素待企生厚, 將有所戮, 先遣人語云:「若謝我, 當釋罪.」

企生答曰:「爲殷荊州吏; 今荊州奔亡, 存亡未判, 我何顏謝桓公?」

旣出市, 桓又遣人問欲何言?

答曰:「昔晉文王殺嵇康, 而嵇紹爲晉忠臣; 從公乞一弟以養老母.」

桓亦如言宥之. 桓先曾以一羔裘與企生母胡; 胡時在豫章, 企生問至, 卽日焚裘.

【桓玄】자는 敬道(369~404). 大司馬 桓溫의 막내아들. 南郡公에 봉해졌었음. 劉裕의 기병에 맞섰다가 建康에서 참수 당함.《晉書》(99)에 전이 있음. 譙國 龍亢人. 대사마 桓溫의 少子이며 아버지를 이어 南郡公이 됨.

【羅企生】자는 宗伯. 豫章人. 殷仲堪의 功曹를 거쳐 武陵太守를 지냄. 桓玄이 荊州를 파하여 은중감이 패주할 때 아무도 따르지 않았으나 나기생만이 따라나섰으며, 환현을 섬기지 않겠다고 버티어 37세에 죽임을 당함.《晉書》(89) 忠義傳에 전이 실려 있음.

【殷荊州】殷仲堪(?~399). 太常 殷融의 손자이며 殷仲文의 종형. 문장과 淸言(賢談)에 능하여 당시 韓康伯과 이름을 나란히 하였음. 振威將軍, 荊州刺史 등을 지냈으며 청렴하였음.《晉書》(84)에 전이 있음.

【晉文王】司馬昭. 晉文王, 晉文帝. 晉宣帝의 둘째아들이며 이름은 昭, 자는 子上. 晉武帝 司馬炎이 진나라를 세우고 나서 文帝로 추존함.《晉書》(2)에 紀가 있음.

【嵇康】자는 叔夜(223~262). 어릴 때 고아였으며 奇才가 있었음. 老莊에 심취하였으며 시문에 능하였고 '竹林七賢'의 하나임. 뒤에 鍾會의 모함을 입어 司馬昭에게 죽임을 당함. 本姓은 奚氏였으나 뒤에 銍縣 嵇山 곁에 옮겨 살아 성을 嵇氏로 바꾸었다 함. 〈廣陵散曲〉,〈琴賦〉,〈養生論〉,〈聲無哀樂論〉, 〈與山巨源絶交書〉 등이 유명함.《晉書》(49)에 전이 있음.

【嵇紹】字는 延祖(253~304). 嵇康의 아들. 10세에 고아가 되어 어머니를 극진히 섬겼음. 山濤가 武帝에 추천하여 秘書郎이 되었다가 趙王(司馬倫)이 찬위하자 侍中이 되었음. 惠帝가 복위되자 다시 그를 모셨으며 八王之亂 때 임금을 도와 蕩陰에서 싸움. 그 당시 侍衛가 다 무너졌으나 嵇紹만은 끝내 몸으로 임금을 막다가 피를 임금의 옷에 뿌리며 죽음. 일이 끝나고 좌우 신하가 임금의 피문은 옷을 씻으려 하자 "이는 嵇侍中의 피이다. 씻지 말라"고 함. 元帝 때 忠穆이라 시호를 내림.《晉書》(89)에 전이 있음.

【乞一弟】羅企生의 동생은 이름이 羅遵生이었음.

참고 및 관련 자료

1. 《桓玄別傳》

玄克荊州, 殺殷道護及仲堪參軍羅企生·鮑季札, 皆仲堪所親仗也.

2. 《中興書》

企生字宗伯, 豫章人. 殷仲堪初請爲府功曹, 桓玄來攻, 轉諮議參軍. 仲堪多疑少決, 企生深憂之, 謂其弟遵生曰:「殷侯仁而無斷, 事必無成; 成敗天也, 吾當死生以之.」及仲堪走, 文武並無送者, 唯企生從焉. 路經家門, 遵生紿之曰:「作如此分別, 何可不執手?」企生回馬授手, 遵生便牽下之, 謂曰:「家有老母, 將欲何行?」企生揮涕曰:「今日之事, 我必死之! 汝等奉養, 不失子道; 一門之內, 有忠與孝, 亦復何恨?」遵生抱之愈急. 仲堪於路待之, 企生遙呼曰:「今日死生是同, 願少見待!」仲堪見其無脫理, 策馬而去. 俄而玄至, 人士悉詣玄, 企生獨不往: 而營理仲堪家. 或謂曰:「玄性猜忍, 未能取卿誠節; 若遂不詣, 禍必至矣!」企生正色曰:「我殷侯吏, 見遇以國士, 不能共珍醜逆, 致此奔敗, 復何面目就桓求生乎?」玄聞, 怒而收之. 謂曰:「相遇如此, 何以見負?」企生曰:「使君口血未乾, 而生此姦計. 自傷力劣, 不能剪定兇逆, 我死恨晚爾!」玄遵斬之, 時年三十有七. 衆咸悼之.

3. 《晉書》王隱

紹字延祖, 譙國銍人. 父康, 有奇才儁辯. 紹十歲而孤, 事母孝謹. 累遷散騎常侍. 惠帝敗於蕩陰, 百官左右皆奔散, 唯紹儼然端冕, 以身衛帝. 兵交御輦, 飛箭雨集, 遂以見害也.

044(1-44)

왕공王恭이 회계會稽에서 돌아오자 왕대(王大, 王忱)가 그를 맞으러 나가 보았다. 왕대는 왕공이 6척의 대나무 자리를 깔고 앉아 있는 것을 보고 물었다.

"그대는 동쪽으로부터 왔으니 응당 이런 물건이 많겠지. 나에게 하나 줄 수 있겠소?"

왕공은 아무 말을 하지 않았다. 그리고는 왕대가 떠나가자 즉시 깔고 앉았던 대나무 자리를 보내 주었다. 남겨둔 자리가 없어 그는 그냥 짚자리를 사용하였다.

뒤에 왕대가 그 소식을 듣고는 크게 놀라서 이렇게 말하였다.

"나는 그대가 대자리를 많이 가져온 줄 알고 달라고 그랬던 것일세."

그러자 왕공은 이렇게 대답하였다.

"어른께서는 저를 알지 못하시는군요. 저는 절대로 물건에 여유를 갖지 않는 것을 원칙으로 사는 자입니다."

王恭從會稽還, 王大看之, 見其坐六尺簟, 因語恭:「卿東來, 故應有此物, 可以一領及我?」

恭無言. 大去後, 卽擧所坐者送之. 旣無餘席, 便坐薦上.

後大聞之, 甚驚, 曰:「吾本謂卿多, 故求耳.」

對曰:「丈人不悉恭; 恭作人無長物.」

【王恭】자는 孝伯(?~398). 太原 晉陽人. 王蘊의 아들이며 安帝의 외삼촌. 일찍이 丹陽尹의 中書令을 지냈으며 五州都督前將軍과 靑州・兗州刺史 등을 지냄. 《晉書》(84)에 전이 있음.
【會稽】지금의 浙江省 紹興縣. 당시 수도 建康(지금의 南京)의 동쪽에 위치함.
【王大】王忱. 字는 元達(?~392). 어릴 때 字가 佛大. 王坦之의 넷째아들이며 王恭과는 族親 관계. 放達嗜酒하여 옷을 벗고 다니거나 며칠을 계속 술을 마시는 등 禮敎를 벗어나 살았음. 荊州刺史, 建武將軍 등을 지냄. 《晉書》(75)에 전이 있음.
【簟】대나무로 만든 돗자리로 회계의 특산품. 《西京雜記》참조.

> 참고 및 관련 자료

1. 《隆安記》周祗

恭字孝伯, 太原晉陽人. 祖父濛, 司徒左長史, 風流標望. 父蘊, 鎭軍將軍, 亦得世譽.

2. 《王恭別傳》

恭淸廉貴峻, 志存格正. 起家佐著作郞, 歷丹陽尹, 中書令, 出爲五州都督, 前將軍, 靑·兗二州刺史.

3. 《晉書》安帝紀

忱字元達, 平北將軍坦之第四子也. 甚得名於當世. 與族子恭少相善, 齊聲見稱. 任至荊州刺史.

4. 《西京雜記》권2

會稽歲時獻竹簟供御, 世號爲流黃簟.

045(1-45)

오군吳郡의 진유陳遺는 집 안에서 대단히 효성스러웠다. 그의 어머니는 누룽지를 매우 좋아하였다. 그런데 진유는 마침 주군州郡의 주부主簿가 되어 집을 떠나 있게 되었다.

진유는 그곳에서 항시 자루를 가지고 다니면서 밥을 해먹을 땐 매번 그 자루에 누룽지를 모아 담았다가 집에 돌아와 어머니께 드리곤 하였다.

뒤에 손은孫恩의 난을 만나 적병이 오군까지 밀려왔고, 원부군(袁府君, 袁山松)은 즉일로 토벌작전에 들어가게 되었다. 진유는 수십 말[斗]의 누룽지를 모았지만 집에 돌아갈 겨를이 없어, 결국은 그것을 지닌 채로 종군하게 되었다.

그러나 결국 호독滬瀆 싸움에서 패하여 군인들은 모두 괴멸하고 흩어져 산이나 늪으로 도망쳐 많은 병사들이 굶어죽게 되었지만, 진유는 유독 누룽지 때문에 살아남게 되었다.

당시 사람들은 모두 진유가 순효純孝하였기 때문에 얻은 보답이라고 여겼다.

吳郡陳遺, 家至孝, 母好食鐺底焦飯. 遺作郡主簿, 恆裝一囊, 每煮食, 輒貯錄焦飯, 歸以遺母. 後値孫恩賊出吳郡, 袁府君卽日便征, 遺以聚斂得數斗焦飯, 未展歸家, 遂帶以從軍; 戰於滬瀆, 敗軍人潰散, 逃走山澤, 皆多餓死, 遺獨以焦飯得活. 時人以爲純孝之報也.

【陳遺】晉 安帝 때의 인물. 郡吏의 낮은 벼슬을 지냈으며 어머니에게 지극한 효도를 다하였음. 《南史》(73)에 전이 있음.
【孫恩】자는 靈秀(?~402). 琅邪人. 五斗米道를 신봉했으며 그 영수가 되어 호를 '長生人'이라 하고 스스로 征東將軍이라 칭하여 동남 연해와 도서 지역을 점거히였다기 誅殺당함. 《晉書》(100)에 전이 있음.
【袁府君】袁山松. 문장에 뛰어났으며 《後漢書》 1백 篇을 지음. 吳郡太守 였을 때 孫恩의 난을 만나 피해를 입음. 《晉書》(83)에 전이 있음.
【滬瀆】지금의 上海 부근. 《吳郡志》에 "松江東瀉曰滬海, 亦謂之滬瀆"이라 함.

참고 및 관련 자료

1. 《南史》吳逵傳
宋初吳郡人陳遺, 少爲郡吏, 母好食鍋底飯. 遺在役, 恆帶一囊, 每煮食, 輒錄其焦以貽母. 後孫恩亂, 聚得數升, 恆帶自隨. 及財逃竄, 多有餓死, 遺以此得活. 母晝夜泣涕, 目爲失明, 耳無所聞. 遺還, 入戶再拜, 號咽, 母豁然卽明.

2. 《晉書》安帝紀

孫恩一名靈秀, 琅邪人. 叔父泰, 事五斗米道, 以謀反誅. 恩逸逃於海上, 聚衆十萬人, 攻沒郡縣, 後爲臨海太守辛昺斬首, 送之京師.

3. 《續晉陽秋》

山松, 陳郡人, 歷祕書監, 吳國內史, 孫恩作亂, 見害.

046(1-46)

공복야(孔僕射, 孔安國)는 효무제(孝武帝, 司馬曜)의 시중侍中 벼슬을 하면서 매우 신임을 받았었다. 열종烈宗, 효무제가 죽을 때 공복야는 태상太常이었는데, 몸이 매우 마른 상태에 중복重服을 입고 종일 눈물을 흘려, 보는 사람들이 모두 친상을 입은 진짜 효자 같다고 하였다.

孔僕射爲孝武侍中, 豫蒙眷接烈宗山陵. 孔時爲太常, 形素羸瘦, 着重服, 竟日涕泗流漣, 見者以爲眞孝子.

【孔僕射】 孔安國(?~408). 孔愉의 막내아들. 당시 儒學의 일인자로 侍中·太常·尚書·右僕射를 지냈으며 죽은 후 光祿大夫에 추증됨. 《晉書》(78)에 전이 있음.
【孝武帝】 司馬曜. 東晉 제 9대 황제 孝武帝. 재위 24년(373~396). 廟號는 烈宗. 자는 明昌. 簡文帝의 셋째아들. 11세 때에 재위에 올라 35세에 죽음. 《晉書》(9)에 紀가 있음. 王蘊의 딸 法惠를 비로 삼음.
【山陵】 황제의 죽음을 뜻함. 《通鑑》에 "太元二十一年冬十月甲甲, 葬孝武帝于隆平陵"이라 함.
【重服】 喪服. 大功 이상의 상복으로 喪期는 9개월임.

참고 및 관련 자료

1.《續晉陽秋》
孔安國字安國, 會稽山陰人, 車騎愉第六子也. 少而孤貧, 能善樹節, 以儒素見稱. 歷侍中·太常·尙書, 遷左僕射. 卒, 特進左光祿大夫.

047(1-47)

오도조(吳道助, 吳坦之)와 부자(附子, 吳隱之) 형제는 단양군丹陽郡에 살았다. 뒤에 어머니 동부인童夫人의 상을 만나자 조석으로 울음을 그치지 않고 사모의 정이 넘쳐 빈객이 조문을 오면 울며불며 애절하여 길 가던 사람조차도 눈물을 흘리게 하였다. 한강백(韓康伯, 韓伯)이 이때 단양군수였었는데, 모친 은씨殷氏가 마침 이 오씨吳氏 집과 가까워 매번 이 두 형제의 곡성哭聲을 듣고는 애상이 여겼다.
은씨는 아들 강백에게 이렇게 일러 주었다.
"네가 만약 선관選官이 되거든 의당 이런 사람을 잘 기억해 두어야 한다."
강백도 또한 잘 알고 있었으며, 뒤에 과연 한강백이 선관인 이부상서吏部尙書가 되자 형은 끝내 상복을 벗지 않고 종신수제終身守制를 고집하였지만 동생은 드디어 강백에게 발탁되어 현달顯達하게 되었다.

吳道助·附子兄弟, 居在丹陽郡, 後遭母童夫人艱, 朝夕哭臨; 及思至, 賓客弔省, 號踊哀絶, 路人爲之落淚. 韓康伯時爲丹陽, 母殷在郡, 每聞二吳之哭, 輒爲悽惻.
　語康伯曰:「汝若爲選官, 當好料理此人!」
　康伯亦甚相知. 韓後果爲吏部尙書. 大吳不免哀制, 小吳遂大貴達.

【吳道助】道助는 吳坦之의 어릴 때 字. 그 뒤 자를 處靖으로 바꿈. 濮陽人. 오은지의 형.
【附子】吳隱之의 어릴 때 이름. '貪泉'시로 유명함. 참고란을 볼 것.
【童夫人】이름은 秦姬. 東莞, 童儈의 딸.
【選官】관리를 뽑는 임무의 직책. 즉 吏部尙書를 말함.
【康伯】韓伯. 자는 康伯. 穎川人. 秀才로 천거되어 저작랑에 부름을 받았으나 응하지 않음. 뒤에 侍中, 丹陽尹, 吏部尙書, 令軍將軍, 豫章太守 등의 벼슬을 지냄. 죽은 후 太常에 추증됨.《晉書》(75)에 전이 있음.
【母殷】한강백의 어머니이며 揚州刺史 殷洗의 누이. 총명하였었음.

> 참고 및 관련 자료

1.《吳氏譜》
坦之字處靖, 濮陽人. 仕至西中郎將功曹. 父堅, 取東莞童儈女, 名秦姬.

2.《孝子傳》鄭緝
隱之字處黙, 少有孝行, 遭母喪, 哀毀過禮. 時與太常韓康伯鄰居. 康伯母, 揚州刺史殷浩之妹, 聰明婦人也. 隱之每哭, 康伯母輒輟事流涕, 悲不自勝, 終其喪如此. 謂康伯曰:「汝後若居銓衡, 當用此輩人!」後康伯爲吏部尙書, 乃進用之.

3.《晉書》安帝紀
隱之旣有至性, 加以廉潔, 俸祿頒九族, 冬月無被. 桓玄欲革嶺南之敝, 以爲廣州刺史. 去州二十里有貪泉, 世傳飮之者其心無厭. 隱之乃之水上, 酌而飮之, 因賦詩曰:「石門有貪泉, 一歃重千金; 試使夷齊飮, 終當不易心.」爲盧循所攻, 還京師. 歷尙書·領軍將軍.

4. 《中興書》

舊云往廣州飲貪泉, 失廉潔之性. 吳隱之爲刺史, 自酌貪泉飲之, 題石門爲詩.

048(1-48)

왕승상(王丞相, 王導)이 이런 꿈을 꾸었다.

"어떤 이가 백만 금으로 그대의 아들 장예(長豫, 王忱)를 사려 하오. 승상께서 심히 싫어하기에 그런 일이 없도록 기도할까 봐 몰래 이를 대비해 두었다오."

뒤에 왕승상이 집을 짓게 되었을 때 땅을 파다가 갑자기 구덩이에 묻힌 돈더미를 발견하였다. 헤아려보니 백억 금이나 되었다. 승상은 크게 불쾌히 여기고 곧바로 묻어 모두 봉해 버렸다. 그러나 얼마 후 장예는 죽고 말았다.

王丞相夢: 人欲以百萬錢買長豫, 丞相甚惡之, 潛爲祈禱者備矣. 後作屋, 忽掘得一窖錢, 料之百億, 大不歡, 一皆藏閉. 俄而長豫亡.

【王丞相】王導(276~339). 자는 茂弘. 어릴 때 자는 阿龍. 王敦의 從弟. 서진이 망하자 王敦과 함께 司馬睿를 황제로 추대하여 東晉을 세움. 그 공으로 丞相이 되었으며 號는 '仲父'라 하였음. 천하의 권세를 잡아 당시 "王與馬, 共天下"라 하였음. 元帝와 明帝, 成帝를 차례로 즉위시켰음. 아울러 남방 세족의 도움으로 강남에서의 동진 정권을 안정시킴. 《晉書》(65)에 전이 있음.

【長豫】王悅. 자는 長豫. 승상 王導의 장자. 어릴 때의 자는 阿太. 王羲之, 王承과 함께 "王氏三少"라 불렸음. 뒤에 일찍 죽어 아우 王恬의 아들 王混(王琨)이 양자로 뒤를 이음.《晉書》(65)에 전이 있음.

> 참고 및 관련 자료

1. 본 장은 〈宋本〉에는 없고 《世說新語考異》에 29편(029)과 섞여 있다. 029 참고란을 볼 것.
2. 내용이 魏晉 특유의 志怪에 가깝다.
3. 楊勇〈校箋〉

『勇按: 右條〈宋本〉不見, 考異有, 而與本篇29混; 今分置之, 姑繫於此. 幷見本篇 29校箋.』

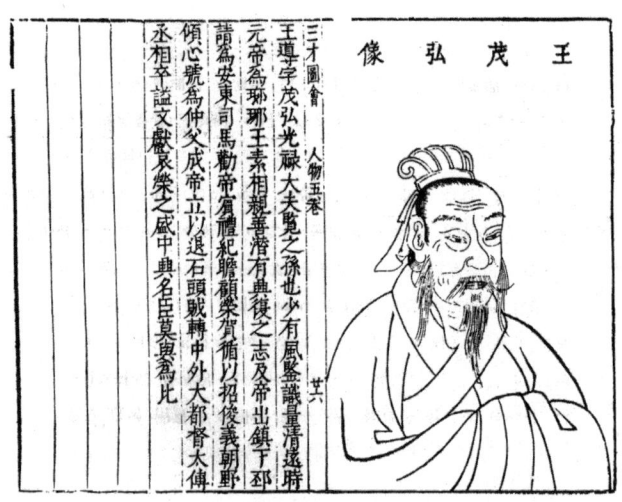

〈王導(茂弘)〉《三才圖會》

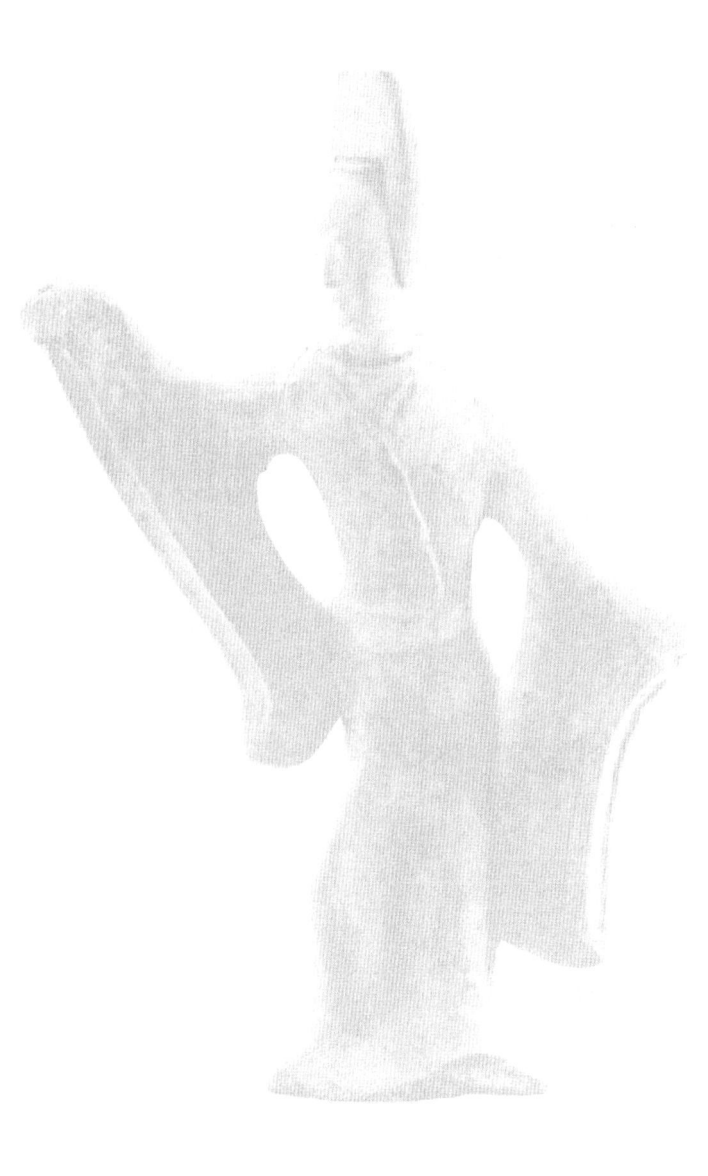

2. 언어言語
총 108장 (049-156)

　《논어論語》 선진편先進篇에 "言語: 宰我, 子貢"이라 하였다. 본 편은 당시 인물들의 재치 있는 대답이나 기지 넘치는 변론, 뛰어난 언어 표현 등을 모아 기록한 것이다. 혜언교어慧言巧語를 모아 기록한 〈문학文學〉편의 재담才談과 비슷하여 당시 언어와 문학에 대한 개념을 엿볼 수 있다.

　총 108장이다.

孔融의 「小時了了」 고사 삽화. 051 참조.

049(2-1)

변문례(邊文禮, 邊讓)가 원봉고(袁奉高, 袁閬)를 방문하였을 때 응대의 차서 次序를 잃게 되었다. 그러자 봉고가 물었다.

"옛날 요堯임금이 허유를 초빙하였을 때 허유는 당황한 기색이 전혀 없었소. 그런데 그대는 무슨 일로 전도의상顚倒衣裳하고 있소?"

변문례는 이렇게 대답하였다.

"명부明府께서 처음 임하시어 만나주시면서 요임금 같은 덕이 아직 나타나지 않았었기에 이 천한 저는 전도의상하고 만 것입니다."

邊文禮見袁奉高失次序.
奉高曰:「昔堯聘許由, 面無怍色; 先生何爲顚倒衣裳?」
文禮答曰:「明府初臨, 堯德未彰; 是以賤民顚倒衣裳耳.」

【邊文禮】後漢 때의 邊讓. 자는 文禮. 후한 때의 인물로 九江太守를 지냈으며 獻帝 초에 天下의 어지러움을 피해 귀향함. 뒤에 曹操에게 오기를 부렸다가 피살됨. 《後漢書》(80)에 전이 있음. 그의 작품 〈章華臺賦〉가 《前後漢文》(84)에 남아 있음.
【袁奉高】袁閬. 자는 奉高. 東漢 때 인물로 남을 추천하기를 좋아하였다 함. 黃憲과 陳蕃 등이 모두 그의 추천을 받아 벼슬길에 올랐음. 〈宋本〉에 闐으로 되어 있으나 이는 閬의 오기임.
【次序】순서. 조리. '차서를 잃다'는 것은 '手忙脚亂'의 뜻.
【許由】상고시대의 高士. 堯가 天下를 그에게 선양하려 하자 받지 않고 箕山에 숨어들었다 함. 巢父와 병칭됨.《莊子》逍遙遊篇과 皇甫謐《高士傳》(上)을 볼 것. 참고란을 볼 것.
【顚倒衣裳】윗사람이 불시에 아랫사람을 부를 때 당황함을 표현하는 말. 《詩經》齊風 東方未明에 '동이 트기도 전에 부르시니 너무 급해 옷을

거꾸로 입고 달려가네'(東方未明. 顚倒衣裳)라 하였음. 그러나 뒤의 구절 '顚之倒之'의 반복으로 보아 안정감 없이 허둥대는 상태를 나타낸 雙聲連綿語로 볼 수 있음. 堯임금처럼 안정된 모습으로 만나 주셨더라면 이렇게 당황하지는 않았을 것이라는 뜻.
【明府】상대방의 집을 높여 부르는 말. 楊勇〈校箋〉에 "明府, 英明之府君, 漢時吏民通稱守相之謂"라 함.

참고 및 관련 자료

1. 《文士傳》
邊讓字文禮, 陳留人. 才雋辯逸, 大將軍何進聞其名, 召署令史, 以禮見之. 讓占對閒雅, 聲氣如流, 坐客皆慕之. 讓出就曹, 時孔融·王郎等並前爲掾, 共書刺從讓; 讓平衡與交接. 後爲九江太守, 爲魏武帝所殺.

2. 《帝王世紀》皇甫謐 (劉孝標 주에 의함.)
許由字武仲, 陽城槐里人也. 堯舜皆師而學事焉. 後隱於沛澤之中, 堯乃致天下而讓焉. 由爲人據義履方, 邪席不坐, 邪膳不食, 聞堯讓而去. 其友巢父聞由爲堯所讓, 以爲汚己, 乃臨池洗耳. 池主怒曰:「何以汚我水?」由於是遯耕於中嶽潁水之陽, 箕山之下, 終身無經天下色. 死葬箕山之巓, 在陽城之南十里. 堯因就其墓, 號曰箕山公神, 以配食五嶽: 世世奉祀, 至今不絶也.

3. 본 장에 대하여 劉孝標 주에는 이 설은 오류라 하였다.
『按: 袁閬卒於太尉掾, 未嘗爲陳留. 斯說謬矣.』

〈堯: 帝堯陶唐氏〉《三才圖會》

050(2-2)

서유자(徐孺子, 徐穉)가 아홉 살 때에 달빛 아래에서 놀고 있었다. 어떤 이가 그에게 물었다.
"만약 달 속에 다른 물건이 없다면 달빛은 더욱 밝겠지?"
그러자 그는 이렇게 대답하였다.
"그렇지 않습니다. 비유컨대 사람 눈에 검은 동자가 있어야 되듯이 달에게 이것이 없으면 밝을 수가 없습니다."

徐孺子年九歲, 嘗月下戲; 人語之曰:「若令月中無物, 當極明邪!」
徐曰:「不然. 譬如人眼中有瞳子, 無此必不明.」

〈徐穉(孺子)〉《三才圖會》

【徐孺子】徐穉(97~168). 東漢 때 인물. 검약하여 郭泰의 칭찬을 받음. 조정의 부름에 불응하고 평생 벼슬을 하지 않음. 태수 陳蕃과 郭泰가 매우 존경하였던 인물. 진번은 그를 위해 따로 돗자리를 만들어 두었다가 그가 가고 나면 이를 벽에 걸어두었다가 전용으로 사용하였다 함.《後漢書》(53)에 전이 있음.

참고 및 관련 자료

1.《五經通義》
「月中有兔, 蟾蜍者何?」「月陰也.」「蟾蜍亦陰也, 而與兔並明?」,「陰繫於陽也.」
2.《後漢書》天文志
羿請無死之藥於西王母, 姮娥竊以奔月, 是爲蟾蜍.

051(2-3)

공문거(孔文擧, 孔融)가 열 살 때에 아버지를 따라 낙양洛陽에 가게 되었다. 당시에 이원례(李元禮, 李膺)는 명성이 높은 이로서 사예교위司隷校尉였으며, 그의 대문은 이름난 준재와 내외친척들만이 겨우 드나들 수 있었다. 공문거는 문에 이르자 문지기에게 이렇게 말하고 통과하였다.

"나는 이원례와 친척간입니다."

이윽고 이원례 앞에 이르러 자리를 잡자 이원례가 물었다.

"너와 내가 어떤 친척 관계인가?"

공문거는 얼른 이렇게 응답하였다.

"옛날 저의 선대이신 공자(孔子, 仲尼)께서는 바로 당신의 선친이신 노자(老子, 李耳, 伯陽)를 스승으로 모셔 예를 물었었습니다. 이 까닭으로 저와 귀하는 세세대대를 통호通好한 관계라고 말한 것입니다."

그러자 원례와 빈객 모두 기특하게 여기지 않는 이가 없었다. 마침 태중대부太中大夫 진위陳煒가 뒤따라 들어왔다가 사람들이 이 이야기를 들려주자 이렇게 비꼬았다.

"흥, 어릴 때 똑똑하다고 커서도 훌륭하게 되리란 법은 없지!"

그러자 공문거는 즉시 이를 되받아 이렇게 대꾸하였다.

"당신 말대로라면 당신은 어릴 땐 틀림없이 아주 똑똑하였겠군요!"

이 말을 듣자 진위는 얼굴이 붉어져 어쩔 줄을 몰라 하였다.

孔文擧年十歲, 隨父到洛; 時李元禮有盛名, 爲司隷校尉; 詣門者皆儁才淸稱, 及中表親戚乃通.

文擧至門, 謂吏曰:「我是李府君親.」

旣通, 前坐. 元禮問曰:「君與僕有何親?」

對曰:「昔先君仲尼, 與君先人伯陽, 有師資之尊; 是僕與君奕世爲通好也.」

元禮及賓客莫不奇之. 太中大夫陳煒後至, 人以其語語之.

煒曰:「小時了了, 大未必佳!」

文擧曰:「想君小時, 必當了了!」

煒大踧踖.

【孔文擧】孔融(153~208). 자는 文擧. 建安七子 중의 하나. 東漢魯國人. 孔子의 20세손. 문장에 능하였고 기지가 있었음. 뒤에 曹操의 미움을 받아 가족이 모두 피살됨. 아버지 孔宙는 泰山都尉를 지냄. 《後漢書》(70)에 전이 있음.

【李元禮】李膺(110~169). 東漢 때 襄城人. 桓帝 때에 孝廉으로 천거되어 司隷校尉를 지냈으며, 성품이 고결하여 그를 한 번 만나보면 바로 身價가 1백 배가 되어 登龍門의 고사를 낳음. 당시 사람들 사이에 "天下楷模李元禮"란 말이 생김. 뒤에 당쟁에 얽혀 자결함. 《後漢書》(67)에 전이 있음.

【仲尼】孔丘. 孔子의 자.

【伯陽】老子 李耳. 字는 伯陽. 시호는 老聃, 孔子가 周에 갔을 때 老子에게 예를 물음.(孔子問禮於老子)

【陳煒】당시 太中大夫였던 인물. 다른 기록에는 '陳韙'로 표기되어 있음. 구체적인 사적은 알 수 없음.

【了了】총혜함, 총명하고 재치와 기지가 있음을 일컫는 말.

참고 및 관련 자료

1. 《續漢書》
孔融字文擧, 魯國人, 孔子二十世孫也. 高祖父尙, 鉅鹿太守. 父宙, 泰山都尉.

2. 《後漢書》孔融傳의 注에 인용된 《孔子家語》
孔子謂南宮敬叔曰:「吾聞李聃博古而達今, 通禮樂之源, 明道德之歸, 卽吾之師也. 今將往矣.」遂至周, 問禮於老聃焉.
3.《孔融別傳》
融四歲, 與兄食梨, 輒引小者. 人問其故? 答曰:「小兒, 法當取小者.」年十歲, 隨父詣京師. 河南君李膺有重名, 融欲觀其爲人, 遂造之. 膺問:「高明父祖, 嘗與僕周旋乎?」融曰:「然. 先君孔子, 與君先人李老君同德比義, 而相師友; 則融與君, 累世通家也.」衆坐莫不歎息, 僉曰:「異童子也!」太中大夫陳煒後至, 同坐以告. 煒曰:「人小時了了者, 長大未必能奇.」融應聲曰:「卽如所言, 君之幼時, 豈實慧乎?」膺大笑, 顧謂融曰:「長大必爲偉器.」

052(2-4)

공문거(孔文擧, 孔融)에게는 두 아들이 있었다. 큰 아이는 6살, 작은아이는 5살이었다. 어느 날 아버지가 낮잠을 자고 있을 때 작은아이가 몰래 상 위의 술을 훔쳐 마셨다. 큰 아이가 이를 보고 물었다.
"어째서 배례拜禮도 않고 마시니?"
그러자 작은아이는 이렇게 대꾸하였다.
"훔쳐 마시는 술인데 무슨 배례까지 하노?"

孔文擧有二子: 大者六歲, 小者五歲. 晝日父眠, 小者牀頭盜酒飲之.
大兒謂曰:「何以不拜?」
答曰:「偸, 那得行禮!」

【孔文擧】孔融(153~208). 東漢 末의 魯 땅 인물. 孔子의 20세 후손. 孔宙(太山都尉)의 아들로 재주와 학문이 있었으며, "時時了了"의 고사를 남김. 뒤에 曹操에게 피살됨. 王粲·劉楨 등과 함께 "建安七子"라 불림.《後漢書》(70)에 전이 있음.

> 참고 및 관련 자료

1. 《後漢書》孔融傳
初, 女年七歲, 男年九歲, 以其幼弱得全, 寄它舍. 二子方弈棋, 融被收而不動. 左右曰:「父執而不起, 何也?」答曰:「安有巢毀, 而卵不破者乎!」主人有遺肉汁, 男渴有飲之. 女曰:「今日之禍, 豈得久活, 何賴知肉味乎?」兄號泣而止.

2. 《後漢書》등 그 어느 기록에도 위의 이야기가 없어 본《世說新語》鍾毓 형제의 '樂酒偸酒'고사(060. 2-12)가 혼전(混傳)된 것이 아닌가 여기고 있다.

053(2-5)

공융孔融이 붙잡혀 가게 되자 안팎이 모두 겁을 먹고 두려움에 떨었다. 당시 공융의 큰 아들은 아홉 살밖에 되지 않았고, 작은 아들은 겨우 여덟 살이어서 그런 것은 아랑곳없이 못치기 놀이를 하고 있었다.

공융은 자신을 잡으러 온 사자使者에게 이렇게 물었다.

"형벌은 내 한 몸에만 미쳤으면 좋겠소. 이 두 아들은 온전할 수 있겠지요?"

그 소리를 들은 아들들은 천천히 걸어 들어오면서 이렇게 말하는 것이었다.

"대인大人께서는 새 둥지가 엎어졌는데, 그 안에 있던 새알이 온전한 것을 보셨습니까?"

얼마 후 두 아들도 모두 잡혀 들어갔다.

孔融被收, 中外惶怖. 時融兒大者九歲, 小者八歲; 二兒故琢釘戲, 了無遽容.

融謂使者曰:「冀罪止於身. 二兒可得全不?」

兒徐進曰:「大人豈見覆巢之下, 復有完卵乎?」

尋亦收至.

【孔融】孔文擧(153~208). 東漢 末의 魯 땅 인물. 孔子의 20세 후손. 孔宙(太山都尉)의 아들로 재주와 학문이 있었으며, "時時了了"의 고사를 남김. 王粲·劉楨 등과 함께 "建安七子"라 불림.《後漢書》(70)에 전이 있음. 이 이야기는 그가 曹操에게 미움을 받아 잡혀갈 때 상황임.

【大人】아버지 孔融을 가리킴.

> 참고 및 관련 자료

1.《魏氏春秋》
融對孫權使有訕謗之言, 坐棄市. 二子方八歲九歲. 融見收, 弈棋端坐不起. 左右曰:「而父見執!」二兒曰:「安有巢毀, 而卵不破者哉!」遂俱見殺.

2.《世言》
魏太祖以歲儉禁酒, 融謂「酒以成禮, 不宜禁.」由是惑衆, 太祖收法焉. 二子髡齔見收, 顧謂二子曰:「何以不避?」二子曰:「父尙如此, 復何所避?」

3. 劉孝標 注
『裴松之以爲世語云:「融兒不避, 知必俱死.」猶差可安; 孫盛之言, 誠所未譽. 八歲小兒, 能懸了禍患, 聰明特達, 卓然旣遠; 則其夏樂之情, 固亦有過成人矣.

安有見父被執, 而無樂容, 弈棋不起, 若在暇豫者乎? 昔申生就命, 言不忘父; 不以己之將死而發念父之情也. 父安尙猶若玆, 而況顚沛哉? 盛以此爲美談, 無乃賊夫人之子與? 蓋由好奇情多, 而不知言之傷理也.』

054(2-6)

영천潁川 태수가 진중궁(陳仲弓, 陳寔)에게 삭발의 형벌을 내렸다. 그러자 어떤 객이 중궁의 아들 원방(元方, 陳紀)에게 물었다.
"태수는 어떤 사람이오?"
원방은 이렇게 대답하였다.
"고명한 분이지요."
객이 다시 물었다.
"그대의 부친은 어떤 분이요?"
"충신효자이십니다."
그러자 객은 이렇게 비꼬았다.
"《역易》에 '두 사람이 한 마음이면 그 날카롭기가 쇠를 끊을 수 있고, 한 마음에서 나오는 말은 그 냄새가 난초 향과 같다' 하였소이다. 그런데 고명하신 분과 충신효자 사이에 그런 형벌이 내려진단 말이오?"
원방은 불쾌히 여겨 이렇게 입을 막아 버렸다.
"그대의 말은 조리가 없군요. 그래서 난 더 대답을 주고 싶지 않소."
객이 다시 화를 돋웠다.
"당신은 엎드려 공손한 척하면서 실제로는 대답을 못하는 것이겠지요?"
원방은 이렇게 쏘아 주었다.
"옛날 은殷나라 고종高宗 무정武丁은 효성스러운 아들 효기孝己를 추방한 적이 있었고, 윤길보尹吉甫도 효자 백기伯奇를 내쫓았으며, 동중서董仲舒도

효자 부기符起를 내쫓은 적이 있었소. 이 세 분은 모두 고명하기로 이름난 분이고 쫓겨난 세 아들 역시 충신 효자로 이름이 나 있었소."

潁川太守髡陳仲弓.
客有問元方:「府君何如?」
元方曰:「高明之君也.」
「足下家君何如?」
曰:「忠臣孝子也.」
客曰:「易稱『二人同心, 其利斷金; 同心之言, 其臭如蘭.』何有高明之君, 而刑忠臣孝子者乎?」
元方曰:「足下言何其謬也, 故不相答.」
客曰:「足下但因傴爲恭而不能答?」
元方曰:「昔高宗放孝子孝己, 尹吉甫放孝子伯奇, 董仲舒放孝子符起. 唯此三君, 高明之君; 唯此三子, 忠臣孝子.」
客慙而退.

【陳仲弓】陳寔(104~187). 東漢 때의 인물. 《後漢書》(62)에 전이 있음.
【元方】陳紀. 자는 元方. 陳寔의 맏이 陳紀. 여러 차례 부름을 받았으나 나가지 않음. 董卓이 洛陽을 점령하여 억지로 五官中郎將을 시켰다가 侍中으로 발탁, 平原相에 이름. 뒤에 尙書令이 되었다가 獻帝 建安 초에 大鴻臚가 됨. 《後漢書》(62)에 전이 있음.
【髡】삭발함. 참고란을 볼 것.
【府君】태수의 높임말. 여기서는 영천태수를 가리킴.
【二人同心】《周易》繫辭傳의 구절. 참고란을 볼 것.

【孝己】殷나라 고종의 아들이며 효성으로 이름이 났었음.
【尹吉甫】周나라 때 인물로 그 아들 伯奇가 효성이 지극하였음.
【董仲舒】(B.C. 179~B.C. 104). 漢나라 때의 재상이며 學者. 《春秋繁露》 등을 남김. 《史記》(121)와 《漢書》(56)에 전이 있음.
【符起】동중서의 아들. 그러나 그의 구체적인 효성에 관한 이야기는 자세히 알 수 없음.

〈董仲舒〉

참고 및 관련 자료

1. 劉孝標 注

『案: 實之在鄉里, 州郡有疑獄不能決者, 皆將詣實. 或到而情首, 或中途改辭, 或託狂悖. 皆曰: 「寧爲刑戮所若, 不爲陳君所非」豈有盛德感人若斯之甚, 而不自衛, 反招刑辟, 殆不然乎? 此所謂東野之言耳.』

2. 《周易》繫辭傳 王廙 注

金至堅矣, 同心者其利無不入; 蘭芳物也, 無不樂者. 言其同心者, 物無不樂也.

3. 《帝王世紀》

殷高宗武丁, 有賢子孝己, 其母早死; 高宗惑後妻之言, 放之而死, 天下哀之.

4. 《琴操》

尹吉甫, 周卿也. 有子伯奇, 母死更娶, 後妻生子曰伯邦, 乃譖伯奇於吉甫, 於是放伯奇於野. 宣王出遊, 吉甫從, 伯奇乃作歌以言感之. 宣王聞之曰: 「此孝子之辭也.」吉甫乃求伯奇於野, 而射殺後妻.

055(2-7)

 순자명(荀慈明, 荀爽)이 여남汝南의 원랑袁閬과 만나 영천潁川의 인사들에 대한 소식을 물었다. 순자명이 자신의 여러 형제들 이야기를 먼저 꺼내자 원랑은 웃으면서 이렇게 비꼬았다.
 "이름 난 인사들 얘기를 꺼낸다더니 겨우 친척의 소식을 묻는 거요?"
 그러자 자명이 이렇게 되물었다.
 "그대가 나를 꾸짖는 것은 무슨 경전經典에 근거해서요?"
 원랑은 이렇게 대꾸하였다.
 "금방 나는 나라의 선비를 물었는데, 그대는 여러 형제들을 물으니 그것을 탓할 뿐이오."
 이에 순자명은 이렇게 설명하였다.
 "옛날 기해祁奚는 선비를 천거함에 안으로 자기 자식도 피하지 않았고 밖으로 자기 원수도 마다하지 않는 것을 지극히 공정한 것으로 여겼소. 또 주공周公은 문왕文王의 아들이면서 요순堯舜의 덕은 논하지 않고 형과 아버지 문왕과 무왕武王의 덕을 칭송한 것은 친친親親의 의義였기 때문이오. 《춘추春秋》의 의義는 그 국내의 일은 용납하고 그 화하華夏 밖의 여러 나라들은 멀리한 것이오. 그러니 사람이 자기의 친속을 사랑하지 않고 남을 사랑한다는 것, 그것이 바로 패덕悖德이 아니겠소?"

 荀慈明與汝南袁閬相見, 問潁川人士. 慈明先及諸兄.
 閬笑曰:「士但可因親舊而已乎?」
 慈明曰:「足下相難, 依據者何因?」
 閬曰:「方問國士, 而及諸兄; 是以尤之耳.」
 慈明曰:「昔者, 祁奚內擧不失其子, 外擧不失其讐, 以爲至公; 公旦, 文王之子, 不論堯舜之德, 而頌文武者, 親親之義也. 春秋之義, 內其國而外諸夏; 且不愛其親而愛他人者, 不爲悖德乎?」

【荀慈明】荀爽(128~190). 일명 諝. 荀淑의 여섯째아들. 당시 사람들이 "荀氏入龍, 慈明無雙"이라 할 정도로 12세에 이미 《春秋》·《論語》에 밝았음. 司空을 지냈음. 《後漢書》(62)에 전이 있음.
【袁閬】자는 奉高. 東漢 때 愼陽 사람. 남을 추천하기를 좋아하였다 함. 黃憲과 陳蕃 등이 모두 그의 추천을 받아 벼슬길에 올랐음.
【祈奚】자신의 원수지간인 解狐를 추천한 인물. 《春秋傳》,《戰國策》,《說苑》 등 참조.
【周公】周나라 초기의 주공 旦(姬旦). 문왕(姬昌)의 아들이며 무왕(姬發)의 아우. 儒家에서 성인으로 추대함. 《詩》大雅 文王篇은 주공이 자신의 아버지 문왕을 칭송한 내용임.
【春秋之義】《公羊傳》成公 15년에 "春秋內其國而外諸夏, 內諸夏而外夷狄"이라 함.

참고 및 관련 자료

1. 《漢南紀》
諝文章典籍無不涉. 時人諺曰:「荀氏入龍, 慈明無雙.」潛處篤志, 徵聘無所就.
2. 《漢紀》張璠
董卓秉政, 復徵爽, 爽欲遁去, 吏持之急. 起布衣, 九十五日而至三公.
3. 《春秋傳》襄公 3年
祁奚爲中軍尉, 請老, 晉侯問嗣焉. 稱解狐其讎也. 將立之而卒, 又問焉. 對曰:「午也可」其子也. 君子謂祁奚可謂能擧善矣: 稱其讎, 不爲諂; 立其子, 不爲比.
4. 《左傳》襄公 3年
祁奚請老, 晉侯問嗣焉. 稱解狐, 其讐也, 將立之而卒. 又問焉, 對曰:「午也可」

於是羊舌職死矣, 晉侯曰:「孰可以代之?」對曰:「赤也可」於是使祈午爲中軍尉, 羊舌赤佐之.

5.《國語》晉語(七)

祁奚辭於軍尉, 公問焉, 曰:「孰可?」對曰:「臣之子午可. 人有言曰:『擇臣莫若君, 擇子莫若父.』午之少也, 婉而從令, 遊有鄉, 處有所, 好學而不戲. 其壯也, 彊志而用命, 守業而不淫. 其冠也, 和安而好敬, 柔惠小物, 而鎮定大事, 有直質而無流心, 非義不變, 非上不擧. 若臨大事, 其可以賢於臣. 臣請薦所能擇而君比義焉.」公使祁午爲軍尉, 歿平公, 軍無秕政.

6.《新序》卷1

晉大夫祁奚老, 晉君問曰:「孰可使嗣?」祁奚對曰:「解狐可.」君曰:「非子之讎邪?」對曰:「君問可, 非問讎也.」晉遂擧解狐. 後又問:「孰可以爲國尉?」祁奚對曰:「午也可.」君曰:「非子之子邪?」對曰:「君問可, 非問子也.」君子謂祁奚能擧善矣. 稱其讎不爲諂, 立其子不爲比. 書曰:'不偏不黨, 王道蕩蕩.'祁奚之謂也. 外擧不避仇讎, 內擧不回親戚, 可謂至公矣. 唯善, 故能擧其類. 詩曰:'唯其有之, 是以似之.'祁奚有焉.

7.《韓非子》外儲說左下

解狐薦其讎於簡子以爲相, 其讎以爲且幸釋己也, 乃因往拜謝, 狐乃引弓送而射之, 曰:「夫薦汝公也, 以汝能當之也. 夫讎汝, 吾私怨也, 不以私怨汝之故擁汝於吾君, 故私怨不入公門.」

8.《韓非子》外儲說左下

一曰, 解狐擧邢伯柳爲上黨守, 柳往謝之曰:「子釋罪, 敢不再拜.」曰:「擧子公也, 怨子私也, 子往矣, 怨子如初也.」

9.《呂氏春秋》去私篇

晉平公問於祁黃羊:「南陽無令, 其誰可而爲之?」祁黃羊對曰:「解狐可.」平公曰:「解狐非子之讎邪?」對曰:「君問可, 非問臣之讎也.」平公曰:「善.」遂用之, 國人稱善焉.

10.《韓詩外傳》卷9

魏文侯問於解狐曰:「寡人將立西河之守, 誰可用者?」解狐對曰:「荊伯柳者賢人, 殆可.」文侯曰:「是非子之讎也?」對曰:「君問可, 非問讎也.」於是將以荊伯柳爲西河守. 荊伯柳問左右:「誰言我於吾君?」左右皆曰:「解狐.」荊伯柳往見解狐而謝之曰:「子乃寬臣之過也, 言於君. 謹再拜謝.」解狐曰:「言子者公也, 怨子者私也. 公事已行, 怨子如故.」張弓射之, 走十步而沒, 可謂勇矣. 詩曰: '邦之司直.'

11.《史記》晉世家
三年, 晉會諸侯. 悼公問群臣可用者, 祁傒擧解狐. 解狐, 傒之仇. 復問, 擧其子祁午. 君子曰:「祁傒可謂不黨矣! 外擧不隱仇, 內擧不隱子.」

056(2-8)

예형禰衡이 위무제(魏武帝, 曹操)에게 잡혀 북이나 치는 고리鼓吏로 폄직되었다. 정월 보름날 악관들의 시범 연주에 예형은 북채를 잡고 〈어양참과漁陽參撾〉라는 곡조를 연주하였는데, 그 소리가 깊고 깊어 금석성金石聲이 나는 것 같았다. 둘러앉았던 참관인들이 모두 놀라 얼굴을 바꿀 정도였다. 이에 공융孔融이 한 마디 하였다.
 "예형의 죄는 서미胥靡와 같다. 임금의 꿈에 나타나지 않았을 뿐이지."
 그러자 무제는 부끄럽게 여기며 그를 사면해 주었다.

禰衡被魏武謫爲鼓吏, 正月半試鼓, 衡揚枹爲漁陽參撾, 淵淵有金石聲, 四座爲之改容.
 孔融曰:「禰衡罪同胥靡, 不能發明王之夢!」
 魏武慙而赦之.

【禰衡】 자는 正平(173~198). 孔融이 武帝(曹操)에게 추천하였으나 끝까지 出仕하지 않다가 무제의 노여움을 사서 붙들려 악관으로 폄훼됨. 《文選》(13)에 〈鸚鵡賦〉가 전하며 《後漢書》(110, 下)에 전이 있음. '禰'는 음이 '녜'(ni)임. 그러나 《世說新語辭典》에 '미'(mi)로 읽도록 되어 있음.

【魏武帝】 曹操(155~220). 자는 孟德. 어릴 때는 阿瞞으로 불렸음. 沛國 출신으로 기지와 변화는 물론 문장에도 뛰어났으며 曹丕의 아버지로 한말 세력을 키워 魏나라를 건립하는 기초를 세움. 아들 조비가 獻帝로부터 선양을 받아 武帝로 추존함. 《孫子略解》, 《兵書接要》, 《曹操集》 등이 있음. 《三國志》(1)에 紀가 있음.

〈魏太祖〉《三才圖會》

【漁陽參撾】 곡조 이름. 宋 黃朝英의 《緗素雜記》(10)와 明 陶宗義의 《說郛》(9)를 볼 것.

【孔融】 자는 文擧(153~208). 建安七子 중의 하나. 東漢魯國人. 孔子의 20세손. 문장에 능하였고 기지가 있었음. 뒤에 曹操의 미움을 받아 가족이 모두 피살됨. 아버지 孔宙는 泰山都尉를 지냄. 《後漢書》(70)에 전이 있음. "小時了了"의 고사를 남긴 인물.

【胥靡】 부열(傅說)을 말함. 殷나라 高宗(武丁)이 꿈에 보고 불러 나라를 중흥시켰다. '胥靡'는 가벼운 죄를 짓고 성 쌓는 일 등에 사역을 당하고 있다는 뜻.

참고 및 관련 자료

1. 《典略》

衡字正平, 平原般人也.

2. 《文士傳》

衡不知先所出, 逸才飄擧, 少與孔融作爾汝之交; 時衡未滿二十, 融已五十, 敬衡才秀, 共結殷勤, 不能相違, 以建安初北游, 或勸其詣京師貴游者; 衡懷一刺, 遂至漫滅, 竟無所詣, 融數與武帝牋, 稱其才, 帝傾心欲見, 衡稱疾不肯往, 而數有言論, 帝甚忿之; 以其才名, 不殺, 圖欲辱之, 乃令錄爲鼓吏. 後至八月朝會,大閱式鼓節, 作三重閣, 列坐賓客, 以帛絹製衣, 作一岑牟, 一單絞及小褌, 鼓吏度者, 皆當脫其故衣, 箸此新衣, 次傳衡, 衡擊鼓爲漁陽參撾, 蹋地來前, 躡馺脚足容態不常, 鼓聲甚悲, 音節殊妙, 坐客莫不慷慨, 知必衡也. 旣度, 不肯易衣. 吏呵之曰:「鼓吏何獨不易服, 而輕敢進! 衡更止, 當武帝前先脫褌, 次脫餘衣, 裸身而立, 徐徐乃箸岑牟, 次箸單絞, 後乃箸褌, 畢, 復擊鼓, 參撾而去, 顔色無怍, 武帝笑謂四坐曰:「本欲辱衡, 衡反欲孤」至今有漁陽參撾, 自衡造也. 爲黃祖所殺.

3. 《帝王世紀》皇甫謐

武丁夢天賜己賢人. 使百工寫其像, 求諸天下: 見築者胥靡, 衣褐於傅巖之野, 是謂傅說. 張晏曰:「胥靡, 刑名, 胥, 相也; 靡, 從也. 謂相從坐輕刑也.」

057(2-9)

남군南郡 방사원(龐士元, 龐統)이 고사高士 사마덕조司馬德操가 영천潁川에 있다는 소문을 듣고 멀리 2천 리나 달려가 방문하였다.

그 곳에 도착해서 보니 마침 덕조는 뽕잎을 따고 있었다.

사원은 수레를 탄 채 다가가 물었다.

"내가 듣기로는 대장부라면 세상에 처함에 마땅히 자수금인紫綬金印을 차고 고관후록高官厚祿을 추구하는 법인데 어찌 이렇게 스스로 홍류洪流의 도량을 가졌다면서 허리를 굽혀 아녀자나 할 일인 뽕을 따고 있소이까?"

그러자 덕조가 호통을 쳤다.

"수레에서 내려오시오. 그대는 사악한 첩경의 빠름만 알았지 길을 잃고 미혹함에 빠지는 염려는 않는구려. 옛날 백성伯成이 짝지어 밭갈이를 하면서도 제후의 영화는 사모하지 않았고, 원헌原憲은 뽕나무로 만든 돌쩌귀의 집에 살지언정 좋은 관저와 바꾸지 않겠다고 하였소. 어찌 고대광실에 거하며 살찐 말을 타고 다니고 시녀 수십 인을 거느린 연후에야 귀기貴奇한 사람이라 하리요. 이런 것이 바로 허유許由·소보巢父가 강개하게 여긴 바요, 백이伯夷·숙제叔齊가 탄식을 금치 못한 것이오. 비록 여불위呂不韋가 진秦을 속여 작위를 얻어 천승의 영화를 누렸다 하지만 그것은 조금도 귀하다고 이를 수 없는 것이오."

그러자 방사원은 감탄하며 이렇게 사과하였다.

"저는 변방 귀퉁이에 나서 대의를 만남이 적었습니다. 만약 오늘에 큰 종을 쳐보고, 우레 같은 북을 두드려 보지 않았더라면 그 음향의 큼을 알지 못하였을 것입니다."

南郡龐士元, 聞司馬德操在潁川, 故二千里候之.

至, 遇德操采桑, 士元從車中謂曰:「吾聞丈夫處世, 當帶金佩紫; 焉有屈洪流之量, 而執絲婦之事?」

德操曰:「子且下車. 子適知邪徑之速, 不慮失道之迷. 昔伯成耦耕, 不慕諸侯之榮; 原憲桑樞, 不易有官之宅; 何有坐則華屋, 行則肥馬, 侍女數十, 然後爲奇? 此乃許父所以慷慨, 夷齊所以長歎! 雖有竊秦之爵, 千駟之富, 不足貴也.」

士元曰:「僕生出邊垂, 寡見大義; 若不一叩洪鍾, 伐雷鼓, 則不識其音響也.」

【南郡】 지금의 湖北 淮陽縣.

【龐士元】 촉 땅의 龐統(177~214). 字는 士元. 諸葛亮과 병칭되는 군사가. 18세에 司馬德操를 찾아가 제갈공명에게 추천되어 伏龍, 鳳雛로 불림. 그 뒤 劉備에 의해 軍師中郞將이 되었으며, 214년 낙양을 공격할 때 流矢에 맞아 죽음. 關內侯에 봉해졌으며 시호는 靖侯. 《三國志》(37)에 전이 있음.

【司馬德操】司馬徽(?~208). 字는 德操. 龐統이 그를 劉備에게 추천하여 이름이 나기 시작하였음.《三國志》蜀書 龐統傳을 참고할 것.

【潁川】지금의 河南 許昌縣.

【絲婦之事】뽕 따고 누에치며 실을 뽑아 옷감을 짜는 일 등 아녀자나 할 일을 뜻함.

【伯成】伯成子高를 가리킴. 禹가 天子가 되자 伯成이 諸侯를 사직하고 들에 돌아가 밭을 간 이야기. 耦耕은 두 사람이 한 조가 되어 밭을 가는 것.

【原憲】孔子 제자. 가난하였으나 안빈낙도한 인물.

【許父】許由를 가리킴. 혹은 許由와 巢父를 동시에 지칭한 말. 許由는 상고시대의 高士. 堯가 天下를 그에게 선양하려 하자 받지 않고 箕山에 숨어 들었다 함. 巢父와 병칭됨.《莊子》逍遙遊篇과 皇甫謐《高士傳》(上)을 볼 것.

【夷齊】고대 孤竹國의 두 왕자 伯夷와 叔齊. 周粟을 먹지 않고, 首陽山에서 굶어죽음.《史記》伯夷列傳 참조.

【竊秦之爵】呂不韋를 가리킴. 전국시대 大商 여불위가 趙나라 邯鄲에 인질로 와 있던 秦나라 王子인 子楚를 위해 華陽夫人에게 뇌물을 주어 자초를 太子로 삼게 함. 또한 자신의 아이를 임신한 애첩을 자초에게 주어 뒤에 진시황이 되는 嬴政을 낳게 함. 여불위는 진나라에서 文信侯에 봉해져서 영화를 누림.《史記》呂不韋列傳 참조.

┌─ 참고 및 관련 자료 ─┐

1.《蜀志》

龐統字士元, 襄陽人. 少時樸鈍, 未有識者. 潁川司馬徽有知人之鑒士元弱冠往見徽, 徽菜桑樹上, 坐士元樹下, 共語, 自晝至夜. 徽異之, 曰:「生, 當爲南州士人之冠冕!」由是漸顯.

2.《襄陽記》

士元, 德公之從子也. 年少未有識者, 唯德公重之. 年十八, 使往見德操; 與語, 歎曰; 德公識知人, 實盛德也!」後劉備訪世事於德操; 德操曰:「俗士豈識時務? 此間自有伏龍鳳鶵 謂諸葛孔明與士元也.

3.《華陽國志》

劉備引士元爲軍師中郎將, 從攻落, 爲流矢所中, 卒, 時年三十八.

4.《莊子》

堯始天下, 伯成自高立爲諸侯; 禹爲天子, 伯成辭諸侯而耕於野, 禹往見之, 趍就下風而問焉. 子高曰:「昔堯治天下, 不賞而民勸, 不罰而民畏. 今子賞罰, 而民且不仁; 德自此衰, 刑自此立. 夫子盍行邪? 毋落吾事!」

5.《司馬徽別傳》

徽字德操, 潁川陽翟人, 有人倫鑒識. 居荊州, 知劉表性暗, 必害善人, 乃括囊不談議. 時人有以人物問徽者, 初不辨其高下, 每輒言佳. 其婦諫曰: 人質所疑, 君宜辨論, 而一皆言佳, 豈人所以咨君之意乎?」徽曰:「如君所言」, 亦復佳. 其婉約遜遜如此. 嘗有妄認徽豬者, 便推與之; 後得其豬, 叩頭來還, 徽又厚辭謝之. 劉表子琮往候徽, 遣問在不? 會徽自鋤園, 琮左右問:「司馬君子耶?」徽曰:「我是也.」琮左右見其醜陋, 罵曰:「死傭! 將軍諸郎欲求見司馬君; 汝何等田奴, 而自稱是耶?」徽歸, 刈頭箸幘出現. 琮左右見徽, 故是向老翁; 恐, 向琮道之. 琮起, 叩頭辭謝, 徽乃謂曰:「卿眞不可, 然吾甚羞之. 此自鋤園, 唯卿知之耳.」有人臨蠶求簇箔者, 徽自棄其蠶而與之. 或曰:「凡人損己以贍人者, 謂彼急我緩也; 今彼此正等, 何爲與人?」徽曰:「人未嘗求己, 求之不與, 將慙; 何有以財物令人慙者?」人謂劉表曰:「司馬德操, 奇士也; 但未遇耳.」表後見之, 曰:「世間人爲妄語, 此直小書生耳. 其智而能遇, 皆此類. 荊州破. 爲曹操所得, 操欲大用, 會其病死.

6.《孔子家語》

原憲字子思, 宋人, 孔子弟子. 居魯, 環堵之室, 茨以生草, 蓬戶不完, 桑樞而瓮牖, 上漏下濕, 坐而弦歌. 子貢軒車不容巷, 往見之, 曰: 先生何病也? 憲曰: 憲聞無財謂之貧; 學而不能行謂之病. 今憲貧也, 非病也. 夫希世而行, 比周而友, 學以爲人, 教以爲己, 仁義之慝, 輿馬之飾, 憲不忍爲也.

7.《孟子》

伯夷叔齊目不視惡色, 耳不聽惡聲, 與鄉人居, 若在塗炭. 蓋聖人之清也.

8.《古史考》

呂不韋爲秦子楚行千金貨於華陽夫人; 請立子楚爲嗣. 及子楚立, 封不韋洛陽十萬戶, 號文信侯. 以詐獲爵, 故曰竊也.

2. 언어言語 133

058(2-10)

유공간(劉公幹, 劉楨)이 실경죄失敬罪에 걸려 잡혀 들어오자 문제(文帝, 曹丕)가 물었다.

"그대는 왜 법을 소중히 생각지 않았는가?"

그러자 그는 이렇게 대답하였다.

"제 자신이 용렬하기도 하였지만 정말 폐하의 법망은 허술하지 않군요!"

劉公幹以失敬罹罪.

文帝問曰:「卿何以不謹於文憲?」

楨答曰:「臣誠庸短, 亦由陛下網目不疎.」

- 【劉公幹】劉楨(?~215). 문장가이며 建安七子의 하나.《三國志》魏書(21)에 전이 있음.
- 【失敬】유정이 당시 曹丕를 따를 때에 술좌석에서 마침 애첩 甄氏夫人이 나타났는데 모두들 엎드렸으나 그만 엎드리지 않아 조조에게 노여움을 샀음.
- 【文帝】曹丕(187~226). 자는 子桓. 曹操의 둘째아들. 아버지 曹操가 죽고 魏王을 습봉하여 漢나라 丞相이 됨. 延康 元年(220)에 禪讓을 받아 황제가 되었으며 연호를 黃初로 바꾸고 국호를 魏나라로, 洛陽을 도읍으로 정함. 재위 7년에 졸하였으며 시호는 文皇帝. 문장에도 뛰어나《典論》을 지었으며 그 중〈論文〉은 문학 이론과 비평의 유명한 글로 평가받고 있음. 그 외에〈燕歌行〉은 현존 최초의 7언시로 알려짐.《三國志》(2)에 紀가 있음.《魏志》에 "帝諱丕. 字子桓, 受漢禪"이라 함.

참고 및 관련 자료

1. 《典略》

劉楨字公幹, 東平寧陽人, 建安十六年, 世子爲五官中郞將, 妙選文學, 使楨隨侍世子. 酒酣坐歡, 乃使夫人甄氏出拜, 坐上客多伏, 而楨獨平視. 他日公聞, 乃收楨, 減死, 輸作部.

2. 《文士傳》

楨性辯捷, 所問應聲而答. 坐平視甄夫人, 配輸作部, 使磨石; 武帝至尙方觀作者, 見楨匡坐正色磨石. 武帝問曰:「石何如?」楨因得喩己自理, 跪而對曰:「石出荊州懸巖之巓, 外有五色之文, 內含卞氏之珍; 磨之不加瑩, 雕之不增文, 稟氣堅貞, 受之自然. 顧其理枉屈, 紆繞而不得申」帝顧左右大笑, 卽日赦之.

3. 이 사건은 역사적으로 맞지 않은 것으로 여기고 있다.

劉孝標 注에 『按: 諸書咸云楨被刑魏武之世, 建安二十年病亡, 後年文帝乃卽位; 而謂楨得罪黃初之時, 謬矣』라 하였다.

059(2-11)

종육鍾毓과 종회鍾會 형제는 어릴 때부터 명성이 높았다. 나이 열셋에 위문제(魏文帝, 曹丕)가 그 소식을 듣고 그들의 아버지 종요鍾繇에게 물었다.

"아이들은 불러올 수 있소?"

이렇게 해서 그들을 불러보게 되었다. 종육이 문제 앞에서 땀을 흘리자 문제가 물었다.

"그대는 어찌하여 그렇게 땀을 흘리느뇨?"

그러자 종육은 이렇게 대답하였다.

"전전황황戰戰惶惶하여 땀이 국물 솟듯 합니다."

이번에 종회에게 다시 물었다.
"그대는 어찌 전혀 땀을 흘리지 않는가?"
그러자 종회는 이렇게 대답하였다.
"전전율율戰戰慄慄하여 감히 땀조차 나오지 않습니다."

鍾毓·鍾會少有令譽, 年十三, 魏文帝聞之, 語其父鍾繇曰:
「可令二子來?」
　於是敕見.
　毓面有汗, 帝曰:「卿面何以汗?」
　毓對曰:「戰戰惶惶, 汗出如漿.」
　復問會:「卿何以不汗?」
　對曰:「戰戰慄慄, 汗不得出.」

【鍾毓】자는 稚叔(?~263). 鍾繇의 맏아들. 나이 14세에 散騎常侍가 되었으며 侍中, 廷尉 등을 역임. 毌丘儉을 평정하기도 함.《三國志》(13)에 전이 있음.

【鍾會】자는 士季(225~264). 鍾繇의 아들이며 鍾毓의 아우. 蜀을 평정한 후 그곳 장수 姜維와 蜀地를 갖기로 모의하다가 그의 부하에게 죽음.《三國志》(28)에 전이 있음.

〈鍾繇(元常)〉《三才圖會》

【魏文帝】曹丕(187~226)를 가리킴. 字는 子桓. 曹操의 長子. 韓을 찬탈하고 帝가 됨. 그의《典論》〈論文〉으로 유명함. 曹操의 둘째아들. 아버지 曹操가 죽고 魏王을 습봉하여 漢나라 丞相이 됨. 延康 元年(220)에 禪讓을 받아 황제가 되었으며 연호를 黃初로 바꾸고 국호를 魏나라로, 洛陽을 도읍으로 정함. 재위 7년에 졸하였으며 시호는 文皇帝.

【鍾繇】(151~230). 자는 元常. 潁川人.《周易》과《老子》연구에 깊었으며, 大理 相國 太傅 벼슬을 지냄. 글씨로도 유명하여 唐 張彦遠의《法書要錄》(8)과 張懷瓘의《書斷》(中)에 그에 관한 기록이 전함.《三國志》(13)에 전이 있음.
【戰戰惶惶】두렵고 驚惶한 상태. 戰戰慄慄도 같은 뜻임.

참고 및 관련 자료

1.《三國志》魏志
毓字稺叔, 潁川長社人, 相國繇長子也. 年十四, 爲散騎侍郎, 機捷談笑有父風. 仕至車騎將軍.

2.《三國志》魏志
繇字元常, 家貧好學, 爲周易 老子訓. 歷大理, 相國, 遷太傅.

060(2-12)

종육鍾毓 형제가 어릴 때 마침 아버지가 낮잠이 든 사이에 함께 몰래 약주藥酒를 훔쳐 먹고 있었다.

아버지는 이를 알았지만 거짓으로 잠든 체하여 그들의 행동을 살펴보았다. 종육은 배례拜禮한 후에 마시고 아우 종회는 배례도 없이 마시는 것이었다. 이윽고 아버지가 일어나서 종육에게 물었다.

"어찌하여 배례를 한 후 마셨느냐?"

종육은 이렇게 대답하였다.

"술은 반드시 예를 갖추어야 하는 것이기에 감히 배례하지 않을 수 없었습니다."

이번에는 종회에게 물었다.
"어찌 배례를 하지 않았느냐?"
종회의 대답은 이러하였다.
"술을 훔친다는 것이 이미 예에 어긋난 일이기에 그 때문에 배례하지 않았던 것입니다."

鍾毓兄弟小時, 值父晝寢, 因共偸服藥酒. 其父時覺, 且詐寐以觀之. 毓拜而後飮, 會飮而不拜.

旣而, 問「毓何以拜?」

毓曰:「酒以成禮, 不敢不拜.」

又問「會何以不拜?」

會曰;「偸酒本非禮, 所以不拜.」

【鍾毓】자는 稚叔(?~263). 鍾繇의 맏아들.
【鍾會】자는 士季(225~264). 鍾繇의 아들이며 鍾毓의 아우. 蜀을 평정한 후 그곳 장수 姜維와 蜀地를 갖기로 모의하다가 그의 부하에게 죽음.《三國志》(28)에 전이 있음.

참고 및 관련 자료

1.《三國志》魏志

會字士季, 繇小子也. 少敏惠夙成. 中護軍蔣濟著論, 謂:「觀其眸子, 足以知人. 會年五歲, 繇遣見濟, 濟甚異之, 曰:「非常人也!」及壯, 有才數, 精練名理, 累遷黃門侍郎. 諸葛誕反, 文王征之, 會謀居多, 時人謂之子房, 拜鎭西將軍, 伐蜀; 蜀平, 進位司徒自謂功名蓋世, 不可復爲人下, 謂所親曰: 我淮南以來, 畫無遺策, 四海共知, 持此欲安歸乎?」遂謀反. 見誅, 時年四十.

2. 이 이야기는 앞의 孔融의 두 아들이 술을 훔쳐먹은 내용과 아주 흡사하며 기록의 混傳이 아닌가 한다.

061(2-13)

위명제(魏明帝, 曹叡)가 외조모 견씨甄氏를 위하여 누관樓館을 지었다. 누관이 완성되자 명제는 직접 찾아와 살펴보고는 좌우 신하들에게 물었다.
"이 누관을 어떤 이름으로 부르면 좋겠소?"
시중侍中 무습繆襲이 이렇게 말하였다.
"폐하의 성스러운 생각은 옛 선왕과 나란하며 그 망극함은 가히 증삼曾參이나 민자건閔子騫보다 더 하십니다. 이 누관을 세우셔서 구모舅母의 정을 한데 모으셨으니 마땅히 '위양渭陽'이라 이름하시면 좋겠습니다."

魏明帝爲外祖母築館於甄氏, 旣成, 自行視, 謂左右曰:「館當以何爲名?」

侍中繆襲曰:「陛下聖思齊於哲王, 罔極過於曾閔; 此館之興, 情鍾舅氏, 宜以『渭陽』爲名.」

【魏明帝】曹叡(206~239). 魏文帝(曹丕)와 甄后 사이에서 출생함. 227년 문제에 이어 제위에 올랐음. 재위 13년(227~239). 시호는 明皇帝. 《三國志》(3)에 紀가 있음.

【外祖母】문장이 잘못된 것임. 甄氏는 明帝의 어머니일뿐더러 舅母를 위해 누관을 지은 것. 다음 주 참조.

【甄氏】(?~221). 漢末 魏初의 인물. 원래 袁紹의 둘째아들 袁熙의 처였으나 曹操가 袁紹를 쳐 없앨 때 조조의 아들 曹丕가 견씨의 용모에 반해 빼앗아 明帝와 東鄕公主를 낳음. 그러다가 黃初 元年 조비가 魏를 세워 稱帝하면서 郭后를 총애하자 견씨가 鄴에서 怨言을 하다가 賜死당함. 明帝가 즉위하자 文昭皇后로 시호를 정해 추존함.《三國志》(5)에 전이 있음.

【繆襲】자는 熙伯(186~245). 侍中 繆斐의 아들. 많은 저술이 있다 하나 전하는 것이 없음.《三國志》魏書 劉劭傳 참조. '繆'는 '목'으로도 읽음.

【罔極】부모의 은혜가 끝이 없음을 뜻하며 효성의 다른 표현.《詩》小雅 蓼莪에 "欲報之德, 昊天罔極"이라 함.

【曾參】曾子. 孔子 제자로 孝誠으로 널리 알려진 인물.《韓詩外傳》및《說苑》등 참조.

【閔子】閔子騫. 춘추시대의 역시 공자의 제자로 孝로 이름이 남.《史記》仲尼弟子列傳 참조.

【舅母】외숙모. 어머니의 남자 형제의 아내. 여기서는 象으로 이름만 알려짐.

【渭陽】원래는 東行하는 자를 전송하던 咸陽에 있는 지명. 뒤에 이별의 장소라는 뜻으로도 쓰임. 그러나《詩經》秦風 渭陽의 내용에 따라 舅生 사이의 情을 비유하는 뜻으로 쓰임.

참고 및 관련 자료

1.《魏末傳》

帝諱叡, 字元仲, 文帝太子. 以其母廢, 未立爲嗣. 文帝與俱獵, 見子母鹿; 文帝射其母, 應弦而倒, 復令帝射其子. 帝置弓泣曰:「陛下已殺其母, 臣不忍復殺其子」文帝曰:「好語動人心」遂定爲嗣. 是爲明帝.

2.《魏書》

文昭甄皇后, 明帝母也. 父逸, 上蔡令. 烈宗卽位, 追封上蔡君. 嫡孫象襲爵. 象薨, 子暢嗣. 起大第, 車駕親自臨之.

3.「甄氏」에 대한 오류

《魏書》에 의하면 明帝가 건축한 누관은 外祖母도 아니고 어머니 甄氏도 아니며 象母, 즉 명제의 舅母를 위해 지은 것임. 劉孝標 주에『案魏書: 帝於後園爲象母起觀, 名其里曰渭陽. 然則象母, 卽帝之舅母, 外非祖母也. 且〈渭陽

爲館名, 亦乖舊史也』라 하였음. 한 편 文章도 "魏明帝爲外祖母築館於甄氏"라 하여 마치 명제가 외조모를 위해 누관을 견씨에다가 지은 것으로 '甄氏'가 지명, 또는 이미 돌아가신 어머니가 있는 사당, 또는 관련 장소인 것처럼 되어 있음.

4.《文章敍錄》
襲字熙伯, 東海蘭陵人. 有才學, 累遷侍中, 光祿勳.

5. 渭陽
《詩經》秦風 渭陽에 『渭陽, 康公念母也. 康公之母, 晉獻公之女. 文公遭驪姬之難, 未反而秦姬卒. 穆公納文公, 康公時爲太子, 贈送文公于渭之陽, 念母之不見也. 我見舅氏, 如母存焉』이라 설명하였으며, 그 시를 「我送舅氏, 曰至渭陽」이라 하였고, 朱子는 『舅氏, 秦康公之舅, 晉公子中耳也, 出亡在外, 穆公召而納之; 時康公爲太子, 送之渭陽而作此詩』라 하여 舅甥之誼로 쓰임.

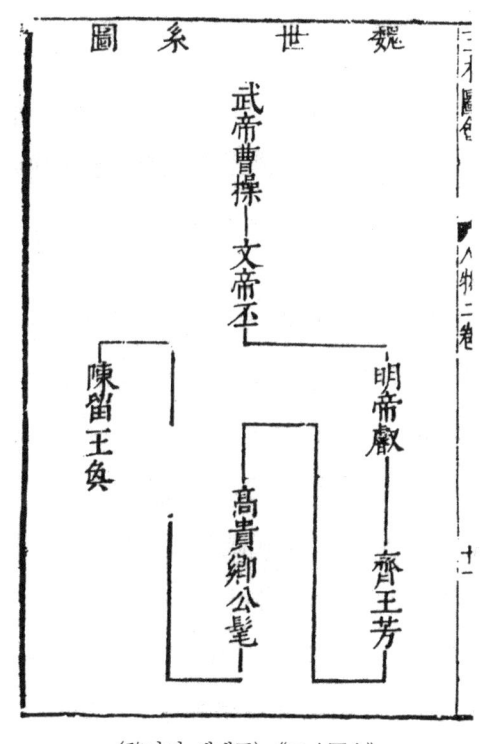

〈魏나라 세계표〉《三才圖會》

062(2-14)

하평숙(何平叔, 何晏)이 이렇게 말하였다.

"오석산五石散이란 약을 먹으면 병을 고칠 뿐만 아니라, 정신 또한 상쾌함을 느낄 수 있다."

何平叔云:「服五石散, 非唯治病, 亦覺神明開朗.」

【何平叔】何晏(190~249). 三國 때 魏나라 사람. 漢나라 때 何進의 손자. 어려서 曹操에게 사랑을 받았으며, 金鄕公主를 아내로 맞음. 司馬宣王에게 죽임을 당함. 〈老莊〉을 좋아하여 夏侯玄·王弼 등과 함께 玄學을 창도함. 저술로는 〈道德論〉·〈無爲論〉 등이 있으며 지금은 《論語集解》가 전함. 《三國志》(9)에 傳이 있음.
【五石散】'寒食散'이라고도 하며, 일종의 보약. 養生藥이라 믿고 복용이 유행되던 散藥. 丹藥. 紫石英·白石英·赤石脂·鐘亂·硫黃 등 다섯 가지 광석을 쓴다고도 하며(葛洪《抱朴子》內篇, 金丹), 혹은 丹砂·雄黃·白凡·曾靑·慈石(郝懿行《晉宋書故》)을 쓴다고도 함. 그러나 이 외에 人參·白朮·桔梗·海蛤·防風·附子·桂心·乾薑·細辛·括樓 등을 배합하여 쓴다고도 함. 그러나 이 약으로 인해 환각증세를 보인 기록이 많은 것으로 보아 향정신성 약효가 있었던 것으로 여겨짐.

참고 및 관련 자료

1. 《魏略》
何晏子平叔, 南陽宛人, 漢大將軍進孫也. 或云何苗孫也. 尙主, 又好色, 故黃初時無所仕. 正始中, 曹爽用爲中書, 主選擧, 宿舊者多得濟拔. 爲司馬宣王所誅.

2. 秦丞祖〈寒食散論〉

寒食散之方, 雖出漢代, 而用之者寡, 靡有傳焉. 魏尙書何晏首獲神效, 由是大行於世, 服者相尋也.

3. 楊勇〈校箋〉

『五石散, 又名寒食散, 五石相配, 用以治病, 主理榮傷諸症. 然魏自何晏而下, 士大夫不問疾否, 以服五石散爲風流, 其方; 漢張機製, 在金匱要略中; 發解制度, 備見隋巢元方諸病源候卷六所載. 隋書經籍志載散方論甚多, 而皇甫謐, 曹歙論二卷爲詳, 宋有皇甫謐依諸方撰一卷, 隋吳景賢諸病源候論目及服石論總七卷, 孫思邈千金翼方二二解石及寒食散並下石論曰:「凡是五石散, 先名寒食散, 言此散宜寒食, 冷水洗取寒, 唯酒欲淸熱飮之. 不爾, 卽百病生焉. 服寒食散, 但冷將息, 卽是解藥熱. 醫心方一九引許孝崇論云: 凡諸食草石藥, 皆有熱性, 發動則令人熱, 使冷飮食, 冷將息, 故稱寒食散」五石者: 金匱要略云: 有赤石脂, 白石脂, 紫石脂, 鐘乳石, (附圖一, 龍鱗形鍾乳石: 産北京西山灰峪, 見胡道靜夢溪筆談校注.) 硫黃等, 增減調配, 要視病者所需, 服後宜行徒, 謂之行樂, 或曰行散.』

063(2-15)

혜중산(嵇中散, 嵇康)이 조경진(趙景眞, 趙至)에게 이렇게 말하였다.

"그대의 눈동자는 흑백이 분명하여 백기白起의 풍모가 있습니다. 그러나 안타까운 것은 도량이 너무 협소하다는 점입니다."

그러자 조경진은 이렇게 대꾸하였다.

"한 자尺밖에 안 되는 작은 일표日表로 능히 기형璣衡의 도수度數를 잴 수 있고, 한 치寸밖에 되지 않는 율관律管으로 능히 순환하는 기후를 잴 수 있습니다. 그러니 모든 것이 어찌 커야만 합니까? 오히려 식견이 어떠한가를 물어보실 일이지!"

嵇中散語趙景眞:「卿瞳子白黑分明, 有白起之風; 恨量小狹」

趙云:「尺表能審璣衡之度, 寸管能測往復之氣; 何必在大? 但問識如何耳!」

【嵇中散】嵇康(223~263). 자는 叔夜. 위나라 때 中散大夫를 지냈음.〈竹林七賢〉의 하나. 거문고에 뛰어났으며 司馬昭에게 죽을 때〈廣陵散〉을 연주하며 태연하였음. 남긴 작품으로는〈琴賦〉·〈養生論〉·〈聲母哀樂論〉,〈與山巨源絶交書〉가 있음.《晉書》(49)에 전이 있음. 嵇氏는 원래 奚였으나 銍 땅의 嵇山 옆에 정착하면서 嵇로 고쳤다 함.

【趙景眞】이름은 至. 晉나라 때 代郡 사람. 어려서 가난하였으며 혜강을 따라 학문을 배움. 어머니를 잃고 피를 토하며 울다가 죽었다 함.《晉書》(92)에 전이 있음.

【白起】전국시대 秦나라 장수.《史記》의 白起列傳 참조. 참고란을 볼 것.

【日表】시간을 재기 위하여 세운 표. 日晷. 참고란을 볼 것.

【璣衡】璣玉衡을 줄인, 천체의 運行을 뜻하는 말로도 쓰임. 古代 天體를 관측하기 위해 만든 儀器

【律管】기후와 사시. 六律·六呂를 재기 위한 대롱. 참고란을 볼 것.

참고 및 관련 자료

1. 嵇紹〈趙至敍〉

至字景眞, 代郡人. 漢末, 其祖流宕客緱氏. 令新之官, 至年十二, 與母共道傍看, 母曰: 汝先世非微賤家也: 世亂流離. 遂爲士伍耳.「汝後能如此不?」至曰:「可爾耳」. 歸便就師誦書. 早聞父耕叱牛聲, 釋書而泣, 師問之, 答曰:「自傷不能致榮華, 而使老父不免勤苦」. 年十四, 入太學觀. 時先君在學寫石經古文, 事訖去, 遂隨車問先君姓名. 先君曰:「年少何以問我?」至曰:「觀君風器非常, 故問耳」. 先君具告之. 至年十五, 佯病, 數數狂走五里三里; 爲家追得, 又灸身體十數處. 年十六, 遂亡命, 徑至洛陽, 求索先君, 不得. 至鄴, 沛國史仲和, 是魏

領軍史漁孫也, 至便依之, 遂名翼, 字陽和. 先君到鄴, 至具道太學中事, 便遂先君歸山陽, 經年. 至長七尺三寸, 潔白, 黑髮, 赤脣, 明目, 鬚不多, 閑詳安諦, 體若不勝衣. 先君嘗謂之曰:「卿頭小而銳, 瞳子白黑分明, 視瞻停諦, 有白起風. 至論議清辯, 有從橫才, 然亦不以自長也. 孟元基辟爲幽州部從事, 自君斷九獄, 見稱清當. 自痛棄親遠游, 母亡不見, 吐血發病, 服未意而亡.

2. 嚴尤〈三將敍〉

白起: 平原君勸趙孝成王受馮亭, 王曰:「受之, 秦兵必至, 武安君必將, 誰能當之者乎?」對曰:「澠池之會, 臣察武安君小頭而面銳, 瞳子白黑分明, 視瞻不轉. 小頭而面銳者, 敢斷快也: 瞳子白黑分明者, 見事明也: 視瞻不轉者, 執志強也. 可與持久, 難與爭鋒. 廉頗爲人, 勇鷙而愛士, 知難而忍恥, 與之野戰則不如, 持守足以當之.」王從其計.

3.《周髀》

夏至北方二萬六千里, 冬至南方十三萬五千里, 日中樹表則無影矣. 周, 髀長八尺; 夏至日, 晷尺六寸. 髀, 股也; 晷, 勾也. 正南千里, 勾尺五寸; 正北千里, 勾尺七寸. 周髀之書也.

4.《呂氏春秋》

黃帝使伶倫自大夏之西, 崑崙之陰, 取竹之嶰谷生, 其窺厚薄均者, 斷兩節, 間而吹, 以爲黃鍾之管. 制十二箭, 以聽鳳凰之鳴; 雄鳴六, 雌亦六, 以爲律呂.

5.《續漢書》律曆志

十二律之變, 至於六十, 以律候氣. 候氣之法, 爲室三重, 戶閉塗釁. 必周密布緹幔, 以木爲案, 加律其上, 以葭莩灰抑其內; 爲氣所勤者, 其灰散也. 以此候之.

064(2-16)

사마경왕(司馬景王, 司馬師)이 동정하여 상당上黨의 이희李喜를 사로잡아 그를 종사중랑從事中郎에 임명하였다. 그리고는 이희에게 이렇게 물었다.

"옛날 나의 부친司馬懿께서 그대를 부를 때는 오지 않더니 지금 내가 그대를 부르자 어찌 허락하여 벼슬을 하십니까?"

그러나 이희는 이렇게 대답하는 것이었다.

"귀하의 아버지께서는 나를 예로 대하였기 때문에 나도 예를 갖추어 진퇴를 결정할 수 있었으나 지금 귀하는 법으로 나를 묶어 놓았기 때문에 나는 그 법이 무서워 허락하였을 뿐이오."

司馬景王東征, 取上黨李喜, 以爲從事中郞; 因問喜曰: 「昔先公辟君不就, 今孤召君何以來?」

喜對曰: 「先公以禮見待, 故得以禮進退; 明公以法見繩, 喜畏法而至耳」

【司馬景王】晉나라 景帝. 司馬師(207~255). 字는 子元. 司馬懿의 장자. 젊어서 夏侯玄·何晏 등과 이름을 날렸으며 司馬懿가 趙爽을 폐할 때 참여함. 사마의가 죽자 撫軍大將軍이 되어 嘉平 원년(254)에 魏帝 趙芳을 폐하여 齊王으로 삼고 高貴鄕公 趙髦를 세움. 이어 이듬해 正元 원년(255) 毌丘儉을 토벌하는 길에 죽음. 晉나라 건국 후 景王으로 추존되었다가 司馬炎이 魏나라를 대신하자 드디어 景帝로 추존됨. 《晉書》(2)에 紀가 있음.

【東征】동쪽의 毌丘儉을 치러 감.

【上黨】지금의 山西 泌縣 부근.

【李喜】자는 季和. 光祿大夫. 太保의 벼슬을 지냄. 《晉書》(41)에 전이 있으며 李熹로 되어 있음. 시호는 '成.'

참고 및 관련 자료

1. 《魏書》

司馬師字子元, 相國宣文侯長子也. 以道德淸粹, 重於朝廷; 爲大將軍, 錄尙書事.

毋丘儉反, 師自征之. 薨, 諡景王.

2.《晉諸公贊》
喜字季和, 上黨銅鞮人也. 少有高行, 研精藝學, 宣帝爲相國, 辟喜, 喜固辭疾.
景帝輔政, 爲從事中郎, 累遷光祿大夫. 特進, 贈太保.

065(2-17)

등애鄧艾는 말을 더듬거렸다. 그래서 "애, 애"하는 것이었다.
진문왕(晉文王, 司馬昭)이 이를 놀려 이렇게 물었다.
"그대는 애, 애하니 도대체 애艾가 몇 명이나 되는 거요?"
그러자 등애는 이렇게 받아넘겼다.
"'봉鳳이여! 봉이여!'하지만 그 봉鳳은 한 마리일 뿐입니다."

鄧艾口吃, 語稱「艾艾」.
晉文王戲之曰:「卿云'艾艾', 爲是幾'艾'?」
對曰:「'鳳兮, 鳳兮', 故是一'鳳'.」

【鄧艾】자는 士載(197~264). 삼국시대 魏人. 鎭西將軍. 鄧侯에 봉해졌으며 蜀을 벌할 때 成都에 들어가 劉禪을 항복시킴. 뒤에 鍾會의 무고로 衛瓘에게 살해됨.《三國志》(28)에 전이 있음.
【晉文王】司馬昭. 晉文帝. 晉宣帝의 둘째아들이며 이름은 昭, 자는 子上. 晉武帝 司馬炎이 진나라를 세우고 나서 文帝로 추존함.《晉書》(2)에 紀가 있음.
【鳳兮】《論語》微子篇의 구절. 楚狂接輿(陸通)의 이야기.

> 참고 및 관련 자료

1. 《三國志》魏志

艾字士載, 棘陽人. 少爲農人養犢. 年十二, 隨母至潁川, 讀故太丘長碑, 文曰: 處所, 時人多笑焉. 後見司馬宣王, 王辟爲掾. 累遷征西將軍, 伐蜀; 蜀平, 進位太尉. 爲衛瓘所害.

2. 《晉紀》朱鳳

文王諱昭, 字子上, 宣帝次子也.

3. 《論語》微子篇

楚狂接輿歌而過孔子曰:「鳳兮鳳兮! 何德之衰? 往者不可諫, 來者猶可追. 已而, 已而! 今之從政者殆而!」孔子下, 欲與之言. 趨而辟之, 不得與之言.

4. 《列仙傳》陸通

陸通者, 楚狂接輿也. 好養性, 遊諸名山, 嘗遇孔子而歌曰:「鳳兮鳳兮, 何德之衰? 往者不可諫, 來者猶可追.」後入蜀, 在峨嵋山中也.

066(2-18)

혜강(嵇康, 嵇中散)이 주살당하자 충격을 받은 상자기(向子期, 向秀)가 군군의 계리計吏로 선발되어 서울 낙양洛陽으로 가게 되었다.

문왕(文王, 司馬昭)이 상수를 불러 물었다.

"듣건대 그대는 기산箕山의 뜻을 품고 은거하려 하였다면서 무슨 까닭으로 이렇게 서울에까지 나타났습니까?"

상수는 이렇게 말하였다.

"소보巢父와 허유許由는 견개狷介하고 고결한 인물이지만 지나치게 흠모할 대상은 아니라 보오."

그러자 왕은 크게 기뻐하며 칭찬하였다.

嵇中散被誅, 向子期擧郡計入洛; 文王引進, 問曰:「聞君有箕山之志, 何以在此?」
對曰:「巢許狷介之士, 不足多慕.」王大咨嗟.

【嵇中散】嵇康(223~262). 자는 叔夜. 竹林七賢의 하나. 《晉書》(49)에 전이 있음. 〈任誕〉편1 참조. 鍾會의 모함으로 司馬昭(晉文帝)에게 죽임을 당함.
【向子期】向秀(227?~272?). 자는 子期. 竹林七賢의 하나. 처음 山濤·嵇康·呂安 등과 자연을 즐기다가 嵇康과 呂安이 司馬氏에게 죽임을 당한 후 벼슬길로 들어서 黃門侍郎, 散騎常侍를 지냄. 《老·莊》에 심취하여 《莊子注》를 완성하였으며, 이를 바탕으로 한 郭象의 《莊子注》가 지금도 전함. 賦에도 뛰어나 〈思舊賦〉를 남김. 《晉書》(49)에 傳이 있음. 向은 姓氏나 地名의 경우 '상'으로 읽음.
【計吏】해마다 上京하여 그 해 인구·수확 등의 통계를 보고하는 지방행정의 統計官.
【文王】司馬昭. 晉文王. 晉文帝. 晉宣帝의 둘째아들이며 이름은 昭, 자는 子上. 晉武帝 司馬炎이 진나라를 세우고 나서 文帝로 추존함. 《晉書》(2)에 紀가 있음.
【箕山】지금의 河南省 登封縣에 있는 산. 은둔의 비유로 쓰임.
【巢父·許由】堯임금 때의 高士로 천하를 그들에게 양보하려 하자 기산으로 도망가 귀를 씻었다는 고사를 남김. 晉 皇甫謐의 《高士傳》 참조. 巢父는 '소부'로도 읽음.

参考 및 관련 자료

1. 《向秀別傳》
秀字子期, 河內人. 少爲同郡山濤所知, 又與譙國嵇康, 東平呂安友善, 並有拔俗之韻. 其進止無固必, 而造事營生業, 亦不異常. 與嵇康偶鍛於洛邑. 與呂安灌園於山陽, 不慮家人有無, 外物不足怫其心. 弱冠, 著儒道論. 棄而不錄, 好事者或存之. 或云是其族人所作, 困於不行, 乃告秀, 欲假其名. 秀笑曰:「可復爾耳?」

後康被誅, 秀遂失圖. 乃應歲擧到京師, 詣大將軍司馬文王. 文王問曰:「聞君有箕山之志, 何能自屈?」秀曰:「常謂彼人不達, 堯意本非所慕也.」一坐皆悅. 隨次轉至黃門侍郎, 散騎常侍.

2. 楊勇〈校箋〉
『箕山, 在今河南登封縣東南, 亦稱崿嶺, 又名許由山; 堯時巢父, 許由隱此, 其後伯益避禹之子亦隱此. 後人稱箕山之志者, 皆喩隱遁也.』

067(2-19)

진晉 무제(武帝, 司馬炎)가 처음 등극하자마자 점을 추첨하였는데, '일一' 자를 뽑았다. 왕위의 대수代數를 이 숫자의 다소와 연관지어 알아보려고 친 점이었기 때문에 무제는 굉장히 기분이 상하였고, 군신들도 모두 실색하여 누구 하나 어떻게 해석을 해야 할지 몰랐다.
 이때 시중侍中 배해裴楷가 나아가서 이렇게 풀이하였다.
 "제가 듣기로는 하늘이 '일一'을 얻으면 맑아지고, 땅이 '일一'을 얻으면 편안해지며, 왕후王侯가 '일一'을 얻으면 천하가 바르게 된다고 하였습니다."
 그러자 무제는 기뻐하였고 군신들도 모두 탄복하였다.

晉武帝始登祚, 探策得'一': 王者世數, 繫此多少. 帝旣不悅, 羣臣失色, 莫能有言者.
 侍中裴楷進曰:「臣聞天得一以淸, 地得一以寧, 侯王得一以爲天下貞.」
 帝悅. 羣臣歎服.

【晉武帝】司馬炎. 晉나라 武帝. 司馬昭의 長子. 자는 安世. 咸熙 2年(265)에 魏나라로부터 禪讓의 형식으로 나라를 이어받아 晉나라를 세움. 재위 265~290년. 묘호는 世祖.《晉書》(3)에 紀가 있음.
【裴楷】자는 叔則(237~291). 裴徽의 셋째아들로〈老莊〉과〈易〉에 밝아 王戎과 병칭됨. 容儀가 俊爽하여 '玉人'이라 불림. 中書令을 거쳐 臨海侯에 봉해짐. 시호는 '元'.《晉書》(35)에 전이 있음.

참고 및 관련 자료

1.《晉世譜》
世祖諱炎, 字安世. 咸熙二年受魏禪.

2.《老子注》王弼
一者, 數之始, 物之極也. 各是一物之生, 所以爲主也. 各以其一, 致此淸, 寧, 貞. ……天得一以淸, 地得一以寧, 神得一以靈, 谷得一以盈, 萬物得一以生, 侯王得一以爲天下貞. 其致之各以其一, 致此淸, 寧, 靈, 盈, 生, 貞.

068(2-20)

만분滿奮은 바람을 몹시 두려워하였다. 어느 날 진晉 무제(武帝, 司馬炎)와 함께 앉아 있을 때, 마침 북쪽 창이 훤히 비치는 유리 병풍으로 되어 있었다. 실제로 틈이 없어 바람이 새지 않는 데도 만분은 난색을 표하였다.
왕이 이를 보고 웃자 만분은 이렇게 말하였다.
"저는 마침 남쪽의 소가 달만 보아도 헐떡이는 것과 같은 체질이옵니다."

滿奮畏風, 在晉武帝坐; 北窓作琉璃屛風, 實密似疎, 奮有難色.

帝笑之. 奮答曰:「臣猶吳牛, 見月而喘.」

【滿奮】자는 武秋. 三國 魏나라 때의 滿寵(?~242)의 손자. 冀州刺史, 尙書令, 司隷校尉를 지냈으며 苗願에게 죽임을 당함.
【晉武帝】司馬炎. 晉나라 武帝. 司馬昭의 長子. 자는 安世. 咸熙 2年(265)에 魏나라로부터 禪讓의 형식으로 나라를 이어받아 晉나라를 세움. 재위 265~290년. 묘호는 世祖.《晉書》(3)에 紀가 있음.
【吳牛喘月】남방의 소는 더위를 무서워하여 달을 보고도 해인 줄 알고 헐떡거림. 참고란을 볼 것.

> 참고 및 관련 자료

1.《冀州記》荀綽
奮字武秋, 高平人, 魏太尉寵之孫也. 性淸平有識. 自吏部郞出爲冀州刺史.
2.《晉諸公贊》
奮體量淸雅, 有祖寵之風. 遷尙書令, 爲苗願所害.
3. 劉孝標 注
『今之水牛, 唯生江·淮間, 故謂之吳牛也. 南土多暑, 而此牛畏熱, 見月疑是日, 所以見月則喘.』
4.《風俗通義》(逸文 二) 應劭
吳牛望月則喘. 彼之苦于日, 見月, 怖, 亦喘之矣.

069(2-21)

제갈정諸葛靚이 오吳나라에 인질로 있을 때 조정에 사람이 많이 모인 자리에서 손호孫晧가 그에게 이렇게 물었다.
"그대는 자가 중사仲思라 하던데 무엇을 생각思하란 뜻이오?"
그러자 그는 이렇게 대답하였다.
"집에서는 효孝를 생각하고, 임금을 섬김엔 충忠을 생각하고, 벗을 사귐에는 신信을 생각합니다. 이런 것뿐입니다."

諸葛靚在吳, 於朝堂大會.
孫晧問:「卿字仲思, 爲何所思?」
對曰:「在家思孝, 事君思忠, 朋友思信; 如斯而已.」

【諸葛靚】자는 仲思. 諸葛誕의 막내아들로 아버지가 起兵하자 吳에 인질로 갔다가 오히려 右將軍, 大司馬 등을 지냄. 그 뒤 도망하여 고향에서 평생 조정을 향해 앉지 않았다고 함.
【孫晧】吳의 마지막 임금(243~284). 자는 元宗. 孫權의 손자이며 孫和의 아들. 처음 烏程侯에 봉해졌다가 景帝 孫休가 죽자 뒤를 이어 오나라 황제가 됨. 晉 武帝 咸寧 6년(280)에게 망하여 歸命侯로 강등됨. 《三國志》(48)에 전이 있음.

참고 및 관련 자료

1. 《晉諸公贊》
靚字仲思, 琅邪人, 司空誕少子也. 雅正有才望. 誕以壽陽叛, 遣靚入質於吳, 以靚爲右將軍, 大司馬.

2. 孫晧의 '晧'가 〈宋本〉과 기타 여러 전적에는 '皓'로 되어 있으나 이는 誤記임.

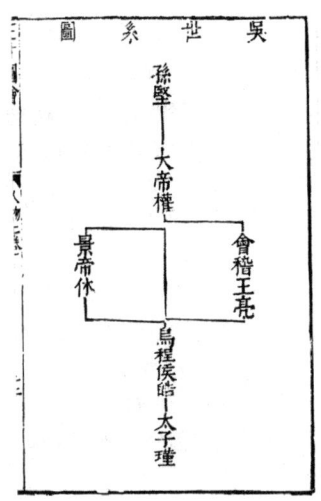

〈吳나라 세계표〉《三才圖會》

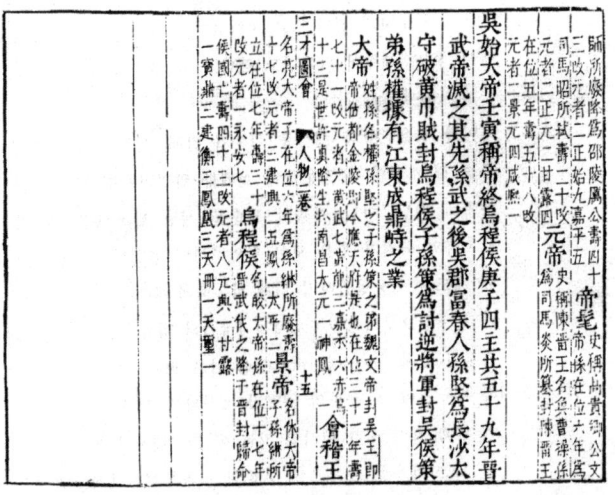

삼국 吳나라 기사 《三才圖會》

070(2-22)

채홍蔡洪이 낙양洛陽으로 오자 낙양의 어떤 사람이 그에게 물었다.
"지금 막부幕府가 막 개설되어 여러 공경들이 서로 다투어 자신들의 막료를 뽑고 있습니다. 그래서 비루한 집안 출신일지라도 영재나 기재奇才라면 구하려 들고, 현인·준사雋士라면 시골의 암혈巖穴 출신일지라도 채용하고 있습니다. 그대는 저 먼 오吳·초楚의 선비요, 망해 버린 나라의 여민餘民인데 무슨 특이한 재주라도 있어 이런 모집에 응하는 것입니까?"
채홍은 이렇게 대답하였다.
"야광주夜光珠가 반드시 맹진지하孟津之河에서만 나라는 법이 없고, 손아귀 가득할 정도의 큰 벽옥璧玉이라고 해서 반드시 곤륜산崑崙山에서만 채집된다는 법은 없소. 우禹임금은 동이東夷에서 나셨고 문왕文王은 서강西羌에서 나셨소. 성현이 어찌 꼭 정해진 곳에서만 난단 말이오? 옛날 무왕武王이 주紂를 벌한 다음 그 은殷나라의 완고한 유민들을 모두 이 낙읍洛邑으로 이주시켰다던데 지금 그대들도 역시 그 옛날 그들 유민의 후예가 아닙니까?"

蔡洪赴洛, 洛中人問曰:「幕府初開, 羣公辟命, 求英奇於仄陋, 採賢雋於巖穴; 君吳楚之士, 亡國之餘, 有何異才而應斯擧?」

蔡答曰:「夜光之珠, 不必出於孟津之河; 盈握之璧, 不必採於崑崙之山. 大禹生於東夷, 文王生於西羌. 聖賢所出, 何必常處? 昔武王伐紂, 遷頑民於洛邑; 得無諸君是其苗裔乎?」

【蔡洪】자는 叔開. 남방 吳郡 출신. 처음 吳를 섬겼으나 뒤에 秀才로 천거되어 洛陽으로 가서 晉 惠帝 元康 초에 松滋令이 됨.
【夜光珠】일명 '隨侯之珠'(隋侯之珠)라고도 하며 옛 隨侯가 뱀의 상처를 고쳐주어 보은으로 얻었다 함.《搜神記》참조.

참고 및 관련 자료

1. 《洪集錄》
洪字叔開, 吳郡人. 有才辯, 初仕吳朝, 太康中, 本州從事, 擧秀才.

2. 《晉書》王隱
洪仕至松滋令.

3. 劉孝標 注
『舊說云: 隨侯出行, 有蛇斬而中斷者, 侯連而續之, 蛇遂得生而去. 後銜明月珠以報其德, 光明照夜同晝, 因曰隨珠. 左思蜀都賦所謂「隨侯鄙其夜光也」.』

4. 劉孝標 注
『案孟子曰:「舜生於諸馮, 東夷人也; 文王生於岐周, 西戎人也.」則東夷是舜, 非禹矣.』

5. 《尙書》
「成周旣成, 遷殷頑民, 作多士」 孔安國注曰:「殷大夫心不則德義之經, 故徙於王都, 週敎誨也.」

6. 본 장의 내용에 대하여 劉氏는 이에 대해 신빙성이 없다고 하였고 楊씨는 〈校箋〉에서 구체적으로 증명하고 있다.(아래 7, 8 참조)

7. 劉孝標 注
『案: 華令思擧秀才入洛, 與王武子相酬對, 皆與此言不異; 無容二人同有此辭. 疑世說穿鑿也.』

8. 楊勇〈校箋〉
『晉書華譚傳:「譚字令思, 廣陵人. 祖融, 吳左將軍, 錄尙書事. 父諝, 吳黃門郎. 譚昔歲而孤, 母十八便守節, 鞠養勤勞備至. 及長, 好學不倦, 爽慧有口辯.」 又曰:「譚素以才學爲東土所推, 同郡劉頌爲廷尉, 見之, 歎息曰:『不悟鄕里乃有如此才也!』博士王濟於衆中嘲之云云(如世說). 譚答曰:『秀異固産於方外, 不出於中域也. 是以明珠文貝, 生於江鬱之濱, 夜光之璞, 出於荊藍之下; 故以人求之, 文王生於東夷, 大禹生於西羌, 子弗聞乎, 昔武王克商, 遷殷頑民於洛邑; 諸君得非其苗裔乎?」御覽460引文士傳亦作華譚. 皆證孝標糾繆之實.』

071(2-23)

여러 명사들이 모여 함께 낙수洛水로 놀이를 갔다가 돌아오자 악령(樂令, 樂廣)이 왕이보(王夷甫, 王衍)에게 물었다.
"오늘 재미있었소?"
그러자 왕이보는 다음과 같이 말하였다.
"배복야(裴僕射, 裴頠)는 선담명리善談名理하여 넘치는 아치雅致가 있었고, 장무선(張茂先, 張華)은 《사기史記》와 《한서漢書》에 대해 논하였는데 훌륭하여 들을 만하였소. 나와 왕안풍(王安豐, 王戎)은 연릉延陵 자방(子房, 張良)에 대해 얘기를 나누었는데 역시 뛰어나고 심묘深妙하였었소."

諸名士共至洛水戲, 還, 樂令問王夷甫曰:「今日戲樂乎?」王曰:「裴僕射善談名理, 混混有雅致; 張茂先論《史》·《漢》, 靡靡可聽; 我與王安豐說延陵子房, 亦超超玄著.」

【樂廣】자는 彦輔(?~304). 王衍과 같은 시대 인물로 당시 청담 풍조에 이름을 날렸음. 여러 관직을 거쳐 王戎에 이어 尙書令이 됨. 그 때문에 흔히 '樂令'으로도 불림. 두 딸이 있어 하나는 衛玠에게, 하나는 成都王(司馬穎)에게 시집을 보냈으나 마침 사마영과 長沙王(司馬乂)의 싸움이 심해져서 근심을

품고 죽음.《晉書》(43)에 전이 있음. 단 '樂'은 성씨의 경우 '악'(yue)으로 읽으나(예 樂毅)《世說新語辭典》(1992, 四川)에서는 '락'(le)의 항목에 실려 있어 '락광'으로 되어 있음.

【王夷甫】王衍(256~311). 자는 夷甫. 죽림칠현의 하나인 王戎의 從弟. 太尉를 지냄.《晉書》(43)에 전이 있음.

【裴僕射】裴頠(267~300). 字는 逸民. 裴秀의 막내아들. 老莊과 醫術에 밝았으며〈崇有論〉을 지어 儒家의 인의도덕을 중시할 것을 주장하였음. 尙書 左僕射, 侍中 등을 지냈으며 賈后의 난에 인척임에도 정도를 지켰음. 趙王 (司馬倫)이 가후에게 빌붙자 이를 탄핵하다가 결국 34세에 司馬倫에게 주살당함. 惠帝가 反正하여 그를 복권시켰으며 시호를 成이라 함.《晉書》 (35)에 전이 있음.

【張茂先】張華(232~300). 자는 茂先. 詩·書·文章 등에 고루 능하였던 晉나라 때의 문호이며 학자. 方城人으로 廣武侯에 봉해졌음. 司空을 지냈으며 趙王 司馬倫에게 해를 입음.《晉書》(36)에 전이 있으며 후인이 집일한《張茂先集》이 있으며 저서로는 유명한《博物志》가 전함.

【王安豐】王戎(234~305). 字는 濬沖. 琅邪人. 王綏의 아버지이며 太保 王祥의 宗族. 荊州刺史를 지냈으며, 吳를 평정한 공으로 安豐侯에 봉해짐. 성격이 인색하였으며 禮敎에 얽매이지 않았음. 阮籍·山濤·向秀·阮咸·嵇康·劉伶과 더불어 '竹林七賢'으로 불렸음.《晉書》(43)에 전이 있음.

【延陵】춘추시대 吳나라 延陵季子(季札). 그가 지금의 江蘇 武進縣인 연릉에 봉해져서 부르는 이름.

【子房】張良을 말함. 字는 子房. 漢 高祖 劉邦을 도와 천하를 평정함. 留侯에 봉해짐.《史記》留侯世家 참조.

참고 및 관련 자료

1.《竹林七賢論》
王濟諸人, 嘗至洛水解禊事; 明日, 或問濟曰:「昨游, 有何語議?」濟云云.

2.《晉書》虞預
王衍字夷甫, 琅邪臨沂人, 司徒戎從弟. 父乂, 平北將軍. 夷甫早知名, 以淸虛通理稱. 仕至太尉, 爲石勒所害.

3.《晉惠帝起居注》
裴頠字逸民, 河東聞喜人, 司空秀之少子也.

4.《冀州記》
頠弘濟有淸識, 稽古善言名理, 履行高整, 自少知名. 歷侍中, 尙書左僕射, 爲趙王倫所害.

5.《晉陽秋》
華博覽洽聞, 無不貫綜, 世祖嘗問漢事, 及建章千門萬戶. 華畫地成圖, 應對如流, 張安世不能過也.

6.《晉諸公贊》
夷甫好尙談稱, 爲時人物所宗.

072(2-24)

왕무자(王武子, 王濟)와 손자형(孫子荊, 孫楚)이 각각 자신들의 출신지를 두고 토지와 인물의 관계를 얘기하면서 왕무자가 먼저 이렇게 자랑하였다.
"그 지세가 평탄하고 그 물이 담청淡淸하면, 그곳엔 염정廉貞한 인물이 나지요."
그러자 손자형은 이렇게 받았다.
"그 산세가 험준하고 그 물이 출렁이는 곳엔 재기才奇한 영재가 많이 납니다."

王武子·孫子荊, 各言其土地人物之美.
王云:「其地坦而平, 其水淡而淸, 其人廉且貞.」

孫云:「其山崔嵬以嵯峨, 其水㳿渫而揚波, 其人磊砢而英多.」

【王武子】王濟(240?~285?). 王渾의 아들.《易》과《老莊》에 밝아 裴楷와 이름을 날렸으며 武帝의 딸 常山公主의 남편. 侍中을 역임함. 말에 대해서 잘 알았다고 함. 王愷와 사치와 호기를 다툰 일로도 유명함. 中書郎, 驍騎將軍, 侍中 등을 역임함.《晉書》(42)에 전이 있음. 왕제는 太原 晉陽 출신이었음.
【孫子荊】孫楚(?~294). 자는 子荊. 晉初의 인물. 40이 지나 벼슬길에 올라 著作郎, 馮翊太守 등을 역임함.《晉書》(56)에 전이 있음. 손초는 太原 中都 출신이었음.

참고 및 관련 자료

1.《晉諸公贊》
王濟字武子, 太原晉陽人, 司徒渾第二子也. 有雋才, 能淸言. 起家中書郎, 終太僕.
2.《文士傳》
孫楚字子荊, 太原中都人也.
3.《晉陽秋》
(孫)楚, 驍騎將軍資之孫, 南陽太守宏之子. 鄕人王濟, 豪俊公子, 爲本州大中正訪問, 楚爲鄕里品狀. 濟曰:「此人非鄕評所能名, 吾自狀之曰:'天才英特, 亮拔不羣.'仕至馮翊太守.
4. 劉孝標 注
『案: 三秦記, 誤林, 載蜀人伊籍稱吳土地人物, 與此語同.』

073(2-25)

　악령(樂令, 樂廣)의 딸은 대장군大將軍이며 성도왕成都王인 사마영司馬穎에게 시집을 갔다. 그런데 사마영의 형 장사왕長沙王 사마예司馬乂가 낙양洛陽에서 권력을 쥐고 세도를 부리자 동생 사마영이 병력을 키워 그 권력을 빼앗고자 싸움을 벌이고 말았다. 장사왕사마예은 자신의 주변 인물들 중에 소인배들을 가까이 하면서 훌륭한 인물들을 멀리하고 소외시켰다. 이로 인해 조정에 있는 사람들은 모두가 위험과 두려움을 품고 있었다.
　그런데 악령은 이미 조정으로부터 명망도 있었고, 게다가 사마영과는 혼친婚親 관계까지 더해진 터라 여러 소인 무리들이 그를 장사왕에게 참훼하기 시작하였다. 이에 장사왕이 악령을 불러 물어보자 악령은 신색神色이 자약自若한 모습으로 천천히 이렇게 대답하였다.
　"내 어찌 다섯 아들을 딸 하나와 바꾸겠소이까?"
　이리하여 장사왕은 싸움을 놓고 더 이상 그를 의심하거나 염려하지 않게 되었다.

　樂令女, 適大將軍成都王穎, 王兄長沙王執權於洛, 遂搆兵相圖. 長沙王親近小人, 遠外君子; 凡在朝者, 人懷危懼. 樂令旣處朝望, 加有婚親, 羣小譖於長沙.
　長沙嘗問樂令; 樂令神色自若, 徐答曰:「豈以五男易一女?」由是釋然, 無復疑慮.

【樂令】樂廣(?~304). 자는 彦輔. 吏部尙書, 侍中, 河南尹을 거쳐 尙書令을 지내어 樂令이라 부름. 王衍과 같은 시대에 淸淡이 뛰어났음. 두 딸 중 하나는 衛玠에게, 하나는 成都王에게 시집보냄. 《晉書》(43)에 전이 있음.

【司馬穎】자는 章度(279~306). 晉 武帝의 16째 아들. 大將軍을 역임하였으며 成都王에 봉해짐. 八王之亂 때 范陽王의 거짓 조서에 의해 賜死당함. 《晉書》(59)에 전이 있음.

【司馬乂】자는 士度(227~304). 晉 武帝의 여섯째아들로 長沙王에 봉해짐. 八王之亂 때 起兵하여 齊王(司馬冏)을 죽이고 成都王(司馬穎)을 쳐 이겼으나 결국 東海王(司馬越)에게 죽임을 당함.《晉書》(59)에 전이 있음.

참고 및 관련 자료

1. 《晉書》虞預
樂廣字彥輔, 南陽人. 淸夷沖曠, 加有理識, 累遷侍中, 河南尹. 在朝廷用心虛淡, 時人重其貞貴. 代王戎爲尙書令.

2. 《八王故事》
司馬穎字章度, 世祖第十六子. 封成都王, 大將軍.

3. 《晉百官名》
司馬乂字士度, 封長沙王.

4. 《八王故事》
司馬乂, 世祖第六子.

5. 《晉陽秋》
成都王之起兵, 長沙王猜廣; 廣曰:「寧以一女而易五男?」乂猶疑之, 遂以憂卒.

074(2-26)

육기陸機가 왕무자(王武子, 王濟)를 찾아가자 왕무자는 육기 앞에 여러 곡斛이나 되는 양락羊酪을 펼쳐놓고 손가락으로 가리켜 육기에게 보여

주면서 이렇게 물었다.

"그대의 고향 남방 강동江東에는 이런 멋진 물건에 필적할 만한 게 있소?"

육기는 이렇게 대꾸하였다.

"우리 고향 천리향千里鄕에는 순갱蓴羹이 있고, 말하末下라는 곳에는 염시鹽豉가 있을 뿐입니다!"

陸機詣王武子, 武子前置數斛羊酪, 指以示陸曰:「卿江東何以敵此?」

陸云:「有千里蓴羹, 末下鹽豉耳!」

【陸機】 (261~303). 자는 士衡. 조부는 陸遜. 아버지는 陸抗. 모두가 삼국시대 吳나라의 將相을 지냄. 西晉이 吳를 멸하자 육기는 문을 걸어 잠그고 10년을 공부하여 洛陽으로 들어가 太子司馬·著作郞을 지냈으며 平原太守를 역임하여 陸平原이라고도 불림. 八王之亂 때 長沙王(司馬乂)의 將軍, 河北大都督이 되었으나 패하여 동생 陸雲 등과 함께 처형당함. 文學史에서는 그의 〈文賦〉가 중요한 비평 저작으로 알려짐. 《晉書》(54)에 전이 있음.

【王武子】 王濟(240?~285?). 王渾의 아들. 《易》과 《老莊》에 밝아 裴楷와 이름을 날렸으며 武帝의 딸 常山公主의 남편. 侍中을 역임함. 말에 대해서 잘 알았다고 함. 王愷와 사치와 호기를 다툰 일로도 유명함. 中書郞, 驍騎將軍, 侍中 등을 역임함. 《晉書》(42)에 전이 있음.

【斛】 고대의 들이. 혹은 양.

【羊酪】 羊乳를 발효시킨 乳酪品.

【江東】 陸機의 출신지인 吳 땅을 가리킴.

【千里鄕】 지명.

【蓴羹】 蓴菜로 끓인 국. 순채는 水菜의 일종. 張翰의 〈吳江鱸魚〉 고사. 〈識鑑〉 편 참조.

【末下】 역시 지명. 그러나 이를 '末下'로 보아 "아직 넣지 않은"의 뜻으로 풀이

하기도 한다. 따라서 '末下鹽豉'는 소금을 넣기 전의 된장, 즉 청국장이나 메주를 뜻하는 말로 보인다.
【鹽豉】소금에 절인 된장. '豉'는 콩을 발효시켜 만든 된장과 비슷한 식품. 메주. 楊勇〈校箋〉에 시(豉)자가 고(鼓)자로 잘못되어 있음.

참고 및 관련 자료

1. 《晉陽秋》
陸機字士衡, 吳郡人. 祖遜, 吳丞相. 父抗, 吳大司馬. 機與弟雲並有俊才, 司空張華見而說之, 曰:「平吳之利, 在獲二雋.」

2. 《陸機別傳》
博學善屬文, 非禮不動. 八晉, 仕著作郞, 至平原內史.

3. 《晉書》陸機傳
嘗詣侍中王濟, 濟指羊酪謂機曰:「卿吳中何以敵此?」答曰:「千里蓴羹, 末下鹽豉.」時人稱爲名對.

4. 《太平御覽》170에 인용된 《輿地志》
吳大帝以陸遜爲華亭侯, 以其所居爲封也. 華亭谷, 出佳魚蓴羹菜, 故陸機云:「千里蓴羹, 末下鹽豉.」

075(2-27)

서진西晉 시대 어떤 어린아이의 아버지가 병이 들자 그 아이는 이웃에 약을 구하러 갔다. 이웃집 주인이 물었다.
"무슨 병이냐?"
그러자 그 아이가 대답하였다.

"학질을 앓고 계십니다."

주인이 다시 물었다.

"너의 아버지는 밝은 덕을 지닌 군자이신데 어찌 그런 학질이 걸릴 리 있느냐?"

그러자 그 아이는 대뜸 이렇게 대답하였다.

"이 병은 오로지 군자만 괴롭히는 병입니다. 그래서 병 이름도 학瘧이라 부르는 것입니다."

中朝有小兒父病, 行乞藥; 主人問病, 曰:「患瘧也.」
主人曰:「尊侯明德君子, 何以病瘧?」
答曰:「來病君子, 所以爲瘧耳.」

【中朝】中原에 있던 시대. 즉 西晉(265~317) 시대. 서진은 낙양을 도읍으로 하였음.
【瘧】하루거리. 학질. 瘧은 虐과 같아 비유하여 한 말.

참고 및 관련 자료

1. 당시 사람들은 학질을 앓게 하는 귀신은 작아 몸이 크거나 덕 있는 사람은 걸리지 않는다고 믿었음.

2. 劉孝標 注

『俗傳行瘧鬼小, 多不病巨人. 故光武皇帝嘗謂景丹曰:「嘗聞壯士不病瘧, 大將軍反病瘧耶!」』

076(2-28)

최정웅(崔正熊, 崔豹)이 도군都郡을 방문하자, 도군의 수문장守門將은 진陳씨 성을 가진 자였다. 그런데 그자는 최정웅의 성씨를 들어 이렇게 농담을 거는 것이었다.
"그대와 최저崔杼는 몇 대代나 되는가?"
그러자 정웅은 이렇게 대꾸하였다.
"나와 최저의 사이는 바로 그대와 진항陳恆의 차이와 같소이다."

崔正熊詣都郡, 都郡將姓陳, 問正熊:「君去崔杼幾世?」
答曰:「民去崔杼, 如明府之去陳恆.」

【崔正熊】崔豹. 西晉시대 인물. 惠帝 때 太傅를 지냈음.《古今注》가 전하며, 그 속에 古朝鮮 시가《箜篌引》(公無渡河歌)이 수록되어 있음.
【都郡】郡守長. 그 군의 도독과 군사책임자 등을 부르는 호칭.
【明府】상대를 높여 부르는 말.
【崔杼】춘추시대 齊나라 大夫로 齊莊公을 죽인 자.《史記》齊太公世家 참조.
【陳恆】춘추 말기 齊나라 大夫로 齊簡公을 죽이고 平公을 세워 제나라 권력을 田氏(陳氏)에게 귀속시켰음. 田常·陳常라고도 씀. '恆'은 '恒'자와 같음.《史記》田敬仲完世家 참조.

> 참고 및 관련 자료

1.《晉百官名》
崔豹字正熊, 燕國人. 惠帝時, 官至太傅丞.

077(2-29)

원제(元帝, 司馬睿)가 양자강을 건너 동천東遷한 지 얼마 되지 않아 고표기(顧驃騎, 顧榮)에게 이렇게 말하였다.

"남의 땅에 빌붙어 사느라니 마음이 늘 괴롭고 슬프다."

고영顧榮은 이 말에 무릎을 꿇고 이렇게 대답하였다.

"제가 듣기로는 왕이란 천하로 집을 삼는 것입니다. 그런 고로 은殷나라는 경耿·박亳 등으로 정처 없이 천도하였고, 주周나라도 구정九鼎을 낙읍洛邑에 옮겨 놓았습니다. 원컨대 폐하께서 천도하신 것에 대하여 괘념하지 마옵소서."

元帝始過江, 謂顧驃騎曰:「寄人國土, 心常懷慙.」
榮跪對曰:「臣聞王者以天下爲家, 是以耿·亳無定處, 九鼎遷洛邑; 願陛下勿以遷都爲念.」

【元帝】晉 元帝. 司馬睿. 316년 西晉이 망하자 建康(南京)에 東晉을 세움. 재위 6년(317~323). 《晉書》(6)에 紀가 있음. 묘호는 中宗.
【顧驃騎】顧榮. 자는 彦先. 三國시대부터 晉나라 때 인물. 吳郡 사람. 吳나라가 평정되자 陸機, 陸雲 형제와 낙양으로 들어가 흔히 '三俊'이라 불렸음. 뒤에 다시 남으로 내려와 남쪽 인재를 적극 추천한 것으로도 유명함. 《晉書》(68)에 전이 있음.
【耿·亳】耿은 지금의 山東省 吉縣. 殷나라 祖乙이 도읍하였던 곳. 亳은 河南省 商丘縣. 盤庚이 옮긴 수도.
【遷九鼎】九鼎은 고대 夏나라 禹임금이 더 이상 쇠붙이로 무기를 만들지 않겠다고 하여 천하의 구리를 모아 구주를 상징하는 솥을 만들었으며 이는 국가를 상징하는 물건으로 여겼음. 武王이 殷을 멸하고 이 九鼎을 洛邑으로 옮김.

참고 및 관련 자료

1. 《晉書》朱鳳
帝諱睿, 字景文. 祖伷, 封琅邪王. 父恭王覲嗣. 帝襲爵爲琅邪王. 少而明惠, 因亂過江起義, 遂卽皇帝位. 諡法曰始, 建國都曰元.

2. 《晉書》顧榮傳
元帝鎭江東, 以榮爲軍司, 加散騎常侍, 凡所謀畫, 皆以諮焉. 元嘉六年卒官.

3. 《晉書》元帝紀
遷安東將軍, 永嘉初, 用王導計, 始鎭建鄴, 以顧榮爲軍司.

4. 《帝王世紀》
殷祖乙徙耿, 爲河所毀, 今河東皮氏耿卿是也. 盤庚五遷, 復南居亳, 今景亳是也.

5. 《春秋傳》
武王克商, 遷九鼎於洛邑, 今之偃師是也.

〈東晉 元帝〉《三才圖會》

078(2-30)

유공(庾公, 庾亮)이 주백인(周伯仁, 周顗)을 방문하자 백인伯仁이 물었다.
"그대는 무슨 좋은 일이 있어 그렇게 갑자기 살이 쪘소?"
그러자 유공이 이렇게 되물었다.
"그대는 무슨 근심거리가 있어 갑자기 그리 야위었소?"
백인은 이렇게 대답하였다.
"나에게 근심거리란 아무 것도 없소. 오직 청허淸虛한 기상은 날로 찾아오고 못된 찌꺼기는 날로 제거되어 이렇다오."

庾公造周伯仁, 伯仁曰:「君何所欣悅而忽肥?」
庾曰;「君復何所憂慘而忽瘦?」
伯仁曰:「吾無所憂; 直是淸虛日來, 滓穢日去耳」

【庾公】庾亮(289~340). 자는 元規. 蘇峻, 祖約의 난을 평정하였으며 명제 때 王導를 이어 中書監이 됨. 征西大將軍, 荊州刺史 등을 재냄. 청담을 좋아하였으며 老莊에 밝았음. 죽은 후 太尉에 추증되었고 시호는 文康.《晉書》(73)에 전이 있음.

【周伯仁】주의(周顗, 269~322). 자는 伯仁. 周浚의 장자. '三日僕射'와 王敦 기병 때 피살될 때 "我雖不殺伯仁, 伯仁由我而死"의 고사를 남김.《晉書》(69)에 전이 있음.

참고 및 관련 자료

1.《晉書》虞預
周顗字伯仁, 汝南安城人, 揚州刺史浚長子也.

2.《晉陽秋》
顗有風流才氣, 少知名, 正體嶷然, 儕輩不敢媟也. 汝南賁泰淵, 淸操之士, 嘗嘆曰:「汝潁固多賢士, 自頃陵遲, 雅道殆衰, 今復見周伯仁; 伯仁將袪舊風, 淸我邦族矣.」擧寒素, 累遷尙書僕射, 爲王敦所害.

079(2-31)

천도할 때 강을 건너 내려온 많은 귀족들이 가일佳日을 만날 때마다 신정新亭에 모여 모두들 꽃다운 풀밭에 앉아 음주연회飮酒宴會를 열었다.
그러자 주후(周侯, 周顗)가 그들과 함께 앉아 있다가 이렇게 말하였다.
"풍경은 종전과 같으나 산하는 예 살던 곳과 다르던!"
그러자 모두들 바라보며 눈물을 흘렸다.
다만 왕승상(王丞相, 王導)만이 추연변색愀然變色하며 이렇게 일깨웠다.
"마땅히 힘을 다해 왕실을 되살리고 중원神州를 수복해야지 어찌 한갓 초수楚囚처럼 서로 바라보며 울고만 있는 지경에 이르렀소이까?"

過江諸人, 每至暇日, 輒相要出新亭, 藉卉飮宴.
周侯中坐而歎曰:「風景不殊, 擧目有江河之異!」
皆相視流淚.
唯王丞相愀然變色曰:「當共勠力王室, 克復神州; 何至作楚囚相對泣邪?」

【新亭】지금의 江蘇省 江寧縣에 있는 정자. 혹 亭은 六朝 이래 마을의 행정 단위로 지금의 里, 村, 鎭과 같음.
【周侯】周顗(269~322). 周伯仁. 《晉書》(69)에 전이 있음.
【王丞相】王導(276~339). 자는 茂弘. 어릴 때 자는 阿龍. 王敦의 從弟. 서진이 망하자 王敦과 함께 司馬睿를 황제로 추대하여 東晉을 세움. 그 공으로 丞相이 되었으며 號를 '仲父'라 하였음. 천하의 권세를 잡아 당시 "王與馬, 共天下"라 하였음. 元帝와 明帝, 成帝를 차례로 즉위시켰음. 아울러 남방 세족의 도움으로 강남에서의 동진 정권을 안정시킴. 《晉書》(65)에 전이 있음.
【神州】天下를 九州로 나누어 中國의 中原을 神州라 함.

【楚囚】한갓 고국을 그리워하며 비분만 품은 초나라 죄수.《左傳》成公 9년 참조. 곤궁에 처해 있으면서도 계책을 세우지 못하는 경우를 말함. 참고란을 볼 것.

참고 및 관련 자료

1.《丹陽記》
新亭, 吳舊立, 先基崩淪. 隆安中, 丹陽尹司馬恢之徙創今地.

2.《春秋傳》
楚伐鄭, 諸侯救之; 鄭執鄖公鍾儀獻晉. 景公觀軍府, 見而問之曰:「南冠而縶者爲誰?」有司對曰:「楚囚也.」使脫之, 問其族. 對曰:「伶人也.」曰:「能爲樂乎?」曰:「先父之職敢有二事.」與之琴, 操南音. 范文子曰:「楚囚, 君子也; 樂操土風, 不忘舊之. 君盍歸之, 以合晉楚之成.」

080(2-32)

위세마(衛洗馬, 衛玠)가 결국 강을 건너 남천南遷할 것을 결심해 놓고 형색이 초췌한 채로 좌우에게 말하였다.

"이렇게 망망한 것은 나도 모르게 수백 가지 우수를 느끼게 하는구나. 진실로 내 스스로 이런 정회情懷를 떨쳐 없애지 않는다면 그 누가 능히 이를 없애버릴 수 있으리오!"

衛洗馬初欲渡江, 形神慘悴; 語左右云:「見此茫茫, 不覺百端交集; 苟未免有情, 亦復誰能遣此!」

【衛洗馬】衛玠(287~313). 자는 叔寶. 어릴 때는 虎라 부름. 衛瓘의 손자이며 衛恒의 아들. 《老莊》에 조예가 깊었음. 어려서 王澄, 王玄, 王濟와 함께 이름을 날려 "王家三子, 不如衛家一兒"라 하였음. 中原大亂 때 남으로 피난하여 王敦에게 발탁됨. 太子洗馬를 지냈으며 王承과 더불어 '中興第一名士'로 불림. 《晉書》(36)에 전이 있음.

【遣此】遣은 '消遣', 혹 '排遣'의 뜻으로 '녹여 없애다. 기분 전환하다. 우울한 마음을 풀다. 위로하다'의 뜻.

참고 및 관련 자료

1. 《晉諸公贊》
衛玠字叔寶, 河東安邑人. 祖父瓘, 太尉, 父恆, 黃門侍郎.

2. 《衛玠別傳》
玠穎識通達, 天韻標令, 陳郡謝幼輿敬以亞父之禮. 論者以爲出王眉子, 平子, 武子之右. 世咸謂:「謂王三子, 不如衛家一兒.」娶樂廣女. 裴叔道曰:「妻女有冰淸之姿, 壻有璧潤之望; 所謂秦晉之匹也.」爲太子洗馬. 永嘉四年, 南至江夏, 與兄別於梁里澗, 謂曰:「在三之義, 人之所重, 今日忠臣致身之運, 可不勉乎?」行至豫章, 乃卒.

081(2-33)

고사공(顧司空, 顧和)이 아직 이름이 나기 전에 왕승상(王丞相, 王導)을 찾아갔더니 승상은 소극少極하여 대화 도중에 피로하다고 졸기까지 하는 것이었다. 고화는 이러한 국면을 전환하고자 함께 자리한 사람들에게 이렇게 말하였다.

"지난 날 원공(元公, 顧榮)으로부터 듣기로는 승상께서는 중종(中宗, 晉元帝,

司馬睿)을 잘 돕고 있어 강동江東은 모두가 안전하다고 하시더니 지금 보니 승상이란 분은 체력도 약간 편치 않으시니 사람으로 하여금 숨이 차도록 하는군요!"

이 말에 승상은 깜짝 놀라 고화를 보며 이렇게 말하였다.

"이 사람은 규장특달珪璋特達하여 기지와 경척警惕에 날카로운 예봉銳鋒이 있구먼."

顧司空未知名, 詣王丞相, 丞相小極, 對之疲睡; 顧思所以叩會之, 因謂同坐曰:「昔每聞元公道公協贊中宗, 保全江表; 體小不安, 令人喘息.」

丞相因覺, 謂顧曰:「此子珪璋特達, 機警有鋒.」

【顧司空】顧和(285~351). 자는 君孝. 侍中, 司空을 추증받음.《晉書》(83)에 전이 있음.
【丞相】王丞相. 王導(276~339). 자는 茂弘. 어릴 때 자는 阿龍. 王敦의 從弟. 서진이 망하자 王敦과 함께 司馬睿를 황제로 추대하여 東晉을 세움. 그 공으로 丞相이 되었으며 號은 '仲父'라 하였음. 천하의 권세를 잡아 당시 "王與馬, 共天下"라 하였음. 元帝와 明帝, 成帝를 차례로 즉위시켰음. 아울러 남방 세족의 도움으로 강남에서의 동진 정권을 안정시킴.《晉書》(65)에 전이 있음.
【顧榮】三國시대부터 晉나라 때 인물. 字는 彥先. 吳郡 사람. 吳나라의 黃門侍郎을 지냈으며 吳나라가 평정되자 陸機, 陸雲 형제와 낙양으로 들어가 흔히 '三俊'이라 불렸음. 뒤에 다시 남으로 내려와 남쪽 인재를 적극 추천한 것으로도 유명함.《晉書》(68)에 전이 있음.
【少極】약간 疲乏한 상태. 極은 당시 쓰던 말로 피곤하다는 뜻임.
【顧思所以叩會之】顧和가 이를 두드려 국면 전환의 기회로 삼음.
【珪璋特達】珪璋은 고대 왕이나 제후가 조회 때 소지하는 옥기. 特達은 아주 뛰어남을 표현한 말. 참고란을 볼 것.

참고 및 관련 자료

1. 《顧和別傳》
和字君孝, 吳郡人. 會祖容, 吳荊州刺史. 祖相, 晉臨海太守. 和總角知名, 族人顧榮雅相器愛, 曰:「此吾家之騏驥也, 必振衰族!」累遷尙書令. 卒年六十四, 追贈侍中, 司空.

2. 《晉紀》鄧粲
導與元帝有布衣之好, 知中國將亂, 勸帝度江, 求爲安東司馬, 政皆決之, 號仲父. 晉中興之功, 導實居其首.

3. 《小戴禮》聘義
珪璋特達, 德也.(鄭玄 注:「雖有德者, 無所不達, 不有須而成也.」)

082(2-34)

회계會稽의 하생(賀生, 賀循)은 몸가짐과 식견이 청원淸遠하고 말과 행동이 예에 맞았다. 한갓 동남東南에서만의 미재美材가 아니라 사실은 해내海內의 영재英才이다.

會稽賀生, 體識淸遠, 言行以禮; 不徒東南之美, 實爲海內之秀.

【賀生】賀循(260~319). 자는 彦先. 賀邵의 아들이며, 《三禮》에 밝았음. 趙王 司馬倫이 簒位하자 낙향하였다가 元帝가 즉위하자 太子太傅를 지냄. 죽은 후

司空을 추증하여 賀司空이라고도 부름.《晉書》(68)에 전이 있음. 〈規箴〉13 참조.
【東南之美】 회계에서 나는 竹箭을 가리킴. 이를 하순에 빗대어 竹箭처럼 천하에 널리 쓰일 것임을 말함.

참고 및 관련 자료

1.《爾雅》
東南之美者, 有會稽之竹箭焉.
2.《晉書》顧和傳에도 비슷한 내용이 있음.
導覺之, 謂和曰:「卿珪璋特達, 機警有鋒; 不徒東南之美, 實爲海內之俊.」

083(2-35)

유곤劉琨은 비록 융적戎狄의 무리 속에 갇혀 있으면서도 항상 진조晉朝를 회복하려는 데에 뜻을 두고 있었다. 그래서 온교溫嶠에게 이렇게 물었다.
"반표班彪는 유씨劉氏의 부흥을 알아차렸고 마원馬援은 한漢 광무제光武帝를 보필할 인물이라는 것을 알았습니다. 지금 진晉나라의 운명이 비록 쇠약하다고는 하나 천명天命이 아직 떠나지는 않았습니다. 나는 하북河北 지역에서 공을 세우고자 하여 그대를 저 강남江南 조정으로 보낼 테니 이를 널리 알려주기를 바라오. 그대는 가주겠소?"
이에 온교는 이렇게 대답하였다.
"제가 비록 불민不敏하고 재능도 옛사람만 못하지만 귀하께서 제齊 환공桓公이나 진晉 문공文公 같은 자질을 갖추셔서 천하를 바로잡을 공을 세우려 하시는데, 제가 어찌 감히 그런 명령을 사양하겠습니까?"

劉琨雖隔閡寇戎, 志存本朝, 謂溫嶠曰:「班彪識劉氏之復興, 馬援知漢光之可輔; 今晉阼雖衰, 天命未改. 吾欲立功於河北, 使卿延譽於江南, 子其行乎?」

溫曰:「嶠雖不敏, 才非昔人; 明公以桓文之姿, 建匡立功, 豈敢辭命!」

【劉琨】자는 越石(270?~318). 中山 사람으로 '文章二十四友'로 알려짐. 북방 출신으로 八王之亂 때 趙王倫·齊王冏·東海王越을 섬겼으며, 懷帝 때 司空과 都督을 배수받음. 石勒에게 패하여 幽州刺史 鮮卑族 匹磾에게 투항, 함께 다시 晉室을 부흥시킬 것을 모의하였으나 그의 참언으로 王敦의 밀사에게 죽음. 죽은 후 侍中·太尉를 추증받았으며 시호는 '愍'.《晉書》(62)에 전이 있음.

【隔閡】꽉 막혀 갇힌 상태를 말함. 당시 북방 하북과 중원은 모두 오호십륙국의 이민족 통치 속에 있었음.

【溫嶠】자는 太眞(288~329). 太原 사람. 永嘉之亂 때 유곤의 심부름으로 남으로 내려가 원제(司馬睿)의 추대에 힘씀. 蘇峻의 난을 평정함. 시호는 忠武.《晉書》(67)에 전이 있음.

【班彪】자는 叔皮(A.D. 3~54). 漢나라 때의 인물. 光武帝 때 茂才로 천거됨. 《漢書》를 썼으나 완성치 못하자 그 아들 班固(32~92), 그리고 딸 班昭에 의해 完成됨.《後漢書》(40)에 전이 있음.

【劉氏】漢나라를 일컬음.

【馬援】(B.C. 14~A.D. 49). 자는 文淵. 新莽 말기에 劉秀를 옹위하여 光武帝로 세우고 隴西太守가 되어 伏波將軍을 배수받음. "才夫爲志, 窮當益堅, 老當益壯", "男兒要當死於邊野, 以馬革裹尸還"이란 말을 남김. 《後漢書》(54)에 전이 있음.

【光武帝】東漢 첫 임금. 劉秀(B.C. 6~57). 劉邦의 9세손. 재위 33년.《後漢書》(1)에 紀가 있음.

〈光武帝〉《三才圖會》

【齊桓公】춘추시대 五霸의 하나. 管仲의 도움으로 一匡天下, 九合諸侯함. 《史記》齊太公世家 참조.

【晉文公】重耳. 춘추시대 晉나라 제후로 춘추오패의 하나. 《史記》晉世家 참조.

참고 및 관련 자료

1. 《晉書》王隱

琨字越石, 中山魏昌人. 祖邁, 有經國之才. 父蕃, 光祿大夫. 琨少稱雋朗, 累遷司徒長史, 尙書左丞. 迎大駕於長沙, 以有異勳, 封廣武侯. 年三十五, 出爲幷州刺史, 爲叚匹磾所害.

2. 《漢書》敍傳

彪字叔皮, 扶風人, 客於天水隴西. 隗囂有窺覦之志, 彪作王命論以諷之.

3. 《東觀漢記》

馬援字文淵, 茂陵人. 從公孫述, 隗囂遊. 後見光武曰:「天下反覆, 盜名字者不可勝數; 今見陛下寛廓大度, 同符高祖, 乃知帝王自有眞也.」帝甚壯之.

〈馬援〉《三才圖會》

4. 《晉書》虞預

嶠字太眞, 太原祁人. 少標俊清徹, 英穎顯名, 爲司空劉琨右司馬. 是時二都傾覆, 天下大亂; 琨聞元皇受命中興, 慷慨幽朔, 志存本朝, 使嶠奉使. 嶠喟然對曰:「嶠雖乏管張之才, 而明公有桓文之志, 取辭不敏, 以違高旨!」以左長史奉使勸進, 累遷驃騎大將軍.

084(2-36)

온교溫嶠가 비로소 유곤劉琨의 심부름으로 강江을 건너 남으로 왔다. 그러나 그때 강좌江左는 초창기라 새로운 건설에 정신이 없었으며 기강도 아직 완비되지 않은 상황이었다. 온교는 처음 오자마자 여러 걱정을 깊이 하다가 얼마 후 왕승상(王丞相, 王導)을 찾아갔다.

그리고는 주상(主上, 愍帝, 司馬鄴)이 유폐되었다가 살아난 사건, 사직이 모두 불타고 산릉山陵이 파괴되었던 혹독한 과거를 들추어내며 《서리黍離》의 통한을 진설陳說하였다. 온교의 충성과 강개慷慨는 깊고 맹렬하여 말을 하면서 눈물까지 흘렸다.

승상 역시 그와 함께 눈물을 흘리며 서로의 감정을 풀어놓았다. 이렇게 하여 온교는 스스로 속에 맺혔던 말을 남김없이 털어놓았고, 승상도 역시 의견을 같이 하여 그를 후하게 대접하여 이해해 주었다.

온교는 그 집에서 나오면서 기쁨 속에 이렇게 말하였다.

"강좌에 스스로 관이오(管夷吾, 管仲) 같은 인물이 있으니 다시 무엇을 근심하겠는가?"

溫嶠初爲劉琨使, 來過江; 于時江左營建始爾, 綱紀未擧; 溫新至, 深有諸慮. 旣詣王丞相, 陳主上幽越, 社稷焚滅, 山陵夷毀之酷, 有黍離之痛; 溫忠慨深烈, 言與泗俱. 丞相亦與之對泣. 敍情旣畢, 便深自陳結. 丞相亦厚相酬納.

旣出, 懽然言曰:「江左自有管夷吾, 此復何憂?」

【溫嶠】 자는 太眞(288~329). 太原 사람. 永嘉之亂 때 유곤의 심부름으로 남으로 내려가 원제(司馬睿)의 추대에 힘씀. 시호는 忠武. 《晉書》(67)에

전이 있음.
【劉琨】자는 越石(270?~318). 中山 사람으로 '文章二十四友'로 알려짐. 북방 출신으로 八王之亂 때 趙王(司馬倫)·齊王(司馬冏)·東海王(司馬越)을 섬겼으며, 懷帝 때 司空과 都督을 배수받음. 石勒에게 패하여 幽州刺史 鮮卑族 匹磾에게 투항, 함께 다시 晉室을 부흥시킬 것을 모의하였으나 그의 참언으로 王敦의 밀사에게 죽음. 죽은 후 侍中·太尉를 추증받았으며 시호는 '愍'. 《晉書》(62)에 전이 있음.
【王丞相】王導(276~339). 자는 茂弘. 어릴 때 자는 阿龍. 王敦의 從弟. 서진이 망하자 王敦과 함께 司馬睿를 황제로 추대하여 東晉을 세움. 그 공으로 丞相이 되었으며 號를 '仲父'라 하였음. 천하의 권세를 잡아 당시 "王與馬, 共天下"라 하였음. 元帝와 明帝, 成帝를 차례로 즉위시켰음. 아울러 남방 세족의 도움으로 강남에서의 동진 정권을 안정시킴.《晉書》(65)에 전이 있음.
【愍帝】西晉의 마지막 임금. 司馬鄴 재위 5년(313~317).
【山陵】황제의 무덤. 혹은 황제의 죽음을 뜻하는 말.
【黍離】《詩經》 王風 黍離. 亡國의 한을 읊은 노래.
【管夷吾】管仲. 齊桓公을 도와 패업을 이룬 춘추시대의 명신.《史記》管晏列傳 및 齊太公世家 참조.

참고 및 관련 자료

1.《詩經》王風 黍離
彼黍離離, 彼稷之苗, 行邁靡靡, 中心搖搖. 知我者謂我心憂, 不知我者, 謂我何求? 悠悠蒼天, 此何人哉!

2.《史記》
管仲夷吾者, 潁上人. 相齊桓公, 九合諸侯, 一匡天下.

3.《語林》
初, 溫奉使勸進, 晉王大集寶客見之. 溫公始入, 姿形甚陋, 合座盡驚. 旣坐, 陳說九服分崩, 皇室弛絶, 晉王君臣, 莫不歔欷; 及言天下不可以無主, 聞者莫不踊躍, 植髮穿冠. 王丞相深相付託. 溫公旣見丞相, 便遊樂不住, 曰:「旣見管仲, 天下事無復憂!」

085(2-37)

　왕돈王敦의 형 왕함王含이 광록훈光祿勳이 되어 처음 있을 때 왕돈은 이미 역모를 꿈꾸며 남주(南州, 姑孰)를 근거로 주둔하고 있었다. 그러자 왕함도 이에 자신의 직무를 버리고 고숙姑孰으로 도망가 버렸다.
　그런데 왕승상(王丞相, 王導)은 이들과 친척이었다. 그래서 조정에 나와 왕돈의 불만을 대신 말해주면서 한편으로는 죄를 빌게 되었다.
　왕도는 원래 사도司徒·승상丞相·양주자사揚州刺史 등의 관직을 역임하였었다. 이에 과거의 속관들이 찾아와 왕도에게 이번 사건을 위로하여 문안을 드렸다. 그러나 너무 창졸지간倉卒之間이라 무슨 말을 해야 할지 모르고 있었다. 이때 고사공(顧司空, 顧和)은 양주별가揚州別駕였다. 그는 붓을 들어 이렇게 썼다.
　"왕광록(王光祿, 王含)이 멀리 도망하여 유언비어를 피하고 있습니다. 귀하께서는 여러 차례 몽진蒙塵의 고통을 당하고 계시오니 우리 속관들은 편안한 마음으로 있을 수 없었습니다. 지금 존체기거尊體起居는 어떠하신지요?"

　王敦兄含爲光祿勳, 敦旣逆謀, 屯據南州, 含委職奔姑孰. 王丞相詣闕謝. 司空·丞相·揚州官僚問訊, 倉卒不知何辭.
　顧司空時爲揚州別駕, 援翰曰:「王光祿遠避流言, 明公蒙塵路次; 羣下不寧, 不審尊體起居何如?」

【王敦】자는 處仲(266~324). 어릴 때는 阿黑이라 부름. 王含의 아우이며 王導의 종제로 八王之亂 때 공을 세워 散騎常侍, 侍中, 靑州刺史, 鎭東大將軍 등을 지냄. 西晉이 망하자 司馬睿를 옹립하여 황제로 삼음. 뒤에

明帝 때 난을 일으켰다가 軍中에서 죽음.《晉書》(98)에 전이 있음.

【王含】자는 處弘(?~324). 王敦의 형. 南中郎將을 지냄. 王敦의 기병에 패하자 荊州刺史 王舒에게 의지하였다가 도리어 왕서에게 죽임을 당하여 강에 던져짐.

【王丞相】王導(276~339). 자는 茂弘. 어릴 때 자는 阿龍. 王敦의 從弟. 서진이 망하자 王敦과 함께 司馬睿를 황제로 추대하여 東晉을 세움. 그 공으로 丞相이 되었으며 號를 '仲父'라 하였음. 천하의 권세를 잡아 당시 "王與馬, 共天下"라 하였음. 元帝와 明帝, 成帝를 차례로 즉위시켰음. 아울러 남방 세족의 도움으로 강남에서의 동진 정권을 안정시킴.《晉書》(65)에 전이 있음.

【姑孰】南州를 말함. 東晉 때의 이름.

【顧司空】顧和(285~351). 자는 君孝. 侍中, 司空을 추증받음.《晉書》(83)에 전이 있음.

【蒙塵】먼지를 뒤집어 씀. 즉 왕의 피난을 말함. 여기서는 王導가 종제 王敦의 일로 인해 당하고 있는 고통을 표현한 것.

참고 및 관련 자료

1.《王含別傳》
含字處弘, 琅邪臨沂人. 累遷徐州刺史, 光祿勳. 與弟敦作逆, 伏誅.

2.《晉紀》鄧粲
初, 王導協贊中興, 敦有方面之功; 敦以劉隗爲閒己, 擧兵討之, 故含南奔武昌. 朝廷始警備也.

3.《中興書》
導徒兄敦, 擧兵討劉隗, 導率弟子二十餘人, 旦旦到公車, 泥首謝罪.

4.《晉書》王敦傳
旣進軍, 含時爲光祿勳, 叛奔於敦. 敦移鎭姑孰. 帝使侍中阮孚齎牛酒犒勞.

086(2-38)

치태위(郗太尉, 郗鑒)가 사공司空을 배수받자, 자리를 같이 한 사람들에게 이렇게 말하였다.

"나는 일생에 득의하였던 적이 많지 않았는데, 지금은 이렇게 때가 분운紛紜한 세상을 만나 태정台鼎의 자리에 앉으니 실로 주박朱博의 한음翰音 같아 부끄러운 마음 금할 길 없소!"

郗太尉拜司空, 語同座曰:「平生意不在多, 值世故紛紜, 遂至台鼎; 翰音, 實愧於懷!」

【郗太尉】郗鑒(269~339). 자는 道徽. 晉나라 때 인물. 자는 道徽. 高平金鄉人. 두 아들 郗愔과 郗曇 역시 뛰어난 인물이었음. 西晉이 망하자 가족과 마을 사람 천여 명을 데리고 남으로 피난하였으며 陶侃, 溫嶠 등과 함께 祖約, 蘇峻의 난을 평정함. 侍中을 역임하였으며 太尉에 오름. 《晉書》(67)에 전이 있음.
【台鼎】고대에 三公(大司徒·大司馬·大司空)을 台鼎이라 부름. 이는 별에 三台가 있고 鼎에 三足이 있는 것에 비유하여 말한 것.
【朱博】漢나라 때 인물. 字는 子元. 杜陵人. 승상을 지냈으며 목소리가 마치 종이 울리는 것 같아서 揚雄에게 李尋이 헛된 명예직에 오를 징조라고 하였음. 《漢書》(83)에 전이 있음.
【翰音】공중을 향해 높이 내지르는 소리. 한갓 虛聲을 냄을 뜻함. 《易》中孚卦의 구절. 참고란을 볼 것.

참고 및 관련 자료

1. 《漢書》朱博傳
朱博字子元, 杜陵人. 爲丞相, 臨拜, 廷登受策, 有大聲如鐘鳴. 上以問黃門侍郎揚雄, 李尋, 尋對曰:「洪範所謂'鼓妖者也'. 人君不聰, 空名得進, 則有無形之聲.」博後坐事自殺. 故序傳曰:「博之翰音, 鼓妖先作.」

2. 《周易》中孚卦
上九, 翰音登于天, 貞凶.(王弼 注:「翰, 高飛也. 飛音者, 音飛而實不從之謂也.」)

087(2-39)

고좌도인高座道人은 한어漢語를 말하지 않는 것이었다. 어떤 이가 그 이유를 묻자 간문제(簡文帝, 司馬昱)가 대신 이렇게 대답해 주었다.
"그는 응대應對의 번거로움을 간략히 하기 위해서겠지."

高座道人不作漢語, 或問此意, 簡文曰:「以簡應待之煩.」

【高座道人】高座는 晉나라 高僧. 西城의 고차국(龜玆國) 출신. 尸黎多羅 (Shrimitra). 懷帝 永嘉 때에 중국으로 옴. 慧皎《高僧傳》(1)에 전이 있음.
【簡文帝】晉나라 제8대 황제 司馬昱. 字는 道萬. 中宗의 少子. 穆帝가 어려서 撫軍으로 보필, 뒤에 桓溫이 海西公을 폐하고 이를 세워 皇帝에 오름. 재위 2년(371~372).《世說新語》에서는 흔히 '晉簡文', '簡文', '簡文帝', '簡文皇帝', '相王', '撫軍', '會稽王'등으로 칭함.《晉書》(9)에 紀가 있음.
【應對】사람을 상대하여 귀찮아도 말을 주고받아야 하는 괴로움을 뜻함.

참고 및 관련 자료

1. 《高座別傳》
和尙胡名帛尸黎密, 西域人. 傳云國王子, 以國讓弟, 遂爲沙門. 永嘉中, 始到此土, 止於大市中. 和尙天姿高朗, 風韻遒邁, 丞相王公, 一見奇之, 以爲吾之徒也. 周僕射領選, 撫其背而歎曰:「若選得此賢, 令人無恨!」俄而周侯遇害, 和尙對其靈坐, 作胡咒數千言, 音聲高暢; 旣而揮涕收淚. 其哀樂廢興皆此類. 性高簡. 不學晉語. 諸公與之言, 皆因傳譯; 然神領意得, 頓在言前.

2. 《塔寺記》
帛尸黎密, 宋曰高坐. 在石子岡常行頭陀, 卒於梅岡, 卽葬焉. 晉成帝於冢邊立寺, 因名高坐.

3. 《高僧傳》1
帛尸黎密多羅, 此云吉友, 西域人, 時人呼爲高坐. ……密, 晉咸康中卒, 年八十餘. 密常在石子岡東行頭陀, 旣卒, 因葬於此. 成帝懷其風, 爲樹刹冢所.

〈高僧圖〉

088(2-40)

주복야(周僕射, 周顗)는 의태儀態가 아주 고왔다. 그가 왕공(王公, 王導)을 방문하여 수레에서 막 내려서자 여러 사람이 그를 맞이하여 부축해 주는 것이었다. 왕도는 웃음을 머금은 채 이를 바라보았다. 들어와 자리를 잡자 주의周顗는 오연傲然히 휘파람까지 부는 것이었다. 이에 왕도가 물었다.

"그대는 혜강嵇康이나 완적阮籍이 되고자 하십니까?"

그러자 주의는 이렇게 대답하였다.

"어찌 이렇게 가까운 귀하明公를 버려두고 그 먼 혜강이나 완적을 따라 배우려 하겠습니까?"

周僕射雍容好儀形, 詣王公, 初下車, 隱數人. 王公含笑看之.
旣坐, 傲然嘯咏. 王公曰:「卿欲希嵆阮邪?」
答曰:「何敢近捨明公, 遠希嵆阮?」

【周僕射】周顗(269~322). 자는 伯仁. 周浚의 장자로 吏部尙書郎, 荊州刺史를 지냄. 僕射로 임명되자 술에 취해 사흘 만에 깨어나 "三日僕射"란 별명을 들음. 王敦에게 피살되어 "我雖不殺伯仁, 伯仁由我而死"의 고사를 낳음. 《晉書》(69)에 전이 있음.

【王公】王導(276~339). 자는 茂弘. 어릴 때 자는 阿龍. 王敦의 從弟. 서진이 망하자 王敦과 함께 司馬睿를 황제로 추대하여 東晉을 세움. 그 공으로 丞相이 되었으며 號는 '仲父'라 하였음. 천하의 권세를 잡아 당시 "王與馬, 共天下"라 하였음. 元帝와 明帝, 成帝를 차례로 즉위시켰음. 아울러 남방 세족의 도움으로 강남에서의 동진 정권을 안정시킴. 《晉書》(65)에 전이 있음.

【隱】'倚支하다, 부축하다'의 뜻. 《孟子》公孫丑의 "隱几而臥"趙岐 주에 "隱, 倚也"라 함.

【嵆康】자는 叔夜(223~262). 어릴 때 고아였으며 奇才가 있었음. 老莊에 심취하였으며 시문에 능하였고 '竹林七賢'의 하나임. 뒤에 鍾會의 모함을 입어 司馬昭에게 죽임을 당함. 本姓은 奚氏였으나 뒤에 銍縣 嵆山 곁에 옮겨 살아 성을 嵆氏로 바꾸었다 함. 〈廣陵散曲〉, 〈琴賦〉, 〈養生論〉, 〈聲無哀樂論〉, 〈與山巨源絶交書〉 등이 유명함. 《晉書》(49)에 전이 있음. 거문고를 잘 탔으며 傲游하게 살았음.

【阮籍】자는 嗣宗(210~263). 陳留의 尉氏人. 阮瑀의 아들. 老莊에 밝았으며 거문고, 바둑, 시문 등에 능하였음. 步兵校尉를 역임하여 흔히 '阮步兵'이라 불림. '竹林七賢'중의 하나. 〈豪傑詩〉, 〈詠懷詩〉, 〈達莊論〉, 〈大人先生傳〉

등이 있으며《三國志》(21),《晉書》(49)에 전이 있음. 유유자적하며 휘파람을 잘 불었음.
【明公】훌륭하신 그대. 왕도를 높이 추켜세운 말.

참고 및 관련 자료

1. 楊勇〈校箋〉
『此皆六朝士人好形儀, 講排場之故; 而詠嘯自若, 逍遙俯仰之態, 常因此而增飾其容儀也..』
2. 鄧粲《晉紀》
伯仁儀容弘偉. 善於俯仰, 應答精神, 足以蔭映數人. 深自持, 能致人, 而未嘗往焉.

089(2-41)

유공(庾公, 庾亮)이 절에 들어가 와불臥佛을 보자 이렇게 말하였다.
"이 부처님은 진량津梁에 너무 피곤하신 게로군."
이 말은 당시의 명언으로 널리 퍼졌다.

庾公嘗入佛圖, 見臥佛, 曰:「此子疲於津梁」
于時以爲名言.

【庾公】庾亮(289~340). 자는 元規. 蘇峻, 祖約의 난을 평정하였으며 명제 때 王導를 이어 中書監이 됨. 征西大將軍, 荊州刺史 등을 재냄. 청담을 좋아하였으며 老莊에 밝음. 죽은 후 太尉에 추증되었고 시호는 文康. 《晉書》(73)에 전이 있음.
【佛圖】浮屠, 浮圖. 원래 塔을 말하나 여기서는 절을 뜻함.
【臥佛】누운 모습의 석가모니상. 석가모니 船泥洹像(Parinirvara).
【津梁】나루와 다리 즉, 救濟와 接引의 뜻. 남을 위해 나루나 교량이 되어 줌을 말함. 세상을 濟渡하기 위해 애씀을 뜻함.

참고 및 관련 자료

1. 《涅盤經》
如來背痛, 於雙樹間北首而臥, 故後之圖繪者爲此象.

2. 《魏書》 封軌傳
封軌·高偉二人, 並幹國之才, 必應遠至, 吾平生不妄進擧, 而薦此二公, 非直爲國進賢, 亦爲汝等將來之津梁也.

090(2-42)

지첨摯瞻은 일찍이 네 개 군郡의 태수太守와 대장군(大將軍, 王敦)의 호조참군戶曹參軍을 거쳐 다시 출임出任하여 내사內史까지 지낼 정도였는데, 그때 나이가 겨우 스물아홉이었다. 일찍이 장군 왕돈王敦과 헤어질 때 왕돈은 지첨에게 이렇게 걱정해 주었다.

"그대는 미처 서른도 되지 않아 만석萬石을 이루었으니 역시 너무 이른 게 아닌가?"

그러자 지첨은 이렇게 대답하였다.

"당신 대장군에게 비하면 어리고 이르지만 감라(甘羅)에 비하면 이미 너무 늦은 것입니다."

摯瞻曾作四郡太守, 大將軍戶曹參軍, 復出作內史, 年始二十九.

嘗別王敦, 敦謂瞻曰:「卿年未三十, 已爲萬石, 亦太蚤!」

瞻曰:「方於將軍, 少爲太蚤; 比之甘羅, 已爲太老」

【摯瞻】자는 景遊. 長安 사람. 王敦의 戶曹參軍을 지냈음.
【王敦】자는 處仲(266~324). 어릴 때는 阿黑이라 부름. 王舍의 아우이며 王導의 종제로 八王之亂 때 공을 세워 散騎常侍, 侍中, 靑州刺史, 鎭東大將軍 등을 지냄. 西晉이 망하자 司馬睿를 옹립하여 황제로 삼음. 뒤에 明帝 때 난을 일으켰다가 軍中에서 죽음. 《晉書》(98)에 전이 있음.
【甘羅】秦나라 때의 재상 甘茂의 손자로 기지가 뛰어났던 인물. 열두 살의 어린 나이에 上卿이 되었음. "雄鷄産卵"등 여러 고사를 남김. 《史記》 및 《戰國策》 참조.

참고 및 관련 자료

1. 《摯氏世本》
瞻字景游, 京兆長安人, 太常虞兄子也. 父育, 涼州刺史. 瞻少善屬文, 起家著作郞; 中朝亂, 依王敦爲戶曹參軍. 歷安豐·新蔡·西陽太守. 見敦以故壞裘, 賜老病外都督. 瞻諫曰:「尊裘雖故, 不宜與小吏」. 敦曰:「何爲不可?」瞻時因醉曰:「若上服皆可用賜, 貂蟬亦可賜下乎?」敦曰:「非喩所引. 如此, 不堪二千石」瞻曰:「瞻視去西陽, 如脫屣耳」敦反, 乃左遷隨國內史.

2. 《摯氏世本》
瞻高亮有氣節, 故以此答敦. 後知敦有異志, 建興四年, 與第五猗據荊州以拒敦, 竟爲所害.

3. 《史記》甘茂傳
甘羅, 秦相茂之孫也. 年十二, 而秦相呂不韋欲使張唐相燕, 唐不肯行, 甘羅說而行之. 又請車五乘以使趙, 還抵秦, 秦封甘羅爲上卿, 賜以甘茂田宅.

091(2-43)

양국梁國 땅에 양씨楊氏의 아들이 있었는데 겨우 아홉 살로 매우 총명하였다. 공군평(孔君平, 孔坦)이 그 집을 방문하였을 때 마침 그의 아버지가 계시지 않아 그 아들이 나와서 과일을 내어 대접하게 되었다. 그 중에 양매楊梅라는 과일이 있었다. 공군평이 양매를 가리키며 짐짓 이렇게 물었다.
"이것은 너의 양씨楊氏 집 매실梅實이냐?"
이에 아이는 문득 이렇게 답하는 것이었다.
"공작孔雀이 그대 공씨孔氏 집에서 기르는 가금家禽이란 말을 듣지 못하였는데요!"

梁國楊氏子九歲, 甚聰惠; 孔君平詣其父, 父不在, 乃呼兒出, 爲設果.
果有楊梅, 孔指以示兒曰:「此是君家果?」
兒應聲答曰:「未聞孔雀是夫子家禽!」

【梁國】지금의 河南省 商丘. 漢 高帝 5년(B.C. 202)에 이곳에 國을 세움.
【孔君平】孔坦. 자는 君平. 《左傳》에 능하였으며 元帝(司馬睿)가 晉王이 되자 그를 불러 世子文學으로 발탁함. 蘇峻의 난이 평정되고 나서는 吳郡太守, 吳興內史를 지냈으며 侍中, 廷尉의 벼슬을 역임함. 光祿勳에 추증되었으며 시호는 簡. 《晉書》(78)에 전이 있음. 孔廷尉로도 불림.
【楊梅】과일의 일종임. 여기서는 楊氏 집의 梅實이냐는 뜻이며 그 대답 역시 孔氏 집안의 가금이 곧 孔雀은 아니듯이 자신의 집안 전유물이나 姓氏와 관련이 있는 것은 아니라는 뜻.

참고 및 관련 자료

1. 《晉書》王隱
孔坦字君平, 會稽山陰人. 善春秋, 有文辯. 曆太子舍人, 累遷廷尉.

092(2-44)

공정위(孔廷尉, 孔坦)가 갖옷을 자신의 종제從弟 공침孔沈에게 선물하였더니 공침이 사양하며 받지 않는 것이었다.
그러자 공탄은 이렇게 말하였다.
"안평중(晏平仲, 晏嬰)은 검소하여 자신의 선조들에게 제사를 지낼 때도 돼지 어깨살이 제기祭器에 넘치지 않았다. 그러나 오히려 여우 갖옷만은 수십 년을 입었다. 그런데 그대는 어찌 이를 사양하는가?"
그제야 그 공침은 수락하고 받아 입는 것이었다.

孔廷尉以裘與從弟沈, 沈辭不受.

廷尉曰:「晏平仲之儉, 祠其先人, 豚肩不掩豆, 猶狐裘數十年; 卿復何辭此?」

於是受而服之.

【孔廷尉】孔坦. 자는 君平.《左傳》에 능하였으며 元帝(司馬睿)가 晉王이 되자 그를 불러 世子文學으로 발탁함. 蘇峻의 난이 평정되고 나서는 吳郡太守, 吳興內史를 지냈으며 侍中, 廷尉의 벼슬을 역임함. 光祿勳에 추증되었으며 시호는 簡.《晉書》(78)에 전이 있음.

【孔沈】자는 德度. 孔群의 아들. 하충의 추천을 받음. 魏顗·虞球·虞存과 더불어 "四族之儁"이라 불렸던 인물.《晉書》(78)에 전이 있음.

【晏平仲】晏嬰. 춘추시대 제나라 후기 景公 등을 섬겼던 유명한 재상.《史記》管晏列傳 참조. 그의 일화와 언행을 모은 것으로《晏子春秋》가 유명함.

참고 및 관련 자료

1.《孔氏譜》

沈字德度, 會稽山陰人. 祖父奕, 全椒令. 父羣, 鴻臚卿. 沈至琅邪王文學.

2.《別錄》劉向

晏平仲名嬰, 東萊夷維人. 事齊靈公, 莊公, 以節儉力行重於齊.

3.《禮記》禮器篇

晏平仲祀其先人, 豚肩不掩豆, 君子以爲儉也.」……「晏子一狐裘三十年, 晏子焉知禮.(注:「豚, 俎實也; 豆, 徑尺. 言併豚之兩肩, 不能掩豆, 喩少也.」)

093(2-45)

불도징佛圖澄이 여러 석씨石氏들과 교유를 하자 임공(林公, 支遁)이 이렇게 말하였다.

"불도징은 석호石虎를 바다의 갈매기로 삼고 있군!"

佛圖澄與諸石遊, 林公曰:「澄以石虎爲海鷗鳥.」

【佛圖澄】(232~348). 西晉 말부터 後趙까지의 시대에 활동하던 高僧. 원래 西域人으로 본성은 帛氏. 永嘉 4년에 洛陽으로 왔음. 晉末 大亂이 일어나자 石勒·石虎 등과 교유하며 불교를 선교하여 893개의 절을 창건함. 그리하여 중국 각지는 물론 天竺·康居 등지의 승려들이 와서 그에게 수학함. 제자 중에 道安·法雄·法汰·法和 등이 유명함. 《晉書》(95)와 慧皎《高僧傳》(10)에 전이 있음.

【石氏】石勒·石虎 등. 石勒은 자는 世龍(274~333). 上黨人으로 羯奴의 후예. 石虎는 자가 季龍(295~349)이며 석륵과 함께 五胡十六國 중의 後趙를 건립함. 석륵은 어려서 洛陽으로 팔려와 노예가 되었다가 八王의 난을 틈타 成都王(司馬穎)의 부장이 됨. 그 뒤 흉노족의 劉淵, 劉聰 등과 세력을 다투었으며 晉 成帝 咸和 5년(330)에 칭제하여 연호를 建平이라 함. 뒤에 석호는 석륵의 아들 石弘을 폐위하고 자립하여 수도를 鄴으로 옮기고 大趙天王이라 하여 15년간 재위하였음. 석륵은 《晉書》(104-105)에, 그리고 석호는 106-107에 각각 전이 있음.

【林公】支遁. 支道林. 진나라 때의 고승. 속성은 關氏. 支硏山에 은거하여 支遁, 支道林, 林公 등으로 불림. 慧皎《高僧傳》(4)에 전이 있음.

【石虎】자는 季龍(295~349). 羯族. 十六國 중의 後趙의 왕 石勒의 조카. 그 위 335년 석륵을 폐위시키고 자립하여 鄴으로 천도, 大趙天王이라 자칭함. 재위 15년 만에 망함. 《晉書》(106-107)에 전이 있음.

【海鷗鳥】《莊子》와 《列子》에 실려 있는 고사. 어떤 사람이 바닷가에 나가면 많은 갈매기가 다가와 함께 하였으나 아버지가 이를 잡아오도록 하여 이튿날 나갔더니 갈매기들이 다가오지 않았다 함. 참고란을 볼 것.

참고 및 관련 자료

1. 《佛圖澄別傳》
道人佛圖澄, 不知何許人. 出於燉煌, 好佛道, 出家爲沙門. 永嘉中, 至洛陽, 值京師有難, 潛遁草澤, 聞石勒雄異, 好殺害, 因勒大將軍郭黑略見勒. 以麻油塗掌. 占見吉凶, 數百里外聽浮圖鈴聲, 逆知禍福. 勒甚敬信之. 虎卽位, 亦師澄, 號大和尙. 自知終日, 開棺無屍, 唯袈裟法服存焉.

2. 《趙書》
虎字季龍, 勒從弟也. 征伐每斬將搴旗. 勒死, 誅勒諸兒, 襲位.

3. 《晉書》佛圖澄傳
佛圖澄, 天竺人也. 本姓帛氏, 少學道, 妙通玄學. 永嘉四年, 來適洛陽. 自云百餘歲, 常服氣自養, 能積日不食. 善誦神呪, 能役使鬼神. 腹旁有一孔, 常以絮塞之; 每夜讀書則拔絮, 孔中出光, 照於一室.

4. 《高僧傳》10
澄西域人, 本姓帛氏.

5. 《列子》
海上之人好鷗者, 每旦之海上, 從鷗遊, 鷗之至者數百而不止. 其父曰:「吾聞鷗鳥從汝遊, 汝取來吾翫之.」 明日之海上, 鷗舞而不下.

〈人物圖〉

094(2-46)

사인조(謝仁祖, 謝尙)가 나이 여덟 살 때에 아버지 사예장(謝豫章, 謝鯤)과 함께 손님을 전송하게 되었다. 당시 사인조는 이미 신동으로 소문났으며 그 때문에 자연히 상류 사회에 참가할 수 있었던 것이다. 여러 사람들이 모두 함께 사인조를 칭찬해서 이렇게 말하였다.
"어린 나이지만 좌중坐中의 안회顔回처럼 출중하구나!"
그러자 인조는 대뜸 이렇게 대꾸하였다.
"좌중에 공자孔子가 없는데 무슨 수로 안회를 구별해 내리오?"

謝仁祖年八歲, 謝豫章將送客, 爾時語已神悟, 自參上流, 諸人咸共歎之曰:「年少一坐之顔回!」
仁祖曰:「坐無尼父, 焉別顔回?」

【謝仁祖】謝尙(308~357). 자는 仁祖. 謝鯤의 아들이며 王導가 '小安豐'이라 불렀음. 給事黃門侍郎을 거쳐 建武將軍, 歷陽太守, 江夏, 義陽 등 都督을 지냄. 穆帝 때 尙書僕射를 지냄. 음악과 기예에 밝았으며 太樂을 처음으로 정리하였던 인물. 《晉書》(79)에 전이 있음.
【謝豫章】謝鯤(280~322). 자는 幼輿. 謝衡의 아들이며 謝尙의 아버지. 老莊과 《易》에 밝았으며 豫章太守를 지냄. 東海王(司馬越)에게 발탁되어 掾을 거쳐 參軍을 지냄. 뒤에 다시 王敦에게 발탁되었으며 왕돈이 난을 일으키자 이를 극구 간언하였음. 《晉書》(49)에 전이 있음.
【顔回】孔子의 弟子 중에 가장 뛰어난 인물. 자는 子淵. 魯人.
【尼父】孔子. 자가 仲尼이므로 쓴말. 보(父)는 남자에 대한 美稱.

참고 및 관련 자료

1. 《晉陽秋》

謝尙字仁祖, 陳郡人, 鯤之子也. 齠齔喪兄, 哀慟過人. 及遭父喪, 溫嶠唁之, 尙號叫極哀. 旣而收涕, 告訴有異常童. 嶠寄之, 由是知名. 仕至鎭西將軍·豫州刺史.

2. 이는 《晏子春秋》(권8)의 내용을 원용하여 한 말임.

景公出田, 寒, 故以爲渾, 猶顧而問晏子曰:「若人之衆, 則有孔子焉乎?」晏子對曰:「有孔子焉; 則無有若舜焉. 則嬰不識.」公曰:「孔子之不逮舜爲聞矣, 曷爲'有孔子焉; 則無有若舜焉, 則嬰不識?'」晏子對曰:「是迺孔子之所以不逮舜. 孔子, 行一節者也, 處民之中, 其過之識; 況處君子之中乎? 舜者, 處民之中, 則自齊乎士; 處君子之中, 則齊乎君子; 上與聖人, 則固聖人之林也. 此迺孔子之所以不逮舜也.」

095(2-47)

도공(陶公, 陶侃)이 병이 심한 상태가 되었으면서도 도무지 자신의 직책을 누구에게 넘겨주었으면 하는 얘기를 꺼내지 않자 조정의 선비들이 이에 대해 유감을 지니게 되었다.

사인조(謝仁祖, 謝尙)가 이를 듣고는 이렇게 말하였다.

"지금 수조豎刁 같은 자가 없기 때문에 도공의 말이 아무런 영향을 끼치지 못하는데 뭘."

당시 현사들은 이 말을 덕 있는 내용이라고 여겼다.

陶公疾篤, 都無獻替之言, 朝士以爲恨.
仁祖聞之曰:「時無豎刁, 故不貽陶公話言」
時賢以爲德音.

【陶公】陶侃(259~334). 자는 士行 혹은 士衡 진나라 內亂을 안정시킨 공로로 각 곳의 刺史・侍中・太尉・都督 등을 지냈으며 長沙郡公에 봉해짐.《晉書》(66)에 전이 있음.
【謝仁祖】謝尙(308~357). 자는 仁祖. 謝鯤의 아들이며 王導가 '小安豐'이라 불렀음. 給事黃門侍郞을 거쳐 建武將軍, 歷陽太守, 豫州刺史, 江夏, 義陽 등 都督을 지냄. 穆帝 때 尙書僕射를 지냄. 음악과 기예에 밝았으며 太樂을 처음으로 정리하였던 인물.《晉書》(79)에 전이 있음.
【豎刁】춘추시대 齊桓公의 신하로 開放・易牙와 함께 환공이 죽은 후 난을 일으킴. 管仲이 죽게 되자 환공은 그 직책을 누구에게 물려주었으면 되겠는가의 질문에 관중이 세 명 모두 不可하다고 하였으나 결국 환공은 이들을 가까이하여 죽은 후 68일간이나 장례를 치르지 않아 구더기가 방문까지 기어 나왔다고 함.《史記》齊太公世家 및 〈管仲論〉,《呂氏春秋》 등 참조.

> 참고 및 관련 자료

1.《陶氏譜》敍
侃字士衡, 其先鄱陽人, 後徙尋陽, 侃少有遠概, 綱維宇宙之志. 察孝廉入洛, 司空張華見而謂曰:「後來匡主寧民 君其人也!」劉弘鎭沔南 取爲長史; 侃曰:「昔吾爲羊太傅參佐, 見語云:'君後當居身處.'今相觀, 亦復然矣」累遷・廣・荊三州刺史 加羽葆鼓吹 封長沙郡公, 大將軍, 贊拜不名, 劍履上殿 進太尉, 贈大司馬, 諡桓公.

2.《呂氏春秋》
管仲病 桓公問曰:「子如不諱, 誰代子相者: 豎刁何如?」管仲曰:「自宮以事君, 非人情: 必不可用!」後果亂齊.

3. 劉孝標 注

『案王隱晉書載侃臨終表曰:「臣少長孤寒, 始願有限, 過蒙先朝歷世異恩. 臣年垂八十, 位極人臣, 啓手啓足, 當復何恨? 但以餘寇未誅, 山陵未復, 所以憤慨爭懷, 唯此而已! 猶冀犬馬之齒, 尙可少延, 欲爲陛下北吞石虎, 西誅李雄, 勢遂不振, 良圖永息. 臨書扼腕, 涕泗橫流. 伏願遴選代人, 使必得良才, 足以奉宣王猷, 遵成志業; 則雖死之日, 猶生之年.」有表若此, 非無獻替.』

096(2-48)

축법심(竺法深, 竺潛)이 간문제(簡文帝, 司馬昱)와 자리를 같이 하였을 때 유윤(劉尹, 劉惔)이 옆에서 물었다.
"그대는 도인道人으로 어찌 세속의 부호 집에 놀러 오셨습니까?"
그러자 축법심은 이렇게 대답하였다.
"그대가 보기엔 여기가 부호 집으로 보일지 모르나 제가 보기엔 누추한 봉호蓬戶 집에 놀러온 것으로 여긴다오."
어떤 사람은 이를 변령(卞令, 卞壺)이 한 말이라고도 한다.

竺法深在簡文坐, 劉尹問:「道人何以游朱門?」
答曰:「君自見其朱門, 貧道如游蓬戶.」
或云卞令.

【竺法深】이름은 潛(286~374). 일명 道潛. 晉나라 高僧. 王導, 庾亮과 교유가 있었음. 慧皎《高僧傳》(4)에 전이 있음. 18세에 출가하여 中州 劉元眞을

사사하였으며 元嘉 초에 난을 피하여 강남으로 내려옴. 元帝와 明帝 때에 승상 王導와 태위 庾亮가 그를 매우 우대하였음. 만년에 剡山에 은거하여 원근 제자들이 모여들었음. 佛法과 老莊에 밝아 황제의 부름으로 자주 궁중법회를 열기도 하였음.

【簡文帝】晉나라 제8대 황제 司馬昱. 字는 道萬. 中宗의 少子. 穆帝가 어려서 撫軍으로 보필, 뒤에 桓溫이 海西公을 폐하고 이를 세워 皇帝에 오름. 재위 2년(371~372).《世說新語》에서는 흔히 '晉簡文', '簡文', '簡文帝', '簡文皇帝', '相王', '撫軍', '會稽王'등으로 칭함.《晉書》(9)에 紀가 있음.

【劉尹】劉惔. 字는 眞長. 劉宏의 손자로 沛國 相 땅 출신. 明帝(323~326 재위)의 廬陵長公主에게 장가들어 駙馬가 됨. 司從左長史, 侍中, 丹陽尹 등을 지냄. 36세에 죽어 孫綽이 "居官無官官之事, 處事無事事之心"이라 誄文을 지어 명언이라 하였음.《晉書》(75)에 전이 있음.

〈繁塔磚〉(북송) 건축재료

【道人】수도하는 사람.

【朱門】부잣집. 귀족의 저택. 여기서는 궁궐을 뜻함.

【蓬戶】쑥대로 얽은 누추한 집.《史記》遊俠列傳序에 "故李次, 原憲終身空室逢戶, 褐衣疏食不厭"이라 함.

【卞令】卞望之. 卞壺(281~328). 尙書令을 지냈으며《晉書》(70)에 전이 있음.

참고 및 관련 자료

1.《石林燕語》

晉宋間佛敎初行, 未有憎稱, 通曰道人.

2.《沙門傳》高逸

法師居會稽, 皇帝重其風德 遣使迎焉: 法師暫出應命. 司徒會稽王天性處澹, 與法師結段勤之歡; 師雖昇履丹墀, 出入朱邸, 泯然曠達, 不異蓬宇也.

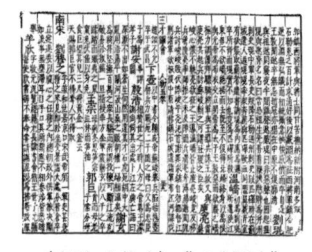

〈東晉 人物志〉《三才圖會》

097(2-49)

손성孫盛이 유공(庾公, 庾亮)의 기실참군記室參軍으로 그의 사냥을 따라 나가면서 자신의 두 아들도 함께 데리고 갔다.
유공은 이를 알지 못한 채 사냥 중에 갑자기 손성의 아들 제장(齊莊, 孫放)을 보게 되었다. 당시 제장은 겨우 일곱, 여덟의 어린이였다. 유공이 제장을 보고 물었다.
"너같이 어린 나이에도 왔느냐?"
그러자 제장은 즉시 이렇게 대답하였다.
"소위 '어린이 어른 할 것 없이 모두가 그대 따라 나섰네!'(無小無大, 從公于邁)라 한 것입니다."

孫盛爲庾公記室參軍, 從獵, 將其第二兒俱行. 庾公不知, 忽於獵場見齊莊, 時年七八歲.
庾謂曰:「君亦復來邪?」
應聲答曰:「所謂『無小無大, 從公于邁.』」

【孫盛】자는 安國(302?~373). 어릴 때 渡江하여 殷浩와 이름을 같이함. 차례로 陶侃·庾亮·桓溫의 막부에서 일하였고 秘書監을 거쳐 侍中에 오름. 학문에 뛰어나 《魏氏春秋》, 《晉陽秋》, 《易象妙於見形論》 등을 지음. 《晉書》(82)에 전이 있음.
【庾亮】자는 元規(289~340). 蘇峻, 祖約의 난을 평정하였으며 명제 때 王導를 이어 中書監이 됨. 征西大將軍, 荊州刺史 등을 재냄. 청담을 좋아하였으며 老莊에 밝았음. 죽은 후 太尉에 추증되었고 시호는 文康. 《晉書》(73)에 전이 있음.

【齊莊】孫放. 자는 齊莊. 孫盛의 둘째아들로 그 형 齊由(孫潛.?~397?)와
더불어 총명하기로 이름났던 형제. 둘 모두 《晉書》(82)에 전이 있음
【無小無大, 從公于邁】《詩經》魯頌 泮水의 구절. 참고란을 볼 것.

> 참고 및 관련 자료

1. 《中興書》
盛字安國, 太原中都人. 博學强識, 歷著作郞, 劉陽令. 庚亮爲荊州, 以爲征
西主簿, 累遷秘書監.

2. 《詩經》魯頌 泮水
思樂泮水, 薄采其芹. 魯侯戾止, 言觀其斾. 其斾茷茷, 鸞聲噦噦. 無小無大,
從公于邁. 思樂泮水, 薄采其藻. 魯侯戾止, 其馬蹻蹻. 其馬蹻蹻, 其音昭昭.
載色載笑, 匪怒伊敎. 思樂泮水, 薄采其茆. 魯侯戾止, 在泮飮酒. 旣飮旨酒,
永錫難老. 順彼長道, 屈此群醜. 穆穆魯侯, 敬名其德. 敬愼威儀, 維民之則.
允文允武, 昭假烈祖. 靡有不孝, 自求伊祜. 明明魯侯, 克明其德. 旣作泮宮,
淮夷攸服. 矯矯虎臣, 在泮獻馘. 淑問如皐陶, 在泮獻囚. 濟濟多士, 克廣德心.
桓桓于征, 狄彼東南. 烝烝皇皇, 不吳不揚. 不告于訩, 在泮獻功. 角弓其觩,
束矢其搜. 戎車孔博, 徒御無斁. 旣克淮夷, 孔淑不逆. 式固爾猶, 淮夷卒獲.
翩彼飛鴞, 集于泮林. 食我桑黮, 懷我好音. 憬彼淮夷, 來獻其琛, 元龜象齒,
大賂南金.

098(2-50)

손제유(孫齊由, 孫潛)와 손제장(孫齊莊, 孫放) 형제가 어린 나이에 유공(庾公,
庾亮)을 방문하였다. 유공이 제유에게 자字가 무엇이냐고 물었다.
"제유齊由입니다."

그러자 다시 물었다.
"무엇과 나란히齊 되고자 한다는 뜻이냐?"
"허유許由와 같이 되고자 합니다."
이번에는 제장齊莊에게 역시 자를 묻자 '제장'이라 하였다.
"누구와 나란히齊 되기를 바라느냐?"
"장주莊周와 같이 되고자 합니다."
유공이 다시 물었다.
"어찌 공자孔子를 사모하지 않고 장자를 사모한단 말이냐?"
그러자 그는 이렇게 대답하였다.
"성인은 생이지지生而知之하는 것이니 그와 같이 되기를 사모하기는 어렵기 때문입니다."
유공은 이 말에 크게 기뻐하며 상대해 주었다.

孫齊由·齊莊二人少時詣庾公, 公問:「齊由何字?」
答曰:「字齊由」
公曰:「欲何齊邪?」
曰:「齊許由」
「齊莊何字?」
答曰:「字齊莊」
公曰:「欲何齊?」
曰:「齊莊周」
公曰:「何不慕仲尼而慕莊周?」
對曰:「聖人生知, 故難企慕」
庾公大喜小兒對.

【孫齊由】孫潛(?~397?). 자는 齊由, 孫盛의 장자《晉書》(82)에 전이 있음.
齊莊의 형. 齊는 '같다, 동등하다, 같이 되기를 바라다'의 뜻.
【孫齊莊】孫放. 자는 齊莊. 孫盛의 둘째아들. 長沙王相을 지냄.《晉書》(82)에
전이 있음.
【庾公】庾亮(289~340). 자는 元規. 蘇峻, 祖約의 난을 평정하였으며 명제 때
王導를 이어 中書監이 됨. 征西大將軍, 荊州刺史 등을 지냄. 청담을 좋아하였
으며 老莊에 밝았음. 죽은 후 太尉에 추증되었고 시호는 文康.《晉書》(73)에
전이 있음.
【許由】堯나라 때 高士. 巢父와 병칭됨.
【莊周】莊子. 전국시대 道家의 대표적 인물.《莊子》를 남김.

참고 및 관련 자료

1.《晉百官名》
孫潛字齊由, 太原人.

2.《中興書》
潛, 盛長子也. 豫章太守殷仲堪下討王國寶, 潛時在郡, 逼爲諮議參軍, 固辭不就,
遂以憂卒.

3.《孫放別傳》
放字齊莊, 監君次子也. 年八歲, 太尉庾
公召見之. 放淸秀, 欲觀試, 及授紙筆令書.
放便自疏名字. 公題後問之曰:「爲欲慕
莊周邪?」放書答曰:「意欲慕之.」公曰:
「何故不慕仲尼而慕莊周?」放曰:「仲尼
生而知之, 非希企所及; 至於莊周, 是其
次者, 故慕耳.」公謂賓客曰:「王輔嗣應答,
恐不能勝之.」卒長沙王相.

「현두자고(懸頭刺股)」(《楚國先賢傳》의 고사) 丘堂 呂元九 글씨(現代)

099(2-51)

　장현지(張玄之, 張玄)와 고부顧敷는 고화顧和의 외손이며 손자였다. 둘 모두 어려서부터 총명하였으며 고화 역시 그들을 잘 알고 아껴 주었지만 속으로는 늘 고부가 낫다고 여겨 그를 더 사랑하였다. 장현지는 이것이 불만이었다. 그 때 장현지는 아홉 살로 일곱 살인 고부보다도 나이가 많았다.
　그러던 어느 날, 고화는 이들 둘을 데리고 함께 절에 간 적이 있었다. 그런데 그 곳의 반니원般泥洹 부처상 앞에 그 불상의 제자로서 어떤 이는 울고, 어떤 이는 울지 않는 채 있는 모습의 그림을 보게 되었다. 고화는 이것을 문제로 삼아 두 손자에게 물어보았다.
　먼저 장현지가 이렇게 대답하였다.
　"부처에게 사랑을 받았던 자는 울고 사랑을 받지 못하였던 제자는 울지 않는 것입니다."
　그러자 고부는 이렇게 말하였다.
　"아닙니다. 옛 정을 잊었기 때문에 울지 않는 것이요, 정을 잊지 못하기 때문에 우는 것입니다."

　張玄之·顧敷, 是顧和中外孫, 皆少而聰惠, 和並知之, 而常謂顧勝; 親重偏至, 張頗不懕. 于時張年九歲, 顧年七歲; 和與俱至寺中, 見佛般泥洹像, 弟子有泣者, 有不泣者. 和以問二孫.
　玄謂:「彼親故泣, 彼不親故不泣」
　敷曰:「不然! 當由忘情故不泣, 不能忘情故泣」

【張玄之】張玄. 자는 祖希. 吏部尙書, 冠軍將軍, 吳興太守, 會稽內史 등을 지냈
으며 謝玄과 병칭되어 "南北二玄"이라 함.
【顧敷】 자는 祖希. 顧和의 손자. 著作郞을 지냈으나 23세에 죽음. 〈夙惠〉 4
참조.
【顧和】 자는 君孝(285~351). 王導에게 발탁됨. 侍中과 司空을 추존받았음.
《晉書》(83)에 전이 있음.
【般泥洹】 般涅槃. 入滅을 뜻함. 圖成하여 息함을 말함. 즉 부처의 入滅하는
모습을 형상화한 像.

> 참고 및 관련 자료

1. 《續晉陽秋》
張玄之字祖希, 吳郡太守澄之孫也. 少以學顯, 歷吏部尙書, 出爲冠軍將軍, 吳興
太守. 會稽內史謝玄同時之郡, 論者以爲南北之望. 玄之名亞謝玄, 時亦稱南北
二玄. 卒於郡.
2. 楊勇 〈校箋〉
『般泥洹, 卽般煌槃, 入滅也. 僧人死亦謂般湟槃, 謂圓成而息也.』
3. 《大智度論》
佛在陰菴羅雙樹間, 入般湟槃牀北首, 大地震動, 諸三學人, 僉不樂, 有伊交涕;
諸無學人, 但念諸法, 一切無常.

100(2-52)

강법창康法暢이 유태위(庾太尉, 庾亮)를 방문하였을 때 법창은 주미塵尾를
가지고 있었는데 아주 좋은 것이었다.

유공이 물었다.

"이렇게 좋은 것을 어찌 잃지 않고 계속 지니고 있소?"

이 말에 법창은 이렇게 대답하였다.

"청렴한 자는 달라고 요구하지를 않고, 탐욕스런 자는 달라고 해도 내가 주지 않았소. 그래서 이제껏 가지고 있을 수 있었소."

康法暢造庾太尉, 握麈尾至佳.

公曰:「此至佳, 那得在?」

法暢曰:「廉者不求, 貪者不與, 故得在耳」

【康法暢】(?~342). 東晉의 高僧. 원래 康國 출신. 成帝 때 康僧淵·支敏度(支愍度) 등과 함께 강을 건너 남쪽 建康으로 내려왔음. 〈人物始義論〉이라는 글이 《全晉文》(157)에 실려 있으며 梁나라 慧皎의 《高僧傳》(4)에 康僧淵傳 및 《法苑珠林》(63)에 관련 기록이 있음. 〈宋本〉에는 '庾法暢'으로 잘못되어 있음.

【庾太尉】庾亮(289~340). 자는 元規. 蘇峻, 祖約의 난을 평정하였으며 명제 때 王導를 이어 中書監이 됨. 征西大將軍, 荊州刺史 등을 지냄. 청담을 좋아하였으며 老莊에 밝았음. 죽은 후 太尉에 추증되었고 시호는 '文康'. 《晉書》(73)에 전이 있음.

【麈尾】육조시대 청담·현학의 선비들이 서로 토론할 때 손에 들고 儀容을 부리던 기구. 사슴꼬리에 상아, 금은, 옥 등으로 장식하였음.

참고 및 관련 자료

1. 劉孝標 注

『法暢氏族, 所出未詳, 法暢著〈人物始義論〉, 自敍其美云:「悟銳有神, 才辭通辯」』

2. 《高僧傳》4 慧皎

康僧淵本西域人, 生於長安, 貌雖梵人, 語實中國, 容止詳正, 志業宏深, 誦放光·道行二般若, 卽大小品也. 晉成之世, 興康法暢, 支敏度等俱過江.

3. 《釋藏音義指歸》
名苑曰:「鹿之大者曰麈, 羣鹿隨之, 皆着麈所往, 隨麈尾所轉爲準.」今講僧執麈尾拂子, 蓋象彼有所指麈故耳.

101(2-53)

유치공(庾穉恭, 庾翼)이 형주자사荊州刺史가 되었을 때 깃털로 만든 부채를 무제(武帝, 司馬炎)에게 바치자 무제는 이것이 쓰던 물건이라고 의심하였다.
시중侍中 유소劉劭가 이를 알고 이렇게 아뢰었다.
"백량대柏梁臺가 구름 속까지 솟도록 높아도 장인匠人이 먼저 그 안에 거하게 되는 법이요, 관현악이 그렇게 좋아도 종자기鍾子期와 기蘷가 먼저 그 음악을 감상하게 되는 법입니다. 치공穉公이 부채를 보낸 것은 좋은 것이기 때문에 보낸 것이지 새 것이기 때문에 보낸 것은 아닌 줄 압니다."
치공은 뒤에 이 말을 듣자 이렇게 감탄하였다.
"이 사람이야말로 정말 마땅히 임금의 곁에 있어야 될 인물이다."

(庾穉恭)[庾叔預]爲(荊州)[豫州], 以毛扇上(武帝)[成帝], (武帝)[成帝]疑是故物.
侍中劉劭曰:「柏梁雲構, 工匠先居其下; 管弦繁奏, 鍾蘷先聽其音; (穉恭)[叔預]上扇, 以好不以新.」
庾後聞之曰:「此人宜在帝左右!」

【庾穉恭】晉나라 때의 庾翼(303~345). 字는 穉恭. 太傅 庾亮의 동생. 征西將軍과 荊州刺史를 지냄. 庾征西로도 불림. 《晉書》(73)에 전이 있음. 楊勇〈校箋〉에는 '庾叔預'의 잘못으로 보았음.

【武帝】司馬炎. 字는 安世. 司馬懿의 손자로 魏나라를 찬탈하여 晉나라를 세움. 재위 25년. 그러나 이 장의 이야기는 成帝의 일화가 잘못 전해진 것으로 보고 있음.

【劉劭】자는 彦祖. 彭城人으로 御史中丞, 侍中, 尙書, 豫章太守 등을 지냄. 《人物志》를 씀. 《진서》(69)에 전이 있음.

【柏梁】臺 이름. 漢 武帝 때 세움.

【鍾子期】春秋시대 楚나라 사람으로 音을 잘 알았음. 伯牙와의 사이에 '伯牙絶絃'의 고사를 남김.

【夔】舜임금 때의 음악을 관장하던 樂官.

참고 및 관련 자료

1. 《庾翼別傳》

翼字穉恭, 穎川鄢陵人也. 少有大度, 時論以經鉻許之. 兄太尉亮薨, 朝議推才, 及以翼都督六州, 進征西將軍·荊州刺史.

2. 《文字志》

劭字彦祖, 彭城叢亭人. 祖訥, 司隸校尉. 父松, 成皋令. 劭博識好學, 多藝能, 善草隸. 初仕領軍參軍. 太傅出東, 劭謂京洛必危, 乃單馬奔揚州. 歷侍中·豫章太守.

3. 傅咸〈羽扇賦序〉

昔吳人直截鳥翼而搖之, 風不減方圓二扇, 而功無加. 然中國莫有生意者, 滅吳之後, 翕然貴之, 無人不用.

102(2-54)

하표기(何驃騎, 何充)가 죽고 나서 조정에서는 저공(褚公, 褚裒)을 불러들였다. 그가 석두石頭에까지 이르자 왕장사(王長史, 王濛)와 유윤(劉尹, 劉惔)이 함께 마중을 나가 저공을 맞아왔다. 그러자 저공이 유담에게 이렇게 물었다.
"진장(眞長, 劉惔), 나를 어떤 자리에 앉혀 줄 거요?"
유담은 왕몽을 돌아보며 짐짓 이렇게 말하였다.
"이 사람은 말솜씨에 아주 능합니다."
저부가 왕몽을 바라보자 왕몽은 이렇게 대답하였다.
"이제부터 이 나라의 주공周公 같은 분이 되도록 해 드리겠습니다."

何驃騎亡後, 徵褚公入; 旣至石頭, 王長史・劉尹同詣褚.
褚曰:「眞長, 何以處我?」
眞長顧王曰:「此子能言」
褚因視王, 王曰:「國自有周公」

【何驃騎】何充(292~340). 王敦의 主簿를 거쳐 표기장군이 됨. 徐州刺史, 宰相 등을 지냈으며 佛寺 증수에 많은 돈을 씀. 《晉書》(77)에 전이 있음.
【褚公】褚裒(303~349). 자는 季野. 東晉 康帝(343~344 재위)의 장인이며 後趙를 토벌하려 나섰으나 병을 얻어 귀환 중에 죽음. 侍中太傅에 추증됨. 《晉書》(93)에 전이 있음.
【石頭】지명. 城 이름. 지금의 南京 石頭山.
【王長史】王濛(309?~347?). 자는 仲祖. 《晉書》(93)에 전이 있음.
【劉尹】劉惔. 字는 眞長. 劉宏의 손자로 沛國 相 땅 출신. 明帝(323~326 재위)의 廬陵長公主에게 장가들어 駙馬가 됨. 司從左長史. 侍中. 丹陽尹 등을

지냄. 36세에 죽어 孫綽이 "居官無官官之事, 處事無事事之心"이라 誄文을 지어 명언이라 하였음. 《晉書》(75)에 전이 있음.
【周公】周公 旦. 文王의 아들이며 武王의 아우. 주나라 초기의 정치가이며 聖人. 成王을 보필하였으며 魯나라에 봉해짐. 참고란을 볼 것.

참고 및 관련 자료

1. 《晉陽秋》
充之卒, 議者謂太后父褚宜秉朝政; 裒自丹徒入朝, 吏部尙書劉遐勸裒曰:「會稽王令德, 國之周公也; 足下宜以大政付之.」裒長史王胡之亦勸歸藩. 於是固辭, 歸京口.

2. 여기서 주공을 거론한 것은 外戚 褚公으로 하여금 소성의 권력투생에 끼어들지 말고 周公처럼 보필만 하기를 원하며, 저공 역시 요직에 앉기를 거부한 뜻으로 해석됨. 나라에 이미 주공의 역할을 할 사람이 있다는 것은 司馬昱을 암시한 것임.

103(2-55)

환공(桓公, 桓溫)이 북정北征의 길에 금성金城을 지나다가 지난 날 자신이 낭야내사琅邪內史로 있을 때 심어 놓은 버드나무가 이미 열 아름 크기로 자란 것을 보고 개연慨然히 이렇게 말하였다.
"나무도 이와 같은데 사람이 어찌 변화를 감당해낼 수 있으랴!"
그리고는 줄기와 가지를 어루만지며 눈물을 주룩 흘렸다.

桓公北征經金城, 見前爲琅邪時種柳, 皆已十圍, 慨然曰:
「木猶如此, 人何以堪!」
攀枝執條, 泫然流淚.

【桓公】桓溫(312~373). 자는 元子. 明帝의 사위. 荊州刺史를 지냈으며, 蜀을 정벌하고 前秦을 쳐부숨. 簡文帝를 세우고 자신이 다시 왕위를 빼앗고자 하였음. 시호는 武侯. 그의 아들 桓玄이 드디어 제위를 찬탈하여 楚나라를 세운 다음 아버지 환온을 宣武皇帝로 추존함.《晉書》(99)에 전이 있음.
【金城】揚州의 丹陽(江寧) 근처. 지금의 江蘇省 句容縣 북쪽. 혹은 南京 안에 있던 지명이라고도 함.

참고 및 관련 자료

1.《桓溫別傳》
溫字元子, 譙國龍亢人. 漢五更桓榮後也, 父彝, 有識鑒, 溫少有豪遇風氣, 爲溫嶠所知, 累遷琅邪內史, 進征西大將軍. 鎭西夏. 時逆胡未誅, 餘盡假息, 溫親勒郡卒, 建旗政討, 淸蕩伊·洛, 展敬園陵, 薨, 諡宣武侯.

104(2-56)

간문제(簡文帝, 司馬昱)가 무군장군撫軍將軍 시절에 환선무(桓宣武, 桓溫)와 함께 입조하게 되었다.
그런데 두 사람은 서로 앞서기를 양보하여 환선무가 부득이 먼저 들어가게 되었다. 환선무는 이에 이렇게 표현하였다.

"창을 들고 왕을 위해 앞서 나가네."
그러자 간문제가 얼른 이렇게 받았다.
"소위 '어른 아이 할 것 없이 그대 따라 나섰네'라는 것입니다."

簡文作撫軍時, 嘗與桓宣武俱入朝, 更相讓在前; 宣武不得已而先之. 因曰:「『伯也執殳, 爲王前驅.』」
簡文曰:「所謂『無小無大, 從公于邁.』」

【簡文帝】東晉의 제8대 황제 司馬昱. 字는 道萬. 中宗의 少子. 穆帝가 어려서 撫軍으로 보필, 뒤에 桓溫이 海西公을 폐하고 이를 세워 皇帝에 오름. 재위 2년(371~372). 《世說新語》에서는 흔히 '晉簡文', '簡文', '簡文帝', '簡文皇帝', '相王', '撫軍', '會稽王' 등으로 칭함. 《晉書》(9)에 紀가 있음.
【桓宣武】桓溫(312~373). 廢帝를 폐위시키고 簡文帝를 세워 宣武侯에 봉해졌으며, 그의 아들 桓玄이 安帝를 협박하여 황위를 찬탈한 후, 아버지 桓溫을 宣武皇帝로 추존함. 《晉書》(99)에 전이 있음.
【伯也執殳, 爲王前驅】《詩經》衛風 伯兮의 구절.
【無小無大, 從公于邁】《詩經》魯頌 泮水의 구절.

참고 및 관련 자료

1. 楊勇〈校箋〉
『勇按: 簡文爲撫軍, 在成庚六年. 永和元年進立大將軍, 期年八月, 溫亦自徐移荊. 時溫功名未立, 位望亦低, 不得已而先之之事, 殆非事實.』

105(2-57)

　　고열顧悅은 간문제(簡文帝, 司馬昱)와 같은 나이였지만 머리가 먼저 희어졌다. 문제가 물었다.

　　"그대는 어찌하여 나보다 먼저 머리가 희어졌소?"

　　그러자 이렇게 대답하였다.

　　"저의 머리는 물버들蒲柳 같아서 가을을 바라만 보아도 곧 잎이 지는 것이요, 임금의 머리는 송백松柏과 같아 설상雪霜을 겪으면 더욱 무성해지기 때문입니다."

顧悅與簡文同年, 而髮蚤白.

簡文曰:「卿何以先白?」

對曰:「蒲柳之姿, 望秋而落; 松柏之質, 凌霜猶茂.」

【顧悅】자는 君叔. 晉陵人. 揚州別駕와 尙書左丞을 지냄.

【晉簡文帝】東晉의 제8대 황제 司馬昱. 字는 道萬. 中宗의 少子. 穆帝가 어려서 撫軍으로 보필, 뒤에 桓溫이 海西公을 폐하고 이를 세워 皇帝에 오름. 재위 2년(371~372).《世說新語》에서는 흔히 '晉簡文', '簡文', '簡文帝', '簡文皇帝', '相王', '撫軍', '會稽王'등으로 칭함.《晉書》(9)에 紀가 있음.

참고 및 관련 자료

1.《中興書》

悅字君叔, 晉陵人. 初爲殷造揚州別駕, 浩卒, 上疏理浩, 或諫以浩爲太宗所廢, 必不依許; 悅固爭之, 浩果得伸. 物論稱之. 後至尙書左丞.

2. 顧愷之의 자신 父親을 위해 쓴 《傳》
君以直道, 陵遲於世; 入見王, 王髮無二毛, 而君已斑白. 問君年, 乃曰:「卿何偏早白?」君曰:「松柏之姿, 陵霜猶茂; 臣楡柳之質 望秋先零, 受命之異也」王稱善久之.」

106(2-58)

환공(桓公, 桓溫)이 삼협三峽에 들어가 절벽이 하늘에 매달린 듯하고 물결이 솟구쳐 파도가 급속하였다. 이에 이렇게 탄식하였다.
"이미 충신의 길로 들어섰으니 효가 되기는 글렀네, 어쩌면 좋을꼬?"

桓公入峽, 絶壁天懸, 騰波迅急.
迺歎曰:「旣爲忠臣, 不得爲孝子, 如何!」

【桓公】桓溫(312~373). 자는 元子. 明帝의 사위. 荊州刺史를 지냈으며, 蜀을 정벌하고 前秦(苻堅)을 쳐부숨. 簡文帝를 세우고 자신이 다시 왕위를 빼앗고자 하였음. 시호는 武侯. 그의 아들 桓玄이 드디어 제위를 찬탈하여 楚나라를 세운 다음 아버지 환온을 宣武皇帝로 추존함.《晉書》(99)에 전이 있음. 본문의 뜻은 蜀을 정벌하러 가면서 결심을 보인 것.
【三峽】長江三峽. 상류의 瞿塘峽·巫峽·西陵峽으로 서쪽 四川 奉節縣 白帝城으로부터 동쪽 湖北省 宜昌市 南律關까지의 193km의 장강 협곡.
【忠臣·孝子】한서 王尊傳에 의하면 九折坂은 四川에 있는 험한 산길로 漢나라 때 王陽이 益州刺史로 있을 때 이 길을 가려다가 너무 험한 것을 보고 자신은 어버이가 살아 계시니 이 위험한 길을 갈 수 없다고 되돌아왔음.

그러자 후임으로 온 王尊이 이곳에 이르러 "이곳이 왕양이 꺼려 했던 길이 아니냐?"(此非王陽所畏途耶)라 묻고는 "공무를 집행하는데 험한 길이라고 가지 않을 수 있겠는가?"라 하며 마부에게 그대로 수레를 몰아 통과하였다 함. 이에 뒷사람들이 왕양은 '효자'라 여겼고 왕준은 '충신'이라 여겼음.

참고 및 관련 자료

1. 《晉陽秋》
溫以永和二年, 率所領七千餘人代獨, 拜表輒行.

2. 《漢書》
王陽爲益州刺史, 行部至邛僰九折坂, 歎曰:「奉先人遺體, 奈何數乘此險?」以病去官. 後王尊爲刺史, 至其坂, 問吏曰:「非王陽所畏之道邪?」吏曰:「是.」叱其馭曰:「驅之! 王陽爲孝子, 王尊爲忠臣!」

107(2-59)

당초 형혹熒惑이 태미太微 별자리로 들어가자 곧 폐제(廢帝, 司馬奕)가 해서공海西公으로 강등되어 쫓겨나는 일이 생기고 말았다.

그 뒤 간문제(簡文帝, 司馬昱)가 등극하자 다시금 그 불길한 별이 나타나 태미성으로 들어가는 것이었다. 간문제는 아주 겁이 났다. 마침 치초郗超가 중서령中書令으로 그날 밤 숙직을 하고 있었다. 이에 간문제는 치초를 불러 이렇게 물어보았다.

"천명이란 길고 짧은 것이 있어 우리가 계산할 수는 없는 것이기는 하오. 그렇지만 지난날 있었던 그런 변고는 없겠지요?"

치초는 이렇게 대답하였다.

"대사마(大司馬, 桓溫)가 바야흐로 밖으로 국경을 튼튼히 지키고 있고, 안으로는 사직을 안정시키고 있으니 그런 염려는 절대 없을 것입니다. 저는 폐하를 위해 저의 식구 1백 명의 목숨을 걸고 보위하겠습니다."

간문제는 그제야 유중초(庾仲初, 庾闡)의 시를 읊었다.

"지사는 나라의 위험을 가슴 아파하고,   志士痛朝危,
  충신은 임금이 욕을 당함을 슬퍼하도다." 忠臣哀主辱.

그런데 그 읊는 소리가 심히 처량하였다.
그 뒤 치초가 휴가를 얻어 동쪽 고향을 다녀오려 하자 간문제는 이렇게 일렀다.

"고향에 가거든 그대 어른郗愔께 말 좀 잘 전해주시오. 나라의 일이 드디어 이 지경에 이르게 된 것은 내가 능히 도로써 널리 보위하여 환난이 올 것을 예방해야 되나 그렇게 하지 못한 때문입니다. 부끄럽고 한탄스럽기가 그지없소. 어떻게 능히 말로 표현하겠소!"

그리고는 옷깃에 눈물을 흘렸다.

初, 熒惑入太微, 尋廢海西; 簡文登祚, 復入太微, 帝惡之.
時郗超爲中書在直, 引超入曰:「天命脩短, 本非所計; 故當無復前日事邪?」
超曰:「大司馬方將外固封疆, 內鎭社稷; 必無若此之慮, 臣爲陛下以百口保之.」
帝因誦庾仲初詩, 曰:「『志士痛朝危, 忠臣哀主辱』」
聲甚悽厲. 郗受假還東, 帝曰:「致意尊公, 家國之事,

遂至於此; 由是身不能以道匡衛, 思患預防, 愧歎之深,
言何能喩!」
　因泣下流襟.

【熒惑】 화성(Mars). 災殃을 일으키는 별로 여겼음.
【太微】 별자리 이름. 三担의 하나. 베가자리(Virgo)·사자자리(Leo) 등을 중심
으로 한 부분. 옛사람들은 이를 天庭이라 여겼음.
【海西公】 司馬奕(342~386). 자는 延齡. 哀帝의 동생으로 애제가 죽자 太后가
세워 줌. 뒤에 桓溫이 太后를 설득해 그를 東海王으로 강등하였다가 다시
海西公으로 강등함. 재위 6년이며 연호는 太和. 역사적으로 이를 廢帝라 함.
《晉書》(8)에 기가 있음.
【郗超】 자는 景興(336~377). 또는 嘉賓으로도 부름. 郗愔의 아들. 《晉書》(67)에
전이 있음.
【庾仲初】 庾闡. 자는 仲初. 尙書郎을 지냈으며 蘇峻의 난을 평정한 공으로
彭城內史에 올랐으며 郗鑒에게 추천되어 散騎侍郎 등과 給事中 등을 지냄.
〈揚都賦〉 및 시부(詩賦) 등 문집 10卷이 전함. 《晉書》(92)에 전이 있음. 여기에
인용된 시는 그의 〈從征詩〉임. 《晉書》(92)에 전이 있음.

참고 및 관련 자료

1. 《晉陽秋》
泰和六年, 閏十月, 熒惑守太微端門; 十日月, 大司馬桓溫廢帝爲海西公.

2. 《晉安帝紀》
桓溫於枋頭奔敗, 知民望之去也, 乃屠袁眞於壽陽, 旣而, 謂郗超曰: 「足以雪
枋頭之恥乎?」 超曰: 「未饜有識之情也. 公六十之年, 敗於大擧, 不建高世之勳,
未足以鎭壓民望.」 因說溫以廢立之事. 時溫夙有此謀, 深納超言, 遂廢海西.

3. 《中興書》
超字景興, 高平人, 司空愔之子也. 少而卓犖不羈, 有曠世之度, 累遷中書郎·
司徒左長史.

4.《續晉陽秋》
帝外壓疆臣, 憂憤不得志, 在位二年而崩.
5.《晉紀》徐廣
咸安元年十二月, 熒惑逆行入太微, 至二年七月猶在焉. 帝懲海西之事, 心甚憂之.

108(2-60)

간문제(簡文帝, 司馬昱)가 컴컴한 방안에 앉아서 환선무(桓宣武, 桓溫)를 불렀다. 선무가 찾아가서 임금이 어디 계시냐고 묻자 간문제가 대답하였다.
"모재사某在斯."
당시 사람들은 간문제는 말에 능한 분이라 여겼다.

簡文在暗室中坐, 召宣武; 宣武至, 問上何在?
簡文曰:「某在斯」
時人以爲能.

【簡文帝】東晉의 제8대 황제 司馬昱. 字는 道萬. 中宗의 少子. 穆帝가 어려서 撫軍으로 보필, 뒤에 桓溫이 海西公을 폐하고 이를 세워 皇帝에 오름. 재위 2년(371~372).《世說新語》에서는 흔히 '晉簡文', '簡文', '簡文帝', '簡文皇帝', '相王', '撫軍', '會稽王'등으로 칭함.《晉書》(9)에 紀가 있음.
【桓宣武】桓溫. 字는 元子(312~373). 桓征西, 宣武公으로 불림. 桓玄의 아버지이며 桓彝의 아들. 明帝의 사위. 그는 故孰에 있을 때 조종에다가 九錫(천자가 제후 중의 유공자에게 주는 9등급의 상급)을 달라고 할 정도로 권세가

컸으며, 점점 마음이 모반 쪽으로 기울어 '사나이가 세상이 꽃다운 이름을 남기지 못할 바에야 악명이라도 만세에 남겨야지'(男子不能流芳百世, 亦富遺臭萬載年)라 하면서 燕을 패퇴시키고 돌아와 임금 弈을 폐위시켰다. 그리고 簡文帝를 세우고 다시 그마저 찬탈을 음모하였으나 뜻을 이루지 못하고 죽음. 결국 그의 아들 현환이 찬탈하여 宣武皇帝로 추존하였음.《晉書》(99)에 전이 있음.

【某在斯】 어두운 곳에서나 장님을 안내할 때 '모씨는 여기에 있다'라 일러 줌을 뜻함.《論語》에서 孔子가 장님을 안내한 이야기를 그대로 옮겨온 것.

참고 및 관련 자료

1.《論語》衛靈公篇
師冕見, 及階, 子曰:「階也.」及席, 子曰:「席也.」皆坐. 子告之曰:「某在斯, 某在斯.」(注:「歷告坐中人也.」)

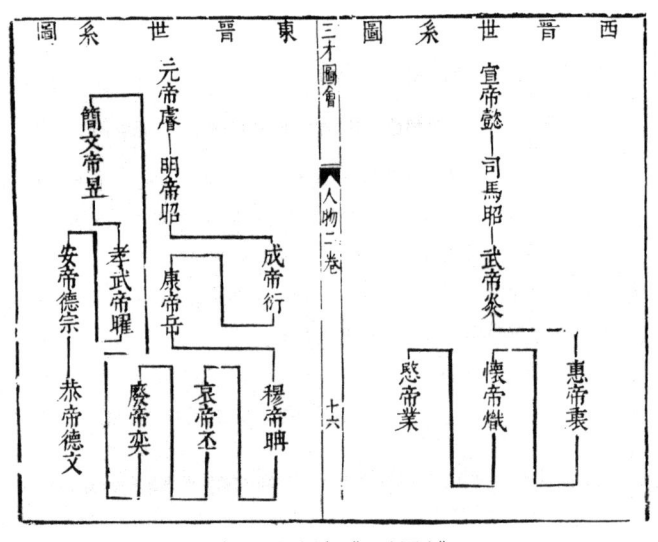

〈兩晉世系表〉《三才圖會》

109(2-61)

　간문제(簡文帝, 司馬昱)가 화림원華林園에 놀러 갔다가 좌우신하를 보며 말하였다.

　"마음이 자연과 합하기만 하면 구태여 멀리 가서 찾을 것은 못된다. 그윽이 가려진 수풀과 물은 곧 절로 호濠 복濮에 있는 느낌이 되고, 조수금어鳥獸禽魚도 저절로 사람과 가까워짐을 느끼도다."

簡文入華林園, 顧謂左右曰:「會心處不必在遠; 翳然林水, 便自有濠·濮間想也. 不覺鳥獸禽魚, 自來親人.」

【簡文帝】東晉의 제8대 황제 司馬昱. 字는 道萬. 中宗의 少子. 穆帝가 어려서 撫軍으로 보필, 뒤에 桓溫이 海西公을 폐하고 이를 세워 皇帝에 오름. 재위 2년(371~372). 《世說新語》에서는 흔히 '晉簡文', '簡文', '簡文帝', '簡文皇帝', '相王', '撫軍', '會稽王' 등으로 칭함. 《晉書》(9)에 紀가 있음.
【華林園】江蘇 江寧縣에 있는 舊苑. 晉이 南遷한 후 洛陽의 故園을 모방하여 다시 수축함.
【濠·濮】둘 모두 물 이름. 《莊子》의 고사를 인용한 것.

참고 및 관련 자료

1. 《莊子》秋水篇
莊子與惠子游濠梁水上, 莊子曰:「儵魚出游從容, 是魚樂也.」 惠子曰:「子非魚, 安知魚之樂邪?」 莊子曰:「子非我, 安知我之不知魚之樂也?」 莊周釣濮水, 楚王使二大夫造焉, 願以境內境內累莊子. 莊子持竿不顧曰:「吾聞楚有神龜者, 死已三千年矣, 巾笥而藏於廟. 此寧曳尾於途中? 寧留骨而貴乎?」 二大夫曰: 「寧曳尾於塗中.」 莊子曰:「往矣, 吾亦寧曳尾塗中.」

110(2-62)

사태부(謝太傅, 謝安)가 왕우군(王右軍, 王羲之)에게 말하였다.
"사람이 중년이 되면 애락哀樂에 상심하여, 혹 친구와의 이별로 며칠을 두고 슬플 때도 있습니다."
그러자 왕우군은 이렇게 말하였다.
"만년桑楡이 되면 자연히 그렇게 되지요. 그 때 마침 사죽絲竹에나 의지하여 성정을 도야할까 할 때면 항상 어린 녀석들이 알아차리고 귀찮게 굴어 즐거운 의취意趣를 손상시키는 경우가 있으니 걱정입니다."

謝太傅語王右軍曰:「中年傷於哀樂, 與親友別, 輒作數日惡」

王曰:「年在桑楡, 自然至此, 正賴絲竹陶寫; 恆恐兒輩覺, 損欣樂之趣」

【謝太傅】謝安(320~385). 자는 安石. 謝裒의 아들이며 謝琰(望蔡)의 아버지. 謝奕의 동생. 덕망이 있고 기개가 높아 桓彛, 王濛의 사랑을 받음. 처음에는 벼슬에 뜻을 버리고 王羲之, 支遁 등과 산수를 즐기며 조정의 부름에 응하지 않았으나 40이 넘어 桓溫의 司馬를 거쳐 吳興太守, 侍中, 吏部尙書, 太保錄尙書事 등의 관직을 지냄. 뒤에 다시 太傅에 추증되었으며 시호는 文靖.《晉書》(79)에 전이 있음.
【王右軍】王羲之(303~361, 혹은 309~365, 321~379). 자는 逸少. 어릴 때 이름은 虎犢. 王尊의 조카. 어려서는 訥言하였으나 뒤에 정치와 예술에 큰 업적을 남김. 특히 글씨에 뛰어나 書聖으로 추앙받았음. 右軍將軍, 會稽內史, 臨川太守 등을 지냈음. 山陰道士와《道德經》글씨를 거위와 바꾼 고사를 남겼으며 그 외에 작품으로〈樂毅論〉·〈黃庭經〉·〈東方朔畫讚〉·〈姨母〉·〈初月〉

〈憂懸〉·〈喪亂〉 등을 남김. 〈蘭亭集序〉로 유명함. 《晉書》(80)에 전이 있음. 王右軍, 王逸少, 王羲之 등으로 불림. 그 아들 王獻之와 함께 글씨에 뛰어나 '二王'이라 함.

【桑楡】 서쪽. 晩年. 해가 질 때 서쪽의 뽕나무 느릅나무에 걸리므로 쓴 말.

【絲竹】 음악의 총칭. 絲는 현악기, 竹은 管樂器를 대신하여 쓰는 말.

〈王羲之〉《三才圖會》

참고 및 관련 자료

1. 《文字志》
王羲之字逸少, 琅邪臨沂人. 父曠, 淮南太守. 羲之少朗拔, 爲叔父廙所賞. 善草隸. 累遷江州刺史·右將軍·會稽內史.

111(2-63)

지도림(支道林, 支遁)은 늘 말 서너 필을 기르고 있었다. 어떤 자가 이를 두고 비꼬았다.

"도를 닦는 사람이 말을 기른다는 것은 운치에 맞지 않다."

그러자 지도림은 이렇게 말하였다.

"저는 말의 신준神駿한 그 맛을 중히 여기는 것이라오."

支道林常養數匹馬, 或言:「道人畜馬不韻」
支曰:「貧道重其神駿」

【支道林】支遁. 林公. 진나라 때의 고승. 속성은 關氏. 支硎山에 은거하여
 支遁, 支道林, 林公 등으로 불림. 慧皎《高僧傳》(4)에 전이 있음.
【貧道】六朝시대 스님들이 자신을 낮추어 부르던 겸칭.

참고 및 관련 자료

1. 《沙門傳》高逸
支遁字道林, 河內林慮人. 或曰陳留人, 本姓關氏. 少而任心獨往, 風期高亮.
家世奉法, 嘗於餘杭山沉思道術, 行吟獨暢. 年二十五, 始釋形入道. 年五十三,
終於洛陽.

2. 《高僧傳》(4) 支遁傳
遁先經餘姚塢山中住, 後病甚, 移還塢中. 以晉太和元年閏四月四日終於所住,
春秋五十有三. 卽窆於塢中, 厥塚存焉. 或云終剡, 未詳.

3. 《世說新語》〈傷逝〉편의 주에는 支遁傳을 인용하여『遁, 太和元年終於剡
之石城山, 因葬焉』이라 하였다.

112(2-64)

유윤(劉尹, 劉惔)과 환선무(桓宣武, 桓溫)가 함께 《예기禮記》 강의를 듣고
있었다. 이에 환선무가 이렇게 평하였다.

"때때로 그 내용이 마음속에 닿아 금방 현문玄門의 지척에 닿은 듯 느낍니다."

그러자 유윤은 이렇게 말하였다.

"아직 그 절정의 경지에 이르지 않았습니다. 이는 옛날 금화전金華殿에서의 강론부터 그래왔던 것입니다."

劉尹與桓宣武共聽講《禮記》.
桓云:「時有入心處, 便覺咫尺玄門.」
劉曰:「此未關至極, 自是金華殿之語.」

【劉尹】劉惔. 劉眞長·丹陽尹을 지냄. 老莊과 政治에 뛰어난 人物이었으나 36세에 죽음.《晉書》(75)에 전이 있음.
【桓宣武】桓溫(312~373). 字는 元子. 桓征西, 宣武公으로 불림. 桓玄의 아버지이며 桓彝의 아들. 明帝의 사위. 그는 故孰에 있을 때 조종에다가 九錫(천자가 제후 중의 유공자에게 주는 9등급의 상급)을 달라고 할 정도로 권세가 컸으며, 점점 마음이 모반 쪽으로 기울어 '사나이가 세상에 꽃다운 이름을 남기지 못할 바에야 악명이라도 만세에 남겨야지'(男子不能流芳百世, 亦富遺臭萬載年)라 하면서 燕을 패퇴시키고 돌아와 임금 奕을 폐위시켰다. 그리고 簡文帝를 세우고 다시 그마저 찬탈을 음모하였으나 뜻을 이루지 못하고 죽음. 결국 그의 아들 현환이 찬탈하여 宣武皇帝로 추존하였음.《晉書》(99)에 전이 있음.
【玄門】玄關門. 學問의 玄妙한 入口. 道家의 玄妙한 이치.
【金華殿】漢末 未央宮의 內殿으로 漢 成帝 때 班昭가 그 전에서《尙書》와《論語》를 敎授함. '金華殿語'는, 유가의 학설은 도가에서 말하는 至德玄妙한 것이 아니라는 뜻.

> 참고 및 관련 자료

1. 《漢書》敍傳
班伯少受詩於師丹, 大將軍王鳳薦伯於成帝, 宜勸學; 召見宴曜, 拜爲中常侍. 時上方向學, 鄭寬中·張禹朝夕入說尙書·論語於金華殿, 詔伯受之.

113(2-65)

양병羊秉은 무군(撫軍, 簡文帝, 司馬昱)의 참군이었는데 그만 일찍 죽고 말았다. 당시 사람들은 그를 매우 애석하게 여겨 하후효약(夏侯孝若, 夏侯湛) 같은 이는 그를 위해 글을 지어서 극찬하며 애도하기도 하였다. 양권羊權은 마침 황문시랑黃門侍郞의 벼슬로 간문제를 모시고 있었는데 문제가 이렇게 물었다.

"하후담夏侯湛은 〈양병서羊秉敍〉라는 글까지 지어 절실히 애상하고 있다 던데 그 양병은 그대와 어떤 친족관계인가요? 또 양병에게 후손은 있습 니까?"

그러자 양권이 눈물을 흘리며 이렇게 일러주었다.

"돌아가신 백부(伯父, 羊秉)의 영예는 일찍이 널리 퍼졌습니다. 아깝게도 후사가 없습니다. 비록 그 명성이 임금의 귀에까지 들어갔지만 후사는 이 성세聖世에 끊어지고 말았습니다."

그러자 임금은 안타까워하며 한참을 개연慨然히 있었다.

羊秉爲撫軍參軍, 少亡, 有令譽. 夏侯孝若爲之敍, 極相讚悼.

羊權爲黃門侍郎, 侍簡文坐, 帝問曰:「夏侯湛作羊秉敍, 絕可想, 是卿何物? 有後不?」

權潸然對曰:「亡伯令問夙彰, 而無有繼嗣; 雖名播天聽, 然胤絕聖世.」

帝嗟慨久之.

【羊秉】자는 長達. 撫軍의 參軍을 지냈으며 32세에 죽음.
【撫軍】司馬昱. 東晉의 제8대 황제. 字는 道萬. 中宗의 少子. 穆帝가 어려서 撫軍으로 보필, 뒤에 桓溫이 海西公을 폐하고 이를 세워 皇帝에 오름, 재위 2년(371~372).《世說新語》에서는 흔히 '晉簡文', '簡文', '簡文帝', '簡文皇帝', '相王', '撫軍', '會稽王' 등으로 칭함.《晉書》(9)에 紀가 있음.
【夏侯孝若】夏侯湛(243~291). 자는 孝若. 太尉掾을 거쳐 郞中을 지냈으며 太子舍人, 尙書郞, 野王令, 中書侍郞, 南陽相 등을 역임함. 문장에 뛰어나 논저 30여 편이 있었음. 항상 潘岳과 함께 다녀 '連璧'이라는 고사를 남김. '하후잠'으로도 읽음.《晉書》(55)에 전이 있음.
【羊權】자는 道興. 羊忱의 아들이며, 羊欣의 조부. 黃門侍郞, 尙書左丞을 지냄.
【羊秉敍】夏侯湛이 羊秉을 기리며 애도하여 쓴 글.
【聖世】자신이 살아 있는 시대를 황제 앞에서 쓰는 말. '지금 이 시대', '當代'의 뜻.

참고 및 관련 자료

1.《羊氏譜》
權字道興, 徐州刺史忱之子也. 仕至尙書左丞.

2. 夏侯湛〈羊秉敍〉
秉字長達, 太山平陽人, 漢南陽太守續曾孫. 大父魏郡府君. 卽車騎掾元子也. 府君夫人鄭氏無子, 乃養秉; 韶齔而佳, 小心敬愼. 十歲而鄭夫人薨, 秉思容盡哀; 俄而公府掾及夫人並卒, 秉羣從率禮相承, 人不間其親, 雍雍如也. 仕參撫軍將軍事, 將奮千里之足, 揮沖天之翼, 惜乎春秋三十有二而卒. 昔罕虎死, 子産以爲無與爲善; 自夫子之沒, 有子産之歎矣! 亡後有子男又不育, 是何行善而禍繁也? 豈非司馬生之所惑歟?

114(2-66)

왕장사(王長史, 王濛)가 유진장(劉眞長, 劉惔)과 헤어졌다가 한참만에 다시 만나자 이렇게 말하였다.
"경은 공부가 더욱 훌륭해진 것 같소."
그러자 유진장은 이렇게 내뱉었다.
"이는 하늘이 원래부터 높은 것과 같을 따름이오."

王長史與劉眞長別後相見, 王謂劉曰:「卿更長進」
答曰:「此若天之自高耳」

【王長史】王濛(309?~347?). 자는 仲祖. 太原 王氏. 王脩, 王蘊. 哀帝王后의 아버지. 司徒左長史를 지냄.《晉書》(93)에 전이 있음.
【劉眞長】劉惔. 字는 眞長. 劉宏의 손자로 沛國 相 땅 출신. 明帝(323~326 재위)의 廬陵長公主에게 장가들어 駙馬가 됨. 司從左長史. 侍中. 丹陽尹 등을 지냄. 36세에 죽어 孫綽이 "居官無官官之事, 處事無事事之心"이라 誄文을 지어 명언이라 하였음.《晉書》(75)에 전이 있음.

참고 및 관련 자료

1. 《王長史別傳》
濛字仲祖, 太原晉陽人. 其先出自周室, 經漢魏, 世爲大族. 祖父佑, 北軍中侯. 父訥, 葉令. 濛神氣淸韶, 年十餘歲, 放邁不羣. 弱冠檢尙, 風流雅正, 外絶榮競, 內寡私欲. 辟司徒掾》中書郎, 以后父, 贈光祿大夫.

2. 《語林》
仲祖語眞長曰:「卿近大進.」劉曰:「卿仰看邪?」王問何意? 劉曰:「不爾, 何由測天之高也?」

115(2-67)

유윤(劉尹, 劉惔)이 말하였다.

"사람들이 왕형산(王荊産, 王徵)을 훌륭하다고 여기지만 이는 큰 소나무 아래에는 당연히 맑은 바람이 있을 것이라고 여기는 것뿐이지."

劉尹云:「人想王荊産佳, 此想長松下當有淸風耳.」

【劉尹】劉惔. 字는 眞長. 劉宏의 손자로 沛國 相 땅 출신. 明帝(323~326 재위)의 廬陵長公主에게 장가들어 駙馬가 됨. 司從左長史, 侍中, 丹陽尹 등을 지냄. 36세에 죽어 孫綽이 "居官無官官之事, 處事無事事之心"이라 誄文을 지어 명언이라 하였음. 《晉書》(75)에 전이 있음.
【王荊産】王徵(?~312?). 낭야 왕씨로 王澄의 아들. 尙書郎과 右軍司馬를 지냄. 荊産은 그의 어릴 때 이름.

참고 및 관련 자료

1. 《王氏譜》
徽字幼仁, 琅邪人. 祖父乂, 平北將軍. 父澄, 荊州刺史. 徽歷尚書郎·右軍司馬.

116(2-68)

왕중조(王仲祖, 王濛)는 남만어南蠻語를 알아들을 수 없었다. 이에 망연히 이렇게 말하였다.
"만약 개介나라 갈로葛盧를 이 나라에 사신으로 내조來朝하게 하였더라면 남만어에 이렇게 어둡지는 않을 텐데."

王仲祖聞蠻語不解, 茫然曰:「若使介葛盧來朝, 故當不昧此語」

【王仲祖】王濛(309?~347?). 자는 仲祖. 太原 王氏. 王脩, 王蘊. 哀帝王后의 아버지. 司徒左長史를 지냄. 《晉書》(93)에 전이 있음.
【南蠻語】남쪽 지역의 方言.
【介葛盧】東夷 나라의 임금 이름. 介는 나라 이름. 노나라에 사신을 보내어 소 울음소리를 듣고도 그 뜻을 알았다고 함. 《左傳》僖公 29년의 기록을 볼 것.

> 참고 및 관련 자료

1. 《春秋傳》
介葛盧來朝魯, 聞牛鳴. 曰:「是生三犧, 皆用之矣. 其音云.」問之而信.(杜預 注:「介, 東夷國; 葛盧, 其君名也.」)

117(2-69)

유진장(劉眞長, 劉惔)이 단양윤丹陽尹이었을 때 허현도(許玄度, 許詢)가 서울을 떠나 유진장의 집에 묵게 되었다. 그런데 그 집의 침대와 휘장은 새롭고 화려하였으며 음식도 풍부하고 훌륭한 것들이었다. 이에 허현도가 이렇게 말하였다.

"그대가 이 땅만 잘 보전하면 동산東山보다 훨씬 나을 거요!"

그러자 유담은 이렇게 말하였다.

"그대가 만약 길흉이 사람에 의해 결정되는 것이라 여긴다면 난들 어찌 이곳을 지켜내지 못하겠소?"

이에 왕일소(王逸少, 王羲之)가 그 자리에 있다가 이렇게 핀잔하였다.

"소보巢父·허유許由로 하여금 후직后稷과 설契을 만나게 하였더라면 감히 이런 대화를 나누지 않았을 거요."

두 사람은 모두 부끄러운 표정을 지었다.

劉眞長爲丹陽尹, 許玄度出都就劉宿; 牀帷新麗, 飮食豐甘. 許曰:「若保全此處, 殊勝東山!」

劉曰:「卿若知吉凶由人, 吾安得不保此!」
王逸少在坐曰:「令巢·許遇稷·契, 當無此言」
二人並無愧色.

【劉眞長】劉惔. 字는 眞長. 劉尹으로도 불림. 劉宏의 손자로 沛國 相 땅 출신. 明帝(323~326 재위)의 廬陵長公主에게 장가들어 駙馬가 됨. 司從左長史. 侍中. 丹陽尹 등을 지냄. 36세에 죽어 孫綽이 "居官無官官之事, 處事無事事之心"이라 誄文을 지어 명언이라 하였음. 《晉書》(75)에 전이 있음.

【許玄度】許詢. 字는 玄度. 許允의 현손으로 어릴 때 이름은 阿訥. 神童이라 불렸음. 高陽人. 벼슬에 뜻이 없어 孫綽, 郗愔, 王羲之, 謝安, 支遁 등과 會稽에서 산수를 유람하며 黃老에 관심을 보였음. 일찍 죽음. 司徒掾 벼슬을 지냈음.

【東山】지금의 浙江省 上虞縣에 있는 산으로 謝玄이 은거한 적이 있어 뒤에는 은거의 뜻으로 쓰임.

【吉凶由人】길흉은 사람의 뜻에 따라 결정될 뿐 숙명은 아니라는 뜻. 《春秋傳》에 『吉凶無門, 唯人所召』라 함.

【王逸少】王羲之(303~361, 혹은 309~365, 321~379). 자는 逸少. 王尊의 조카. 어려서는 訥言하였으나 뒤에 정치와 예술에 큰 업적을 남김. 특히 글씨에 뛰어나 書聖으로 추앙받았음. 右軍將軍을 지냈으며 그 때문에 王右軍으로도 불림. 山陰道士와 《道德經》 글씨를 거위와 바꾼 고사를 남겼으며 그 외에 작품으로 〈蘭亭集序〉·〈樂毅論〉·〈黃庭經〉·〈東方朔畫讚〉·〈姨母〉·〈初月〉·〈憂懸〉·〈喪亂〉 등을 남김. 《晉書》(80)에 전이 있음.

【巢父·許由】고대의 隱士. '洗耳' 고사를 남김. 堯가 天下를 그에게 선양하려 하자 받지 않고 箕山에 숨어들었다 함. 巢父와 병칭됨. 《莊子》逍遙遊篇과 皇甫謐 《高士傳》(上)을 볼 것.

〈快雪時晴帖〉(東晉) 王羲之
臺北故宮博物館 소장

【稷】周나라의 시조. 이름은 姬棄. 《史記》周本紀 참조.

【契】夏나라의 시조. 司徒를 지냄.

> 참고 및 관련 자료

1. 《續晉陽秋》
許詢字玄度, 高陽人, 魏中領軍允玄孫. 總角秀惠, 衆稱神童, 長而風情簡素. 司徒掾辟, 不就. 蚤卒.

118(2-70)

왕우군(王右軍, 王羲之)과 사태부(謝太傅, 謝安)가 함께 야성冶城에 올랐다. 사안이 유연한 생각에 젖어 고세지지高世之志를 보이자 왕우군이 사안에게 이렇게 말하였다.

"하우夏禹는 정치에 여념이 없어 손발이 다 부르텄고, 주문왕周文王은 정사에 바빠 밥도 제때에 먹지 못하였으며, 일이 많아 하루의 시간이 모자랄 정도였소. 지금 사방에 보루를 많이 쳐놓았지만 그래도 마땅히 사람마다 경각을 가져야 할 때임에도 오히려 허담폐무虛談廢務하며 뜬 문장으로 요책을 그르치고 있으니 아마도 지금에 마땅한 일은 아닌 것 같소!"

그러자 사태부는 문득 이렇게 대꾸하였다.

"진秦나라가 상앙商鞅의 법을 썼지만 이세(二世, 胡亥)에 이르러 망하고 말았소. 어찌 청담淸談이 화환禍患을 부른다고 할 수 있겠소?"

王右軍與謝太傅共登冶城, 謝悠然遠想, 有高世之志. 王謂謝曰:「夏禹勤王, 手足胼胝; 文王旰食, 日不暇給.

今四郊多壘, 宜人人自效; 而虛談廢務, 浮文妨要, 恐非當今所宜!」

謝答曰:「秦任商鞅, 二世而亡; 豈淸言致患邪?」

- 【王逸少】 王羲之(303~361, 혹은 309~365, 321~379). 자는 逸少. 王尊의 조카. 어려서는 訥言하였으나 뒤에 정치와 예술에 큰 업적을 남김. 특히 글씨에 뛰어나 書聖으로 추앙받았음. 右軍將軍을 지냈으며 그 때문에 王右軍으로도 불림. 山陰道士와 《道德經》글씨를 거위와 바꾼 고사를 남겼으며 그 외에 작품으로 〈蘭亭集序〉·〈樂毅論〉·〈黃庭經〉·〈東方朔畫讚〉·〈姨母〉·〈初月〉·〈憂懸〉·〈喪亂〉 등을 남김. 《晉書》(80)에 전이 있음.
- 【謝太傅】 謝安. 字는 安石(320~385). 謝裒의 아들이며 謝琰(望蔡)의 아버지. 謝奕의 동생. 덕망이 있고 기개가 높아 桓彝, 王濛의 사랑을 받음. 처음에는 벼슬에 뜻을 버리고 王羲之, 支遁 등과 산수를 즐기며 조정의 부름에 응하지 않았으나 40이 넘어 桓溫의 司馬를 거쳐 吳興太守, 侍中, 吏部尙書, 太保錄尙書事 등의 관직을 지냄. 뒤에 다시 太傅에 추증되었으며 시호는 文靖. 《晉書》(79)에 전이 있음.
- 【冶城】 지금의 江蘇 寧縣. 吳나라 때 鐘鼓를 주조하던 곳.
- 【四郊多壘】 壘는 공격과 방어를 위한 堡壘. 戰爭이 잦음을 말함. 《禮記》에 "四郊多壘, 卿大夫之辱也"라 함.
- 【商鞅】 전국시대 衛나라 출신. 성은 公孫. 刑名學에 밝아 秦孝公을 도와 秦나라를 강대국으로 만들어 商 땅에 봉해짐. 《戰國策》에 "衛鞅, 衛諸庶孼子也. 名鞅, 姓公孫氏. 少好刑名學, 爲秦孝公相, 封於商"이라 함. 여기서는 右軍이 당시 유행하던 淸談玄學을 비판하자 謝가 法治刑名보다 낫지 않으냐는 뜻으로 반론한 것.

商鞅의 〈廢耕田, 開阡陌, 奬勵耕織〉 벽돌 그림

- 【二世】 秦나라는 통일 후 秦始皇帝(政)를 거쳐 그 아들 二世(胡亥)에 기울어져 子嬰이 劉邦에게 항복하여 망함.

【淸談】玄妙한 이치. 즉 形而上學의 주제로 궁구하고 담론하던 魏晉 시대의 思惟, 對話, 討論의 일종. 魏晉哲學을 대표하는 玄學을 뜻함.

참고 및 관련 자료

1. 《揚州記》
冶城, 吳時鼓鑄之所. 吳平, 猶不廢. 王茂弘所治也.
2. 《帝王世紀》
禹治洪水, 手足胼胝. 世傳禹病偏枯, 足不相過, 今稱'禹步'是也.
3. 《尙書》
文王自朝至于日昃, 不遑暇食.

119(2-71)

사태부(謝太傅, 謝安)가 찬 눈이 내리는 날, 집에 사람을 모아 놓고 자녀들과 문장의 의의에 대해 논하고 있었다. 잠시 후 눈이 더욱 심하게 내리자 사태부는 흔연히 이렇게 운을 떼었다.
"펄펄 날리는 백설이 무엇과 같은가?"
이어 형謝據의 맏아들인 호아(胡兒, 謝朗)가 먼저 읊었다.
"소금을 공중에 뿌린다고 하면 비슷하지 않을까요?"
그러자 형의 맏딸謝道蘊이 다시 이렇게 고쳤다.
"버들 솜이 바람에 흩날린다고 하느니만 못합니다."
사태부는 크게 기뻐하며 웃었다. 이가 바로 사태부의 큰형 사무혁謝無奕의 딸이요, 좌장군左將軍 왕응지王凝之의 아내였다.

謝太傅寒雪日內集, 與兒女講論文義; 俄而雪驟, 公欣然曰:「白雪紛紛何所似?」

兄子胡兒曰:「撒鹽空中差可擬」

兄女曰:「未若柳絮因風起」

公大笑樂. 卽公大兄無奕女, 左將軍王凝之妻也.

【謝太傅】謝安. 字는 安石(320~385). 謝裒의 아들이며 謝琰(望蔡)의 아버지. 謝奕의 동생. 덕망이 있고 기개가 높아 桓彝, 王濛의 사랑을 받음. 처음에는 벼슬에 뜻을 버리고 王羲之, 支遁 등과 산수를 즐기며 조정의 부름에 응하지 않았으나 40이 넘어 桓溫의 司馬를 거쳐 吳興太守, 侍中, 吏部尙書, 太保錄尙書事 등의 관직을 지냄. 뒤에 다시 太傅에 추증되었으며 시호는 文靖.《晉書》(79)에 전이 있음.

【胡兒】謝朗. 字는 長度. 어릴 때 이름이 胡兒. 謝安의 형 謝據의 장자이며 謝重의 아버지. 사안의 조카인 셈. 著作郞과 東陽太守를 지냄.《晉書》(79)에 전이 있음.

【謝無奕】(?~358). 謝安의 형이며 謝玄의 아버지. 安西將軍, 豫州刺史 등을 지냄.《晉書》(79)에 전이 있음.

【王凝之】자는 叔平(?~399). 왕희지의 둘째아들. 당시 유행하던 五斗米道를 신봉하였음.《晉書》(80)에 전이 있음.

【謝道蘊】사안의 조카. 뛰어난 文才가 있었음.

참고 및 관련 자료

1.《晉陽秋》

朗字長度, 安次兄據之長子. 安甚知之. 文義艶發, 名亞於玄. 仕至東陽太守.

2.《王氏譜》

凝之字叔平, 右將軍羲之第二子也. 歷江州刺史·左將軍·會稽內史.

3. 《安帝紀》
凝之事五斗米道. 孫恩之攻會稽, 凝之謂民吏曰:「不須備防, 吾已請大道, 許遣鬼兵相助, 賊自破矣.」旣不設備, 遂爲恩所害.

4. 《婦人集》
謝夫人名道蘊, 有文才. 所箸詩賦誄頌, 傳於世.

120(2-72)

왕중랑(王中郞, 王坦之)은 복현도(伏玄度, 伏滔)와 습착치(習鑿齒)에게 청주(靑州)와 초주(楚州) 지역 인물들을 평론하게 하여 그 글이 완성되자 한강백(韓康伯, 韓伯)에게 보여 주었다. 그러나 강백은 이를 보고 나서 도대체 아무런 말이 없는 것이었다. 왕중랑이 견디다 못해 물었다.
"무슨 까닭으로 말씀이 없으십니까?"
그제야 강백은 이렇게 대답하였다.
"없어도 되고, 없으면 안 되기도 한 그런 내용이군."

王中郞令伏玄度·習鑿齒論靑·楚人物, 臨成, 以示韓康伯; 康伯都無言.
王曰:「何故不言?」
韓曰:「無可無不可.」

【王中郞】王坦之(330~375). 자는 文度. 太原王氏. 王述의 아들. 北中郞將을 지냄.《晉書》(75)에 전이 있음.

【伏玄度】伏滔. 桓溫의 참군이었으며 著作郞을 지냄.《晉書》(92)에 전이 있음.
【習鑿齒】자는 彦威(?~384). 襄陽人. 桓溫의 戶曹參軍을 지냈으며 뒤에 滎陽 太守에 오름.《漢晉春秋》54권을 써서 蜀을 정통으로 보고 魏나라를 纂逆한 것으로 여겨 桓溫이 晉室을 엿보는 것을 비난함. 苻堅이 襄陽을 함락한 후 그를 長安까지 불러 대접함.《晉書》(82)에 전이 있음.
【靑州】州名. 지금의 山東省 德州를 중심으로 한 그 일대.
【楚州】지금의 長江 下流 일대.
【韓康伯】韓伯. 丹陽尹·吏部尙書 등을 지냄.《晉書》(75)에 전이 있음.
【無可無不可】馬融의《論語注》에 '唯義所在'라 함.

참고 및 관련 자료

1.《王中郞傳》

坦之字文度, 太原晉陽人. 祖承, 東海太守, 淸淡平遠. 父述, 貞貴簡正. 坦之器度淳深, 孝友天至, 譽緝朝野, 標的當時. 累遷侍中, 中書令, 領北中郞將, 徐·兗二州刺史.

2.《中興書》

伏滔字玄度, 平昌安兵人. 少有才學, 擧秀才. 大司馬桓溫參軍, 領大著作, 掌國史, 遊擊將軍卒.

3.《中興書》

習鑿齒字彦威, 襄陽人. 少以文稱, 善尺牘. 桓溫在荊州, 辟爲從事, 歷治中別駕, 遷衡陽太守.

4. 伏滔의《文集》에 실려 있는 내용(劉孝標 주에 의함).

滔以春秋時: 鮑叔, 管仲, 隰朋, 召忽, 輪扁, 寧戚, 麥丘人, 逢丑父, 晏嬰, 涓子. 戰國時: 公羊高, 孟軻, 鄒衍, 田單, 荀卿, 鄒奭, 莒大夫, 田子方, 檀公, 魯連, 淳于髡, 盼子, 田文, 顧歜, 黔子, 於陵仲子, 王斗, 卽墨大夫. 前漢時: 伏徵君, 終軍, 東郭先生, 叔孫通, 萬石君, 東方朔, 安期先生. 後漢時: 大司徒伏三老, 江革, 逢萌, 禽慶, 承少子, 徐防, 薛方, 鄭康成, 周孟玉, 劉祖榮, 臨孝存, 侍其, 元矩, 孫寶碩, 劉仲謀, 劉公山, 王伯儀, 郞宗, 禰正平, 劉成國. 魏時: 管幼安, 邴根矩, 華子魚, 徐偉長, 任昭光, 伏高陽. 此皆靑土有才德者也. 鑿齒以神農生於黔中, 邵南詠其美化, 春秋稱其多才; 廣漢之風, 不同雞鳴之篇. 子文, 叔敖,羞與管, 晏比德. 接輿之歌鳳兮, 漁父之詠滄浪, 漢陰丈人之折子貢, 市南宜僚, 屠羊說之不爲利回, 魯仲連不及老萊夫妻, 田文不及屈原, 鄧禹, 卓茂無敵於天下, 管幼安不勝龐公, 龐士元不推華子魚, 何·鄧二尙書獨步於魏朝, 樂令無對於晉世. 昔伏羲葬南郡, 少昊葬長沙, 舜葬零陵: 比其人, 則淮之如此; 論其土, 則羣聖之所葬; 考其風, 則詩人之所歌; 尋其事, 則未有赤眉, 黃巾之賊. 此何如靑州邪? 滔與相往反, 鑿齒無以對也.

121(2-73)

유윤(劉尹, 劉惔)이 이렇게 말하였다.
"맑은 바람, 밝은 달을 보니 문득 허현도(許玄度, 許詢) 생각이 나는군."

劉尹云:「淸風朗月, 輒思玄度」

【劉尹】劉惔. 字는 眞長. 劉宏의 손자로 沛國 相 땅 출신. 明帝(323~326 재위)의 廬陵長公主에게 장가들어 駙馬가 됨. 司從左長史, 侍中, 丹陽尹 등을 지냄. 36세에 죽어 孫綽이 "居官無官官之事, 處事無事事之心"이라 誄文을 지어 명언이라 하였음. 《晉書》(75)에 전이 있음.
【許玄度】許詢. 字는 玄度. 許允의 현손으로 어릴 때 이름은 阿訥. 神童이라 불렸음. 高陽人. 벼슬에 뜻이 없어 孫綽, 郗愔, 王羲之, 謝安, 支遁 등과 會稽에서 산수를 유람하며 黃老에 관심을 보였음. 일찍 죽음. 司徒掾 벼슬을 지냈음.

참고 및 관련 자료

1. 《晉中興書》
許詢能淸言, 于時士人, 皆欽慕仰愛之.

122(2-74)

순중랑(荀中郎, 荀羨)이 경구京口에 있을 때 북고산北固山에 올라 바다를 바라보며 이렇게 말하였다.
"비록 삼신산三神山은 보이지 않으나 문득 사람으로 하여금 구름 밖에 오른 기분을 느끼게 하는구나. 만약 진시황秦始皇이나 한무제漢武帝 같은 이가 이를 보았다면 틀림없이 옷을 걷어올리고 발을 적시면서라도 찾으려 들어갔을 것이다."

荀中郎在京口, 登北固望海云:「雖未覩三山, 便自使人有陵雲意; 若秦漢之君, 必當褰裳濡足」

【荀中郎】 荀羨(322~359). 자는 令則. 尋陽公主의 남편. 義興太守·北中郎將을 지냈으며 慕容儁·慕容蘭을 쳐부숨. 《晉書》(75)에 전이 있음.
【京口】 지금의 江蘇省 丹徒縣.
【北固山】 산 이름.
【三神山】 전설 중에 나오는 바다 속의 신선이 사는 산. 蓬萊·方丈·瀛洲 등 세 산.

【秦漢之君】秦始皇과 漢武帝를 가리킴. 둘 모두 神仙思想에 심취하여 不老
長生 약을 구하려 하였음. 《史記》 封禪書 참조.

참고 및 관련 자료

1. 《晉陽秋》
荀羨字令則, 潁川人, 光祿大夫崧之子也. 淸和有識裁, 少以主壻爲駙馬都尉.
是時, 殷浩參謀百揆, 引羨爲援, 頻莅義興·吳郡, 超授北中郞將·徐州刺史·
以蕃屏焉.

2. 《中興書》
羨年二十八, 出爲徐·兗二州, 中興方伯之少, 未有若羨者也.

3. 《南徐州記》
城西北有別嶺入江, 三面臨水, 高數十丈, 號曰北固.

4. 《史記》 封禪書
蓬萊·方丈·瀛洲, 此三山, 世傳在海中, 去人不遠. 嘗有至者, 言諸仙人不死藥
在焉. 黃金白銀爲宮闕, 草物禽獸盡白, 望之如雲. 及至, 反居水下. 欲到, 卽風
引船而去, 終莫能至. 秦始皇登會稽, 並海上, 冀遇三神山之奇藥. 漢武帝旣封
泰山, 無風雨變至, 方士更言蓬萊諸藥可得; 於是上欣然東至海, 冀獲蓬萊者.

123(2-75)

사공(謝公, 謝安)이 이렇게 말하였다.
"현인과 성인의, 보통 사람과의 차이는 그 사이가 역시 아주 가까운
것이다."
그러자 그 자녀와 조카들이 이 말에 대해 수긍하지 않았다. 이에 사공은

이렇게 탄식하였다.

"만약 치초郗超가 이 말을 들었다면 그렇게 하한河漢처럼 먼 거리라고 느끼지 않을 텐데."

謝公云:「賢聖去人, 其間亦邇」
子姪未之許.
公歎曰:「若郗超聞此語, 必不至河漢」

【謝公】謝安. 字는 安石(320~385). 謝裒의 아들이며 謝琰(望蔡)의 아버지. 謝奕의 동생. 덕망이 있고 기개가 높아 桓彝, 王濛의 사랑을 받음. 처음에는 벼슬에 뜻을 버리고 王羲之, 支遁 등과 산수를 즐기며 조정의 부름에 응하지 않았으나 40이 넘어 桓溫의 司馬를 거쳐 吳興太守, 侍中, 吏部尙書, 太保錄尙書事 등의 관직을 지냄. 뒤에 다시 太傅에 추증되었으며 시호는 文靖.《晉書》(79)에 전이 있음.
【郗超】자는 景興(336~377). 또는 嘉賓으로도 부름. 郗愔의 아들.《晉書》(67)에 전이 있음.
【河漢】은하수. '아주 멀다'는 뜻.《莊子》逍遙遊 참조.

참고 및 관련 자료

1.《莊子》逍遙遊
肩吾問於連叔曰:「吾聞言於接輿: 大而無當, 往而不反, 驚怖其言, 猶河漢而無極也.
2.《郗超別傳》
超精於義理, 沙門支道林以爲一時之俊.

124(2-76)

지공(支公, 支遁)은 학을 좋아하였으며 섬현剡縣의 동쪽 岬山에 살고 있었다. 어떤 사람이 이를 알고 그에게 한 쌍의 학을 보내 주었다. 얼마 후 그 학은 날개가 자라자 날아가려고 애를 쓰는 것이었다. 지공은 학이 날아가 버리면 어쩌나 하고 이에 그 날개 깃을 모두 잘라 버렸다. 학은 퍼덕거리다가 날 수 없음을 깨닫자 그 날개에 고개를 돌려 바라보는 꼴이 꽤나 상심한 모습이었다. 지공은 그 모습을 보고 이렇게 안타까워하였다.
"이미 하늘을 솟구칠 자세를 다 갖추었으니 어찌 사람 가까이 이목의 완유물玩遊物이 된 채 그대로 있고자 하겠는가?"
그리고는 다시 그 날개 깃이 자라게 한 다음 멀리 날려 보내 주었다.

支公好鶴, 住剡東岬山, 有人遺其雙鶴; 少時, 翅長欲飛, 支意惜之, 乃鍛其翮. 鶴軒翥不能復起, 乃舒翼反頭視之, 如有懊喪意.
林曰:「旣有陵霄之姿, 何肯爲人作耳目近玩?」
養令翮成, 置使飛去.

【支公】支遁. 晉나라 때의 道僧 支道林. 河內 林慮人으로 속성은 關氏. 25세 때 출가하여 53세 때 洛陽에서 入滅함. 支硎山에 은거하여 支遁, 支道林, 林公 등으로 불림. 梁 慧皎《高僧傳》(4)에 支遁傳이 있음.
【剡縣】지금의 浙江省 嵊縣.
【岬山】회계 근처 섬현에 있는 산.《支公書》에 "山去會稽二百里"라 함.

125(2-77)

사중랑(謝中郎, 謝萬)이 곡아현曲阿縣의 후호後湖를 지나다가 좌우에게 물었다.
"이는 무슨 물인가?"
"곡아호曲阿湖입니다."
그러자 사만은 이렇게 말하였다.
"과연 끝없이 물이 들어오기만 하지 받아 놓고는 흘려보내지를 않겠군!"

謝中郎經曲阿後湖, 問左右:「此是何水?」
答曰:「曲阿湖.」
謝曰:「故當淵注渟箸, 納而不流.」

【謝中郎】謝萬. 자는 萬石(320?~361?). 謝安의 아우로 일찍 이름이 났으며 簡文帝가 재상으로 삼았음. 撫軍從事中郎을 거쳐 豫州刺史, 淮南太守 등을 역임함. 升平 연간에 北征하여 慕容儁을 토벌하러 나섰으나 실패하여 서인으로 강등됨. 언론에도 뛰어났으며 문장을 잘 지었음. 漁父, 屈原, 司馬季主, 賈誼, 楚老, 龔勝, 孫登, 嵇康 등 여덟 명을 四隱과 四顯으로 나누어 우열을 가린 〈八賢論〉이 유명함.《晉書》(79)에 전이 있음.
【曲阿】지금의 江蘇省 丹陽. 三國時代 吳나라 때는 雲陽이라 부름. 秦始皇이 이곳에 王氣가 있다 하여 그 지세를 끊어 들길을 구불구불하게 하였다 함.
【後湖】곡아의 물줄기가 모인 호수. 여기서는 곡아현 끝자락 뒤쪽의 호수. '曲阿'라는 문자의 부정적 의미를 함축하여 한 말로 풀이 됨.

> 참고 및 관련 자료

1. 《中興書》

謝萬字萬石, 太傅安弟也. 才氣高俊, 蚤知名. 歷吏部·西中郞將·豫州刺史·散騎常侍.

2. 《太康地記》

曲阿, 本名雲陽. 秦始皇以有王氣, 鑿北阬山以敗其勢, 截其直道, 使其阿曲, 故曰曲阿也. 吳還爲雲陽, 今復名曲阿.

126(2-78)

　　진무제(晉武帝, 司馬炎)가 산도山濤에게 물건을 보내면서 언제나 조금씩만 주었다. 뒤에 사태부(謝太傅, 謝安)가 이 일을 자제들에게 물어보았다. 그러자 거기(車騎, 謝玄)가 대답하였다.
　　"원하는 사람이 많이 요구하지 않아 주는 사람으로 하여금 적게 주는 줄 모르게 하기 때문이지요."

晉武帝每餉山濤恆少, 謝太傅以問子弟.
車騎答曰:「當由欲者不多, 而使與者忘少」

【晉武帝】司馬炎. 晉나라 첫 황제. 武帝. 재위 26년(265~290). 司馬昭의 長子. 자는 安世. 咸熙 2年(265)에 魏나라로부터 禪讓의 형식으로 나라를 이어받아 晉나라를 세움. 묘호는 世祖. 《晉書》(3)에 紀가 있음.

【山濤】자는 巨源(205~283). 老莊에 심취하였으며 술을 좋아하였음. 嵇康, 阮籍, 呂安 등과 친하였으며 죽림칠현의 하나. 〈任誕〉편 참조. 《晉書》(43)에 전이 있음.

【謝太傅】謝安. 字는 安石(320~385). 謝裒의 아들이며 謝琰(望蔡)의 아버지. 謝奕의 동생. 덕망이 있고 기개가 높아 桓彝, 王濛의 사랑을 받음. 처음에는 벼슬에 뜻을 버리고 王羲之, 支遁 등과 산수를 즐기며 조정의 부름에 응하지 않았으나 40이 넘어 桓溫의 司馬를 거쳐 吳興太守, 侍中, 吏部尙書, 太保錄尙書事 등의 관직을 지냄. 뒤에 다시 太傅에 추증되었으며 시호는 文靖. 《晉書》(79)에 전이 있음.

【車騎】謝玄(343~388). 자는 幼度. 어릴 때의 자는 遏(羯). 謝奕의 아들이며 謝靈運의 조부. 謝安의 조카. 徐州刺史로서 謝石, 謝琰 등과 肥水(淝水)에서 苻堅을 대파함. 그로 인해 康樂侯公에 봉해졌으며 죽은 뒤 車騎將軍으로 추증됨. 《晉書》(79)에 전이 있음.

참고 및 관련 자료

1.《謝車騎家傳》
玄字幼度, 鎭西奕第三子也. 神理明俊, 善微言. 叔父太傅嘗與子姪燕集, 問:「武帝任山公以三事, 任以官人; 至於賜予, 不過斤合, 當有旨不?」玄答:「有辭致也.」

127(2-79)

사호아(謝胡兒, 謝朗)가 유도계(庾道季, 庾龢)에게 이런 말을 귀띔해 주었다.
"저녁때 많은 명사들이 그대를 찾아와 토론을 하자고 덤벼들걸세. 그대는 보루를 단단히 지키게."

이에 유도계는 이렇게 말하였다.

"만약 문도(文度, 王坦之)가 내게 도전한다면 곧 일부 병력을 가지고 기다리겠지만 강백(康伯, 韓伯)이 도전한다면 강을 건너고 나서 배를 태워 버리는 결심으로 싸워보겠네."

謝胡兒語庾道季:「諸人暮當就卿談, 可堅城壘.」
庾曰:「若文度來, 我以偏師待之; 康伯來, 濟河焚舟.」

【謝胡兒】謝朗. 자는 長度. 어릴 때 자는 胡兒. 謝安의 형 謝據의 장자이며 謝重의 아버지. 사안의 조카인 셈. 著作郞과 東陽太守를 지냄.《晉書》(79)에 전이 있음.

【庾道季】庾龢. 庾亮의 막내아들. 丹陽尹・中領軍 등을 지냄.《晉書》(73)에 전이 있음.

【文度】王坦之(330~375). 王述의 아들이며 王忱・王國寶・王愷・王愉의 아버지. 北中郞將을 지냈으며 〈廢莊論〉을 씀.《晉書》(75)에 전이 있음.

【康伯】韓伯. 자는 康伯. 穎川人. 秀才로 천거되어 著作郞에 부름을 받았으나 응하지 않음. 뒤에 侍中, 丹陽尹, 吏部尙書, 令軍將軍, 豫章太守 등의 벼슬을 지냄. 죽은 후 太常에 추증됨. 韓太常, 韓豫章으로도 불림.《晉書》(75)에 전이 있음.

【濟河焚舟】강을 건넌 후 배를 불태워버림. 필사의 각오를 보임을 뜻함.《春秋傳》에 "秦伯伐晉, 濟河焚舟"라 하였고 杜預 주에 "示必死"라 함.

참고 및 관련 자료

1.《晉紀》徐廣

龢字道季, 太尉亮子也. 風情率悟, 以文談致稱於時. 歷仕至丹陽尹, 兼中領軍.

128(2-80)

이홍도(李弘度, 李充)는 늘 자기가 벼슬에 임명되지 않음을 탄식하였다. 은양주(殷揚州, 殷浩)가 그의 집이 가난함을 알고 이렇게 물었다.

"그대는 1백 리의 소읍小邑이라도 뜻을 굽혀 다스려 보겠는가?"

그러자 이홍도는 이렇게 대답하였다.

"〈북문北門〉의 탄식이 이미 오래 전에 상달되었을 줄 아옵니다. 곤궁에 처한 원숭이가 숲으로 달아나면서 어찌 나무를 선택할 겨를이 있겠습니까?"

그리하여 드디어 섬현剡縣을 제수除授받게 되었다.

李弘度常歎不被遇, 殷揚州知其家貧, 問:「君能屈志百里不?」

李答曰:「北門之歎, 久已上聞; 窮猿奔林, 豈暇擇木!」

遂授剡縣.

【李弘度】李充. 자는 弘度. 문장가이며 학자로《尙書注》·《周易旨》·《釋莊論》 등이 있으며, 詩·賦·頌·表 등 240여 편을 지었다 함. 大著作郎이 되어 당시의 秘府의 서적을 四部로 나누어 뒤에 중국 서적 분류인 經史子集의 기초를 마련했다 함. 剡縣令과 中書侍郎 등을 역임함.《晉書》(92)에 전이 있음.

【殷揚州】殷浩(?~356). 자는 淵源. 殷羨(洪喬)의 아들이며 弱冠에 이미 이름이 났으며 玄言에 뛰어나 당시 풍류 재자의 숭앙을 받음. 정사에도 뛰어나 사람들은 그를 管仲이나 諸葛孔明에 비유할 정도였음. 建武將軍, 揚州刺史를 역임하였으며 北征에 나섰다가 姚襄에게 패배하여 서인으로 강등되기도 하였음. '咄咄怪事'의 고사를 남김.《晉書》(77)에 전이 있음.

【北門之歎】《詩經》邶風의 北門篇. 생활고에 허덕이는 관리의 탄식을 읊은 시. "出自北門, 憂心殷殷; 終窶且貧, 莫知我艱"라 함.
【剡縣】會稽郡에 속하였으며 지금의 浙江省 嵊縣.

참고 및 관련 자료

1. 《中興書》
李充字弘度, 江夏鄳人也. 祖秉, 父矩, 皆有美名. 充初辟丞相掾, 記室參軍, 以貧求剡縣, 遷大著作·中書郎.

2. 본편에서 殷浩와 李充의 고사는 褚裒(303~349)와 이충의 고사가 잘못 전해진 것으로 보고 있다. 《晉書》李充傳에 『征北將軍褚裒又引爲參軍, 充以家貧, 苦求外出, 將許之爲縣, 試問之. 充曰:「窮猿投林, 豈暇擇木!」乃除剡縣令』이라 하였다.

129(2-81)

왕사주(王司州, 王胡之)가 오흥吳興의 인저印渚에 이르러 그 경치를 구경하면서 이렇게 말하였다.

"경치는 사람으로 하여금 마음을 열어 깨끗이 씻어 줄뿐만 아니라 역시 해와 달까지도 청랑淸朗하게 느끼게 하는군!"

王司州至吳興印渚中看, 歎曰:「非唯使人情開滌, 亦覺日月淸朗!」

【王司州】王胡之. 자는 脩齡(?~349, 혹 ?~364?). 낭야 王氏로 王廙의 둘째 아들이며, 王和之의 아버지. 吳興太守, 侍中을 지냈으며, 石虎(十六國 중의 後趙)가 죽자 西中郎將이 됨.《晉書》王廙傳 참조.
【吳興】郡 이름. 揚州에 속하며 烏程·臨安·武康·於潛·安古 등 10개 현을 거느렸고 지금의 臨安·餘杭 일대. 치소는 지금의 浙江 湖州市였음.
【印渚】지명. 吳興郡 於潛縣 동쪽 70리에 있다 함. 곁에 白石山이 있어 험준하고 경치기 매우 아름답다 함.

참고 및 관련 자료

1.《王胡之別傳》
胡之字脩齡, 琅邪臨沂人, 廙之子也. 歷吳興太守, 徵侍中·丹陽尹·祕書監, 並不就. 拜使持節, 都督司州諸軍事·西中郎將·司州刺史.

2.《吳興記》
於潛縣東七十里, 有印渚; 渚傍白石山, 峻壁四十丈; 印渚蓋衆溪之下流也. 印渚已上至縣, 悉石瀨惡道, 不可行船; 印渚已下, 水道無險, 故行旅集焉.

130(2-82)

사만謝萬이 예주도독豫州都督에 임명되어 인사를 마치고 서쪽의 임지로 떠날 때, 도읍과 여러 읍마다 송별을 위해 찾아오는 자들이 연일 줄을 이었다. 그 일로 사만은 피로에 지쳐 있었다. 그때 고시중(高侍中, 高崧)이 찾아와서 곧바로 자리에 앉자마자 이렇게 물었다.

"그대는 지금 한 고을을 맡아 마땅히 서쪽 변방을 잘 다스려야겠다고 생각하고 있겠지요. 어떤 다스림을 구상하고 있소이까?"

그러자 사만은 마지못해 대강 엉성하게 뜻을 말해 주었다. 그러나 고시중은 아랑곳하지 않고 사만을 위해 그곳의 형세에 대해 설명해 주었는데, 수백 마디는 되었다.

사만은 그제야 놀라 스스로 일어서서 고맙다고 하였다. 고시중이 떠나간 후 사만은 이렇게 회상하였다.

"아령(阿鄽, 高崧)은 거칠어 보이나 재능을 갖춘 인물이야!"

사만은 고숭의 말대로 실천한 덕분에 종신토록 자리를 지켜낼 수 있었다.

謝萬作豫州都督, 新拜, 當西之都邑, 相送累日, 謝疲頓. 於是高侍中往, 徑就謝坐, 因問:「卿今仗節方州, 當疆理西蕃, 何以爲政?」

謝粗道其意. 高便爲謝道形勢, 作數百語. 謝遂起坐.

高去後, 謝追曰:「阿鄽故麤有才具.」

謝因此得終坐.

【謝萬】자는 萬石(320?~361?). 謝安의 아우로 일찍 이름이 났으며 簡文帝가 재상으로 삼았음. 撫軍從事中郞을 거쳐 豫州刺史, 淮南太守 등을 역임함. 升平 연간에 北征하여 慕容儁을 토벌하러 나섰으나 실패하여 서인으로 강등됨. 언론에도 뛰어났으며 문장을 잘 지었음. 漁父, 屈原, 司馬季主, 賈誼, 楚老, 龔勝, 孫登, 嵇康 등 여덟 명을 四隱과 四顯으로 나누어 우열을 가린 〈八賢論〉이 유명함. 《晉書》(79)에 전이 있음.

【高侍中】고숭(高崧). 자는 茂琰. 어릴 때 자는 아령(阿鄽). 史學에 밝았으며, 吏部郞, 侍中을 지냄.

참고 및 관련 자료

1. 《中興書》
高崧字茂琰, 廣陵人. 父悝, 光祿大夫. 崧少好學, 善史傳, 累遷吏部郎, 侍中, 以公累免官.

2. 《晉書》高崧傳
崧便爲敍刑政之要數百言.

131(2-83)

원언백(袁彦伯, 袁宏)이 사안남(謝安南, 謝奉)의 사마가 되자 도읍의 여러 친구들이 그를 전송해 주는 가운데 뇌향瀨鄕에까지 이르게 되었다. 장차 헤어지게 되자 원언백은 처량하고 망연한 기색으로 이렇게 탄식하였다.
"강산이 이렇게 아득하구나. 거연居然히 저 1만 리까지 뻗칠 지세로다!"

袁彦伯爲謝安南司馬, 都下諸人送至瀨鄕. 將別, 旣自悽惘; 歎曰:「江山遼落, 居然有萬里之勢!」

【袁彦伯】袁宏(328~376). 어릴 때는 虎라 불렸으며, 어려서 고아가 됨. 문장이 뛰어나 謝尙의 발탁으로 大司馬 桓溫의 記室이 됨. 著述에 힘써 《後漢記》·《竹林名士傳》·《北征賦》·《三國名臣頌》을 지었으며 《三國名臣頌》은 《晉書》에 수록되어 있음. 《晉書》(92)에 전이 있음.

【謝安南】謝奉. 자는 弘道. 魏顗, 虞球, 虞存과 함께 四族之俊으로 일컬어졌던 인물. 何充에게 발탁되어 安南將軍, 廣州刺史, 吏部尙書 등을 지냄.
【瀨鄕】지명. 지금의 江蘇省 溧陽縣에 있음.

참고 및 관련 자료

1.《續晉陽秋》

袁宏字彦伯, 陳郡人, 魏郎中令渙六世孫也. 祖猷, 侍中. 父勗, 臨汝令. 宏起家建威參軍, 安南司馬記室. 太傅謝安賞宏機捷辯速, 自吏部郎出爲東陽郡, 乃祖之於冶亭. 時賢皆集, 安欲卒迫試之, 執手將別, 顧左右取一扇而贈之. 宏應聲答曰;「輒當奉揚仁風, 慰彼黎庶.」合坐歎其要捷. 性亮直, 故位不顯也. 在郡卒.

132(2-84)

손작孫綽은 〈수초부遂初賦〉를 짓고 나서 견천畎川에 집을 꾸려 놓고 이만하면 지족지분止足之分을 누릴 수 있으리라 스스로 말하였다.

그리고 그 재실齋室 앞에는 한 그루의 소나무를 심어 항상 손수 북을 돋우어주며 다듬었다.

그때 고세원(高世遠, 高柔)이 역시 그 이웃에 살고 있었는데 손작의 그런 모습을 보고 이렇게 말하였다.

"소나무는 그 초초楚楚한 모습이 가히 사랑스럽지 않은 바는 아니지만 그러나 끝내 동량으로 쓸 수 있는 나무는 아니지요!"

그러자 손작은 이렇게 대꾸하였다.

"단풍나무나 버드나무를 비록 한 아름이나 되게 키운다 해도 역시 어디 쓸 데가 있겠소?"

孫綽賦遂初, 築室畎川, 自言見止足之分. 齋前種一株松, 恆自手壅治之; 高世遠時亦鄰居, 語孫曰:「松樹子非不楚楚可憐, 但永無棟梁用耳!」

孫曰:「楓柳雖合抱, 亦何所施?」

【孫綽】자는 興公(314~371). 孫楚의 손자로 형 孫統과 함께 남으로 내려와 벼슬의 뜻을 버리고 〈遂初賦〉를 씀. 그 외에 〈遊天台山賦〉가 유명하며 뒤에 庾亮·殷浩·王羲之의 막료를 거쳐 永嘉太守·散騎常侍를 지냄. 桓溫이 수도를 洛陽으로 옮기려 하자 상소하여 반대함. 廷尉卿에 이르렀으며 長樂侯를 습봉받음.《晉書》(56)에 전이 있음.
【遂初賦】孫綽이 畎川에 은거하면서 쓴 것. 漢나라 때 劉歆의 〈遂初賦〉에 비교하여 씀. 遂初는 '初志를 완수하겠다'는 뜻.《全晉文》(61)에 실려 있음.
【畎川】지명. 그러나 일설에는 지명이 아니라 田野平川, 즉 농촌·시골 지역이라는 뜻으로 보기도 함.
【高世遠】高柔. 자는 世遠. 박식하고 名利에 초연했음. 冠軍參軍을 지냄.
【楚楚】纖弱한 모습.

참고 및 관련 자료

1.《中興書》
綽字興公, 太原中都人. 少以文稱. 歷太學博士·大著作·散騎常侍.

2.《遂初賦敍》
余少慕老莊之道, 仰其風流久矣; 卻感於陵賢妻之言, 悵然悟之! 乃經始東山, 建五畝之宅, 帶長阜, 倚茂林, 孰與坐華幕擊鍾鼓者, 同年而語其樂哉?

133(2-85)

환정서(桓征西, 桓溫)가 강릉성江陵城을 매우 아름답게 꾸몄다. 그리고 손님과 막료들을 불러모아 강가 나루터로 나가 멀리 바라보며 이렇게 말하였다.

"만약 누구라도 이 성을 눈으로 보는 듯이 표현해 내는 자가 있다면 상을 주리라."

고장강(顧長康, 顧愷之)이 마침 손님으로 참석하여 자리에 있다가 이렇게 읊었다.

"멀리 층층의 성을 바라보니,　　　　　　　　　　遙望層城,
단청빛 누각이 노을 같도다."　　　　　　　　　　丹樓如霞

환온은 즉시 그에게 두 명의 비녀婢女를 상으로 주었다.

桓征西治江陵城甚麗, 會賓僚出江津望之.
云:「若能目此城者, 有賞!」
顧長康時爲客, 在坐, 因曰:『遙望層城, 丹樓如霞.』
桓卽賞以二婢.

【桓征西】桓溫(312~373). 자는 元子. 明帝의 사위. 荊州刺史를 지냈으며, 蜀을 정벌하고 前秦을 쳐부숨. 簡文帝를 세우고 자신이 다시 왕위를 빼앗고자 하였었음. 시호는 武侯. 그의 아들 桓玄이 드디어 제위를 찬탈하여 楚나라를 세운 다음 아버지 환온을 宣武皇帝로 추존함.《晉書》(99)에 전이 있음.
【顧長康】顧愷之(대략 346~407). 진나라 최고의 화가. 그 외에 문장·해학에 뛰어났던 인물. 당시 사람들은 그를 才絶·畫絶·癡絶의 三絶로 불렀음. 《文集》과 《啓蒙記》가 있었다 하나 전하지 않음.《晉書》(92)에 전이 있음.

참고 및 관련 자료

1. 《荊州記》盛弘之
荊州城臨漢江, 臨江王所治. 王被徵出城北門, 而車軸折, 父老泣曰:「吾王去不還矣!」從此不開北門.

134(2-86)

왕자경(王子敬, 王獻之)이 왕효백(王孝伯, 王恭)에게 이렇게 말하였다.
"양숙자(羊叔子, 羊祜)는 스스로 잘났다고 하면서 어찌 인사에는 하는 꼴이 그렇담? 지난날 동작대銅雀臺 위에서 춤추던 기녀만도 못하군!"

王子敬語王孝伯曰:「羊叔子自復佳耳, 然亦何與人事? 故不如銅雀臺上妓.」

【王子敬】王獻之(344~388). 王羲之의 아들이며 安帝皇后의 아버지. 첫 부인 郗曇의 딸을 버리고 다시 簡文帝의 딸 新安公主를 아내로 맞음. 아버지 왕희지와 함께 글씨에 뛰어나 '二王'이라 불림. 지금 전하는 그의 작품은 〈洛神賦十三行〉(眞書)·〈鴨頭丸帖〉(行書)·〈十二月帖〉(草書) 등이 있음. 《晉書》(80)에 전이 있음.

【王孝伯】王恭(?~398). 太原 王氏. 著作郞·祕書丞·吏部郞 등을 지냄. 뒤에 난을 일으켰다가 피살됨. 《晉書》(84)에 전이 있음.

【羊叔子】羊祜(221~278). 자는 叔子. 羊續의 손자이며 司馬師 羊皇后의 아우. 司馬昭가 권력을 독점하자 이에 좇아 中書侍郞, 給事中, 黃門郞, 秘書監 등의 직책을 담당하면서 荀勖과 더불어 국가 기밀을 관장함. 晉나라가 되면서 中軍將軍, 散騎常侍 등을 거쳐 尙書左僕射, 衛將軍 등을 역임함. 荊州를 지키면서 吳나라 백성에게 잘해주어 오나라 사람들이 그들 羊公이라 불렀음. 선정을 베풀고 그가 죽자 백성들이 罷市를 할 정도였다 함. 그의 碑廟는 杜預가 〈墮淚碑〉라 불렀음. 《老子傳》이 있으며 《晉書》(34)에 전이 있음.
【人事】사람 사이의 교제. 인간관계의 원만한 처리. 王子敬은 道家를 믿었고 羊祜는 儒家를 믿어, 유가는 人事를 重視해야 하나 양호가 그렇지 못함을 꼬집은 것으로 해석됨.
【銅雀臺】漢 獻帝 建安 15년(210)에 曹操가 鄴城 銅雀苑에 세운 누대. 金虎臺·冰井臺와 함께 '三臺'라 불러 曹氏 집단의 유락 장소로 사용하면서 매월 15일 첩과 기녀들을 그곳으로 모아 장기를 자랑토록 하였다 함.

참고 및 관련 자료

1. **《晉諸公贊》**
羊祜字叔子, 太山平陽人也. 世吏二千石, 至祜九世, 以淸德稱. 爲兒時, 遊汶濱, 有行父止而觀焉, 歎息曰:「處士大好相, 善爲之, 未六十, 當有重功於天下; 卽富貴, 無相忘!」遂去, 莫知所在. 累遷都督荊州諸軍事, 自在南夏, 吳人悅服, 稱曰羊公, 莫敢名者. 南州人聞公喪, 號哭罷市.

2. **魏武帝〈遺令〉**
以吾妾與妓人, 皆着銅雀臺上, 施六尺牀繐帷, 月朝十五日, 輒使向帳作伎.

3. **楊勇〈校箋〉**
『劉箋:「按子敬此語, 於羊公可謂醜詆極矣. 考晉書羊祜傳云: '時人語曰: 二王當國, 羊公無德.'本書識鑒篇注引晉陽秋及漢晉春秋, 羊祜傳綜合觀之, 則知子敬輕詆羊公之故矣. 勇按: 王子敬之詆羊公, 亦見當時風氣之變; 王子敬事道, 羊祜事儒, 道同伐異, 漢代甚然, 至晉中葉, 益爲劇烈. 王之斯言, 可見一斑矣.』

135(2-87)

임공(林公, 支遁)이 동양군東陽郡의 장산長山을 보고 이렇게 말하였다.
"어쩌면 평탄하면서도 이렇게 멀리 뻗은 산이 있지!"

林公見東陽長山曰:「何其坦迤!」

【林公】支公. 支遁. 晉나라 때의 道僧 支道林. 河內 林慮人으로 속성은 關氏. 25세 때 출가하여 53세 때 洛陽에서 入滅함. 支硏山에 은거하여 支遁, 支道林, 林公 등으로 불림. 梁나라 慧皎《高僧傳》(4)에 支遁傳이 있음.
【東陽郡】군 이름. 吳나라 때 설치하였으며 梁나라 때는 金華郡으로 고침. 지금의 浙江省 金華縣.
【長山】산 이름. 길게 뻗은 산이라는 뜻을 가지고 있다.

참고 및 관련 자료

1.《會稽土地志》
山靡迤而長, 縣因山得名.
2.《太平御覽》47에 인용된《郡國志》
長山相連三百餘里, 一名金華山.
3.《太平御覽》47에 인용된《吳錄地志》
常山, 仙人采藥處, 謂之長山.

136(2-88)

고장강(顧長康, 顧愷之)이 회계會稽에서 돌아오자 사람들이 그에게 그곳 산천의 아름다움에 대하여 물었다. 고장강은 이렇게 표현하였다.

"천암千巖이 다투어 빼어나고, 만학萬壑의 물이 다투어 흐르며 초목이 그 위를 덮어씌워 있는 것이 마치 구름이 피어나고 아지랑이가 울울蔚蔚히 피어오르는 것 같습니다."

顧長康從會稽還, 人問山川之美.
顧云:「千巖競秀, 萬壑爭流, 草木蒙籠其上, 若雲興霞蔚」

【顧長康】顧愷之(대략 346~407). 晉나라 최고의 화가. 그 외에 문장·해학에 뛰어났던 인물. 당시 사람들은 그를 才絶·畫絶·癡絶의 三絶로 불렀음. 《文集》과 《啓蒙記》가 있었다 하나 전하지 않음. 《晉書》(92)에 전이 있음.

참고 및 관련 자료

1. 《文章錄》丘淵之
顧愷之字長康, 晉陵人. 父悅, 尙書左丞. 愷之, 義熙初爲散騎常侍.

2. 《晉書》顧愷之傳
愷之爲殷仲堪參軍, 假歸, 還荊州, 人問以會稽山川之狀, 顧云云.

137(2-89)

　간문제(簡文帝, 司馬昱)가 붕어하였을 때 효무제(孝武帝, 司馬曜)는 겨우 10여 세였다. 그는 영정 앞에 서서 눈만 감고 임곡臨哭은 아니하는 것이었다. 보다 못한 좌우신하들이 이렇게 품계稟啓하였다.
"상례常例에 따라 마땅히 임곡하셔야 합니다."
그러자 효무제는 이렇게 말하였다.
"슬픔이 지극해지면 저절로 곡이 나올 텐데 어찌 상례라는 것이 있습니까?"

簡文崩, 孝武年十餘歲立, 至暝不臨.
左右啓:「依常應臨」
帝曰:「哀至則哭, 何常之有?」

【簡文帝】司馬昱. 元帝 계실 鄭后 소생이며 司馬紹의 배다른 동생. 東晉 8대 황제. 재위 2년(371~372). 묘호는 太宗. 相王・撫軍・會稽王으로도 부름. 《晉書》(9)에 紀가 있음.
【孝武帝】司馬曜. 東晉 제 9대 황제 孝武帝. 재위 24년(373~396). 廟號는 烈宗. 자는 明昌. 簡文帝의 셋째아들. 11세 때에 재위에 올라 35세에 죽음. 《晉書》(9)에 紀가 있음. 王蘊의 딸 法惠를 비로 삼음.

참고 및 관련 자료

1. 《文章志》 宋明帝
孝武皇帝諱曜字昌明, 簡文第三子也. 初, 簡文觀讖書曰:「晉氏祚盡昌明.」及帝誕育, 東方始明, 故因生時以爲諱, 而相與忘告. 簡文問之, 乃以諱對. 簡文流涕曰:「不意我家昌明便出!」帝聰惠, 推賢任才, 年三十五崩.」

138(2-90)

효무제(孝武帝, 司馬曜)가 《효경孝經》을 강의하려 할 때 사공謝公의 형제(謝安, 謝石)와 몇몇 사람이 집에 미리 사사로이 예습을 하며 대비하고 있었다. 차무자(車武子, 車胤)가 막히는 부분을 사공에게 물어보기를 어려워하다가 먼저 원양袁羊에게 이렇게 의견을 타진하였다.

"묻지 않자니 좋은 말을 놓칠 것 같고 자꾸 물어보자니 두 사공에게 번거로움을 끼칠 것 같으니 어쩌면 좋겠소?"

그러자 원양은 이렇게 일러주었다.

"그런 것을 가지고 그만할 게 못되오!"

그러자 차무자는 다시 물었다.

"그대는 사공을 어떤 사람이라 보기에 그러오?"

원양은 이렇게 말하였다.

"그대는 맑은 거울이 자주 비쳐본다고 피로해한다거나, 맑은 물이 혜풍惠風을 꺼려 한다는 말을 들어본 적이 있소?"

孝武將講孝經, 謝公兄弟與諸人私庭講習, 車武子難苦問謝, 謂(袁羊)[袁虎]曰:「不問, 則德音有遺; 多問, 則重勞二謝.」

袁曰:「必無此嫌.」

車曰:「何以知爾?」

袁曰:「何嘗見明鏡疲於屢照, 淸流憚於惠風?」

【孝武帝】司馬曜. 東晉 제 9대 황제 孝武帝. 재위 24년(373~396). 廟號는 烈宗. 자는 明昌. 簡文帝의 셋째아들. 11세 때에 재위에 올라 35세에 죽음. 《晉書》(9)에 紀가 있음. 王蘊의 딸 法惠를 비로 삼음.

【孝經】효에 관한 책. 子思가 편하였다 함. 13경 중의 하나.
【謝公】여기서는 謝安(安石)과 謝石 형제를 가리킴.
【車武子】車胤. 孫康과 함께 '螢雪之功'의 고사를 남김. 字는 武子. 南平人. 丹陽尹, 護軍將軍, 吏部尙書 등을 역임함.《晉書》(83)에 전이 있음.
【袁羊】袁喬. 자는 彦升. 어릴 때 자가 羊이었음. 陳郡人으로 尙書郎, 江夏相, 益州刺史를 역임함. 湘西伯에 봉해짐. 그러나 이는 袁虎의 일이 잘못 거론된 것으로 봄. 참고란을 볼 것.

⌒참고 및 관련 자료⌒

1.《續晉陽秋》
寧康三年九月九日, 帝講孝經, 僕射謝安侍坐, 吏部尙書陸納侍講, 兼侍中下耽執讀, 黃門侍郎謝石, 吏部郎袁宏並執經, 中書郎車胤, 丹陽尹王混摘句.

2.《袁氏家傳》
喬字彦叔, 陳郡人. 父瓌, 光祿大夫. 喬歷尙書郎, 江夏相. 從桓溫平蜀, 封湘西伯. 卒, 追贈益州刺史.

3. 楊勇〈校箋〉
『勇按: 袁喬從桓溫平蜀, 尋卒, 時在永和中, 下迄孝武講經, 相距二十餘年. 此袁羊當爲袁虎之誤. 孝標注旣知袁宏執經, 而不知袁羊爲袁虎, 亦千慮之失. 御覽六一七作〈袁彦伯〉, 正是. 宏字彦伯, 小字虎.』

139(2-91)

왕자경(王子敬, 王獻之)이 말하였다.
"산음山陰의 길을 여행하노라면 산천의 경개가 스스로 서로 영발映發하여 사람으로 하여금 눈을 돌릴 겨를을 주지 않는다. 만약 가을이나 겨울이 되면 더욱더 무엇이라고 그 느낌을 표현할 수 없게 된다."

王子敬云:「從山陰道上行, 山川自相映發, 使人應接不暇; 若秋冬之際, 尤難爲懷」

【王子敬】 王獻之(344~388). 왕희지의 아들이며, 王凝之·王徽之의 아우. 安帝 皇后의 아버지. 簡文帝 新安公主를 새로 아내로 맞이함. 아버지 왕희지와 함께 글씨에 뛰어나 '二王'이라 불림. 〈洛神賦十三行〉·〈鴨頭丸帖〉·〈十二月帖〉 등이 유명함.《晉書》80에 전이 있음.
【山陰】 會稽山의 북쪽. 지금의 浙江 紹興縣.《會稽土地志》에 "邑在山陰, 故以名焉"이라 함.
【應接不暇】 '뛰어난 풍경을 보느라 눈을 뗄 겨를이 없다'는 뜻의 成語로 굳어짐.

참고 및 관련 자료

1.《會稽郡記》
會稽境特多名山水: 峯崿隆峻, 吐納雲霧, 松栝楓栢, 擢榦竦條, 潭壑鏡徹, 清流寫注. 王子敬見之曰:「山水之美, 使人應接不暇.」

140(2-92)

사태부(謝太傅, 謝安)가 여러 아들과 조카들에게 물었다.
"너희들이 사람 다스리는 일에 참여한다면 어떤 방법으로 그들의 미풍을 진작시키겠느냐?"

그러나 아무도 대답하지 못하였다.
그때 거기(車騎, 謝玄)가 이렇게 말하였다.
"비유컨대 지란芝蘭과 옥수玉樹가 그 뜰에 자라게 하듯이 해보고 싶습니다."

謝太傅問諸子侄:「子弟亦何預人事, 而正欲使其佳?」
諸人莫有言者.
車騎答曰:「譬如芝蘭玉樹, 欲使其生於階庭耳」

【謝太傅】謝安. 字는 安石(320~385). 謝裒의 아들이며 謝琰(望蔡)의 아버지. 謝奕의 동생. 덕망이 있고 기개가 높아 桓彝, 王濛의 사랑을 받음. 처음에는 벼슬에 뜻을 버리고 王羲之, 支遁 등과 산수를 즐기며 조정의 부름에 응하지 않았으나 40이 넘어 桓溫의 司馬를 거쳐 吳興太守, 侍中, 吏部尙書, 太保錄尙書事 등의 관직을 지냄. 뒤에 다시 太傅에 추증되었으며 시호는 文靖.《晉書》(79)에 전이 있음.
【車騎】謝玄(343~388). 자는 幼度. 어릴 때의 자는 遏(羯). 謝奕의 아들이며 謝靈運의 조부. 謝安의 조카. 徐州刺史로서 謝石, 謝琰 등과 肥水(淝水)에서 苻堅을 대파함. 그로 인해 康樂侯公에 봉해졌으며 죽은 뒤 車騎將軍으로 추증됨.《晉書》(79)에 전이 있음.
【芝蘭玉樹】훌륭한 子弟가 그 가정에서 자람. 즉 훌륭한 후손을 길러냄을 뜻함.

> 참고 및 관련 자료

1. 楊勇〈校箋〉
『欲使沈浸濃郁, 潛移黙化; 故太傅常以儀範敎兒也.』

141(2-93)

도일도인(道壹道人, 竺道壹)은 말을 문장처럼 꾸며서 표현하기를 좋아하였다. 그가 도성을 떠나 동산東山으로 돌아오면서 오중吳中을 지나게 되었는데, 마침 눈이 내리기 시작하였다. 그러나 날씨는 그렇게 춥지는 않았다.
여러 도인들이 오던 길에 어떤 일이 있었냐고 묻자 도일도인은 이렇게 읊었다.

"풍상은 진실로 말로 할 수 없는 것,   風霜固所不論,
이에 먼저 참담한 싸락눈이 몰려왔소.   乃先集其慘澹,
교외 마을은 회오리 속에 언뜻언뜻 보이더니,   郊邑正自飄瞥,
숲과 봉우리가 금방 하얗게 되더이다."   林岫便自皓然.

道壹道人好整飾音辭, 從都下還東山, 經吳中; 已而會雪下, 未甚寒. 諸道人問在道所經.
壹公曰:『風霜固所不論; 乃先集其慘澹, 郊邑正自飄瞥, 林岫便自皓然.』

【道壹道人】 東晉 때의 승려. 吳 땅 출신으로 속성은 陸氏. 竺法汰를 사사하여 竺道壹이라고도 부름. 建康의 瓦官寺에 거하면서 簡文帝의 사랑을 받음. 慧皎《高僧傳》(5)에 竺道壹傳이 있음.
【東山】 지금의 浙江省 上虞縣 서남쪽에 있는 산. 謝安이 은거하던 곳. 그 뒤 '東山之志'는 '은거'를 뜻하는 말로 쓰임.
【先集慘澹】 먼저 참담한 모습을 몰고 옴. 여기서는《詩經》小雅 규변(頍弁)의 '큰 눈 오기 전에 싸락눈 먼저 오네'(如彼雨雪, 先集維霰)라는 표현을 가리킨 것임.

> 참고 및 관련 자료

1.《高僧傳》5

竺道壹, 姓陸, 吳人也. 少出家, 貞正有學業, 而晦迹隱智, 人莫能知之. 晉太和中出都, 止瓦官寺, 從汰公受學; 數年之中, 思徹淵深, 講傾都邑. 晉簡文深所知重, 及帝崩, 汰死, 壹乃還東, 止虎丘山. 隆安中遇疾而卒, 卽葬山南, 春秋七十有一矣.

2.《名德沙門題目》

道壹文鋒富贍, 孫綽爲之讚曰:「馳辭說言, 因緣不虛, 唯玆壹公, 綽然有餘. 譬若春圃, 載芬載譽, 條被猗蔚, 枝榦森疎.

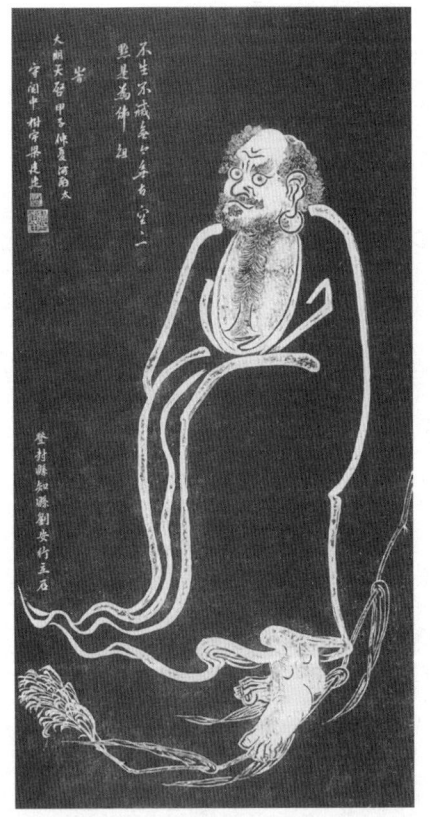

碑刻畫〈達摩渡江圖〉少林寺 碑

142(2-94)

　장천석張天錫이 양주자사涼州刺史가 되었을 때 자립하여 서방칭제西方稱帝를 하다가 부견苻堅에게 잡혀 그의 시중侍中에 임용되었다.
　뒤에 부견을 따라 수춘壽春에서 싸우다가 패하자 다시 서울建康로 와서 이번엔 효무제(孝武帝, 司馬曜)의 중신重臣이 되는 등 변신이 잦았다. 그리고도 매번 입조入朝하였다 하면 무제와 종일토록 시간을 끌면서 담론하지 아니한 적이 없었다. 그 때문에 그를 미워하는 자가 자못 많았다. 이에 한 번은 어떤 자리에서 한 사람이 장천석에게 이렇게 물었다.
　"북방에는 어떤 물건이 가장 진귀한 것이오?"
　장천석은 얼른 이렇게 대답하는 것이었다.
　"오디의 달고 향기로움, 치효鴟鴞가 날개 칠 때의 맑은 소리, 그리고 유제품乳製品은 양성養性할 수 있기에 좋은 것, 게다가 사람들이 질투심이 없는 것, 이 네 가지입니다."

張天錫爲涼州刺史, 稱制西隅, 旣爲苻堅所禽, 用爲侍中. 後於壽陽俱敗, 至都, 爲孝武所器: 每入, 言論無不竟日.
　頗有嫉之者, 於坐問張:「北方何物可貴?」
　張曰:「桑椹甘香, 鴟鴞革響; 淳酪養性, 人無嫉心.」

【張天錫】자는 純嘏. 어릴 때 이름은 獨活. 安定人. 조부 張軌(前涼의 西平公)가 永嘉 중에 양주자사를 지냈으며 京師大亂을 만나 드디어 涼州를 거점으로 張玄靚을 죽이고 자립하여 前涼을 이었음. 재위 14년(363~376). 淝水之戰에 苻堅이 진나라에 패하자 그는 다시 晉나라에 복종하여 護羌校尉, 涼州刺史 등을 지냈으며 조부의 봉호(西平公)를 이어받음.《晉書》(86)에 전이 있음.

【苻堅】자는 永固(338~385). 혹은 文玉. 晉나라 때 五胡 중에 제일 강하였던 前秦의 군주. 苻健이 秦을 세우고 아들 苻生에게 물려주자 부견이 부생을 죽이고 자립함. 이어 차례로 前燕과 前涼, 代 등을 취하여 강해지자 晉나라를 공략하여 淝水에서 謝玄 등과 결전을 벌여 대패함. 이에 鮮卑, 羌 등이 이반하여 국세가 약해졌으며 결국 姚萇(羌族)이 그와 태자 苻宏을 살해하고 後秦을 세움.《晉書》(113)에 전이 있음.

【壽陽】원래 이름은 壽春. 東晉 때 鄭后를 휘(諱)하여 壽陽으로 고침.

【孝武帝】司馬曜. 東晉 제 9대 황제 孝武帝. 재위 24년(373~396). 廟號는 烈宗. 자는 明昌. 簡文帝의 셋째아들. 11세 때에 재위에 올라 35세에 죽음.《晉書》(9)에 紀가 있음. 王蘊의 딸 法惠를 비로 삼음.

【桑椹】뽕나무에 열리는 오디. 처음 초록색으로 열려 붉은 색을 띠다가 익을수록 검은 색이 됨. 약재와 식용으로 쓰임.

【鴞鶚】날개 치는 소리가 힘찬 새의 일종. 부엉이의 일종이라고도 함.

【革響】날개 치는 소리. 古音으로 雙聲連綿語의 의성어. 혹은 의태어.

【淳酪】醇酪. 곧 北方에 목축업으로 낙농제품이 많음을 이름.

참고 및 관련 자료

1.《涼州記》張資

天錫字純嘏, 安定烏氏人, 張耳後也. 曾祖軌, 永嘉中爲涼州刺史; 值京師大亂, 遂據涼土. 天錫篡位, 自立爲涼州牧. 苻堅使將姚萇攻沒涼州, 天錫歸長安, 堅以爲侍中, 比部尙書, 歸義侯. 從堅至壽陽, 堅軍敗, 遂南歸; 拜散騎常侍, 西平公.

2.《中興書》

天錫後以貧拜廬江太守. 薨, 贈侍中.

3.《詩經》魯頌

翩彼飛鴞, 集于泮林; 食我桑椹, 懷我好音.

4.《西河舊事》

河西牛羊肥, 酪過精好; 但寫酪置革上, 都不解散也.

143(2-95)

고장강(顧長江, 顧愷之)이 환선무(桓宣武, 桓溫)의 묘를 찾아가 이런 시를 지었다.

"산이 무너지고 바닷물이 다 마르니　　　　　山崩溟海竭,
　물고기와 새들은 무엇에 의지할꼬?"　　　　漁鳥將何依?

그러자 어떤 사람이 이렇게 물었다.
"그대는 환온을 애상함이 이렇게 깊은데 곡할 때의 모습을 표현해 줄 수 있겠소?"
고개지는 이렇게 읊었다.

"코는 마치 광막풍廣莫風이 끝없이 부는 것 같고　　鼻如廣莫長風,
　눈은 절벽 위의 물 떨어지듯 터져 흐르네."　　　眼如懸河決溜.

혹은 이렇게도 읊었다고도 한다.

"소리는 마치 천둥이 산을 깨뜨리는 것 같고　　　聲如震雷破山,
　눈물은 하수를 거꾸로 쏟아 바다에 붓듯 하네."　淚如傾河注海.

顧長康拜桓宣武墓, 作詩云:『山崩溟海竭, 魚鳥將何依?』
人問之曰:「卿憑重桓乃爾, 哭之狀其可見乎?」
顧曰:『鼻如廣莫長風, 眼如懸河決溜.』
或曰:『聲如震雷破山, 淚如傾河注海.』

【顧長康】顧愷之(대략 346~407). 진나라 최고의 화가. 그 외에 문장·해학에 뛰어났던 인물. 당시 사람들은 그를 才絶·畫絶·癡絶의 三絶로 불렀음. 《文集》과 《啓蒙記》가 있었다 하나 전하지 않음. 《晉書》(92)에 전이 있음.
【桓宣武】桓溫(312~373). 桓公. 자는 元子. 明帝의 사위. 荊州刺史를 지냈으며, 蜀을 정벌하고 前秦(苻堅)을 쳐부숨. 簡文帝를 세우고 자신이 다시 왕위를 빼앗고자 하였었음. 시호는 武侯. 그의 아들 桓玄이 드디어 제위를 찬탈하여 楚나라를 세운 다음 아버지 환온을 宣武皇帝로 추존함. 《晉書》(99)에 전이 있음.
【廣莫風】매서운 북풍. 《淮南子》 天文訓 참조. 여기서는 우는 소리에 코를 훌쩍거림을 비유한 것.

> 참고 및 관련 자료

1. 환온의 무덤에 대해서는 《太平御覽》(556)에 謝綽의 《宋拾遺記》를 인용하여 『桓溫葬姑孰之靑山, 平墳不爲封域, 墓傍開隧立碑. 故謬其處, 令後代不知所在』라 함.
2. 《文章志》宋 明帝
愷之爲桓溫參軍, 甚被親暱.

144(2-96)

모백성(毛伯成, 毛玄)이 스스로 자신의 재능을 믿고 항상 이렇게 칭하였다.

"차라리 난초나 옥처럼 부서지고 꺾일지언정   寧爲蘭摧玉折,
볼품없이 무성하기만 한 쑥이 되진 않으리."   不作蕭敷艾榮.

毛伯成旣負其才氣, 常稱:『寧爲蘭摧玉折, 不作蕭敷艾榮』

【毛伯成】毛玄. 자는 伯成. 東晉 때 인물로 征西行軍參軍을 지냄.

참고 및 관련 자료

1.《征西寮屬名》
毛玄字伯成, 潁川人. 仕至征西行軍參軍.

145(2-97)

범녕范甯이 예장태수豫章太守가 되어 사월 초파일 부처님께 소원을 청하는 청불請佛의 판板을 보냈다. 그러자 많은 스님들이 필히 답서를 보내야 할지 의아하게 여겼으며, 그 중 어떤 스님은 '그에 맞게 답서를 보내주자'라고도 하였다. 이때 어린 사미승沙彌僧이 끝자리에 앉아 있다가 이렇게 말하였다.
"세존世尊께서 묵묵히 계시오니 이를 그렇게 해도 된다고 허락하신 것입니다."
모두가 그것이 옳다고 따르기로 하였다.

范甯作豫章, 八日請佛有板, 衆僧疑, 或欲作答.
有小沙彌在坐末曰:「世尊默然, 則爲許可」
衆從其義.

【范甯】范寗으로도 표기하며 자는 武子(339~401). 王弼과 何晏을 비판하였던 인물로 鄕校를 부흥시키기에 노력함.《春秋穀梁傳集解》를 씀.《晉書》(75)에 전이 있음.
【板】版. 笏과 같으며 板本에 쓴 문서. 판은 晉나라 제도에 답서를 반드시 요구할 때 사용하는 것이라고 함. 여기서는 불법을 밝혀 달라는 요청의 뜻으로 봄. 程箋에 "本書文學篇桓玄答五版. 蓋版心須答, 晉制然耳"라 함.
【沙彌】범어 sramaneraka이며, 龜玆語로는 samir. 처음 出家하여 戒를 받은 젊은 승려를 뜻함.
【世尊】범어 Bhagavan의 의역. 불교도들이 석가모니를 존경하여 부르는 칭호.

> 참고 및 관련 자료

1.《中興書》
甯字武子, 愼陽縣人. 博學通覽. 累遷中書郞, 豫章太守.
2. 이와 비슷한 이야기가 慧皎《高僧傳》(11) 杯度傳에 있음.
時湖溝有朱文殊者, 少奉法, 度多來其家. 文殊謂度云: 弟子脫捨身沒苦, 願見救度; 脫在好處, 願爲法侶. 度不答. 文殊喜曰: 佛法黙然, 已爲許矣」

146(2-98)

사마태부(司馬太傅, 司馬道子)가 밤에 재실(齋室)에 앉아 있었다. 하늘의 달이 너무 밝아 털끝만큼의 가림도 없었다. 대부는 너무 아름다워 감탄을 금치 못하였다. 사경중(謝景重, 謝重)이 곁에 앉아 있다가 이렇게 말하였다.
"매우 아름답기는 하나 제 생각으로는 약간의 구름이 점점이 끼어 있는 것만은 못합니다."

그러자 태부는 경중을 놀려 이렇게 말하였다.
"그대의 마음이 깨끗지 못한 것으로 끝내시오. 어찌 저 태청太淸에까지 억지로 찌꺼기를 덮으려 하오?"

司馬太傅齋中夜坐, 于時天月明淨, 都無纖翳; 太傅歎以爲佳.
謝景重在坐, 答曰:「意謂乃不如微雲點綴.」
太傅因戲謝曰:「卿居心不淨, 乃復强欲滓穢太淸邪?」

【司馬太傅】司馬道子. 자는 道子(364~402). 흔히 司馬孝文王으로 불림. 簡文帝의 다섯째아들. 文孝王으로도 불림. 10살에 琅琊王에 봉해졌다가 다시 會稽王에 봉해졌음. 孝武帝 때 司徒·揚州刺史·太子太傅를 역임하였으며, 安帝 때 侍中, 太傅, 丞相을 역임함. 그러나 그 아들과 정권을 농단하며 소인을 믿다가 王恭과 孫恩, 桓玄의 공격을 받아 주살당함.《晉書》(64)에 전이 있음.
【謝景重】謝重. 자는 景重. 謝朗의 아들. 會稽王 司馬道子의 長史를 지냄. 《晉書》(79)에 전이 있음.
【太淸】하늘을 뜻함.

참고 및 관련 자료

1.《司馬文孝王傳》
王諱道子, 簡文皇帝第五子也. 封會稽王, 領司徒, 揚州刺史, 進太傅. 爲桓玄所害, 贈丞相.

2.《續晉陽秋》
謝重字景重, 陳郡人. 父朗, 東陽太守. 重明秀有才名. 終驃騎長史.

147(2-99)

왕중랑(王中郞, 王坦之)은 장천석張天錫을 아주 사랑하여 이렇게 물었다.
"그대가 보기에 강을 건너 남천한 여러 사람들의 강좌(江左, 東晉)에서의 업적을 보시기에 어떤 점이 뛰어나다고 여기십니까? 또 뒤에 태어난 언사彦士들을 옛날 이래로 중원(中原, 西晉)에 있는 사람들과 비교하면 어떻습니까?"
그러자 장천석은 이렇게 대답하였다.
"유현幽玄한 학문을 연구하는 것은 이미 중원시대에 왕필王弼과 하안何晏이 있었고 때에 맞게 제도를 정비하는 면에서도 순씨荀氏와 악씨樂氏가 있었지요."
왕중랑이 다시 물었다.
"그러면 그대의 식견이 그렇게 높은데 어찌하여 부견苻堅에게 제압을 당하였소?"
이에 장천석은 이렇게 설명하였다.
"음양陰陽이 소식消息하니 그 때문에 하늘의 이치는 둔屯괘와 건蹇괘가 있는 것이요, 비否·박剝 두 괘가 상象을 이루는 것입니다. 어찌 그것을 기롱할 일이겠습니까?"

王中郞甚愛張天錫, 問之曰:「卿觀過江諸人經緯, 江左軌轍, 有何偉異? 後來之彦, 復何如中原?」
張曰:「硏求幽邃, 自王何以還; 因時脩制, 荀樂之風」
王曰:「卿知見有餘, 何故爲苻堅所制?」
答曰:「陽消陰息, 故天步屯蹇; 否剝成象, 豈足多譏?」

【王中郎】王坦之(330~375). 자는 文度. 태원 왕씨 王述의 아들이며, 王忱·王愷·王愉의 아버지. '江東獨步'라 하였으며 中書令, 北中郎將을 지냄. 〈廢莊論〉을 써서 당시의 방탕을 비난함. 《晉書》(75)에 전이 있음.

【張天錫】자는 純嘏. 어릴 때 이름은 獨活. 安定人. 조부 張軌(前涼의 西平公)가 永嘉 중에 양주자사를 지냈으며 京師大亂을 만나 드디어 양주(涼州)를 거점으로 張玄靚을 죽이고 자립하여 前涼을 이었음. 재위 14년(363~376). 淝水之戰에 苻堅이 진나라에 패하자 그는 다시 항복하였다가 晉나라에 복종하여 護羌校尉, 涼州刺史 등을 지냈으며 조부의 봉호(西平公)를 이어 받음. 《晉書》(86)에 전이 있음.

【江左】東晉. 建業 근처. 東晉시대를 말함.

【王弼】자는 輔嗣(226~249). 어려서부터 학문에 밝았으며 특히 道家의 이론으로 儒學을 引證하려 한 학문방법을 창안하였음. 그리하여 玄學에 뛰어났을 뿐 아니라 漢代 유학의 質朴瑣屑한 면을 타파하였음. 尚書郎을 지냈으며 《老子注》와 《周易注》가 유명하며 〈道略論〉이 있음. 《三國志》 魏書 鍾會傳 注에 관련 기록이 있음.

【何晏】자는 平叔(190~249). 한나라 때 何進의 손자이며 삼국시대 魏나라 인물. 평소 분을 발라 용모가 아름다웠으며 魏나라 金鄕公主에게 장가들었음. 尚書 벼슬로 관리를 선발하면서 자신의 친구를 등용시켜 曹爽에게 빌붙었다가 司馬懿에게 죽임을 당함. 老莊에 밝았고 청담에 뛰어났으며 夏侯玄, 王弼 등과 玄學을 창도함. 〈道德論〉, 〈無爲論〉 등을 지었으며 특히 그의 《論語集解》는 지금도 전함. 《晉書》(9)에 전이 있음.

【荀氏·樂氏】순씨는 荀顗와 荀勖이 法制를 修正한 것을 말하나 악씨에 대해서는 알 수 없음. 劉氏 주에 "荀顗, 荀勖修正法制, 樂則未聞"이라 함.

【苻堅】자는 永固(338~385). 혹은 文玉. 晉나라 때 五胡 중에 제일 강하였던 前秦의 군주. 苻健이 秦을 세우고 아들 苻生에게 물려주자 부견이 부생을 죽이고 자립함. 이어 차례로 前燕과 前涼, 代 등을 취하여 강해지자 晉나라를 공략하여 淝水에서 謝玄 등과 결전을 벌여 대패함. 이에 鮮卑, 羌 등이 이반하여 국세가 약해졌으며 결국 姚萇(羌族)이 그와 태자 苻宏을 살해하고 後秦을 세움. 재위 27년. 《晉書》(113)에 전이 있음.

【屯蹇否剝】모두 《周易》의 卦 이름. 屯은 제3괘 「水雷屯」, 蹇은 제39괘 「水山蹇」, 否는 제12괘 「天地否」, 剝은 제23괘 「山地剝」임. 모두가 형통하지 못함을 상징하는 괘들임.

> 참고 및 관련 자료

1. 《涼州記》張資
天錫明鑒穎發, 英聲少著.

2. 楊勇〈校箋〉
『坦之卒於寧康三年, 天錫肥水敗降, 不及見矣. 比中郎蓋別是一人.』勇按:『王中郎者, 疑是王北中郎舒. 晉書王舒傳: 褚裒薨, 遂代裒鎮, 除北中郎將.』

148(2-100)

사경중(謝景重, 謝中)의 딸은 왕효백(王孝伯, 王恭)의 아들에게 시집을 갔다. 이리하여 두 가문의 아버지들은 서로 심히 아껴 주게 되었다. 사중이 태부장사太傅長史의 직위에 있다가 면직되자 왕공은 그를 불러 자신의 장사長史로 삼고 아울러 진릉군晉陵郡을 다스리도록 해주었다. 그런데 태부(太傅, 司馬道子)는 이미 왕효백을 싫어하고 있던 터라 사중이 왕효백이 장사가 되지 못하게 하면서 도리어 자신의 자의참군諮議參軍으로 삼아 버렸다.

이렇게 태부는 밖으로 인재를 놓치지 않고 붙들어 보호한다는 것을 과시하였으나 사실은 사중과 왕효백을 이간시키기 위한 것이었다. 드디어 왕효백이 패배하였을 때 사마도자는 오석산五石散을 먹고 동부성東府城을 행산行散하고 있었다. 그때 그의 막료들은 모두 남문南門에 모여 사마도자에게 사실을 알려 축하의 배례를 하고자 기다리고 있었다. 이에 사마도자는 사중에게 의견을 떠보려고 짐짓 이렇게 물었다.

"아령(阿寧, 王恭)이 지금 꾸민 역모는 내 듣기로 그대가 이를 위해 계책을 일러주었다면서?"

이에 사중은 얼굴색 하나 변하지 않은 채 홀笏을 거두어 들고 이렇게 말하였다.
"악언보(樂彥輔, 樂廣)가 일찍이 이런 말을 하였다 하더이다. '내 어찌 다섯 아들을 하나의 딸과 바꾸겠는가?'라구요."
태부 사마도자는 그 대답이 훌륭하다고 여기고 술잔을 들어 이렇게 권하였다.
"그래서 훌륭하다는 거지요. 그래서 훌륭하다는 거지요!"

謝景重女適王孝伯兒, 二門公甚相愛美. 謝爲太傅長史, 被彈, 王卽取作長史, 帶晉陵郡. 太傅已構嫌孝伯, 不欲使其得謝, 還取作諮議; 外示縶維, 而實以乖間之.

及孝伯敗後, 太傅繞東府城行散, 僚屬悉在南門要望候拜, 時謂謝曰:「阿寧異謀, 云是卿爲其計?」

謝曾無懼色; 斂笏對曰:「樂彥輔有言, 『豈以五男易一女?』」

太傅善其對, 因擧酒勸之曰:「故自佳! 故自佳!」

【謝景重】謝重. 자는 景重. 謝朗의 아들. 會稽王 司馬道子의 長史를 지냄. 《晉書》(79)에 전이 있음.

【王孝伯】王恭(?~398). 太原 王蘊의 아들. 秘書丞·吏部郞을 지냄. 安帝의 舅父. 司馬道子의 사건으로 피살됨. 《晉書》(84)에 전이 있음. 謝重과는 인척관계였음.

【太傅】司馬太傅. 즉 司馬道子, 司馬文孝王(364~402). 진나라 簡文帝의 아우. 10세 때 琅邪王에 봉해졌으며, 뒤에 會稽王에 다시 봉해짐. 가혹하게 굴어 안제 때 王恭·桓玄·孫恩의 起兵을 유발함. 뒤에 桓玄에게 죽음. 《晉書》(64)에 전이 있음.

【東府城】원래 揚州刺史의 治所. 지금의 南京市에 있었음.
【五石散】당시 복용이 유행되던 일종의 향정신성 약품. 다섯 가지 돌을 빻아 만든 가루약으로 丹藥·仙藥이라 믿었음. 약을 복용한 후 약 기운의 발산을 위해 산보하는 것이 유행이었으며 이를 '行散'이라 함. 본 〈言語〉편 14참조.
【阿寧】王恭의 어릴 때 이름.
【樂彦輔】樂廣(?~304). 河南尹·尙書令 등을 지냄. 두 딸 중에 하나는 衛玠에게 하나는 成都王 司馬穎에게 시집보냄. '아들 다섯을 딸 하나와 바꾸겠는가'의 사건은 〈言語〉편(2-25) 참조.
【孝伯敗】王恭이 安帝 2년(398)에 殷仲堪. 桓玄 등과 모반을 꾀하였다가 실패한 사건.

> 참고 및 관련 자료

1. 《謝氏譜》
重女月鏡, 適王恭子憎之.
2. 《丹陽記》
東府城西, 有簡文爲會稽王時第, 東則文孝王道子府. 道子領揚州, 仍佳先舍, 故俗稱東府.

149(2-101)

환현桓玄이 의흥義興으로부터 서울로 돌아온 후 사마태부(司馬太傅, 司馬道子)를 방문하였더니 태부는 술에 취해 있었고, 자리엔 아직 많은 손님들이 있었는데 태부가 그들에게 이렇게 묻는 것이었다.
"환현이 나타나 모반을 하면 어떻게 한담?"

이렇게 자신의 부친을 들먹거리자 환현은 땅에 엎드려 고개를 들 수 없었다. 그러자 사경중謝景重이 마침 태부의 장사長史벼슬에 있었는데 판(板, 笏)을 들고 이렇게 나섰다.

"지난번 선무공(宣武公, 桓溫)께서는 어리석은 임금을 축출하고 어진 임금을 세우셨으니 그 공은 이윤伊尹이나 곽광霍光보다 크옵니다. 지금의 분분한 논의에 대하여는 임금孝武帝께 판결을 내려달라고 하시지요."

그러자 태부는 깨어나서 이렇게 말하였다.

"알았다! 알았어."

그리고는 술잔을 들어 이렇게 권하였다.

"환의흥(桓義興, 桓玄) 한 잔 드시오."

환현이 그 집에서 나올 때 태부는 그에게 사과하였다.

桓玄義興還後, 見司馬太傅; 太傅已醉, 坐上多客, 問人云:「桓溫來欲作賊, 如何?」

桓玄伏不得起.

謝景重時爲長史, 擧板答曰:「故宣武公黜昏暗, 登聖明, 功超伊霍, 紛紜之議, 裁之聖鑒.」

太傅曰:「我知! 我知!」

卽擧酒云:「桓義興, 勸卿酒.」

桓出謝過.

【桓玄】자는 敬道(369~404). 大司馬 桓溫의 막내아들. 南郡公에 봉해졌었음. 劉裕의 기병에 맞섰다가 建康에서 참수당함.《晉書》(99)에 전이 있음. 譙國 龍亢人. 대사마 桓溫의 少子이며 아버지를 이어 남군공이 됨. 桓靈寶, 桓南郡으로 부르며 義興太守를 지냈으므로 桓義興이라고도 부름.

2. 언어言語 277

【義興】 지금의 江蘇 宜興縣.

【司馬太傅】 司馬道子. 자는 道子(364~402). 흔히 司馬孝文王으로 불림. 簡文帝의 다섯째아들. 文孝王으로도 불림. 10살에 琅琊王에 봉해졌다가 다시 會稽王에 봉해졌음. 孝武帝 때 司徒·揚州刺史·太子太傅를 역임하였으며, 安帝 때 侍中, 太傅, 丞相을 역임함. 그러나 그 아들과 정권을 농단하며 소인을 믿다가 王恭과 孫恩, 桓玄의 공격을 받아 주살당함. 《晉書》(64)에 전이 있음.

【桓溫】 字는 元子(312~373). 桓征西, 宣武公으로 불림. 桓玄의 아버지이며 桓彝의 아들. 明帝의 사위. 그는 故孰에 있을 때 조종에다가 九錫(천자가 제후 중에 유공자에게 주는 9등급의 상급)을 달라고 할 정도로 권세가 컸으며 점점 마음이 모반 쪽으로 기울어 '사나이가 세상에 꽃다운 이름을 남기지 못할 바에야 악명이라도 만세에 남겨야지'(男子不能流芳百世, 亦當遺臭萬載年)라 하면서 燕을 패퇴시키고 돌아와 임금 奕을 폐위하고 簡文帝를 세우고 다시 그마저 찬탈을 음모하였으나 뜻을 이루지 못하고 죽음. 결국 그의 아들 현환이 찬탈하여 宣武皇帝로 추존하였음. 《晉書》(99)에 전이 있음.

【黜昏暗】 桓溫이 司馬奕을 폐하고 간문제를 세운 일. 그 아들이 바로 이 사건 당시의 황제인 孝武帝임.

【伊尹】 이름은 摯, 湯의 賢相, 탕의 손자 太甲이 무도하자 桐宮에 추방하였다 3년 만에 태갑이 뉘우치자 서울 亳로 불러 다시 앉힘.

【霍光】 한나라 宣帝 때의 인물. 字는 子孟. 平陽人. 大司馬, 大將軍이 되어 정치를 보필하다가 昌邑王을 폐하고 宣帝를 세움. 뒤에 博陵侯에 봉해짐. 《漢書》에 전이 있음.

【桓溫來欲作賊】 환온이 간문제를 옹립하고 다시 스스로 반란을 꾀한 사건을 그 아들 환현에게 빗대어 한 말.

〈霍光〉《三才圖會》

【擧板】 태부의 장사였던 謝景重이 분위기를 바꾸기 위해 정식 공무 석상인 것처럼 笏을 들고나선 것임.

참고 및 관련 자료

1. 《晉書》安帝紀
溫在姑孰, 諷朝廷求九錫, 謝安使吏部郞袁宏具其草, 以示僕射王彪之; 彪之作色曰:「丈夫豈可以比事語人邪?」安徐問其計. 彪之曰:「聞其疾已篤, 且可緩其事.」安從之, 故不行?

2. 劉孝標 注
『檀道鸞論之曰:「道子可謂無易由言, 謝重能解紛紜矣.」』

150(2-102)

선무(宣武, 宣溫)가 남주南州를 다스리도록 자리가 바뀌자 그는 우선 자기가 맡은 그 남주의 거리를 똑바르고 평평하게 정비하였다. 어떤 사람이 왕동정(王東亭, 王珣)에게 이렇게 말하였다.

"승상(丞相, 王導)께서 처음 건강建康을 수도로 세울 때 옛 관습을 따르지 않고 구불구불하게 길을 만들었습니다. 이 남주의 길에 비하면 많이 뒤지는 것 같습니다."

그러자 왕동정은 이렇게 설명하였다.

"그것이 바로 승상 왕도의 교묘하고 깊은 생각이라오. 이곳 강좌江左는 땅이 좁고 고을의 꾸밈이 중국(中國, 中原)만 못하지요. 그런 도시를 만약 가로 세로 반듯하게 터서 곧고 넓게 하였다면 한눈에 끝이 다 보여 큰 도읍지의 맛이 나지 않습니다. 그 때문에 좁고 구불구불하게 하여 마치 헤아릴 수 없이 큰 도시처럼 느끼게 한 것입니다."

宣武移鎭南州, 制街衢平直.

人謂王東亭曰:「丞相初營建康, 無所因承, 而制置紆曲, 方此爲劣」

東亭曰:「此丞相乃所以爲巧. 江左地促, 不如中國, 若使阡陌條暢, 則一覽而盡; 故紆餘委曲, 若不可測」

【宣武】桓溫(312~373). 桓公. 자는 元子. 明帝의 사위. 荊州刺史를 지냈으며, 蜀을 정벌하고 前秦(苻堅)을 쳐부숨. 簡文帝를 세우고 자신이 다시 왕위를 빼앗고자 하였음. 시호는 武侯. 그의 아들 桓玄이 드디어 제위를 찬탈하여 楚나라를 세운 다음 아버지 환온을 宣武皇帝로 추존함. 《晉書》(99)에 전이 있음.
【王東亭】王珣(349~400). 자는 元琳. 어릴 때의 자는 法護, 혹은 阿瓜. 王洽(敬和)의 아들이며 安帝 때 尙書令, 散騎常侍 등을 역임함. 東亭侯에 봉해짐. 《晉書》(65)에 전이 있음.
【丞相】王導(276~339). 中原의 亂으로 西晉이 망하자 司馬睿를 세워 建康에 東晉을 건설(晉 元帝. 317~322 재위)하고 승상이 됨.
【建康】지금의 南京. 東晉의 수도.
【中國】中原을 가리킴.

참고 및 관련 자료

1. 《王司徒傳》
王珣字元琳, 丞相導之孫, 領軍洽之子也. 少以淸秀稱. 大司馬桓溫辟爲主簿, 從討袁眞, 封交趾望海縣東亭侯. 累遷尙書左僕射, 領選, 進尙書令.

2. 《晉陽秋》
蘇峻旣誅, 大事克平之後, 都邑殘荒. 溫嶠議徙都豫章, 以卽豊全. 朝士及三吳豪傑, 謂可遷都會稽, 王導獨謂不宜遷都. 建業, 往之秣陵, 古者卽有帝王所治之表, 又孫仲謀, 劉玄德俱謂是王者之宅. 今雖凋殘, 宜脩勞·來·旋·定之道, 鎭靜羣情. 且百堵皆作, 何患不克復乎? 終至康寧, 導之策也.

151(2-103)

환현桓玄이 은형주(殷荊州, 殷仲堪)를 예방하였을 때 마침 은형주는 첩의 방에서 낮잠을 자고 있었다. 그 때문에 그의 신하들이 들어가지 못하게 하여 결국 만날 수가 없었다. 환현이 나중에 그 사건을 언급하자 은형주는 이렇게 설명하였다.

"애당초 잠을 자고 있지 않았소. 설령 그곳에서 잠을 자고 있었다 해도 내 어찌 '현현역색賢賢易色'할 사람이 아니겠소?"

桓玄詣殷荊州, 殷在妾房晝眠, 左右辭不之通.
桓後言及此事, 殷云:「初不眠, 縱有此, 豈不以『賢賢易色』也?」

【桓玄】(369~404). 자는 敬道. 桓溫의 아들로 403년에 建康을 함락한 후 安帝를 협박하여 제위를 탈취, 楚라 하고 시호는 永始로 함. 그러나 劉裕 (宋)에게 패하여 건강에서 참수됨.《晉書》(99)에 전이 있음.
【殷荊州】殷仲堪(?~399). 殷融(洪遠)의 손자이며 殷仲文의 종형. 문장과 현언에 뛰어나 韓康伯과 이름을 나란히 하였음. 振威將軍, 荊州刺史 등을 역임함. 뒤에 桓玄에게 죽임을 당함.《晉書》(84)에 전이 있음.
【賢賢易色】어진 이를 어질게 여기는 것을 색을 좋아하는 것과 바꿈.《論語》述而篇의 구절.

참고 및 관련 자료

1.《論語》述而篇
子夏曰:「賢賢, 易色; 事父母, 能竭其力; 事君, 能致其身; 與朋友交, 言而有信, 雖曰未學, 吾必謂之學矣.」(孔安國 注:「言以好色之心好賢人, 則善.」

152(2-104)

환현桓玄이 양부羊孚에게 물었다.
"어찌하여 누구나 모두 오吳 지방 노래를 좋아하지요?"
양부는 이렇게 대답하였다.
"오나라 민요는 요염하고 부미浮靡하기 때문이지요."

桓玄問羊孚:「何以共重吳聲?」
羊曰:「當以其妖而浮」

【桓玄】자는 敬道(369~404). 大司馬 桓溫의 막내아들. 南郡公에 봉해졌었음. 劉裕의 기병에 맞섰다가 建康에서 참수당함.《晉書》(99)에 전이 있음. 譙國 龍亢人. 대사마 桓溫의 少子이며 아버지를 이어 남군공이 됨.
【羊孚】자는 子道. 羊綏의 아들로 太學博士·太尉記室參軍 등을 역임함. 46세에 졸하였음. (단〈傷逝〉편에는 '年三十一卒'이라 함).
【浮靡】경쾌하고 아름다움. 남방 특유의 화려하고 섬세하며 애절한 노래를 뜻함.

> 참고 및 관련 자료

1.《羊氏譜》
孚字子道, 泰山人. 祖楷, 尙書郞. 父綏. 中書郞. 孚歷太學博士, 州別駕, 太尉參軍. 年四十六卒.

153(2-105)

사혼謝混이 양부羊孚에게 물었다.
"어찌하여 그릇을 거론하였다 하면 호련瑚璉을 들먹이지요?"
양부는 이렇게 설명하였다.
"그것은 접신接神하는 그릇으로서 신령한 곳에 사용되는 것이기 때문이지요."

謝混問羊孚:「何以器擧瑚璉?」
羊曰:「故當以爲接神之器.」

【謝混】자는 叔原(?~412). 어릴 때는 益壽라 부름. 中書令·尙書左僕射를 지냈으며 뒤에 劉裕에게 피살됨.《晉書》(79)에 전이 있음.
【羊孚】자는 子道. 羊綏의 아들로 太學博士, 兗州別駕, 太尉記室參軍 등을 지냄. 46(혹 31)세에 죽음.
【瑚璉】고대 제사를 지낼 때 쓰던 신성하고 값진 玉器.《論語》公冶長의 구절. 참고란을 볼 것.

참고 및 관련 자료

1.《晉安帝紀》
混字叔源, 陳郡人, 司空琰小子也. 文學砥礪立名. 累遷中書令, 尙書左僕射. 坐黨劉毅伏誅.
2.《論語》公冶長篇
子貢問曰:「賜也何如?」子曰:「女器也.」曰:「何器也?」曰:「瑚璉.」(鄭玄 注:「黍稷器. 夏曰瑚, 殷曰璉.」

154(2-106)

환현桓玄이 왕위를 찬탈한 후, 그의 의자가 조금씩 눌려 낮아지는 것이었다. 여러 신하들이 모두 놀라 어쩔 줄 몰라하였다. 그때 은중문殷仲文이 나서서 이렇게 말하였다.

"성덕聖德이 깊고 무거우셔서 두꺼운 땅조차도 견딜 수 없어 낮아지고 있는 것일 겁니다."

그러자 당시 사람들이 대단한 기지라고 입을 모았다.

桓玄旣簒位, 後御牀微陷, 羣臣失色.
侍中殷仲文進曰:「當由聖德淵重, 厚地所以不能載」
時人善之.

【桓玄】 자는 敬道(369~404). 大司馬 桓溫의 막내아들. 南郡公에 봉해졌음. 劉裕의 기병에 맞섰다가 建康에서 참수당함. 《晉書》(99)에 전이 있음. 譙國 龍亢人. 대사마 桓溫의 少子이며 아버지를 이어 남군공이 됨. 桓靈寶, 桓南郡으로 부르며 義興太守를 지냈으므로 桓義興이라고도 부름.
【御牀】 御座. 황제의 의자. 平床. 坐臥具를 뜻함.
【殷仲文】 자는 仲文(?~407). 殷顗의 아우이며 桓玄의 姊夫. 諮議參軍, 侍中, 尙書, 東陽太守 등의 벼슬을 역임함. 뒤에 모반으로 주살당함.《晉書》(99)에 전이 있음.

┌─ 참고 및 관련 자료 ─┐

1. 《續晉陽秋》
仲文字仲文, 陳郡人. 祖融, 太常. 父康, 吳興太守. 仲文聞玄平京邑, 棄郡投焉.

玄甚悅之, 引爲諮議參軍. 時王謐見禮而不親, 卞範之被親而少禮; 其寵遇隆重, 兼於王, 卞矣. 及玄纂位, 以佐命親貴, 厚自封崇; 輿馬器服, 窮極綺麗, 後房妓妾數十, 絲竹不絶音. 性甚貪吝 多納賄賂, 家累千金, 常若不足, 玄旣敗, 先投義軍. 累遷侍中尙書, 以罪伏誅.

155(2-107)

환현桓玄이 이미 왕위를 찬탈하고 나서 숙직하는 관서를 두고자 하면서 좌우에게 물었다.
"호분중랑성虎賁中郞省은 어느 위치로 하였으면 좋겠소?"
그러자 어떤 신하가 대뜸 이렇게 말하였다.
"호분중랑은 성省이 아닙니다."
이 당돌한 대답은 윗사람의 권위를 거슬리기에 충분한 것이었다. 그러나 환온이 다시 이렇게 물었다.
"어떻게 아는가?"
그 자는 다시 이렇게 대답하였다.
"반악潘岳의 〈추흥부서秋興賦敍〉에 '나는 호분중랑장을 겸하고 있지만 산기성散騎省에 빌붙어 당직을 하고 있다'라 한 것으로 알 수 있습니다."
환현은 그 설명을 듣고 감탄하면서 칭찬하였다.

桓玄旣纂位, 將改置直館, 問左右:「虎賁中郞省, 應在何處?」
有人答曰:「無省」
當時絶逆旨.

問:「何以知無?」
答曰:「潘岳〈秋興賦敍〉曰『余兼虎賁中郎將, 寓直散騎之省』」
玄咨嗟稱善.

【桓玄】자는 敬道(369~404). 大司馬 桓溫의 막내아들. 南郡公에 봉해졌었음.
劉裕의 기병에 맞섰다가 建康에서 참수당함.《晉書》(99)에 전이 있음. 譙國
龍亢人. 대사마 桓溫의 少子이며 아버지를 이어 남군공이 됨. 403년에 安帝를
협박하여 선양받고 국호를 '楚'라 함.
【虎賁中郎】《周禮》夏官에 虎賁氏가 왕의 出入할 때 儀式과 護衛를 맡는다
하였음. 中郎將을 두어 宿衛케 함을 말함.
【潘岳】자는 安仁(247~300). 文學에 뛰어났던 인물.〈悼亡詩〉로 유명함.
《文選》(23·57) 참조.《晉書》(55)에 전이 있음.
【秋興賦敍】반악의 賦 작품.《文選》(13)에 실려 있음.

> 참고 및 관련 자료

1.〈秋興賦〉敍
晉十有四年, 余年三十二, 始見二毛, 以太尉掾兼虎賁中郎將, 寓直散騎之省.
高閣連雲, 陽景罕曜; 僕野人也, 狠廁朝列, 譬猶池魚籠鳥, 有江湖山藪之思.
於是染翰操紙, 慨然而賦. 于時秋至, 故以秋興命篇.
2. 劉孝標 注
『劉謙之晉紀曰:「玄欲復虎賁中郎將, 疑應直與不, 訪之僚佐, 咸莫能定. 參軍
劉簡之對曰: '昔潘岳秋興賦序云: 余兼虎賁中郎將, 寓直于散騎之省. 以此言之,
是應直也.'玄懽然從之」此語微異, 又答者未知姓名, 故詳載之.』

156(2-108)

　사령운謝靈運은 곡병립曲柄笠이라는 모자를 즐겨 쓰고 다녔다. 공은사(孔隱士, 孔淳之)가 이를 보고 물었다.

"그대는 고원한 마음을 갖기를 바라면서 어찌 그 구부정한 모자는 버리지 못합니까?"

　사령운은 이렇게 설명하였다.

"그림자를 두려워하는 자는 그 두려움을 마음 속에서 떨치지 못하는 것이 아니겠습니까?"

　謝靈運好戴曲柄笠, 孔隱士謂曰:「卿欲希心高遠, 何不能遺曲蓋之貌?」

　謝答曰:「將不畏影者未能忘懷?」

【謝靈運】(385~433). 劉宋 시대의 大文豪로 山水詩의 대가. 謝玄의 손자 康樂公을 습봉받아 謝康樂이리고도 칭함. 永嘉太守 등 여러 벼슬을 거쳐 물러난 뒤 王弘之 등과 山水를 찾아다니며 詩를 씀. 〈撰征賦〉, 〈山居賦〉《宋書》(67)와 《南史》(19)에 傳이 있음.

【曲柄笠】굽은 덮개가 있는 형상의 모자. 삿갓. 曲蓋笠이라고도 함. 사령운 자신은 그림자 같은 외형의 곡병립 때문에 남에게 어떻게 보이든 개의치 않는다는 의미.

【孔隱士】孔淳之. 자는 彦深. 孔愆의 손자이며 孔粲의 아들. 벼슬을 버리고 上虞縣으로 은거하여 가족도 찾을 수 없었다 함.《宋書》(93)에 전이 있음.

【畏影】《莊子》漁父篇의 고사를 들어 재치있게 대답한 것.

참고 및 관련 자료

1. 《新集錄》丘淵之

靈運, 陳郡陽夏人. 祖玄, 車騎將軍. 父瑍, 秘書郎. 靈運歷秘書監·侍中·臨川內史. 以罪伏誅.

2. 《古今注》崔豹

曲蓋, 蓋太公所作也. 武王伐紂, 大風折蓋, 太公因折蓋之形而制曲蓋焉.

3. 《宋書》

孔淳之字彥深, 魯國人. 少以辭榮就約, 徵聘無所就. 元嘉初, 散騎郎徵, 不到, 隱上虞山.

4. 《莊子》漁父篇

漁父謂孔子曰:「人有畏影惡跡而去之走者, 舉足逾數, 而跡逾多, 走逾疾, 而影不離; 自以尙遲, 疾走不休, 絕力而死. 不知處陰以休影, 處靜以息跡, 愚亦甚矣. 子脩心守眞, 還以物與人, 則無累矣. 不脩身而求之人, 不亦外事者乎?」

3. 정사政事
총 26장(157-182)

《논어論語》 선진편先進篇에 "政事: 冉有, 季路也"라 하였으며 《예기禮記》 중니연거仲尼燕居에는 "政事得其處"라 하였고 소疏에는 "言佈政治事, 各得其所施之處也"라 하였다. 본 편은 당시 행정가들의 뛰어난 업무 처리와 덕정, 그리고 그에 관계된 고사와 일화를 모아 기록한 것이다.

총 26장이다.

책 읽느라 야간 통금을 어긴 고사. 166 참조.

157(3-1)

진중궁(陳仲弓, 陳寔)이 태구太丘의 현령이 되었을 때 당시의 어떤 관리가 어머니의 병을 사칭하여 휴가를 청하였다.

중궁이 이 사실을 안 후 곧 그를 잡아서 처형 명령을 내렸다.

주부主簿는 명령대로 그를 옥관에게 맡겨 더 간악한 죄를 지은 것이 있는지를 조사하겠다고 하자 이렇게 호통을 쳤다.

"상관을 속였으니 불충한 것이요, 어머니를 거짓 병들었다 하였으니 불효한 것이다. 불충불효는 그 죄가 가장 큰 것이다. 그런 자에게 또 다른 간악한 죄를 조사한다니 이보다 더한 것이 어디 있기에 그러느냐?"

陳仲弓爲太丘長, 時吏有詐稱母病求假, 事覺收之, 令吏殺焉. 主簿請付獄, 考衆姦.

仲弓曰:「欺君不忠, 病母不孝; 不忠不孝, 其罪莫大. 考求衆姦, 豈復過此?」

【陳仲弓】陳太丘. 陳寔(104~187). 자는 仲弓. 후한 때 인물로 태구현의 현장을 지냈으며 향리에 덕행으로 소문이 나서 "寧爲刑罰所加, 不爲陳君所短"이라 하였음. 그가 죽었을 때 3만 명의 조문객이 왔었다 함. 아들 여섯 중에 陳紀와 陳諶이 가장 어질고 똑똑하였다 함. 《後漢書》(62)에 傳이 있음.

【衆姦】사형에 처할 만큼의 큰 여러 가지 죄목.

【太丘】지명. 동한 때의 縣. 沛國에 속하였으며 지금의 河南省 永城縣 서북.

158(3-2)

진중궁(陳仲弓, 陳寔)이 태구太丘의 장長으로 있을 때 어떤 강도가 재물을 가진 자를 죽인 일이 벌어졌다. 관원이 그를 현장에서 잡았다.

진식이 그 일을 처리하러 가면서 아직 현장에 이르지 않았는데, 마침 도중에 또 어떤 집에서 아이를 낳은 후 그 어린애를 죽였다는 보고가 들어왔다.

진식은 곧 수레를 돌려 그곳부터 가서 일을 처리하였다. 그러자 주부主簿가 물었다.

"살인강도가 더 큰일이니 마땅히 그 일부터 처리해야 하지 않습니까?"

진식은 이렇게 대답하였다.

"강도가 주인을 죽이고 재물을 빼앗는 것이 어찌 골육상잔骨肉相殘보다 급한 일이냐?"

陳仲弓爲太丘長, 有劫賊殺財主, 主者捕之; 未至發所, 道聞民有在草不起子者, 回車往治之.

主簿曰:「賊大, 宜先案討.」

仲弓曰:「盜殺財主, 何如骨肉相殘?」

【陳太丘】陳寔(104~187). 자는 仲弓. 후한 때 인물로 태구현의 현장을 지냈으며 향리에 덕행으로 소문이 나서 "寧爲刑罰所加, 不爲陳君所短"이라 하였음. 그가 죽었을 때 3만 명의 조문객이 왔었다 함. 아들 여섯 중에 陳紀와 陳諶이 가장 어질고 똑똑하였다 함. 《後漢書》(62)에 傳이 있음.

【在草不起子】'在草'는 産蓐, 곧 풀 자리를 펴놓고 아이를 낳는 것. '不起子'는 아이를 거두어 키우지 않고 죽임을 이름.

참고 및 관련 자료

1. 劉孝標 注에 "이는 후한의 가표(賈彪)의 일로 진식의 일로 알려져 있지 않다"(案: 後漢時賈彪有此事, 不聞寔也)라 하였다.
2. 《後漢書》賈彪傳
初仕州郡, 擧孝廉, 補新息長. 小民困貧. 多不養子. 彪嚴爲其制, 與殺人同罪. 城南有盜劫害人者, 北有婦人殺子者. 彪出案發, 而掾吏欲行南. 彪怒曰:「賊寇害人, 此則常理; 母子相殘, 逆天違道.」遂驅車北行, 案驗其罪. 城南賊聞之, 亦面縛自首.

159(3-3)

진원방(陳元方, 陳紀)이 열한 살 때 원공袁公에게 문안드리러 갔더니 원공이 물었다.

"너의 부친은 태구太丘의 장을 지내면서 명성이 원근에 자자한데 그는 도대체 어떤 빛나는 업적을 이루었느냐?"

이에 원방은 이렇게 대답하였다.

"저의 부친께서는 태구의 현령으로 계실 때 강포彊暴한 사람에게는 덕으로써 감화시켰고 약한 사람에 대해서는 인仁으로써 무위撫慰하였으며, 그 편안히 여기는 바를 따라 해주셨습니다. 그렇게 하여 시간이 오래 되니 자꾸만 존경심이 우러나온 것입니다."

그러자 원공은 이렇게 말하였다.

"나도 옛날 업현鄴縣의 영을 지낼 때 그와 같이 하였었는데, 너의 부친이 나를 배웠는지 내가 너의 부친의 방법을 배웠는지 모르겠다."

이에 원방은 이렇게 말하였다.

"주공周公과 공자孔子는 같은 시대에 태어나지 않았지만 그들의 주선周旋과 동정動靜은 만리萬里 나라 안에서 완전히 같았습니다. 주공이 공자를 스승으로 모신 일도 또한 공자가 주공을 스승으로 모신 일도 없습니다."

陳元方年十一時, 候袁公; 袁公問曰:「賢家君在太丘, 遠近稱之, 何所履行?」

元方曰:「老父在太丘, 彊者綏之以德, 弱者撫之以仁, 恣其所安, 久而益敬」

袁公曰:「孤往者嘗爲鄴令, 正行此事; 不知卿家君法孤? 孤法卿父?」

元方曰:「周公·孔子, 異世而出, 周旋動靜, 萬里如一; 周公不師孔子, 孔子亦不師周公」

【陳元方】陳寔의 맏이 陳紀. 자는 元方. 여러 차례 부름을 받았으나 나가지 않음. 董卓이 洛陽을 점령하여 억지로 五官中郎將을 시켰다가 侍中으로 발탁, 平原相에 이름. 뒤에 尙書令이 되었다가 獻帝 建安 초에 大鴻臚가 됨. 《後漢書》(62)에 전이 있음.
【袁公】어느 袁公이 鄴令을 지냈는지는 구체적으로 알 수 없음.
【太丘】지금의 河南省 臨漳縣.
【鄴】동한 때 魏郡에 속하였으며 지금의 河北省 臨漳縣 서남의 鄴鎭.
【周旋】계획을 세워 일을 잘 실행함.
【動靜】행동. 살아가는 일.

참고 및 관련 자료

1. 劉孝標 注
『檢衆漢書, 袁氏諸公, 未知誰爲鄴令? 故闕其文, 以待通識者.』
2. 《漢紀》袁宏
寔爲太丘, 其政不嚴而治, 百姓敬之.

160(3-4)

하태부(賀太傅, 賀邵)가 오군吳郡 태수로 있으면서 문밖을 나서지 않자 오중吳中의 호족들이 그를 경시하여 부문府門에다가 다음과 같이 제자題字를 써 붙였다.

"회계會稽의 닭은 울지 못한다."

태부가 이 소식을 듣고 출행하여 부문에 이르러 그 글씨를 보고 부하를 시켜 붓을 가져오게 하여 이렇게 덧붙여 썼다.

"울지 않지만 오중의 아이를 다 죽일 수 있다."

그리고 나서는 곧 여러 호족의 저택에 가서 고씨顧氏·육씨陸氏 등이 사사로이 부리는 관병官丘과 법망을 피해 감추고 숨긴 것들을 검색하여 조정에다가 보고해 버렸다. 이렇게 걸려든 자가 매우 많았다.

그 뒤 당시 육항陸抗이란 자가 마침 강릉도독江陵都督으로 있어 오주吳主 손호孫晧에게 찾아가서 겨우 석방될 수 있었다.

賀太傅作吳郡, 初不出門, 吳中諸强族輕之, 乃題府門云: 『會稽雞, 不能啼.』

賀聞, 故出行, 至門反顧, 索筆足之曰:『不可啼, 殺吳兒.』
於是至諸屯邸, 檢校諸顧·陸役使官兵, 及藏逋亡, 悉以事言上, 罪者甚眾. 陸抗時爲江陵都督, 故下請孫晧, 然後得釋.

【賀太傅】賀邵(227~263). 자는 興伯. 會稽 山陰人. 祖父 賀齊와 父親 賀景이 吳나라에서 관리를 지냈으며 하소는 散騎常侍와 吳郡太守, 太子太傅 등을 역임함. 뒤에 孫晧에게 미움을 받아 살해됨. 《三國志》(65)에 전이 있음.
【會稽雞不能啼】賀邵가 會稽出身임을 빗대어 조롱한 것.
【陸抗】자는 幼節(226~274). 吳郡人. 승상 陸遜의 아들이며 陸機의 아버지. 孫策의 외손. 江陵都督과 大司馬, 荊州牧 등을 지냄. 《三國志》(13) 吳書에 전이 있음.
【孫晧】孫皓로도 표기함. 자는 元宗(243~284). 혹은 이름은 彭祖, 자는 皓宗이라고도 함. 吳의 마지막 임금. 孫權의 孫子이며 孫和의 아들. 처음 烏程侯에 봉해졌다가 孫休(景帝)가 죽자 제위에 오름. 황음무도하여 민심을 잃고 晉 武帝 咸寧 6년(280)에 나라가 망하여 歸命侯에 봉해짐. 《三國志》(48)에 전이 있음. 한편 宋本에는 孫晧의 '晧'가 '皓'로 되어 있으나 《吳志》에 따라 '晧'가 맞는 것으로 보고 있음.

참고 및 관련 자료

1. 《吳紀》環濟
賀邵字興伯, 會稽山陰人. 祖齊, 父景, 並歷吳官. 邵歷散騎常侍, 出爲吳郡太守, 後遷太子太傅.

2. 《吳錄》
抗字幼節, 吳郡人, 丞相遜子, 孫策外孫也. 爲江陵都督, 累遷大司馬·荊州牧.

3. 楊勇〈校箋〉
『孫晧, 宋本作'孫皓', 非. 今依吳志.』

161(3-5)

산공(山公, 山濤)은 기량器量이 뛰어나 조정에서 성망이 있었다. 그는 이미 일흔이 넘었지만 그래도 당시의 정무政務를 맡고 있었다. 게다가 귀하고 뛰어나며 젊은 인물들로서 산도를 돕고 있는 자들이 있었으니 바로 화교和嶠·배해裴楷·왕제王濟 같은 이들로, 이들은 모두가 산도를 추종하고 칭송하였다.
그러자 어떤 이가 그 관청 건물 기둥에 이렇게 써 붙였다.
"이 관청의 동쪽에 큰 소 한 마리가 있다. 화교는 앞에서 목을 잡아 끌고 배해는 뒤에서 다리를 잡고 있으며, 왕제는 이를 집적거리고 못살게 굴어 쉴 틈조차 주지 않는다!"
어떤 이는 반니潘尼가 쓴 글이라 하였다.

山公以器重朝望, 年踰七十, 猶知管時任. 貴勝年少, 若和·裴·王之徒, 並共宗詠.
有署閣柱曰:「閣道東, 有大牛, 和嶠鞅, 裴楷鞦, 王濟剔嬲不得休」
或云潘尼作之.

【山濤】자는 巨源(205~283). 老莊에 심취하였으며 술을 좋아하였음. 嵇康, 阮籍, 呂安 등과 친하였으며 죽림칠현의 하나. 〈任誕〉편 참조.《晉書》(43)에 전이 있음.
【和嶠】자는 長輿. 太子少傅, 中書令, 散騎常侍, 光祿大夫 등을 역임함. 성품이 인색하고 돈에 대하여 집착을 가졌다 함.《晉書》(45)에 전이 있음.
【裴楷】裴令公(237~291). 자는 叔則. 河東 聞喜人. 裴徽의 셋째아들이며 司空 裴秀의 從弟. 용모가 준수하고 깨끗하여 '玉人'이라 불렸음. 河南尹과 中書令을 지냄. 시호는 元.《晉書》(35)에 전이 있음.

【王濟】 자는 武子(240?~285?). 王渾의 아들. 《易》과 《老莊》에 밝아 裵楷와 이름을 날렸으며 武帝의 딸 常山公主의 남편. 侍中을 역임함. 말에 대해서 잘 알았다고 함. 王愷와 사치와 호기를 다툰 일로도 유명함. 中書郎, 驍騎將軍, 侍中 등을 역임함. 《晉書》(42)에 전이 있음.

【剔嬲】 '집적거리고 못살게 굴다'의 뜻. 여기서는 자꾸 일을 시킴을 뜻함.

【潘尼】 (250?~310). 자는 正叔. 潘岳의 조카. 參軍을 거쳐 安昌公에 봉해짐. 文章에도 뛰어났으며 《晉書》(55)에 전이 있음.

참고 및 관련 자료

1. 《晉書》虞預

山濤字巨源, 河內懷人. 祖, 本郡孝廉. 父曜, 冤句令. 濤蚤孤而貧, 少有器量, 宿士猶不慢之. 年十七, 宗人謂宣帝曰:「濤當與景·文共綱紀天下者也!」帝戲曰:「卿小族, 郡得此快人邪?」好莊老, 與嵇康善. 爲河內從事, 與石鑒共傳宿. 濤夜起蹋鑒曰:「今何等時而眠也! 知太傅臥何意?」鑒曰:「宰相三日不朝, 與尺一令歸第, 君何慮焉!」濤曰:「咄! 石生, 無事馬蹄間也!」投傳而去. 後二年, 果有曹爽事; 遂隱身不交世務. 累遷吏部尙書·僕射·太子少傅·司徒. 年七十九薨, 諡康侯.

2. 《晉書》王隱

初, 濤領吏部, 潘岳內非之, 密爲作謠曰:「閣道東, 有大牛, 王濟鞅, 裵楷鞦, 和嶠刺促不得休.」

3. 《竹林七賢論》

濤之處選, 非望路絶, 故貽是言.

4. 《文士傳》

尼字正叔, 榮陽人. 祖勗, 尙書左丞. 父滿, 平原太守. 並以文學稱. 尼少有淸才, 文詞溫雅, 初應州辟, 終太常卿.

162(3-6)

가충賈充이 처음 율령律令을 제정할 때, 양호羊祜와 함께 태부太傅 정충鄭沖에게 자문을 구하였다. 그러자 정충은 이렇게 거절하였다.
"고요皐陶 같은 엄명嚴明한 종지宗旨를 가지고 만든 율령에 대해 나처럼 혼암하고 어리석은 자가 의견을 내세울 일이 아니오."
이에 양호는 이렇게 말하였다.
"임금께서 그저 태부께서 조금만 보태 주시고 훌륭하게 윤색해 주기만 하면 된다는 것입니다."
그제야 정충은 자기 의견을 대강 말해 주었다.

賈充初定律令, 與羊祜共咨太傅鄭沖.
沖曰:「皐陶嚴明之旨, 非僕闇懦所探」
羊曰:「上意欲令小加弘潤」
沖乃粗下意.

【賈充】자는 公閭(217~282). 賈逵의 아들. 西晉 초에 司空, 侍中, 尙書令, 太尉 등을 지냄.《晉律》을 제정한 인물.《晉書》(40)에 전이 있음.
【律令】'晉律'을 말함. 晉 武帝 泰初 4년(268)에 刑書를 개혁하여 제정한 법률.
【羊祜】羊叔子(221~278). 자는 叔子. 羊續의 손자이며 司馬師 羊皇后의 아우. 司馬昭가 권력을 독점하자 이에 좇아 中書侍郎, 給事中, 黃門郎, 秘書監 등의 직책을 담당하면서 荀勗과 더불어 국가 기밀을 관장함. 晉나라가 되면서 中軍將軍, 散騎常侍 등을 거쳐 尙書左僕射, 衛將軍 등을 역임함. 荊州를 지키면서 吳나라 백성에게 잘해주어 오나라 사람들이 그를 羊公이라 불렀음. 선정을 베풀고 그가 죽자 백성들이 罷市를 할 정도였다 함. 그의 碑廟는 杜預가 짓고 〈墮淚碑〉라 불렀음.《老子傳》이 있으며《晉書》(34)에 전이 있음.

【鄭沖】자는 文和(?~274). 開封人. 유학과 제자백가에 통달하였으며 陳留太守, 司徒, 太保를 지냈음. 壽光侯에 봉해짐. 蜀亂을 평정한 후 賈充, 羊祜와 함께 禮儀와 律令을 정리함. 시호는 成. 何晏 등과 함께《論語集解》를 지음.《晉書》(33)에 전이 있음. 여기의 司空은 司徒의 잘못인 듯.

【皐陶】古代 舜임금의 신하이며 刑法을 관장함.《史記》五帝本紀 및《尙書》皐陶謨 참조.

〈고요(皐陶)〉《三才圖會》

참고 및 관련 자료

1.《晉諸公贊》
充字公閭, 襄陵人. 父逵, 魏豫州刺史. 充早知名, 起家爲尙書郞, 遷廷尉, 聽訟稱平. 晉受禪, 封魯郡公. 充有才識, 明達治體, 加善刑法; 由此與散騎常侍裴楷共定科令, 蠲除密網, 以爲晉律. 薨, 贈太宰.

2.《晉書》王隱
沖字文和, 榮陽開封人. 有核練才, 淸虛寡欲, 喜論經史, 草衣縕袍, 不以爲憂. 累遷司徒·太保. 晉受禪, 進太傅.

3.《續晉陽秋》
初, 文帝命荀勗·賈充·裴秀等分定禮儀律令, 皆先咨鄭沖, 然後施行也.

4.《晉書》賈充傳
充少孤, 居喪以孝聞. 襲父爵爲侯, 拜尙書郞.

163(3-7)

　산사도(山司徒, 山濤)는 계속해서 많은 사람을 뽑아 추천하여 백여 관직에 두루 그가 추천한 인물들이었지만 그 누구 하나 잘못을 저지르는 자가 없었다.
　무릇 그가 품평한 인물은 모두가 그의 말대로 그대로였다.
　오직 육량陸亮을 등용할 때에는 임금이 조서를 내려 어쩔 수 없이 거용하였지만, 사실 산도의 의견과는 다른 인물이어서 이를 간쟁하였으나 끝내 산도의 의견이 채택되지 않았던 자였다.
　그런데 그 육량은 역시 얼마 후 수뢰 혐의로 면직되고 말았다.

山司徒前後選, 殆周遍百官, 擧無失才; 凡所題目, 皆如其言. 唯用陸亮, 是詔所用, 與公意異, 爭之不從. 亮亦尋爲賄敗.

【山濤】 자는 巨源(205~283). 老莊에 심취하였으며 술을 좋아하였음. 嵇康, 阮籍, 呂安 등과 친하였으며 죽림칠현의 하나. 〈任誕〉편 참조. 《晉書》(43)에 전이 있음.
【陸亮】 자는 長興. 陸乂의 형. 賈充의 방해로 끝내 파멸됨.

참고 및 관련 자료

1. 《晉諸公贊》
亮字長興, 河內野王人, 太常陸乂兄也. 性高朗而率至, 爲賈充所親待. 山濤爲左僕射領選, 濤行業旣與充異, 自以爲世祖所敬, 選用之事, 與充諮論, 充每不得其所欲. 好事者說充:「宜授心腹人爲吏部尙書, 參同選擧; 若意不齊, 事不得諧, 可不召公與選, 而實得敍所懷.」充以爲然. 乃啓亮公忠無私. 濤以亮將與己異,又恐其協情不允, 累啓亮可爲左丞, 初非選官才. 世祖不許, 濤乃辭疾還家. 亮在職果不能允, 坐事免官.

2. 《北堂書鈔》(60)에 인용된 《晉起居注》
武帝泰始八年詔曰, 議郎山濤, 至性簡靜, 凌虛篤素, 立身行己, 足以勵俗. 其以濤爲吏部尙書.

164(3-8)

혜강嵇康이 주살당한 후 산도山濤는 혜강의 아들 혜소嵇紹를 비서승祕書丞의 자리에 천거하였다. 그러자 혜소는 아버지를 죽인 조정에 몸을 굽혀 나가야 할지를 산도에게 물었다. 산도가 이렇게 권유하였다.
 "나는 이미 너를 위해 오랫동안 고민해 왔다. 천지사시天地四時가 오히려 순환하는 것이거늘 하물며 인간임에랴?"

嵇康被誅後, 山公擧康子紹爲祕書丞; 紹諮公出處.
公曰:「爲君思之久矣! 天地四時, 猶有消息, 而況人乎?」

【嵇康】자는 叔夜(223~262). 어릴 때 고아였으며 奇才가 있었음. 老莊에 심취하였으며 시문에 능하였고 '竹林七賢'의 하나. 뒤에 鍾會의 모함을 입어 司馬昭에게 죽임을 당함. 本姓은 奚氏였으나 뒤에 銍縣 嵇山 곁에 옮겨 살아 성을 嵇氏로 바꾸었다 함. 〈廣陵散曲〉, 〈琴賦〉, 〈養生論〉, 〈聲無哀樂論〉, 〈與山巨源絶交書〉 등이 유명함. 《晉書》(49)에 전이 있음.

【山濤】 자는 巨源(205~283). 老莊에 심취하였으며 술을 좋아하였음. 嵇康, 阮籍, 呂安 등과 친하였으며 죽림칠현의 하나. 〈任誕〉편 참조. 《晉書》(43)에 전이 있음.

【嵇紹】 자는 延祖(253~304). 嵇康의 아들이며 10세에 고아가 되어 어머니를 극진히 모심. 山濤의 추천으로 祕書丞이 되었으며 王戎과 裴頠의 추천으로 侍中에 오름. 八王의 난에 惠帝와 함께 成都王(司馬穎)에게 맞서 전투를 벌이다가 죽음을 당하였으며 그 때 임금을 호위하면서 흘린 피를 씻지 말도록 한 고사를 남김. 元帝가 즉위하여 '忠穆'이라는 시호를 내림. 《晉書》(89)에 전이 있음.

참고 및 관련 자료

1. 《山公啓事》
詔選祕書丞. 濤薦曰:「紹平簡溫敏, 有文思, 又曉音, 當成濟也. 猶宜先作祕書郎.」詔曰:「紹如此, 便可爲丞, 不足復爲郎也.」

2. 《晉諸公贊》
康遇事後二十年, 紹乃爲濤所拔.

3. 《晉書》王隱
時以紹父康被法, 選官不敢擧; 年二十八, 山濤啓用之. 世祖發詔, 以爲祕書丞.

4. 《竹林七賢論》
紹懼不自容, 將解褐, 故咨之於濤.

5. 《晉書》王隱
紹字延祖, 雅有文才, 山濤啓武帝云云.

165(3-9)

　왕안기(王安期, 王承)가 동해東海 군수가 되었을 때 어떤 소리小吏가 연못 속의 고기를 훔쳐갔다. 강기綱紀가 이를 추문推問하자 왕안기는 이렇게 말하였다.

"문왕文王은 원유園囿를 백성과 함께 즐겼다. 그까짓 연못 속의 고기 한 마리가 뭐 그리 아까운 것이겠는가?"

王安期爲東海郡, 小吏盜池中魚, 綱紀推之.
王曰:「文王之囿, 與衆共之, 池魚復何足惜?」

【王安期】王承(275~320). 자는 安期. 太原 晉陽人. 汝南太守 王湛의 아들이며 王述의 아버지. 東海太守가 되어 덕정을 베풀었음. 王導, 衛玠, 周顗, 庾亮 등과 함께 東晉의 명사로 추앙됨.《晉書》(75)에 전이 있음.
【綱紀】主簿와 같음.《文選》李善 주에 "綱紀, 謂主簿也. 敎主簿宣之. 故曰 綱紀, 猶今稱門下也"라 하였으며《通鑑》胡三省 주에 "綱紀, 綜理府事者也"라 함.
【文王之囿】《孟子》에 실려 있는 구절로 園囿는 백성과 함께 즐겨야 한다는 뜻.

참고 및 관련 자료

1.《名士傳》
王承字安期, 太原晉陽人. 父湛, 汝南太守. 承沖淡寡欲, 無所脩尙. 累遷東海太守, 爲政淸靜, 吏民懷之. 避亂渡江, 是時道路寇盜, 人懷憂懼; 承每遇艱險, 處之怡然. 元皇爲鎭東, 引爲從事中郞.

2. 《孟子》梁惠王(下)

齊宣王問曰:「文王之囿, 方七十里, 有諸?」孟子對曰:「於傳有之.」曰:「若是其大乎?」曰:「民猶以爲小也.」曰:「寡人之囿, 方四十里; 民猶以爲大, 何也?」曰:「文王之囿, 方七十里, 芻蕘者往焉, 雉兔者往焉, 與民同之. 民以爲小, 不亦宜乎? 臣始至於境, 問國之大禁, 然後敢入. 臣聞郊關之內, 有囿方四十里; 殺其麋鹿者, 如殺人之罪. 則是方四十里, 爲阱於國中. 民以爲大, 不亦宜乎?」

166(3-10)

왕안기(王安期, 王承)가 동해군수東海郡守로 있을 때 야간 통금을 어긴 자가 붙들려 왔다. 안기가 물었다.
"어디서 오던 길이냐?"
"선생님 댁에서 책을 읽다가 돌아오는 길인데 날이 이렇게 저물었는지 몰랐습니다."
이 대답에 왕안기는 이렇게 평결하였다.
"영월寧越과 같은 사람을 잡아서 법의 위엄을 세운다는 것은 아마도 정치의 근본이 아닌 줄 안다."
그리고는 관리를 시켜 귀가시키도록 하였다.

王安期作東海郡, 吏錄一犯夜人來.
王問:「何處來?」
云:「從師家受書還, 不覺日晚.」

王曰:「鞭撻寧越以立威名, 恐非致治之本?」
使吏送令歸家.

【王安期】王承(275~320). 자는 安期. 太原 晉陽人. 汝南太守 王湛의 아들이며 王述의 아버지. 東海太守가 되어 덕정을 베풀었음. 王導, 衛玠, 周顗, 庾亮 등과 함께 東晉의 명사로 추앙됨.《晉書》(75)에 전이 있음.
【寧越】《呂氏春秋》(博知篇),《說苑》(建本篇),《劉子新論》 등에 의하면 전국시대의 인물로 열다섯 살 때 학문이 높아 周나라 威公의 스승이 되었다고 함. 참고란을 볼 것.

참고 및 관련 자료

1. 《呂氏春秋》博知篇
寧越者, 中牟鄙人也. 苦耕稼之勞, 謂其友曰:「何爲可以免此苦也?」其友曰:「莫如學也. 學三十歲, 則可以達矣.」寧越曰:「請以十五歲. 人將休, 吾不敢休; 人將臥, 吾不敢臥.」學十五歲而爲周威公之師也.

167(3-11)

성제(成帝, 司馬衍)가 석두石頭에 있을 때 임양任讓이 성제 앞에서 시중侍中 종아鍾雅와 우위장군右衛將軍 유초劉超를 죽이려 들었다. 성제는 울면서 이렇게 말렸다.
"시중과 우위장군을 죽이지 말고 내게 돌려주오."

그러나 임양은 임금의 조서를 거부하고 끝내 유초와 종아를 참수해 버렸다.

그 뒤 반란이 평정된 후 도공(陶公, 陶侃)은 임양과 평소 친분관계가 있어 임양을 용서해 주고자 하였다. 마침 여러 공경들의 의견이 임양 편을 들었던 허류許柳의 아들 사비思妣가 품성이 훌륭하니 그를 살려 주어야 한다고 나섰다. 그러자 만약 사비를 살려 주려면 어쩔 수 없이 도공의 뜻대로 임양도 살려 주어야 하였다. 이에 두 사람 모두를 용서해 주고자 임금에게 의견을 올리자 성제는 이렇게 명령하였다.

"임양은 나의 시중과 우위장군을 죽인 자로서 용서할 수 없다."

이리하여 여러 공경들은 소주少主의 뜻을 거역할 수 없다고 여겨 결국 두 사람 모두 참수하고 말았다.

成帝在石頭, 任讓在帝前錄侍中鍾雅·右衛將軍劉超.

帝泣曰:「還我侍中·右衛」

讓不奉詔, 遂斬超·雅. 事平之後, 陶公與讓有舊, 欲宥之. 許柳兒思妣者至佳, 諸公欲全之. 若全思妣, 則不得不爲陶全讓; 於是欲幷宥之.

事奏, 帝曰:「讓是殺我侍中·右衛者, 不可宥」

諸公以少主不可違, 幷斬二人.

【成帝】 東晉 제3대 황제. 司馬衍. 자는 世根. 326~342년 재위. 明帝의 아들. 여기서는 太子였을 때의 사건. 일찍 죽음.
【石頭】 지명. 城 이름. 지금의 南京 石頭山.
【任讓】 (?~329). 樂安 사람으로 蘇峻의 난에 편승하여 난을 일으킴. 소준이 죽자 소준의 아들 蘇逸을 다시 세워 버티다가 주살당함.
【鍾雅】 자는 彦胄. 尙書左丞, 侍中 등을 역임하였으며 소준의 난에 해를 입음.

《晉書》(70)에 전이 있음.
【劉超】자는 世瑜. 成帝 때 右衛將軍을 역임하였으며 王敦을 토벌함. 뒤에 蘇峻이 난을 일으켜 成帝를 석두성에서 위협하자 성제를 구출하려다 일이 누설되어 죽임을 당함. 시호는 忠. 《晉書》(70)에 전이 있음.
【許柳】자는 季祖(?~329). 許允의 손자이며 淮南太守를 지냄. 蘇峻이 庾亮을 없애라는 명분 아래 난을 일으키자 이에 호응하였다가 패하여 주살당함.
【思妣】許永(?~328?). 許柳의 아들. 소준의 난에 가담한 아버지로 인하여 부자가 함께 주살당함.
【少主】成帝가 어린 太子였을 때였으므로 이렇게 칭함.

참고 및 관련 자료

1. 《晉世譜》
帝諱衍, 字世根, 明帝太子. 年二十崩.

2. 《晉陽秋》
讓, 樂安人, 諸任之後. 隨蘇峻作亂.

3. 《鍾雅別傳》
雅字彦胄, 潁川長社人, 魏太傅鍾繇弟仲常會孫也. 少有才志, 累遷至侍中.

4. 《晉陽秋》
超字世踰, 琅邪人, 漢成陽景王七世孫. 封臨沂慈鄉侯, 遂家焉. 父和, 爲琅邪國上將軍. 超爲縣小吏, 稍遷記室掾, 安東舍人. 忠淸愼密, 爲中宗所拔. 自以職在中書, 絶不與人交關書疏, 閉門不通賓客, 家無儋石之儲. 討王敦有功, 封零陵伯, 爲義興太守. 而受拜及往還朝, 莫有知者 其愼默如此. 遷右衛大將軍.

5. 《鍾雅別傳》
蘇峻逼主上幸石頭, 雅與劉超並侍帝側匡衛, 與石頭中人密期拔至尊出, 事覺被害.

6. 《許氏譜》
柳字季祖, 高陽人. 祖允, 魏中領軍. 父猛, 吏部郎.

7. 《晉紀》劉謙之
柳妻, 祖逖子渙女. 蘇峻招祖約爲逆, 約遣柳以衆會峻. 旣克京師, 拜丹陽尹, 後以罪誅.

168(3-12)

왕승상(王丞相, 王導)이 양주자사揚州刺史에 임명되자 그를 따르던 빈객 수백 명도 모두 한 자리씩 얻게 되어 사람마다 희색만면하였다.
그런데 오직 임해臨海 출신의 임씨任氏 성을 가진 한 사람과 몇 명의 호인胡人은 아무런 자리를 얻지 못하였다. 이에 왕도는 곧바로 돌아와 임씨에게 다가가 이렇게 말하였다.
"그대가 떠나온 후에 임해에는 그대만한 이는 더 이상 없소."
임씨는 크게 기뻐하였다. 왕도는 다시 호인들 앞을 지나면서 손가락을 튕기며 이렇게 소리쳤다.
"난도蘭闍! 난도!"(난사?)
이에 여러 호인들도 환호성을 올리며 그 자리 모든 사람들이 함께 즐거워하였다.

王丞相拜揚州, 賓客數百人並加霑接, 人人有悅色; 唯有臨海一客姓任, 及數胡人爲未洽.
公因便還, 到過任邊云:「君出, 臨海便無復人.」
任大喜悅.
因過胡人前彈指云:「蘭闍, 蘭闍.」
群胡同笑, 四坐並懽.

【王丞相】王導(276~339). 자는 茂弘. 어릴 때 자는 阿龍. 王敦의 從弟. 서진이 망하자 王敦과 함께 司馬睿를 황제로 추대하여 東晉을 세움. 그 공으로 丞相이 되었으며 號를 '仲父'라 하였음. 천하의 권세를 잡아 당시 "王與馬, 共天下"라 하였음. 元帝와 明帝, 成帝를 차례로 즉위시켰음. 아울러 남방 세족의 도움으로 강남에서의 동진 정권을 안정시킴. 《晉書》(65)에 전이 있음.

【揚州】지명.
【任氏】任顗.《語林》에 "任名顗 時宦在都, 預王公坐"라 함.
【蘭闍】中州出版社 본의《世說新語》(1944)에 "蘭闍爲佛散語, 意思是很尊敬"이라 하여 '존경하다'는 뜻으로 보았으며 楊勇〈校箋〉에는 여러 증거를 들어 '조용히 하세요'라는 뜻으로 보았음. 참고란을 볼 것.

참고 및 관련 자료

1. 楊勇〈校箋〉
『揚州, 晉初治壽春, 太康初治秣陵, 東晉治建康.』

2. 楊勇〈校箋〉: 蘭闍
『蘭闍, 朱子語類作'蘭奢', 謂爲胡語之褒譽者. 不知何據 困學紀聞二十雜識注:「蘭闍, 蘭若也.」集證釋氏要覽:「梵言阿蘭若, 唐言無諍.」』今按: 饒固庵師曰:「前人或謂蘭闍爲阿蘭若, 其說是也. 阿蘭若, 梵語爲aranya漢譯有阿練茹·阿蘭那等, 其義爲閑靜處·空寂. 或譯作閑閑.(金趙秉文號閑閑老人, 其取名疑卽本此. 金史本傳稱其晩年頗以禪語自汚, 非無故也.) 析其字根, 乃a+arnya, a爲否定語前詞(prefix). 阿蘭若, 漢譯亦解作無諍; 或無諍聲, 與靜寂義合. 王丞相對胡人使用此語, 意指無謹. 殆謂其少安無懆耶?」

3.《晉陽秋》
王導接誘應會, 少有迕者, 雖疎交常賓, 一見多輸寫款誠. 自謂爲導所遇, 同之舊暱.

169(3-13)

육태위(陸太尉, 陸玩)가 왕승상(王丞相, 王導)을 방문하여 여러 가지 일을 아뢰었다. 그러나 시간이 조금 흐르자 태위는 앞서 말한 것을 이리저리

번복하는 것이었다.
　왕승상이 이를 이상히 여겨 육태위에게 물었더니 육태위는 다음과 같이 말하였다.
　"당신은 높고 저는 낮아서 처음엔 어떻게 말해야 할지 몰랐는데 조금 후엔 긴장이 풀려 앞서의 말이 틀린 것을 깨달았기 때문입니다."

　陸太尉詣王丞相諮事, 過後輒翻異; 王公怪其如此, 後以問陸.
　陸曰:「公長民短, 臨時不知所言, 旣後覺其不可耳」

【陸太尉】晉의 陸玩. 자는 士瑤. 吳郡人으로 陸曄의 아우. 侍中, 尙書左僕射, 尙書令太尉 벼슬을 지냄. 시호는 康. 《晉書》(77)에 전이 있음.
【王丞相】王導(276~339). 자는 茂弘. 어릴 때 자는 阿龍. 王敦의 從弟. 서진이 망하자 王敦과 함께 司馬睿를 황제로 추대하여 東晉을 세움. 그 공으로 丞相이 되었으며 號을 '仲父'라 하였음. 천하의 권세를 잡아 당시 "王與馬, 共天下"라 하였음. 元帝와 明帝, 成帝를 차례로 즉위시켰음. 아울러 남방 세족의 도움으로 강남에서의 동진 정권을 안정시킴. 《晉書》(65)에 전이 있음.

참고 및 관련 자료

1. 《陸玩別傳》
玩字士瑤, 吳郡吳人, 祖瑁, 父英, 仕郡有譽. 玩器量淹雅 累遷侍中, 尙書左僕射・尙書令, 贈太尉.

170(3-14)

　승상(丞相, 王導)이 한번은 여름날에 석두石頭로 가서 그곳의 유공(庾公, 庾亮)을 만나게 되었다. 유공은 마침 공무를 처리하던 중이었다. 이를 보고 승상이 말하였다.
　"날씨가 더운데 좀 간편히 처리하시지요."
　유공은 이렇게 대답하였다.
　"그대의 대충대충 하여 미루는 일 처리에 대해 천하 사람들 역시 아직도 윤당允當하다고 여기지 않고 있소."

　丞相嘗夏月至石頭看庾公, 庾公正料事; 丞相云:「暑, 可小簡之.」
　庾公曰:「公之遺事, 天下亦未以爲允.」

【丞相】王丞相. 王導(276~339). 자는 茂弘. 어릴 때 자는 阿龍. 王敦의 從弟. 서진이 망하자 王敦과 함께 司馬睿를 황제로 추대하여 東晉을 세움. 그 공으로 丞相이 되었으며 號를 '仲父'라 하였음. 천하의 권세를 잡아 당시 "王與馬, 共天下"라 하였음. 元帝와 明帝, 成帝를 차례로 즉위시켰음. 아울러 남방 세족의 도움으로 강남에서의 동진 정권을 안정시킴.《晉書》(65)에 전이 있음.
【石頭】지명. 城 이름. 지금의 南京 石頭山.
【庾公】庾亮(289~340). 자는 元規. 蘇峻, 祖約의 난을 평정하였으며 명제 때 王導를 이어 中書監이 됨. 征西大將軍, 荊州刺史 등을 재냄. 청담을 좋아하였으며 老莊에 밝았음. 죽은 후 太尉에 추증되었고 시호는 文康.《晉書》(73)에 전이 있음. 그러나 시기로 보아 庾冰이어야 한다고 보기도 함.
【遺事】일을 남겨두거나 미루고 제때 처리하지 않음.

참고 및 관련 자료

1. 《殷羨言行錄》
王公薨後, 庾冰代相, 網密刑峻. 羨時行, 遇收捕者於途, 慨然歎曰:「內吉問牛喘. 似不爾?」嘗從容謂冰曰:「卿輩自是網目不失, 皆是小道小善耳. 至知王公, 故能行無理事.」謝安石每歎詠此唱. 庾赤玉會問羨:「王公治何似? 誰是所長?」羨曰:「其餘令績, 不復稱論; 然三投三治, 三休三敗.」

2. 程箋
此是成帝初王導庾亮參輔朝政時, 陶侃所謂君侯修石頭以擬老子者也. 蘇峻亂後, 亮卒於外任矣.

171(3-15)

승상(丞相, 王導)이 말년에는 정사에 관여를 적게 하고 다만 봉사封事와 녹문錄文 등의 문서만 결재하였다. 그러면서 스스로 이렇게 탄식하였다.

"사람들이 나를 보고 적당히 한다고 말하지만 뒷사람들도 응당히 나의 이 적당히 처리하는 것을 그리워할 때가 있겠지!"

丞相末年, 略不復省事, 正封籙諾之.
自歎曰:「人言我憒憒, 後人當思此憒憒!」

【丞相】王丞相. 王導(276~339). 자는 茂弘. 어릴 때 자는 阿龍. 王敦의 從弟. 서진이 망하자 王敦과 함께 司馬睿를 황제로 추대하여 東晉을 세움. 그 공으로 丞相이 되었으며 號를 '仲父'라 하였음. 천하의 권세를 잡아

당시 "王與馬, 共天下"라 하였음. 元帝와 明帝, 成帝를 차례로 즉위시켰음. 아울러 남방 세족의 도움으로 강남에서의 동진 정권을 안정시킴. 《晉書》 (65)에 전이 있음.
【封事】奏章文書 등을 뜻함.
【錄文】天子의 공덕 등을 기리는 문장. 혹은 道家의 秘書를 지칭하기도 함. 《西京雜記》권3 참조.
【憒憒】매끄럽지 않음. 마음의 집중이 없고 건성으로 처리함.

참고 및 관련 자료

1. 《晉紀》徐廣
導阿衡三世, 經綸夷險 政務寬恕, 事從簡易. 故垂遺愛之譽也.

172(3-16)

도공(陶公, 陶侃)은 성품이 검박하고 일에 부지런하였다. 그가 형주자사荊州刺史로 있을 때 배를 만드는 관리에게 많건 적건을 불문하고 톱밥을 모두 모으도록 하였다. 관리들은 그의 이와 같은 뜻을 헤아리지 못하였다. 그 후 정월달 조례할 때에 마침 쌓였던 눈에 햇볕이 들었다. 정무를 보는 앞 계단이 눈을 치운 뒤에도 매우 질퍽거렸다. 이에 모아 두었던 톱밥을 덮었더니 과연 조금도 방해가 되지 않았다.
그 외에도 관용으로 쓰던 대나무 조각을 모두 모으게 하여 산처럼 쌓이게 되었다. 뒤에 환선무(桓宣武, 桓溫)가 촉蜀을 칠 때에 배를 만드는데, 이 대나무를 깎아 못으로 대용하였다.

또 이르기로는 어떤 관원이 삿대를 만들기 위해 대나무를 구할 때 뿌리까지 캐내어 이를 끝 부분으로 삼는 훌륭한 모습을 보고 도공陶公은 그를 두 계급이나 특진시켜 주었다고도 한다.

陶公性檢厲, 勤於事. 作荊州時, 敕船官悉錄鋸木屑, 不限多少, 咸不解此意. 後正會, 值積雪始晴, 聽事前除雪後猶濕, 於是悉用木屑覆之, 都無所妨. 官用竹, 皆令錄厚頭, 積之如山.

後桓宣武伐蜀, 裝船, 悉以作釘. 又云: 嘗發所在竹篙, 有一官長連根取之, 仍當足, 乃超兩階用之.

【陶公】陶侃(259~334). 자는 士行. 혹은 士衡. 蘇峻의 난을 평정한 공로로 侍中과 太尉 등을 역임하였으며 長沙郡公에 봉해짐. 江夏, 武昌의 太守와 荊州, 廣州, 江州, 湘州의 刺史를 지낼 때 선정을 베풀었음. 《晉書》(66)에 전이 있음. 陶淵明의 증조임.

【桓宣武】桓公. 桓溫(312~373). 자는 元子. 明帝의 사위. 荊州刺史를 지냈으며, 蜀을 정벌하고 前秦을 쳐부숨. 簡文帝를 세우고 자신이 다시 왕위를 빼앗고자 하였었음. 시호는 武侯. 그의 아들 桓玄이 드디어 제위를 찬탈하여 楚나라를 세운 다음 아버지 환온을 宣武皇帝로 추존함. 《晉書》(99)에 전이 있음.

> 참고 및 관련 자료

1.《晉陽秋》
侃練核庶事, 勤於稼穡, 雖戎陳武士, 皆勸厲之. 有奉饋者, 皆問其所由. 若力役所致, 懽喜慰賜; 若他所得, 則呵辱還之. 是以軍民勤於農稼, 家給人足.

性纖密好問, 頗類趙廣漢. 嘗課營種柳, 都尉夏施盜拔武昌郡西門所種; 侃後自出, 駐車施門, 問:「此是武昌西門柳, 何以盜之?」施惶怖首伏. 三軍稱其明察. 侃勤而整, 自强不息; 又好督勤於人. 常云:「民生在勤, 大禹聖人, 猶惜寸陰, 至於凡俗, 當惜分陰; 豈可遊逸? 生無益於時, 死無聞於後, 是自棄也! 又老莊浮華, 非先王之法言而不敢行. 君子當正其衣冠, 攝以威儀, 何有亂頭養望, 自謂宏達邪?」

2.《中興書》

侃嘗檢校佐吏, 若得樗蒲·博弈之具, 投之曰:「樗蒲, 老子入胡所作, 外國戲耳; 圍棊, 堯舜以敎愚子; 博弈, 紂所造. 諸君國器, 何以爲此? 若王事之暇, 患邑邑者; 文士何不讀書? 武士何不射弓?」談者無以易也.

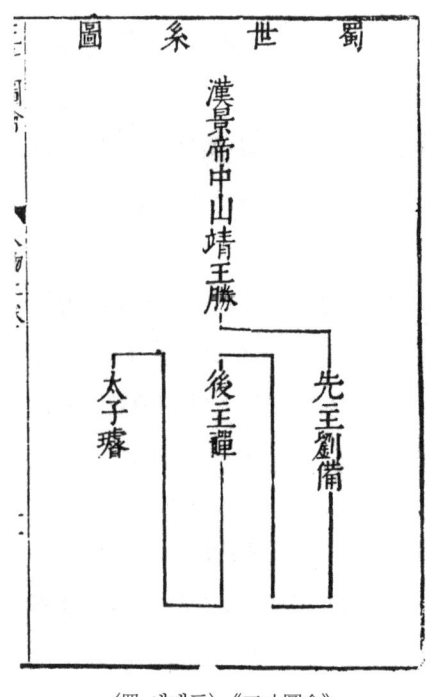

〈蜀 세계표〉《三才圖會》

173(3-17)

하표기(何驃騎, 何充)가 회계내사會稽內史였을 때 우존虞存의 아우 우건虞謇이 하표기의 군郡 주부主簿였다.

그런데 그는 하충이 손님을 맞이하느라 너무 고생하는 것을 보고 늘 찾아오는 손님은 거절하도록 아뢸 참이었다. 그래 자신의 가인家人을 시켜 손님의 양을 조절, 만나야 할 사람만 선택하여 통과시키도록 하는 문서의 초안을 만들었다.

그 초안이 다 완성되자 가인은 이를 우존에게 보이려고 가지고 들어왔다.

그때 우존은 하충의 상좌上佐였는데, 마침 동생 우건과 함께 식사를 하고 있었다. 그 문서를 본 우존이 말하였다.

"내용이 심히 좋군! 내 식사를 끝내면 자세히 보겠다."

식사가 끝나고 다시 살펴본 후 그는 붓을 들어 그 문서 끝에 이렇게 적었다.

"만약 우리 문지기가 곽림종(郭林宗, 郭泰)처럼 남을 잘 알아보는 자라면 이 계획대로 할 수 있을 것이다. 그런데 너는 어디에서 그런 사람을 구해 올 수 있겠는가?"

우건은 그만 계획을 중지해 버렸다.

何驃騎作會稽, 虞存弟謇作郡主簿, 以何見客勞損, 欲斷常客; 使家人節量, 擇可通者, 作白事成, 以見存. 存時爲何上佐, 正與謇共食; 語云:「白事甚好, 待我食畢作敎.」

食竟, 取筆題白事後云:「若得門亭長如郭林宗者, 當如所白; 汝何處得此人?」

謇於是止.

【何驃騎】何充(292~340). 자는 次道. 王敦의 主簿를 거쳐 驃騎將軍이 됨. 會稽內史, 侍中, 驃騎將軍, 揚州刺史를 거쳐 司空을 추증받음. 佛寺 증수에 많은 돈을 썼다 함.《晉書》(77)에 전이 있음.

【會稽】지명. 秦始皇 때 군이었으며 관할지역은 지금의 江蘇省 동남부와 浙江省 서부 일대. 漢나라 順帝 때 치소를 山陰(지금의 紹興)으로 옮김.

【虞存】人名. 자는 道長. 혹은 道眞. 衛軍長史, 尙書吏部郎 등을 지냄.

【虞謇】자는 道直. 우존의 아우. 范汪의《棊品》에 "謇字道直, 仕至郡功曹"라 함.

【郭林宗】郭泰(127~169). 經典에 博通하여 제자가 천여 명에 이르렀으며 당시 학문의 조종으로 추앙받았음. 뒤에 范曄이《後漢書》를 쓰면서 자신의 아버지(范泰)의 이름을 피휘하여 '郭太'로 표기하였음.《後漢書》(68)에 전이 있음. 李元禮(李膺)가 극찬하였던 인물. 蔡邕이 그를 위해〈郭有道碑〉를 씀.

참고 및 관련 자료

1.《晉陽秋》

何充字次道, 廬江人. 思韻淹通, 有文義才情. 累遷會稽內史・侍中・驃騎將軍・揚州刺史. 贈司空.

2. 楊勇 校箋

『會稽郡, 秦置, 今江蘇東部浙江西部皆其地. 治吳, 後漢移治山陰. 今浙江紹興縣治是也. 程箋:「充作會稽在咸康七年以前, 證之充傳亦合.」』

3.《虞存誄敍》孫統

存字道長, 會稽山陰人也. 祖陽, 散騎常侍. 父偉, 州西曹. 存幼而卓拔, 風情高逸, 歷衛軍長史・尙書吏部郎.

4.《郭泰別傳》

泰字林宗, 有人倫鑒識. 題品海內之士, 或在幼童, 或在里肆, 後皆成英彥六十餘人. 自著書一卷, 論取士之本, 未行, 遭亂亡失.

174(3-18)

왕王濛, 유劉惔와 임공(林公, 支遁)이 함께 하표기(何驃騎, 何充)를 방문하였더니 하표기는 문서만 보면서 그들을 거들떠보지도 않는 것이었다. 왕몽이 하표기에게 물었다.

"오늘 나는 임공과 더불어 특별히 당신을 방문하였으니, 원컨대 일상 업무를 좀 쉬고 현담玄談이나 나눕시다. 어찌 그렇게 문서만 보고 계십니까?"

그러자 하표기는 이렇게 대꾸하였다.

"내가 이것을 봐놓지 않으면 그대들은 어찌 살아 있을 수 있겠소?"

모두들 그 대답을 훌륭하다고 여겼다.

王·劉與深公共看何驃騎, 驃騎看文書不顧之.

王謂何曰:「我今故與深公來相看, 望卿擺撥常務, 應對共言; 那得方低頭看此邪?」

何曰:「我不看此, 卿等何以得存?」

諸人以爲佳.

【王】 王濛(309?~347?). 자는 仲祖. 太原 王氏. 王脩, 王蘊. 哀帝王后의 아버지. 司徒左長史를 지냄. 《晉書》(93)에 전이 있음.

【劉】 劉惔을 가리킴. 字는 眞長. 劉宏의 손자로 沛國 相 땅 출신. 明帝(323~326 재위)의 廬陵長公主에게 장가들어 駙馬가 됨. 司從左長史. 侍中. 丹陽尹 등을 지냄. 36세에 죽어 孫綽이 "居官無官官之事, 處事無事事之心"이라 誄文을 지어 명언이라 하였음. 《晉書》(75)에 전이 있음.

【林公】支公. 支遁. 晉나라 때의 道僧 支道林. 河內 林慮人으로 속성은 關氏. 25세 때 출가하여 53세 때 洛陽에서 入滅함. 支硏山에 은거하여 支遁. 支道林. 林公 등으로 불림. 梁나라 慧皎《高僧傳》(4)에 支遁傳이 있음.
【何驃騎】何充(292~340). 자는 次道. 王敦의 主簿를 거쳐 驃騎將軍이 됨. 會稽內史, 侍中, 驃騎將軍, 揚州刺史를 거쳐 司空을 추증받음. 佛寺 증수에 많은 돈을 썼다 함.《晉書》(77)에 전이 있음.
【玄談】晉. 六朝時代 유행하던 玄理妙談.

참고 및 관련 자료

1.《晉陽秋》
何充與王濛·劉惔好尙不同, 由此見譏於當世.

175(3-19)

환공(桓公, 桓溫)이 형주자사荊州刺史로 있을 때 어떤 일이건 모두 덕으로써 강江·한漢 일대의 백성을 다스려야겠다고 생각하였으며 위엄이나 형벌로 백성을 얽맨다는 것은 치욕이라 여겼다.

어느 날 영사令史가 죄를 지어 태장을 맞는데 꼭 주의朱衣 옷깃에만 스치며 몸에는 닿지 않게 맞고 있었다.

환식(桓式, 桓歆)이 어린 나이에 밖에서 아버지桓溫에게 뛰어들어오면서 이렇게 말하였다.

"방금 제가 관부官府에서 오는 길인데 영사가 태장을 맞는 걸 보니 위로는 구름에 닿고 아래로는 땅을 쓸 듯이 하더이다."

그 뜻은 몸에 직접 닿지 않는 것을 두고 비꼰 말이었다. 이 말에 환공은 이렇게 말하였다.

"나는 오히려 그 정도만으로도 너무 심한 게 아닌가 걱정이란다."

桓公在荊州, 全欲以德被江漢, 恥以威刑肅物.

令史受杖, 正從朱衣上過.

桓式年少, 從外來, 云:「向從閤下過, 見令史受杖, 上捎雲根, 下拂地足」

意譏不著.

桓公云:「我猶患其重」

【桓公】桓宣武. 桓公. 桓溫(312~373). 자는 元子. 明帝의 사위. 荊州刺史를 지냈으며, 蜀을 정벌하고 前秦을 쳐부숨. 簡文帝를 세우고 자신이 다시 왕위를 빼앗고자 하였었음. 시호는 武侯. 그의 아들 桓玄이 드디어 제위를 찬탈하여 楚나라를 세운 다음 아버지 환온을 宣武皇帝로 추존함.《晉書》(99)에 전이 있음.
【令史】관직이름. 문서의 관리를 맡음.
【桓式】桓歆을 가리킴. 환온의 셋째아들. 자는 叔道. 어릴 때 이름이 式임. 尙書 벼슬을 지냄.

참고 및 관련 자료

1.《桓溫別傳》
溫以永和元年, 自徐州遷荊州刺史. 在州寬和, 百姓安之.

2.《桓氏譜》
歆字叔道, 溫第三子, 仕至尙書.

176(3-20)

　간문제(簡文帝, 司馬昱)가 재상으로 있을 때 무슨 일이건 해를 넘겨야 겨우 처리하곤 하는 것이었다. 환공(桓公, 桓溫)이 너무 느리다고 여겨 심히 근심하며 늘 그를 권면하기 일쑤였다. 그럴 때면 태종(太宗, 簡文帝)은 이렇게 대꾸하는 것이었다.
　"하루에도 변화가 1만 가지라 하였는데 어찌 그리 빨리 서두를 수 있소!"

簡文爲相, 事動經年, 然後得過; 桓公甚患其遲, 常加勸勉.
太宗曰:「一日萬機, 那得速!」

【簡文帝】司馬昱. 元帝 계실 鄭后 소생이며 司馬紹의 배다른 동생. 東晉 8대 황제. 재위 2년(371~372). 묘호는 太宗. 相王, 撫軍, 會稽王으로 부름. 《晉書》(9)에 紀가 있음.
【桓公】桓宣武. 桓公. 桓溫(312~373). 자는 元子. 明帝의 사위. 荊州刺史를 지냈으며, 蜀을 정벌하고 前秦을 쳐부숨. 簡文帝를 세우고 자신이 다시 왕위를 빼앗고자 하였음. 시호는 武侯. 그의 아들 桓玄이 드디어 제위를 찬탈하여 楚나라를 세운 다음 아버지 환온을 宣武皇帝로 추존함. 《晉書》(99)에 전이 있음.
【一日萬機】《尙書》의 구절을 재치 있게 인용하여 대답한 것임.

참고 및 관련 자료

1.《尙書》皐陶謨
一日萬機.(孔安國:「幾, 微也; 言當戒懼萬事之微.」)

177(3-21)

　　산하山遐가 동양東陽 태수 직에서 해임되자 왕장사(王長史, 王濛)가 간문제(簡文帝, 司馬昱)에게 그 후임으로 자신을 동양태수로 보내 달라고 하면서 이렇게 말하였다.

　　"가혹한 정치를 이어받아 저는 가히 화정和靜으로 다스려 보겠습니다."

山遐去東陽, 王長史就簡文索東陽云:「承藉猛政, 故可以和靜致治.」

【山遐】자는 彦林. 山簡의 아들. 처음 餘姚令을 거쳐 東陽太守가 되어 정치를 엄혹하게 살폈다 함.《晉書》(43)에 전이 있음.
【東陽】지금의 浙江 金華縣.
【王長史】王濛(309?~347?). 자는 仲祖. 太原 王氏. 王脩, 王蘊. 哀帝王后의 아버지. 司徒左長史를 지냄.《晉書》(93)에 전이 있음.
【簡文帝】東晉의 제8대 황제 司馬昱. 字는 道萬. 中宗의 少子. 元帝 계실 鄭后 소생이며 司馬紹의 배다른 동생. 穆帝가 어려서 撫軍으로 보필, 뒤에 桓溫이 海西公을 폐하고 이를 세워 皇帝에 오름. 재위 2년(371~372).《世說新語》에서는 흔히 '晉簡文', '簡文', '簡文帝', '簡文皇帝', '相王', '撫軍', '會稽王' 등으로 칭함.《晉書》(9)에 紀가 있음.
【和靜】猛政의 상대말로 쓴 것. 화목하고 조용한 다스림을 뜻함.

　참고 및 관련 자료

1.《晉書》山遐傳
後爲東陽太守, 爲政嚴猛. 康帝曰:「東陽頃來竟囚每多入重. 豈郡多罪人, 將捶楚所求, 莫能自固邪?」遐處之自若, 郡境肅然. 卒于官.

2. 《東陽記》
遲字彥林, 河內人. 祖濤, 司徒. 父簡, 儀同三司. 遲歷武陵王友·東陽太守.
3. 《江惇傳》
山遲之爲東陽, 風政嚴苛, 多任刑殺, 郡內苦之. 惇隱東陽, 以仁恕懷物; 遲感其德, 爲微損威猛.

178(3-22)

은호殷浩가 처음 양주자사揚州刺史를 시작하였을 때 유윤(劉尹, 劉惔)이 그의 속관으로써 외출할 일이 있었다.

그런데 마침 날이 어두워지기 시작하자 유윤은 좌우 부하에게 덮고 잘 만한 이불을 준비하라고 일렀다. 부하가 그 이유를 묻자 유윤은 이렇게 설명하였다.

"자사는 엄한 분이다. 밤에는 감히 다닐 수 없도록 명령하였나."

殷浩始作揚州, 劉尹行, 日小欲晚, 便使左右取襆. 人問其故?
答曰:「刺史嚴, 不敢夜行.」

【殷浩】자는 淵源(?~356). 殷羨(洪喬)의 아들이며 弱冠에 이미 이름이 났으며 玄言에 뛰어나 당시 풍류 제자의 숭앙을 받음. 정사에도 뛰어나 사람들은

그를 管仲이나 諸葛孔明에 비유할 정도였음. 建武將軍, 揚州刺史를 역임하였으며 北征에 나섰다가 姚襄에게 패배하여 서인으로 강등되기도 하였음. '咄咄怪事'의 고사를 남김. 《晉書》(77)에 전이 있음.
【劉尹】劉惔. 字는 眞長. 劉宏의 손자로 沛國 相 땅 출신. 明帝(323~326 재위)의 廬陵長公主에게 장가들어 駙馬가 됨. 司從左長史. 侍中. 丹陽尹 등을 지냄. 36세에 죽어 孫綽이 "居官無官官之事, 處事無事事之心"이라 誄文을 지어 명언이라 하였음. 《晉書》(75)에 전이 있음.
【不敢夜行】밤에 다닐 수 없으므로 귀가를 포기하고 외출 현장에서 자겠다는 뜻.

참고 및 관련 자료

1. 《殷浩別傳》

浩字淵源, 陳郡長平人. 祖識, 濮陽相. 父羨, 光祿勳. 浩少有重名, 仕至揚州刺史·中軍將軍.

2. 《中興書》

建元初, 庾亮兄弟, 何充等相尋薨, 太宗以撫軍輔政, 徵浩爲揚州, 從民譽也.

3. 程箋

永和二年三月丙子, 浩爲揚州刺史, 七月始拜. 蓋其時惔尙未爲尹也.

179(3-23)

사공(謝公, 謝安)이 재상으로 있을 때에 그가 거느린 병사들이 싸움에 패하여 모두 흩어져 버렸다. 이렇게 도망친 많은 병사들은 남당南塘의 물가에 매어둔 배 안으로 숨어 들어가 있었다.
어떤 이가 사공에게 그 배를 수색하여 도망친 병사들을 모두 색출해 내자고 하였지만 사공은 이를 허락지 아니하고 이렇게 말하였다.
"만약 저들을 포용하지 않는다면 서울을 어떻게 지켜낼 수 있겠는가?"

謝公時, 兵厮逋亡, 多近竄南塘下諸舫中.
或欲求一時搜索, 謝公不許. 云:「若不容置此輩, 何以爲京都?」

【謝公】謝安. 字는 安石(320~385). 謝裒의 아들이며 謝琰(望蔡)의 아버지. 謝奕의 동생. 덕망이 있고 기개가 높아 桓彛, 王濛의 사랑을 받음. 처음에는 벼슬할 뜻을 버리고 王羲之, 支遁 등과 산수를 즐기며 조정의 부름에 응하지 않았으나 40이 넘어 桓溫의 司馬를 거쳐 吳興太守, 侍中, 吏部尙書, 太保錄尙書事 등의 관직을 지냄. 뒤에 다시 太傅에 추증되었으며 시호는 文靖.《晉書》(79)에 전이 있음.
【南塘】지명.《資治通鑑》115 晉紀 37의 胡三省 주에 "南塘, 秦淮南岸也"라 함.

참고 및 관련 자료

1.《續晉陽秋》
自中原喪亂, 民離本域, 江左造創, 豪族幷兼, 或客寓流離, 名籍不立. 太元中,外禦强氏, 蒐簡民實, 三吳頗加澄檢, 正其里伍. 其中時有山湖遁逸, 往來都邑者; 後將軍安方接客, 時人有於坐言, 宜糾舍藏之失者. 安每以厚德化物, 去其煩細; 又以强寇入境, 不宜加動人情. 乃答之云:「卿所憂在於客耳? 然不爾, 何以爲京都!」言者有愧色.

180(3-24)

왕대(王大, 王忱)가 이부랑吏部郎이 되어 어느 날 선임관의 장초章草를 쓰고 있었다. 그것을 곧 주상奏上하려고 할 때 왕승미(王僧彌, 王珉)가 오자 왕대는 그에게 그것을 보여 주었다.

그러자 왕승미는 자기 의견대로 다시 고쳐서 선임관을 거의 반이나 바꾸어 적었다. 왕대는 심히 좋다고 여겨 승미의 의견대로 고쳐 써서 주상하였다.

王大爲吏部郎, 嘗作選草; 臨當奏, 王僧彌來, 聊出示之. 僧彌得便以己意改易所選者近半. 王大甚以爲佳, 更寫卽奏.

【王忱】즉 王忱(?~392). 王坦之의 넷째아들. 어릴 때 자가 佛大였음. 王恭, 王珣과 함께 이름을 날렸으며 荊州刺史, 建武將軍 등을 지냄. 술을 좋아하여 몇 달을 취하여 지내곤 하였다 함. 《晉書》(75)에 전이 있음.
【吏部郎】선임을 맡아보는 인사책임의 직책.

【選草】관리를 뽑거나 임명, 혹은 승진할 때의 명단 초안.
【王僧彌】王珉(361~388). 자는 季琰. 王洽(敬和)의 아들이며 승상 王導의 손자. 형 王珣과 함께 才藝로 이름이 남. 어릴 때 字는 僧彌. 提婆의 《阿毘曇經》을 듣다가 반쯤에 이르러 이미 그 뜻을 알았다 함. 著作郞, 國子博士, 黃門侍郞, 侍中 등을 역임함. 王獻之를 이어 中書令을 지내어 혼히 大令, 小令이라 함. 《晉書》(65)에 전이 있음.

참고 및 관련 자료

1. 《王珉別傳》
珉字季琰, 琅邪人, 丞相導孫, 中領軍洽小子. 有才藝, 善行書, 名出兄珣右. 累遷侍中·中書令. 贈太常.

181(3-25)

왕동정(王東亭, 王珣)과 장관군(張冠軍, 張玄)은 아주 절친한 사이였다.
왕동정이 오군吳郡 태수가 되자 어떤 사람이 동정의 아우 소령(小令, 王珉)에게 물었다.
"왕동정께서 오군태수가 된 후 정치와 교화가 어떻습니까?"
소령은 이렇게 대답하였다.
"치화治化가 어떤지는 모르오나 오직 장조희(張祖希, 張玄)와 그 우정이 날로 더욱 깊어지고 있다 하더이다."

王東亭與張冠軍善. 王旣作吳郡, 人問小令曰:「東亭作郡, 風政何似?」

答曰:「不知治化何如? 唯與張祖希情好日隆耳.」

【王東亭】王珣(349~400). 자는 元琳. 어릴 때의 자는 法護, 혹은 阿瓜. 王洽 (敬和)의 아들이며 安帝 때 尙書令, 散騎常侍 등을 역임함. 東亭侯에 봉해짐. 《晉書》(65)에 전이 있음.

【張冠軍】張玄. 자는 希祖. 吏部尙書, 寇軍將軍, 吳興太守, 會稽內史 등을 지냈으며, 謝玄과 이름을 나란히 하여 '南北二玄'이라 칭하였음. 張玄之 로도 불림.

【小令】王珉(361~388). 자는 季琰. 王洽(敬和)의 아들이며 승상 王導의 손자. 형 王珣과 함께 才藝로 이름이 남. 어릴 때 字는 僧彌. 提婆의《阿毘曇經》을 듣다가 반쯤에 이르러 이미 그 뜻을 알았다 함. 著作郞, 國子博士, 黃門 侍郞, 侍中 등을 역임함. 王獻之를 이어 中書令을 지내어 흔히 大令, 小令 이라 함.《晉書》(65)에 전이 있음.

참고 및 관련 자료

1.《續晉陽秋》
王獻之爲中書令, 王珉代之, 時人曰大小王令.

182(3-26)

은중감殷仲堪이 형주荊州에 자사로 재직할 때 왕동정(王東亭, 王珣)이 그에게 물었다.

"덕이란 온전함에 거居하는 것을 지칭하는 것이요, 인仁이란 만물을 해치지 않는 것을 두고 한 말입니다. 지금 그대는 화하華夏의 목민관宰牧으로써 살육의 직책을 맡은 것처럼 굴고 있으니 덕과 인에 모두 어긋나는 것이 아닌지요?"

그러자 은중감은 이렇게 대답하였다.

"고요皐陶가 형법을 만들었다고 해서 어질지 못하다고는 말하지 않으며, 공자孔子가 사구司寇 벼슬을 하였었다고 해서 인자仁者가 아니라고는 않더이다."

殷仲堪當之荊州, 王東亭謂曰:「德以居全爲稱, 仁以不害物爲名; 方今宰牧華夏, 處殺戮之職, 與本操將不乖乎?」

殷答曰:「皐陶造刑辟之制, 不爲不賢; 孔丘居司寇之任, 未爲不仁」

【殷仲堪】(?~399). 殷融(洪遠)의 손자이며 殷仲文의 종형. 문장과 현언에 뛰어나 韓康伯과 이름을 나란히 하였음. 振威將軍, 荊州刺史 등을 역임함. 뒤에 桓玄에게 죽임을 당함.《晉書》(84)에 전이 있음.

【王東亭】王珣(349~400). 자는 元琳. 어릴 때의 자는 法護, 혹은 阿瓜. 王洽(敬和)의 아들이며 王導의 손자. 王珉(僧彌)의 형. 安帝 때 尙書令, 散騎常侍 등을 역임함. 東亭侯에 봉해짐.《晉書》(65)에 전이 있음.

【華夏】中國을 文明國이라 여겨 흔히 지칭하는 표현.

【皐陶】虞舜시대 獄官의 長.
【司寇】孔子가 魯나라 司寇 벼슬을 7일간 하면서 법을 어지럽힌 대부 少正卯를 쳐 없앰.

> 참고 및 관련 자료

1. 《古事考》
庭堅號曰皐陶, 舜謀臣也. 舜擧之於堯, 堯令作士, 主刑.
2. 《孔子家語》
孔子自魯司空爲大司寇, 七日而誅亂法大夫少正卯.

4. 문학文學
총 104장(183-286)

《논어論語》 선진편先進篇에 "文學: 子夏, 子游"라 하였다. 본편은 당시 문인이나 학자들의 훌륭한 문장과 학문에 얽힌 이야기, 그리고 청담淸談·현담玄談 등에 뛰어난 내용들을 모아 기록한 것이다. 특히 〈언어言語〉편에 실려 있는 내용과 큰 구별이 없는 것으로 보아 위진魏晉시대의 문학에 대한 개념은 문장·학문·풍류·청담·저술 등과 불경佛經에 대한 연구, 그리고 그에 얽힌 이야기였던 것임을 알 수 있다.

총 104장이다.

복건이 최열의 강의를 훔쳐들은 고사. 186 참조.

183(4-1)

정현鄭玄이 마융馬融 문하에서 공부하면서도, 3년이 지나도록 만나 뵐 수가 없었다. 평시 강의는 마융의 수제자가 대신해 줄 뿐이었다. 마융이 어느 날 혼천渾天의 계산법이 풀리지 않자 제자들에게 풀게 하였지만, 누구도 풀어내지 못하는 것이었다.

어떤 자가 정현이라면 풀 수 있을 것이라고 말하자 마융은 정현을 불러 계산하도록 하였다. 그랬더니 단번에 해결하는 것이었다. 모두들 놀라 탄복하였다.

정현이 학업을 마치고 집으로 돌아가면서 사직을 고하였다.

조금 후 마융은 예악禮樂이 모두 정현을 따라 동쪽으로 옮겨간다고 탄식하면서 정현의 명성이 드러날까 두려워 시기심이 생겼다. 정현도 역시 누군가가 뒤쫓을지도 모른다고 여겨 의심이 들어 다리 아래로 내려가 앉아 나막신을 괴고 물 위에 숨어 있었다.

얼마 후 마융은 과연 점치는 선반轉式을 들고 뒤쫓아 와서는 다리 위에서 좌우에게 이렇게 풀이하였다.

"정현이란 놈은 흙 아래의 물 위에 나무를 의지하고 있으니 이는 곧 죽었다는 뜻이다."

그리고는 쫓기를 그만두고 되돌아가 버렸다. 이렇게 해서 정현은 화를 면할 수 있었다.

鄭玄在馬融門下, 三年不得相見, 高足弟子傳授而已. 嘗算渾天不合, 諸弟子莫能解; 或言玄能者, 融召令算, 一轉便決. 衆咸駭服. 及玄業成辭歸, 旣而融有禮樂皆東之歎; 恐玄擅名而心忌焉. 玄亦疑有追, 乃坐橋下, 在水上據屐.

融果轉式逐之, 告左右曰:「玄在土下·水上·而據木, 此必死矣.」
遂罷追. 玄竟以得免.

【鄭玄】자는 康成(127~200). 한나라 때의 대학자. 北海 高密人으로 여러 經에 박통하였으며 馬融에게 3년 간 수학하였음. 그의 《周禮》, 《禮記》, 《儀禮注》, 《毛詩箋》은 지금까지도 위대한 업적으로 평가받고 있음. 《後漢書》(35)에 전이 있음.

【馬融】자는 季長(79~166). 한나라 때 학자. 扶風인. 박학다식하여 제자 수천을 거느렸음. 盧植, 鄭玄 등이 모두 그의 제자임. 저서로 《三傳異同說》이 있고 《孝經》, 《論語》, 《詩》, 《易》, 《三禮》, 《列女傳》, 《老子》, 《淮南子》, 《離騷》 등에 주를 달았음. 《後漢書》(90)에 전이 있음.

【土下水上而據木】棺 속에 들어 있는 형상. 곧 시신이 된 것이라고 풀었음.

【渾天】중국 고대의 宇宙形狀論. 하늘의 형상을 渾圓한 彈丸으로 여겨 하늘의 반은 地上에, 그 반은 地下에 있다고 보았음. 이 학설에 漢末의 陸績, 三國時代 吳나라의 王番 등이 유명함.

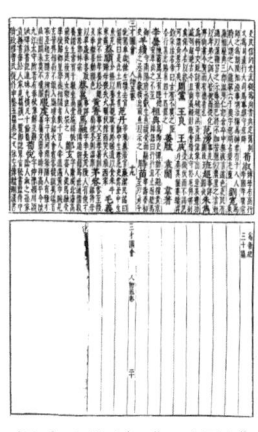

〈동한 人物志〉《三才圖會》

참고 및 관련 자료

1. 《高士傳》

玄字康成, 北海高密人. 八世祖崇, 漢尙書.

2. 《鄭玄別傳》

玄少好學書數, 十三誦五經, 好天文占候, 風角隱術. 年十七, 見大風起, 詣縣曰:「某時當有火災.」至時果然. 智者異之. 年二十一, 博極羣書, 精歷數, 圖緯之言, 兼精算術. 遂去吏, 師故兗州刺史第五元, 又就東郡張恭祖受周禮, 禮記, 春秋傳,周流博觀, 每經歷山川, 及接顏一見, 皆終身不忘. 扶風馬季長以英儒著名, 玄往從之, 參考同異. 季長后戚, 嫚於待士; 玄不得見, 住左右, 自起精廬. 旣因紹介得通. 時涿郡盧子榦爲門人冠首, 季長又不解剖裂七事, 玄思得五, 子榦得三; 季長謂子榦曰:「吾與汝皆弗如也.」季長臨別, 執玄手曰:「大道東矣 子勉之!」後遇黨錮, 隱居. 著述凡百餘萬言. 大將軍何進辟玄, 乃縫掖相見. 玄長八尺餘, 須眉美秀, 姿容甚偉. 進待以賓禮, 授以几杖. 玄多所匡正, 不用而退. 袁紹辟玄, 及去, 餞之城東, 欲玄必醉; 會者三百餘人, 皆離席奉觴, 自旦及暮, 度玄飲三百餘杯, 而溫克之容, 終日無怠. 獻帝在許都, 徵爲大司農, 行至元城卒.

3.《自敍》馬融

融字季長, 右扶風茂陵人. 少而好問, 學無常師. 大將軍鄧騭召爲舍人, 棄, 遊武都. 會羌虜起, 自關以西道斷. 融以謂古人有言:「左手據天下之圖, 而右手刎其喉, 愚夫不爲. 何則? 生貴於天下也! 豈以曲俗咫尺爲羞, 滅無限之身哉?」因往應之. 爲校書郞, 出爲南郡太守.

4. 劉孝標 注

『馬融海內大儒, 被服仁義; 鄭玄名列門人, 親傳其業. 何猜忌而行鴆毒乎? 委巷之言, 賊夫人之子.』

184(4-2)

정현鄭玄이 《춘추전春秋傳》에 주注를 달고 있었다. 아직 다 마치지 못하였을 때 외출하였다가 우연히 객사客舍에서 복건(服虔, 子愼)을 만나 함께 밤을 보내게 되었다.

그러나 둘은 서로 모르는 사이였는데 마침 복건이 밖에 있는 수레에서 다른 사람과 《춘추전》의 주석에 대하여 얘기하고 있었다. 정현이 한참 들어보았더니 자신의 의견과 거의 같았다. 정현은 곧 수레 쪽으로 가서 이렇게 말하였다.

"나는 옛날부터 이 책에 주석을 달고자 하였었는데 이제껏 마치지 못하였소. 방금 그대들의 이야기를 들어보니 거의 내 의견과 같소이다. 그러니 이제까지 내가 주를 단 것은 모두 그대에게 주겠소."
 이리하여 세상에 《춘추복씨주春秋服氏注》가 생기게 된 것이다.

 鄭玄欲注《春秋傳》, 尙未成; 時行, 與服子愼遇宿客舍, 先未相識. 服在外車上, 與人說己注傳意; 玄聽之良久, 多與己同.
 玄就車與語曰: 「吾久欲注, 尙未了; 聽君向言, 多與吾同. 今當盡以所注與君.」
 遂爲《服氏注》.

【鄭玄】 자는 康成(127~200). 한나라 때의 대학자. 北海 高密人으로 여러 經에 박통하였으며 馬融에게 3년 간 수학하였음. 그의 《周禮》, 《禮記》, 《儀禮注》, 《毛詩箋》은 지금까지도 위대한 업적으로 평가받고 있음. 《後漢書》 (35)에 전이 있음.
【春秋傳】 孔子의 《春秋》에 대해 左丘明이 傳을 쓴 책. 13經 중의 하나. 《春秋》는 공자가 노나라 역사를 산정(刪定)한 것으로 魯 隱公 元年부터 魯 哀公 14년까지 12公 242년의 편년사.
【服虔】 자는 子愼. 滎陽人. 《春秋左氏傳訓解》를 썼으며 尙書郞과 九江太守 등을 지냄. 《後漢書》(79)에 전이 있음.

참고 및 관련 자료

1. 《漢南記》
服虔字子愼, 河南滎陽人. 少行淸苦. 爲諸生, 尤明春秋左氏傳, 爲作訓解. 擧孝廉, 爲尙書郞, 九江太守.

185(4-3)

정현鄭玄의 집에는 노비들도 모두 책을 읽었다.

어느 날 비녀婢女가 일을 시키는 대로 해내지 못하자 정현은 매를 들고 때리려 하였다. 노비가 이유를 대어 대꾸를 하였다. 정현은 더욱 화가 나서 다른 종을 시켜 그 비녀를 진흙탕에 끌고 다니게 하였다. 잠시 후 한 비녀가 이를 보고 《시詩》에 있는 문구로 이렇게 물었다.

"어찌 진흙 속에 있는가?" 胡爲乎泥中?

그러자 벌을 받던 시녀도 역시 《시》의 구절을 대어 이렇게 대답하는 것이었다.

"나는 방금 억울함을 호소하였다가　　薄言往愬,
도리어 화만 돋운 꼴이 되었네!"　　　逢彼之怒!

鄭玄家奴婢皆讀書. 嘗使一婢, 不稱旨, 將撻之, 方自陳說; 玄怒, 使人曳著泥中.
須臾, 復有一婢來, 問曰:「『胡爲乎泥中?』」
答曰:「『薄言往愬, 逢彼之怒.』」

【鄭玄】자는 康成(127~200). 한나라 때의 대학자. 北海 高密人으로 여러 經에 박통하였으며 馬融에게 3년 간 수학하였음. 그의 《周禮》, 《禮記》, 《儀禮注》, 《毛詩箋》은 지금까지도 위대한 업적으로 평가받고 있음. 《後漢書》(35)에 전이 있음.

【胡爲乎泥中】《詩經》邶風 式微의 구절.
【薄言往愬, 逢彼之怒】《詩經》邶風 柏舟의 구절.

186(4-4)

복건服虔이 《춘추春秋》에 대해 숙달되자 주석을 쓰면서 다른 사람의 의견도 참고하려고 준비하고 있었다.

그는 최열崔烈이란 사람이 학생을 모아 놓고 《춘추전春秋傳》을 강해한다는 소문을 듣고 이름을 감춘 채 먼저 최열의 집에 고용인이 되어 밥 짓는 일을 맡게 되었다.

그리고는 매번 《춘추전》을 강의할 때면 곧 창문이나 벽 틈으로 엿들었다. 그러나 결국 최열의 강의가 자기만 못함을 알자 조금씩 학생들에게 그 강의의 잘잘못을 풀어놓았다.

최열이 이 이야기를 듣고 누군지 알아낼 수 없었으나 이미 복건의 명성을 익히 듣고 있던 터라 혹시나 해서 다음날 새벽에 복건의 침소로 들어가 아식 그가 잠이 깨지 않은 것을 보고 심짓 이렇게 그의 자를 불러 보았다.

"자신子愼! 자신!"

그러자 복건은 이를 모른 채 엉겹결에 놀라서 대답을 하고 말았다. 이리하여 두 사람은 마침내 친구 사이가 되었다.

服虔旣善春秋, 將爲注, 欲參攷同異; 聞崔烈集門生講傳, 遂匿姓名, 爲烈門人賃作食; 每當至講時, 輒竊聽戶壁間. 旣知不能踰己, 稍共諸生敍其短長. 烈聞, 不測何人, 然素聞虔名, 意疑之.

明蚤往, 及未寤, 便呼:「子愼! 子愼!」

虔不覺驚應; 遂相與友善.

【服虔】자는 子愼. 滎陽人.《春秋左氏傳訓解》를 썼으며 尙書郞과 九江太守 등을 지냄.《後漢書》(79)에 전이 있음.
【崔烈】字는 威考(?~194). 平安人. 漢 靈帝 때에 司徒와 太尉를 거쳐 陽平亭侯에 봉해짐. 매관매직을 일삼아 사람들이 그에게 구린 냄새가 난다고 하였음. 董卓의 난에 피살되었으며《後漢書》(52)에 전이 있음.

참고 및 관련 자료

1.《文章志》摯虞
烈字威考, 高陽安平人, 駰之孫, 瑗之兄也. 靈帝時, 官至司徒·太尉, 封陽平亭侯.

187(4-5)

종회鍾會가《사본론四本論》이란 책을 모두 마치자 꼭 혜강嵆康에게 한 번 보여주고 싶었다. 그래서 책을 품고 혜강의 집 앞까지 다가갔지만 힐난을 받을까 두려워 품속에서 꺼내지도 못하고, 대문 밖 멀리에서 집어 던져 놓고는 급히 뛰어 달아나 버렸다.

鍾會撰四本論始畢, 甚欲使嵇公一見, 置懷中; 旣詣,
畏其難, 懷不敢出, 於戶外遙擲, 便回急走.

【鍾會】자는 士季(225~264). 鍾繇의 아들이며 鍾毓의 아우. 蜀을 평정한 후 그곳 장수 姜維와 蜀地를 갖기로 모의하다가 그 부하에게 죽음.《三國志》(28)에 전이 있음.

【四本論】사람의 才性의 異同離合을 구분하여 논술한 것.《才性四本論》이라고도 함.

【嵇康】자는 叔夜(223~262). 어릴 때 고아였으며 奇才가 있었음. 老莊에 심취하였으며 시문에 능하였고 '竹林七賢'의 하나임. 뒤에 鍾會의 모함을 입어 司馬昭에게 죽임을 당함. 本姓은 奚氏였으나 뒤에 銍縣 嵇山 곁에 옮겨 살아 성을 嵇氏로 바꾸었다 함. 〈廣陵散曲〉, 〈琴賦〉, 〈養生論〉, 〈聲無哀樂論〉, 〈與山巨源絶交書〉 등이 유명함.《晉書》(49)에 전이 있음.

참고 및 관련 자료

1.《魏志》
會論才性同異傳於世. 四本者: 言才性同, 才性異, 才性合, 才性離也. 尙書傅嘏論同, 中書令李豐論異, 侍郞鍾會論合, 屯騎校尉王廣論離. 文多不載.

188(4-6)

하안何晏은 이부상서吏部尙書로써 높은 지위와 명망이 있었다.
어느 날 그가 많은 빈객들 앞에서 담론을 펴고 있었는데 왕필王弼은 약관의 나이로 뒤늦게 이 자리를 찾아왔다. 하안何晏은 왕필이 온다는 말을 듣고 신조차 바로 신을 겨를이 없이 나가서 맞이하며 지난날 가장 뛰어난 이론 한 조목條目을 꺼내어 왕필에게 물었다.

"내가 느끼기엔 이 정도면 빈틈없는 이론이라 보는데 그래도 바로잡을 게 있겠는가?"

이에 왕필이 즉시 반론을 꺼내자 그 자리에 앉아 있던 모든 이들이 하안이 굴복할 수밖에 없으리라 여겼다. 이에 왕필은 이 문제를 스스로 문답식 차례대로 조리에 맞추어 풀어 나갔다. 앉아 있던 사람 누구도 이에 미치지 못하였던 것이다.

何晏爲吏部尙書, 有位望; 時談客盈坐, 王弼未弱冠, 往見之. 晏聞弼來, 乃倒屣迎之; 因條向者勝理語弼曰:「此理僕以爲理極,可得復難不?」

弼便作難, 一坐人便以爲屈. 於是弼自爲客主數番, 皆一坐所不及.

【何晏】자는 平叔(190~249). 한나라 때 何進의 손자이며 삼국시대 魏나라 인물. 평소 분을 발라 용모가 아름다웠으며 魏나라 金鄕公主에게 장가 들었음. 尙書 벼슬로 관리를 선발하면서 자신의 친구를 등용시켜 曹爽에게 빌붙었다가 司馬懿에게 죽임을 당함. 老莊에 밝았고 청담에 뛰어났으며, 夏侯玄, 王弼 등과 玄學을 창도함. 〈道德論〉,〈無爲論〉 등을 지었으며 특히 그의 《論語集解》는 지금도 전함. 《晉書》(9)에 전이 있음.

【王弼】자는 輔嗣(226~249). 어려서부터 학문에 밝았으며 특히 道家의 이론으로 儒學을 引證하려 한 학문방법을 창안하였음. 그리하여 玄學에 뛰어났을 뿐 아니라 漢代 유학의 質朴瑣屑한 면을 타파하였음. 尙書郞을 지냈음. 《老子注》와 《周易注》가 유명하며 〈道略論〉이 있음. 《三國志》 魏書 鍾會傳 注에 관련 기록이 있음.

참고 및 관련 자료

1. 《文章敍錄》
晏能淸言, 而當時權勢, 天下談士, 多宗尙之.

2. 《魏氏春秋》
晏少有異才, 善談易老.

3. 《王弼別傳》
弼字輔嗣, 山陽高平人. 少而察慧, 十餘歲便好莊老. 通辯能言, 爲傅嘏所知. 吏部尙書何晏甚奇之, 題之曰:「後生可畏. 若斯人者, 可與言天人之際矣!」以弼補臺郞. 弼事功雅非所長, 益不留意, 頗以所長笑人, 故爲時士所嫉. 又爲人淺而不識物情. 初與王黎, 荀融善, 黎奪其黃門郞, 於是恨黎; 與融亦不終好. 正始十年, 曹爽廢, 以公事免. 其秋遇癘疾亡, 時年二十四. 弼之卒也, 晉景帝嗟歎之累日, 曰:「天喪予!」其爲高識悼惜如此.

189(4-7)

하평숙(何平叔, 何晏)이《노자주老子注》를 완성하고 왕보사(王輔嗣, 王弼)를 찾아가서는 왕필의 주가 너무나 정묘한 것을 보고 이에 탄복하여 굴복하며 말하였다.
"이런 사람이야말로 더불어 하늘과 사람 사이의 일을 논할 수 있다!"
그러고는 자기가 주를 단 것을《도덕이론道德二論》으로 이름을 바꾸어 버렸다.

何平叔注《老子》始成, 詣王輔嗣; 見王注精奇, 迺神伏曰:

「若斯人, 可與論天人之際矣!」
因以所注爲《道德二論》.

【何晏】자는 平叔(190~249). 한나라 때 何進의 손자이며 삼국시대 魏나라 인물. 평소 분을 발라 용모가 아름다웠으며 魏나라 金鄕公主에게 장가들었음. 尙書 벼슬로 관리를 선발하면서 자신의 친구를 등용시켜 曹爽에게 빌붙었다가 司馬懿에게 죽임을 당함. 老莊에 밝았고 청담에 뛰어났으며 夏侯玄, 王弼 등과 玄學을 창도함. 〈道德論〉, 〈無爲論〉 등을 지었으며 특히 그의 《論語集解》는 지금도 전함. 《晉書》(9)에 전이 있음.
【老子注】위진시대 三玄學(《老子》·《莊子》·《周易》)으로 注와 토론이 성행하였음.
【王弼】자는 輔嗣(226~249). 어려서부터 학문에 밝았으며 특히 道家의 이론으로 儒學을 引證하려 한 학문방법을 창안하였음. 그리하여 玄學에 뛰어났을 뿐 아니라 漢代 유학의 質朴瑣屑한 면을 타파하였음. 尙書郞을 지냈음. 《老子注》와 《周易注》가 유명하며 〈道略論〉이 있음. 《三國志》 魏書 鍾會傳 注에 관련 기록이 있음.

참고 및 관련 자료

1. 《魏氏春秋》
弼論道約美不如晏, 然自然出拔過之.

190(4-8)

왕보사(王輔嗣, 王弼)가 약관弱冠의 나이에 배휘裵徽를 방문하였더니 배휘가 이런 질문을 던졌다.

"무릇 '무無'라고 하는 것은 진실로 만물의 '자資'이다. 성인들은 이에 대해 누구 하나 말로 표현하고자 하지 않았다. 그런데 노자老子는 끝없이 이 '무'를 설명하고 있으니 무슨 이유일까?"

이에 왕필은 이렇게 대답하였다.

"성인은 스스로가 '무'를 체득하고 있습니다. 게다가 '무'란 또한 설명할 수도 없는 것입니다. 그 때문에 이를 말로 하려면 반드시 '유有'를 언급해야만 합니다. 노자와 장자는 '유'에서 미처 벗어나지 못하였기 때문에 항상 자신들에게 부족한 바를 설명하고 있는 것입니다."

王輔嗣弱冠詣裵徽, 徽問曰:「夫無者, 誠萬物之所資, 聖人莫肯致言, 而老子申之無已, 何邪?」

弼曰:「聖人體無, 無又不可以訓, 故言必及有; 老莊未免於有, 恆訓其所不足」

【王輔嗣】王弼(226~249). 輔嗣. 어려서부터 학문에 밝았으며 특히 道家의 이론으로 儒學을 引證하려 한 학문방법을 창안하였음. 그리하여 玄學에 뛰어났을 뿐 아니라 漢代 유학의 質朴瑣屑한 면을 타파하였음. 尙書郞을 지냈음. 《老子注》와 《周易注》가 유명하며 〈道略論〉이 있음. 《三國志》 魏書 鍾會傳 注에 관련 기록이 있음.

【裵徽】자는 文季. 삼국시대 위나라 사람. 裵楷의 아버지이며 裵潛의 아우. 그의 네 아들 裵黎·裵康·裵楷·裵綽은 모두 당시의 名士로 이름을 날렸음. 《三國志》 魏書 裵潛傳 注 참조.

참고 및 관련 자료

1. 《永嘉流人名》
徽字文季, 河東聞喜人, 太常潛少弟也. 仕至冀州刺史.

2. 《老子》 1장
無, 名天地之始; 有, 名萬物之母.

3. 《王弼別傳》
弼父爲尙書郞, 裴徽爲吏部郞; 徽見, 異之, 故問.

4. 《魏志》 鍾會傳
時裴徽爲吏部郞, 弼夫弱冠, 往造焉.

191(4-9)

부하傅嘏는 허승虛勝에 대하여 잘 표현하였고 순찬荀粲은 현원玄遠에 대해 논리를 좋아하였다. 매번 이 둘이 만나 이야기를 나눌 때면 서로 말로 경쟁하면서도 서로를 이해시키지는 못하는 것이었다. 이에 배기주(裴冀州, 裴徽)가 이들 두 사람의 뜻을 해석하여 지닌 뜻을 소통시켜 항상 두 사람이 서로 알아듣고 피차 창통暢通하게 되었다.

傅嘏善言虛勝, 荀粲談尙玄遠; 每至共語, 有爭而不相喩. 裴冀州釋二家之義, 通彼我之懷, 常使兩情皆得, 彼此俱暢.

【傅嘏】 자는 蘭石(蘭碩. 209~255). 泥陽人. 河南尙書를 지냄. 才性의 문제를 깊이 다루었던 인물.《三國志》(21)에 전이 있음. 삼국시대 위나라 사람. 毌丘儉을 평정한 후 陽鄕侯에 봉해짐.
【虛勝】 道家의 玄虛. 虛無에 대한 미묘한 이론.
【荀粲】 자는 봉천(奉倩). 삼국시대 위나라의 인물. 荀彧의 막내아들.《三國志》荀彧傳 참조.
【玄遠】 '玄奧幽遠하다'의 뜻의 玄學 내용.
【裴冀州】 자는 文季. 삼국시대 위나라 사람. 裴楷의 아버지이며 裴潛의 아우. 그의 네 아들 裴黎·裴康·裴楷·裴綽은 모두 당시의 名士로 이름을 날렸음.《三國志》魏書 裴潛傳 注 참조. 冀州刺史를 지냄.

참고 및 관련 자료

1.《魏志》
嘏字蘭碩, 北地泥陽人, 傅介子之後也. 累遷河南尹, 尙書. 嘏嘗論才性同異, 鍾會集而論之.

2.《傅子》
嘏旣達治好正, 而有淸理識要, 好論才性, 原本精微, 鮮能及之. 司隸校尉鍾會年甚少, 嘏以朋知交會.

3.《荀粲別傳》
粲字奉倩, 潁川潁陰人, 太尉彧少子也. 粲諸兄儒術論議名知名. 粲能言玄遠, 常以子貢稱夫子之言性與天道, 不可得而聞也; 然則六籍雖存, 固聖人之糠秕, 能言者不能屈.

4.《荀粲別傳》
粲太和初到京邑, 與傅嘏談, 善名理; 而粲尙玄遠, 宗致雖同, 倉卒時或格而不相得意. 裴徽通彼我之懷, 爲二家釋. 頃之, 粲與嘏善.

5.《管輅傳》
裴使君有高才逸度, 善言玄妙也.

192(4-10)

하안何晏이 《노자주老子注》를 완성하기 전에 왕필王弼을 만났더니 왕필이 자기의 주석에 대한 요지를 말해주었다. 하안은 자기의 의견이 왕필에게 미치지 못함을 알아차리고는 더 이상 말을 붙이지 못한 채 묻는 말에만 "응, 응"하고 대답할 뿐이었다. 그리하여 하안은 다시는 노자 주석을 계속 하지 않고 대신 《도덕론道德論》을 짓게 되었다.

何晏注《老子》未畢, 見王弼, 自說注老子旨. 何意多所短, 不復得作聲, 但應之. 遂不復注, 因作《道德論》.

【何晏】자는 平叔(190~249). 한나라 때 何進의 손자이며 삼국시대 魏나라 인물. 평소 분을 발라 용모가 아름다웠으며 魏나라 金鄕公主에게 장가 들었음. 尙書 벼슬로 관리를 선발하면서 자신의 친구를 등용시켜 曹爽 에게 빌붙었다가 司馬懿에게 죽임을 당함. 老莊에 밝았고 청담에 뛰어났으며 夏侯玄, 王弼 등과 玄學을 창도함. 〈道德論〉, 〈無爲論〉 등을 지었으며 특히 그의 《論語集解》는 지금도 전함. 《晉書》(9)에 전이 있음.
【王弼】자는 輔嗣(226~249). 어려서부터 학문에 밝았으며 특히 道家의 이론으로 儒學을 引證하려 한 학문방법을 창안하였음. 그리하여 玄學에 뛰어났을 뿐 아니라 漢代 유학의 質朴瑣屑한 면을 타파하였음. 尙書郞을 지냈음. 《老子注》와 《周易注》가 유명하며 〈道略論〉이 있음. 《三國志》魏書 鍾會傳 注에 관련 기록이 있음.
【道德論】《老子》의 내용을 道와 德으로 나누어 이를 달리 불렀음.

> 참고 및 관련 자료

1. 《文章敍錄》
自儒者論以老子非聖人, 絶禮棄學. 晏說與聖人同, 著論行於世也.

193(4-11)

중조(中朝, 西晉) 시대에 도에 대해 논란을 펴던 많은 무리들 중에 어떤 자가 왕이보(王夷甫, 王衍)를 찾아가 의문 나는 곳을 물었다.
마침 왕이보는 똑같은 질문으로 그 전날 말을 너무 많이 하였기 때문에 조금 피곤한 상태여서 더 이상 되풀이하고 싶지 않았다. 그래서 이렇게 대답해 주었다.
"지금 내가 몸이 불편하오. 배일민(裴逸民, 裴頠)이 부근에 살고 있으니 그에게 가서 물어보는 게 가할 듯하오."

中朝時, 有懷道之流, 有詣王夷甫諮疑者. 値王昨已語多. 小極, 不復相酬答; 乃謂客曰:「身今少惡, 裴逸民亦近在此, 君可往問.」

【中朝】中原에 처해 있을 때를 말함. 즉 西晉時代.
【王夷甫】王衍(256~311). 자는 夷甫. 죽림칠현의 하나인 王戎의 從弟. 太尉를 지냄.《晉書》(43)에 전이 있음.

【裴逸民】裴頠(267~300). 字는 逸民. 裴秀의 막내아들. 老莊과 醫術에 밝았으며 〈崇有論〉을 지어 儒家의 인의도덕을 중시할 것을 주장하였음. 尙書左僕射, 侍中 등을 지냈으며 賈后의 난에 인척임에도 정도를 지켰음. 趙王(司馬倫)이 가후에게 빌붙자 이를 탄핵하다가 결국 34세에 司馬倫에게 주살당함. 惠帝가 反正하여 그를 복권시켰으며 시호를 成이라 함.《晉書》(35)에 전이 있음.

참고 및 관련 자료

1.《晉諸公贊》
裴頠談理, 與王夷甫不相推下.

194(4-12)

배성공(裴成公, 裴頠)이 현리묘담玄理妙談을 반대하는《숭유론崇有論》이란 글을 짓자 당시 사람들이 공격하였지만 누구도 그를 굴복시킬 수는 없었다. 다만 왕이보(王夷甫, 王衍)가 나서자 겨우 조금 숙여들었다. 이를 본 당시 사람들이 왕이보의 이론을 써서 배성공을 공격하였지만 배성공의 논리는 그래도 더욱 퍼져나갔다.

裴成公作崇有論, 時人攻難之, 莫能折; 唯王夷甫來, 如小屈. 時人卽以王理難裴, 理還復申.

【裴成公】裴頠(267~300). 字는 逸民. 裴秀의 막내아들. 老莊과 醫術에 밝았으며 〈崇有論〉을 지어 儒家의 인의도덕을 중시할 것을 주장하였음. 尙書左僕射, 侍中 등을 지냈으며 賈后의 난에 인척임에도 정도를 지켰음. 趙王(司馬倫)이 가후에게 빌붙자 이를 탄핵하다가 결국 34세에 司馬倫에게 주살당함. 惠帝가 反正하여 그를 복권시켰으며 시호를 成이라 함.《晉書》(35)에 전이 있음.
【崇有論】당시 유행하던 淸談說을 반대하여 儒家의 仁義道德을 중시할 것을 주장한 문장.
【王夷甫】王衍(256~311). 자는 夷甫. 죽림칠현의 하나인 王戎의 從弟. 太尉를 지냄.《晉書》(43)에 전이 있음.

참고 및 관련 자료

1. 《晉諸公贊》
自魏太常夏侯玄, 步兵校尉阮籍等, 皆著道德論. 于時侍中樂廣, 吏部郎劉漠, 亦體道而言約, 尙書令王夷甫講理而才虛, 散騎常侍戴奧以學道爲業, 後進庾敳之徒皆希慕簡曠. 頠疾世俗·尙虛無之理, 故著崇有·貴無二論以折之. 才博喩廣, 學者不能究. 後樂廣與頠淸閒欲說理, 而頠辭喩豐博. 廣自以體虛無, 笑而不復言.

2. 《惠帝起居注》
頠箸二論, 以規虛誕之弊; 文詞精富, 爲世名論.

195(4-13)

제갈굉諸葛宏이 어릴 때 공부를 싫어하였다. 그러나 왕이보(王夷甫, 王衍)가 그와 담론을 해보고 대단한 인물임을 알고는 이렇게 말하였다.

"그대는 천생 뛰어난 재질을 가졌는데, 만약 조금 더 연구하고 공부한다면 어디에 내놓아도 부끄러운 인물이 아닐세."

이때부터 제갈굉은 《장자莊子》와 《노자老子》 글을 탐독하였다. 그가 다시 한번 왕이보와 담론을 펴게 되었을 때에는 과연 족히 우열을 가릴 수 없게 되었다.

諸葛宏年少不肯學問, 始與王夷甫談, 便已超詣.
王歎曰:「卿天才卓出, 若復小加研尋, 一無所愧.」
宏後看《莊老》, 更與王語, 便足相抗衡.

【諸葛宏】 자는 茂遠. 琅邪人. 재주가 뛰어났으며 司空主簿를 지냄.
【王夷甫】 王衍(256~311). 자는 夷甫. 죽림칠현의 하나인 王戎의 從弟. 太尉를 지냄. 《晉書》(43)에 전이 있음.

참고 및 관련 자료

1. 《晉書》 王隱
宏字茂遠, 琅邪人, 魏·雍州刺史緒之子. 有逸才, 仕至司空主簿.

196(4-14)

위개衛玠가 총각總角 시절에 악령(樂令, 樂廣)에게 '꿈夢'이 무엇인지에 대하여 질문하자 악령은 '생각하는 것想'이라 대답하였다.

그러자 위개가 다시 물었다.

"형체와 정신이 서로 연접되지 못하는 꿈도 있는데 어찌 생각想이 곧 꿈이라고 할 수 있습니까?"

이에 악광이 이렇게 설명하였다.

"어떤 인因이 있어 그것이 꿈속에 나타나는 것이니 꿈속에 수레를 타고 쥐구멍같이 작은 데를 들어갔다거나, 매운 고추를 빻으면서 쇠 절구공이를 먹는다든지 하는 꿈은 들어보지 못하였다. 이는 평소에 상상할 수 없는 일이기 때문에 꿈에도 나타나지 않는 것이다."

위개는 그 '인因'이라는 말의 의문을 한 달이 넘도록 풀지 못하고 고민하다가 병까지 들고 말았다. 악령이 이 소식을 듣고 즉시 수레를 몰고 찾아가서 다시 꿈에 대한 해석을 해주자 위개의 병이 조금 나아졌다.

악광은 이렇게 감탄하였다.

"이 아이의 흉중에서 틀림없이 고황지질膏肓之疾이 들어앉을 자리가 없겠군!"

衛玠總角時問樂令「夢」, 樂云是「想」.

衛曰:「形神所不接而夢,豈是想邪?」

樂云:「因也. 未嘗夢乘車入鼠穴, 擣韲啖鐵杵; 皆無想無因故也」

衛思「因」經月不得, 遂成病. 樂聞, 故命駕爲剖析之; 衛病卽小差.

樂歎曰:「此兒胸中, 當必無膏肓之疾!」

【衛玠】자는 叔寶(287~313). 어릴 때는 虎라 부름. 衛瓘의 손자이며 衛恒의 아들. 《老莊》에 조예가 깊었음. 어려서 王澄, 王玄, 王濟와 함께 이름을

날려 "王家三子, 不如衛家一兒"라 하였음. 中原大亂 때 남으로 피난하여 王敦에게 발탁됨. 太子洗馬를 지냈으며 王承과 더불어 '中興第一名士'로 불림.《晉書》(36)에 전이 있음.

【總角】고대에 남녀 모두 관례를 치르지 않은 나이. 즉, 남자는 관을 쓰지 않고 여자는 비녀를 사용치 않아 머리를 묶어 뿔처럼 한 상태의 나이.

【樂令】樂廣. 자는 彦輔(?~304). 王衍과 같은 시대 인물로 당시 청담 풍조에 이름을 날렸음. 여러 관직을 거쳐 王戎을 이어 尙書令이 됨. 그 때문에 흔히 '樂令'으로도 불림. 두 딸이 있어 하나는 衛玠에게, 하나는 成都王(司馬穎)에게 시집을 보냈으나 마침 사마영과 長沙王(司馬乂)의 싸움이 심해지나 근심을 품고 죽음.《晉書》(43)에 전이 있음. 단 '樂'은 성씨의 경우 '악'(yue)으로 읽으나(예 樂毅)《世說新語辭典》(1992, 四川)에서는 '락'(le)의 항목에 실려 있어 '락광'으로 되어 있음.

【夢】《周禮》에는 꿈을 여섯 가지로 나누고 있음. 참고란을 볼 것.

【膏肓之疾】膏肓은 심장과 횡격막 사이 부분. 한방에서는 약을 써도 효과가 그곳까지 미치지 않으므로 불치의 병으로 여겼으며, 그 원인을 의심, 원한, 지나친 집착 등에 의해 생긴다고 믿었음. 그러나 뒤에 어떤 사물에 집착하여 깊이 빠져드는 상태도 이 膏肓之疾로 보아 긍정적인 뜻으로도 씀.

참고 및 관련 자료

1. 劉孝標 注

『周禮有六夢: 一曰正夢, 謂無所感動, 平安而夢也; 二曰噩夢, 謂驚愕而夢也; 三曰思夢, 謂覺時所思念也; 四曰寤夢, 謂覺時道之而夢也; 五曰喜夢, 謂喜說而夢也; 六曰懼夢, 謂恐懼而夢也. 按樂所言想者, 蓋思夢也, 因者, 蓋正夢也.』

2.《春秋傳》

晉景公有疾, 求醫於秦, 秦伯使醫緩爲之; 未至, 公夢疾爲二豎子. 曰: 彼良醫也, 懼傷我焉!」其一曰:「居肓之上膏之下, 若我何?」醫至, 曰:「疾不可爲也! 在肓之上膏之下, 攻之不可達, 刺之不可及, 藥不至焉」公曰:「良醫也」(注:「肓, 鬲也; 心下爲膏」)

197(4-15)

유자숭(庾子嵩, 庾敳)이 《장자莊子》를 읽을 때 한 자尺쯤 읽다가 문득 책을 내려놓고 이렇게 말하였다.
"조금도 내 뜻과 다른 데가 없구나."

庾子嵩讀《莊子》, 開卷一尺許便放去; 曰:「了不異人意.」

【庾子嵩】庾敳(261~311). 자는 子嵩. 王衍의 중시를 받아 吏部郞, 東海王(司馬越)의 太傅가 되었으며, 石勒의 난에 왕연과 함께 피살됨.《晉書》(50)에 전이 있음.
【一尺許】옛날에는 두루마리 책이었으므로 이렇게 표현했음.

참고 및 관련 자료

1.《晉陽秋》
庾敳字子嵩, 潁川人, 侍中峻第三子. 恢廓有度量, 自謂是老莊之徒. 曰:「昔未讀此書, 意嘗謂至理如此; 今見之, 正與人意暗同.」仕至豫州長史.

198(4-16)

어떤 객이 악령(樂令, 樂廣)에게 《장자莊子》의 〈지부지旨不至〉가 무엇이냐고 물었다. 악광은 역시 그 문구를 분석하여 주지는 않은 채 대뜸 주미麈尾의 손잡이로 안궤案几를 치면서 이렇게 물었다.

"닿았소?"

객이 대답하였다.

"닿았습니다."

그러자 악광은 그 주미를 들면서 이렇게 설명하였다.

"만약 닿았다고 한다면 어찌 지금은 다시 떨어졌지요?"

이에 그 객은 이를 깨닫고 감복하였다. 악광은 설명이 간략하면서도 그 요지를 통달시키기가 모두 이와 같았다.

客問樂令「旨不至」者. 樂亦不復剖析文句, 直以麈尾柄确几曰:「至不?」

客曰:「至.」

樂因又擧麈尾曰:「若至者, 那得去?」

於是客乃悟服. 樂辭約而旨達, 皆此類.

【樂令】樂廣(?~304). 자는 彦輔. 王衍과 같은 시대 인물로 당시 청담 풍조에 이름을 날렸음. 여러 관직을 거쳐 王戎에 이어 尙書令이 됨. 그 때문에 흔히 '樂令'으로도 불림. 두 딸이 있어 하나는 衛玠에게, 하나는 成都王(司馬穎)에게 시집을 보냈으나 마침 사마영과 長沙王(司馬乂)의 싸움이 심해지자 근심을 품고 죽음.《晉書》(43)에 전이 있음. 단 '樂'은 성씨의 경우 '악'(yue)

으로 읽으나(예 樂毅)《世說新語辭典》(1992, 四川)에서는 '락'(le)의 항목에 실려 있어 '락광'으로 되어 있음.

【旨不至】《莊子》天下篇 惠施의 이론. 원문 '指不至'는 '손가락으로 가리켜도 닿지 않음'의 뜻.

【麈尾】위진 시대 유행하던 물건으로 먼지도 털고 부채로도 쓰던 손잡이가 달린 총채로서 玄談을 토론할 때 의용을 부리는 데 사용함. 옥석, 금은, 상아로 장식하여 늘 손에 지님.

참고 및 관련 자료

1. 《莊子》天下篇

汜愛萬物, 天地一體也. 惠施以此爲大, 觀於天下, 而曉辯者, 天下之辯者, 相與樂之. 卵有毛, 雞三足, 郢有天下, 犬可以爲羊, 馬有卵, 丁子有尾, 火不熱, 山出口, 輪不輾地, 目不見, 指不至, 至不絶.

2. 《列子》仲尼篇의 '指不至'에 대한 張湛의 주

'指不至', 張湛注:「夫以指至不至者, 則必因我以正物; 因我以正物, 則未造其極. 唯忘其所因, 則彼此玄得矣. 惠施曰:「指不至也.」

3. 楊勇〈校箋〉

『勇按: 莊子卵有毛以下數事, 皆指不至之意. 孝標注:「飛鳥之影, 莫見其移, 馳車之輪, 會不掩地.」卽本莊子意而衍. 樂令以麈尾柄确几, 先至而後去, 則其所謂至, 非絶對至也. 換言之, 有至必有去, 有去必有至, 而至與去, 爲相對存在, 非永遠現象. 此皆玄學家辭頭之辯, 亦當時淸言之一斑.』

4. 劉孝標 注

『夫藏舟潛往, 交臂恆謝, 一息不留, 忽焉生滅; 故飛鳥之影莫見其移, 馳車之輪會不掩地. 是以去不去矣, 庸有至乎? 至不至矣, 庸有去乎? 然則前至不異後至, 至名所以生; 前去不異後去, 去名所以立. 今天下無去矣, 而去者非假哉? 旣爲假矣, 而至者豈實哉?』

199(4-17)

처음에 《장자莊子》책에 주석을 단 자가 수십 인이었지만 그 책의 요지를 정확히 밝힌 자는 없었다. 상수向秀는 옛날 주석에 해의解義까지 붙여 오묘한 분석을 해내어 현풍玄風을 일으켰다. 다만 〈추수秋水〉·〈지락至樂〉 두 편을 다 마치지 못한 채 상수는 그만 세상을 뜨고 말았다. 상수의 아들은 어려서 그것을 전수받지 못하였고 그 해의조차 잃어버려 사라지고 말았다가 다행히 별본別本이 남아 있었다. 그러다가 곽상郭象이란 자가 있었는데 행동은 경박輕薄스러웠지만 재주가 있었다. 상수의 〈해의본解義本〉이 세상에 전해지지 않는 것을 보고는 그것을 절취하여 자기의 주석으로 삼았다. 그리고는 스스로 〈추수〉·〈지락〉 두 편의 주석을 붙였으며, 일부를 고쳐 주를 단 것이란 〈마제馬蹄〉 한 편뿐이었다. 그 외의 편은 다만 문구에 수정을 가한 데 불과하였다. 그 뒤 결국 상수의 〈해의본〉이란 별본이 세상에 나오게 되어 지금의 《장자莊子》의 주석서는 《상수본向秀本》과 《곽상본郭象本》 등 두 가지가 전하고 있으나 그 해의는 하나이다.

初, 注《莊子》者數十家, 莫能究其旨要. 向秀於舊注外爲解義, 妙析奇致, 大暢玄風; 唯秋水·至樂二篇未竟而秀卒. 秀子幼, 義遂零落, 然猶有別本.
郭象者, 爲人薄行有儁才; 見秀義不傳於世, 遂竊以爲己注; 乃自注〈秋水〉·〈至樂〉二篇, 又易〈馬蹄〉一篇, 其餘衆篇, 或點定文句而已. 後秀義別本出, 故今有《向郭》二莊, 其義一也.

【向秀】 자는 子期(227?~272?). 竹林七賢의 하나. 처음 山濤·嵇康·呂安 등과 자연을 즐기다가 嵇康과 呂安이 司馬氏에게 죽임을 당한 후 벼슬길로 들어서 黃門侍郞, 散騎常侍를 지냄. 《老·莊》에 심취하여 《莊子注》를 완성하였으며, 이를 바탕으로 한 郭象의 《莊子注》가 지금도 전함. 賦에도 뛰어나 〈思舊賦〉를 남김. 《晉書》(49)에 傳이 있음. 向은 姓氏나 地名일 경우 '상'으로 읽음.

【郭象】 자는 子玄. 晉나라 때 유명한 玄學家. 《莊子》의 向秀 주가 사라지고 게다가 〈秋水〉와 〈至樂〉편이 없음을 알고 자신의 주를 넣어 〈郭氏注〉를 냄. 뒤에 〈向秀本〉이 발견되어 《장자》의 주가 二本이 전하게 됨. 司徒掾을 거쳐 黃門侍郞을 지냈으며 東海王(司馬越)에게 발탁되어 太傅主簿를 역임함. 《晉書》(50)에 전이 있음.

【秋水·至樂·馬蹄】 모두 《莊子》의 篇名.

참고 및 관련 자료

1. 《向秀別傳》

秀與嵇康, 呂安爲友, 趣舍不同. 嵇康傲世不羈, 安放逸邁俗, 而秀雅好讀書; 二子頗以此嗤之. 後秀將注莊子, 先以告康, 安. 康, 安咸曰:「此書詎復須注? 徒棄人作樂事耳.」 及成, 以示二子, 曰:「爾故復勝不?」 康, 安乃驚曰:「莊周不死矣!」 後注周易, 大義可觀; 而與漢世諸儒互有彼此, 未若隱莊之絶倫也.

2. 劉孝標 注

『秀本傳或言: 秀遊託數賢, 蕭屑卒歲, 都無注述. 唯好莊子, 聊應崔譔所注, 以備遺忘云.』

3. 《竹林七賢論》

秀爲此義, 讀之者, 無不超然若已出塵埃, 而窺絶冥, 始了視聽之表. 有神德玄哲, 能遺天下, 外萬物. 雖復使動競之人, 顧觀所徇, 皆悵然自有振拔之情矣.

4. 《文士傳》

象字子玄, 河南人. 少有才理, 慕道好學, 託志老莊, 時人咸以爲王弼之亞. 辟司空掾, 太傅主簿.

5. 《文士傳》

象作莊子注, 最有淸辭遒旨.

200(4-18)

완선자(阮宣子, 阮脩)는 당시에 명성을 얻고 있던 자였다. 태위 왕이보(王夷甫, 王衍)가 그를 만나자 질문을 하였다.
"노장老莊과 성인孔子의 가르침은 같은가, 다른가?"
이 질문에 완선자는 간단히 대답하였다.
"아마 같지 않겠습니까將無同?"
태위는 이 대답이 훌륭하다고 여기고 그를 발탁하여 연掾의 벼슬을 내려 주었다.
그래서 세상엔 그를 '삼어연三語掾'이라 불렀다.
위개衛玠가 이 소식을 듣고 이렇게 비웃었다.
"한 마디면 될 것을 무슨 겨를에 세 마디씩이나 한담!"
그러자 태위는 이렇게 되받았다.
"진실로 천하에 덕망이 있는 사람이라면 한 마디도 없이 발탁되는 법, 어찌 한 마디를 할 겨를이 있으랴?"
이를 안 위개는 드디어 그와 친구가 되었다.

(阮宣子)[阮千里]有令聞, (太尉王夷甫)[司徒王濬沖]見而問曰:「老莊與聖敎同異?」
對曰:「將無同?」
太尉善其言, 辟之爲掾. 世謂「三語掾」.
衛玠嘲之曰:「一言可辟, 何假於三?」
(宣子)[千里]曰:「苟是天下人望, 亦可無言而辟, 復何假一?」
遂相與爲友.

【阮宣子】阮脩(270?~312?). 자는 宣子. 陳留人으로 鴻臚丞과 太子洗馬를 지냄.《周易》에 통달하여〈無鬼論〉을 지었으며 中原 대란을 피하여 남으로 내려오다가 해를 입어 죽음.《晉書》(49)에 전이 있음.
【王夷甫】王衍(256~311). 자는 夷甫. 죽림칠현의 하나인 王戎의 從弟. 太尉를 지냄.《晉書》(43)에 전이 있음.
【衛玠】자는 叔寶(287~313). 어릴 때는 虎라 부름. 衛瓘의 손자이며 衛恒의 아들.《老莊》에 조예가 깊었음. 어려서 王澄, 王玄, 王濟와 함께 이름을 날려 "王家三子, 不如衛家一兒"라 하였음. 中原大亂 때 남으로 피난하여 王敦에게 발탁됨. 太子洗馬를 지냈으며 王承과 더불어 '中興第一名士'로 불림.《晉書》(36)에 전이 있음.
【將無同】'將無'는 자신의 추측된 의견이 긍정으로 기울 때 쓰는 의문, 반어 語頭. "결국 ~이 아니겠는가?"로 풀이됨.
【三語掾】세 글자 말(將無同)로 얻은 벼슬이라는 뜻. 掾은 보좌관, 낮음 직책임.

> 참고 및 관련 자료

1.《名士傳》
阮脩字宣子, 陳留尉氏人. 好老易, 能言理. 不喜見俗人, 時誤相逢, 卽捨去. 傲然無營, 家無儋石之儲, 晏如也. 琅邪王處仲爲鴻臚卿, 謂曰:「鴻臚丞差有祿, 卿常無食, 能作不?」脩曰:「爲復可耳」遂爲鴻臚丞, 太子洗馬.

2. 본장의 '阮宣子'는 '阮千里'의 잘못으로 보고 있다. 楊勇〈校箋〉에는 다음과 같이 설명하고 있다.
『阮宣子, 當作〈阮千里.〉 太尉王夷甫, 當作〈司徒王濬沖.〉 晉書阮瞻傳:「瞻見司徒王戎. 戎問曰:「聖人貴名教, 老莊明自然, 其旨同異?」瞻曰:「將無同!」戎咨嗟良久, 卽令辟之. 時人謂之〈三語掾.〉太尉王衍亦雅重之」通鑑同. 晉書阮修傳無載此事. 又御覽二〇九, 三九〇引衛玠別傳, 阮宣子亦作陳留阮千里. 皆足證此爲阮千里及王濬沖也.』

201(4-19)

배산기(裴散騎, 裴遐)는 왕태위(王太尉, 王衍)의 딸을 아내로 맞이하였다. 결혼한 지 사흘 만에 여러 사위들의 큰 모임이 벌어졌는데, 당시의 명사들과 왕씨王氏, 배씨裴氏 집안의 자제들까지 모두 모였다.

그때 곽자현(郭子玄, 郭象)도 그 자리에 왔으며, 그는 배산기와 담론을 벌이겠다고 도전하게 되었다. 곽자현은 재주가 대단히 풍섬豐贍하여 처음 몇 마디에는 배산기가 명쾌하게 상대하기에 벅찼다.

곽자현의 진설陳說이 심히 풍성해지자 배산기는 천천히 앞서 했던 말을 조리 있게 풀어 나갔다. 이치가 아주 미세한 부분에 이르자 앉았던 이들이 모두 차탄嗟嘆을 하였고 훌륭하다 여겼다.

왕연 역시 기이하다고 여기며, 여러 사람들에게 이렇게 말하였다.

"여러분들은 더 이상 대들지 마시오. 장차 과인의 사위에게 크게 당할 거요!"

裴散騎娶王太尉女, 婚後三日, 諸婿大會, 當時名士, 王·裴子弟悉集. 郭子玄在坐, 挑與裴談. 子玄才甚豐贍, 始數交, 未快.

郭陳張甚盛. 裴徐理前語, 理致甚微, 四坐咨嗟稱快. 王亦以爲奇.

謂諸人曰:「君輩勿爲爾, 將受困寡人女婿!」

【裴散騎】裴遐. 자는 叔道. 裴徽의 손자이며 裴綽의 아들. 散騎郎을 지냄. 王衍의 사위이며 東海王(司馬越)의 太傅主簿를 지냈으나 司馬越의 아들 司馬毗에게 죽임을 당함.《三國志》魏書 裴潛傳 注 및《晉書》裴秀傳 참조.

【王太尉】王衍(256~311). 자는 夷甫. 죽림칠현의 하나인 王戎의 從弟. 太尉를 지냄.《晉書》(43)에 전이 있음.

【郭子玄】郭象. 자는 子玄. 晉나라 때 유명한 玄學家.《莊子》의 向秀 주가 사라지고 게다가 〈秋水〉와 〈至樂〉편이 없음을 알고 자신의 주를 넣어 〈郭氏注〉를 냄. 뒤에 〈向秀本〉이 발견되어 《장자》의 주가 二本이 전함. 司徒掾을 거쳐 黃門侍郎을 지냈으며 東海王(司馬越)에게 발탁되어 太傅主簿를 역임함.《晉書》(50)에 전이 있음.

참고 및 관련 자료

1.《晉諸公贊》
裴遐字叔道, 河東人. 父綽, 長水校尉. 遐少有理稱. 辟司空掾, 散騎郞.

2.《永嘉流人名》
衍字夷甫, 第四女適遐也.

3.《晉紀》鄧粲
遐以辯論爲業, 善敍名理, 辭氣淸暢, 泠然若琴瑟. 聞其言者, 知與不知, 無不歎服.

202(4-20)

위개衛玠가 처음 강을 건너 남으로 온 다음, 왕대장군(王大將軍, 王敦)을 찾아뵈러 갔다. 밤이 되도록 함께 자리를 하게 되자 왕대장군은 사유여(謝幼輿, 謝鯤)를 불러 자리를 함께 하도록 하였다. 위개는 사곤을 보자 심히 즐거워하며 왕대장군은 돌아보지도 않고 도리어 아침이 밝도록 사곤과 현담玄談을 나누느라 정신이 없었다. 이리하여 왕돈은 밤새도록 그 말에 끼어들지도 못하였다. 그러나 위개는 본래 몸이 허약하여 어머니로부터 그렇게 밤을 새우는 일은 하지 못하도록 늘 주의를 받았었다.

그런데도 그날 밤 갑작스러운 극치에 빠져, 그만 그 일로 병을 얻어 다시는 일어나지 못하였다.

衛玠始度江, 見王大將軍, 因夜坐; 大將軍命謝幼輿. 玠見謝, 甚悅之, 都不復顧王, 遂達旦微言. 王永夕不得豫. 玠體素羸, 恆爲母所禁; 爾夕忽極, 於此病篤, 遂不起.

【衛玠】 자는 叔寶(287~313). 어릴 때는 虎라 부름. 衛瓘의 손자이며 衛恒의 아들. 《老莊》에 조예가 깊었음. 어려서 王澄, 王玄, 王濟와 함께 이름을 날려 "王家三子, 不如衛家一兒"라 하였음. 中原大亂 때 남으로 피난하여 王敦에게 발탁됨. 太子洗馬를 지냈으며 王承과 더불어 '中興第一名士'로 불림. 《晉書》(36)에 전이 있음.

【王敦】 자는 處仲(266~324). 어릴 때는 阿黑이라 부름. 王含의 아우이며 王導의 종제로 八王之亂 때 공을 세워 散騎常侍, 侍中, 靑州刺史, 鎭東大將軍 등을 지냄. 西晉이 망하자 司馬睿를 옹립하여 황제로 삼음. 뒤에 明帝 때 난을 일으켰다가 軍中에서 죽음. 《晉書》(98)에 전이 있음.

【謝幼輿】 謝鯤(280~322). 자는 幼輿. 謝衡의 아들이며 謝尙의 아버지. 老莊과 《易》에 밝았으며 豫章太守를 지냄. 東海王(司馬越)에게 발탁되어 掾을 거쳐 參軍을 지냄. 뒤에 다시 王敦에게 발탁되었으며 왕돈이 난을 일으키자 이를 극구 간언하였음. 《晉書》(49)에 전이 있음.

참고 및 관련 자료

1. 《王敦別傳》

敦字處仲, 琅邪臨沂人. 少有名理, 累遷靑州刺史. 避地江左, 歷侍中, 丞相, 大將軍, 揚州牧. 以罪伏誅.

2. 《晉陽秋》
謝鯤字幼輿, 陳郡人. 父衡, 晉碩儒. 鯤性通簡, 好老易, 善音樂, 以琴書爲業. 避亂江東, 爲豫章太守, 王敦引爲長史.

3. 《謝鯤別傳》
鯤四十三卒, 贈太常.

4. 《衛玠別傳》
玠少有名理, 善易老, 自抱羸疾, 初不於外擅相酬對. 時友歎曰:「衛君不言, 言必入玄.」武昌見大將軍王敦; 敦與談論, 咨嗟不能自己.

203(4-21)

옛날부터 이렇게 일러 왔다. 왕승상(王丞相, 王導)이 강을 건너 강좌江左로 온 후 다만 〈성무애락론聲無哀樂論〉·〈양생론養生論〉·〈언진의言盡意〉 등 세 가지 현리玄理만 폈을 뿐이었다고. 그렇지만 그것만 가지고도 이리 돌리고 저리 풀어내어 섭렵해 보지 않은 것이 없었다.

舊云王丞相過江左, 止道〈聲無哀樂〉·〈養生〉·〈言盡意〉三理而已. 然宛轉關生, 無所不入.

【王丞相】王導(276~339). 자는 茂弘. 어릴 때 자는 阿龍. 王敦의 從弟. 서진이 망하자 王敦과 함께 司馬睿를 황제로 추대하여 東晉을 세움. 그 공으로 丞相이 되었으며 號를 '仲父'라 하였음. 천하의 권세를 잡아 당시 "王與馬,

共天下"라 하였음. 元帝와 明帝, 成帝를 차례로 즉위시켰음. 아울러 남방 세족의 도움으로 강남에서의 동진 정권을 안정시킴.《晉書》(65)에 전이 있음.
【江左】강남. 建康. 東晉時代를 일컫는 말.
【聲無哀樂論】嵇康의 글로 소리에는 哀樂의 구별이 없다는 주장.
【養生論】嵇康의 養生에 대한 글.
【言盡意】歐陽堅石의 글. 참고란을 볼 것.

참고 및 관련 자료

1. 〈聲無哀樂論〉
그 대략의 내용은 劉氏 주에 『夫殊方異俗, 歌哭不同: 使錯而用之, 或聞哭而懽, 或聽歌而戚. 然哀樂之情均也. 今用均同之情, 發萬殊之聲, 斯非音聲之無常乎?』라 함.

2. 〈養生論〉
夫虱著頭而黑, 麝食柏而香, 頸處險而癭, 齒居晉而黃. 豈唯烝之使重無使輕, 芬之使香勿使延哉? 誠能烝以靈芝, 潤以醴泉, 無爲自得, 體妙心玄; 庶與羨門比壽, 王喬爭年. 何爲不可養生哉?

3. 〈言盡意〉
夫理得於心, 非言不暢; 物定於彼, 非名不辨. 名逐物而遷, 言因理而變, 不得相與爲二矣. 苟無其二, 言無不盡矣.

204(4-22)

은중군(殷中軍, 殷浩)이 유공(庾公, 庾亮)의 장사長史가 되어 건강建康으로 내려오자, 왕승상(王丞相, 王導)이 그를 위하여 잔치를 벌여 사람을 모았다.

그곳에 환공(桓公, 桓溫), 왕장사(王長史, 王濛), 왕람전(王藍田, 王述), 사진서(謝鎭西, 謝尙) 등이 함께 자리를 하게 되었다. 왕승상이 일어나 장막을 열고 주미塵尾를 들고서는 은호에게 이렇게 일렀다.

"나는 오늘 그대와 함께 현리玄理를 분석하고자 하오!"

이어서 서로 청언淸言을 벌여 드디어 삼경三更에까지 이르게 되었다. 승상王導과 은호가 서로 현언을 주고받느라 정신이 없자, 그 외의 여러 현사들은 어떻게 관여해 볼 수도 없었다. 이렇게 피차 서로 펴고 싶은 현담이 다 끝나자 승상은 이렇게 감탄하였다.

"이제껏 나눈 현담에 대해 나는 그 원류가 어디로 귀착되는지는 잘 모르겠소만, 그러나 말과 비유가 서로 위배됨이 없으니 이는 정시正始 때의 현담이 바로 이와 같았소!"

이튿날 아침 환선무(桓宣武, 桓溫)는 다른 사람에게 이렇게 말하였다.

"어젯밤 은호와 왕도의 청담을 들어보니 아주 훌륭하였소. 사인조(謝仁祖, 謝尙) 역시 심심하게 느끼지는 않았을 거요. 나 역시 때때로 깨닫는 바가 있었지요. 그런데 두 왕씨(王濛·王述)를 돌아보니 그들은 떨떠름해 하기가 마치 길들이지 않은 들개 같더이다."

殷中軍爲庾公長史, 下都, 王丞相爲之集, 桓公·王長史·王藍田·謝鎭西並在. 丞相自起解帳, 帶麈尾, 語殷曰:「身今日當與君共談析理」

旣共淸言, 遂達三更. 丞相與殷共相往反, 其餘諸賢, 略無所關. 旣彼我相盡, 丞相乃歎曰:「向來語, 乃竟未知理源所歸; 至於辭喩不相負. 正始之音, 正當爾耳!」

明旦, 桓宣武語人曰:「昨夜聽殷·王淸言, 甚佳. 仁祖亦不寂寞, 我亦時復造心; 顧看兩王掾, 輒翣如生母狗聲」

【殷中軍】殷浩(?~356). 자는 淵源. 殷羨(洪喬)의 아들이며 弱冠에 이미 이름이 났으며 玄言에 뛰어나 당시 풍류 재자로 숭앙을 받음. 정사에도 뛰어나 사람들은 그를 管仲이나 諸葛孔明에 비유할 정도였음. 建武將軍, 揚州刺史, 記室參軍·安西將軍·中軍將軍 등을 역임하였으며 北征에 나섰다가 姚襄에게 패배하여 서인으로 강등되기도 하였음. '咄咄怪事'의 고사를 남김. 《晉書》(77)에 전이 있음.

【庾公】庾亮(289~340). 자는 元規. 蘇峻, 祖約의 난을 평정하였으며 명제 때 王導를 이어 中書監이 됨. 征西大將軍, 荊州刺史 등을 지냄. 청담을 좋아하였으며 老莊에 밝았음. 죽은 후 太尉에 추증되었고 시호는 文康. 《晉書》(73)에 전이 있음.

【王丞相】王導(276~339). 자는 茂弘. 어릴 때 자는 阿龍. 王敦의 從弟. 서진이 망하자 王敦과 함께 司馬睿를 황제로 추대하여 東晉을 세움. 그 공으로 丞相이 되었으며 號를 '仲父'라 하였음. 천하의 권세를 잡아 당시 "王與馬, 共天下"라 하였음. 元帝와 明帝, 成帝를 차례로 즉위시켰음. 아울러 남방 세족의 도움으로 강남에서의 동진 정권을 안정시킴. 《晉書》(65)에 전이 있음.

【桓公】桓溫(312~373). 桓宣武. 桓玄의 부친. 자는 元子. 明帝의 사위. 荊州 刺史를 지냈으며, 蜀을 정벌하고 前秦을 쳐부숨. 簡文帝를 세우고 자신이 다시 왕위를 빼앗고자 하였음. 시호는 武侯. 그의 아들 桓玄이 드디어 제위를 찬탈하여 楚나라를 세운 다음 아버지 환온을 宣武皇帝로 추존함. 《晉書》(99)에 전이 있음.

【王長史】王濛(309?~347?). 자는 仲祖. 太原 王氏. 王脩, 王蘊. 哀帝王后의 아버지. 司徒左長史를 지냄. 《晉書》(93)에 전이 있음.

【王藍田】王述. 자는 懷祖(303~368). 王承의 아들이며 王坦之의 아버지. 고아가 되어 어머니를 극진히 모심. 아버지를 이어 藍田侯에 봉해졌으며 宛陵令, 臨海太守, 建威將軍, 會稽內史, 揚州刺史, 征虜將軍 등을 역임함. 청렴하기로 이름이 널리 알려졌음. 《晉書》(75)에 전이 있음.

【謝鎭西】謝尙(308~357). 자는 仁祖. 謝鯤의 아들이며 王導가 '小安豐'이라 불렀음. 給事黃門侍郞을 거쳐 建武將軍, 鎭西將軍, 歷陽太守, 豫州刺史, 江夏 義陽 등 都督을 지냄. 穆帝 때 尙書僕射를 지냄. 음악과 기예에 밝았으며 太樂을 처음으로 정리하였던 인물. 《晉書》(79)에 전이 있음.

【麈尾】육조시대 청담·현학의 선비들이 서로 토론할 때 손에 들고 儀容을 부리던 기구. 사슴꼬리에 상아, 금은, 옥 등으로 장식하였었음.

> 참고 및 관련 자료

1. 殷浩는 庾亮의 長史가 아니라 司馬였음. 劉氏 주에 『案庾亮僚屬名及中興書, 浩爲亮司馬, 非爲長史也』라 함.
2. 《王述別傳》
述字懷祖, 太原晉陽人. 祖湛, 父承, 並有高名. 述蚤孤, 事親孝謹, 簞瓢陋巷, 宴安永日. 由是爲有識所知. 襲爵藍田侯.

205(4-23)

은중군(殷中軍, 殷浩)이 불경佛經을 보고 나서 이렇게 말하였다.
"현리玄理도 응당 아도阿堵에 있겠군!"

殷中軍見佛經云:「理應在阿堵上」

【殷中軍】殷浩(?~356). 자는 淵源. 殷羨(洪喬)의 아들임. 弱冠에 이미 이름이 났으며 玄言에 뛰어나 당시 풍류 재자의 숭앙을 받음. 정사에도 뛰어나 사람들은 그를 管仲이나 諸葛孔明에 비유할 정도였음. 建武將軍, 揚州刺史, 記室參軍·安西將軍·中軍將軍 등을 역임하였으며, 北征에 나섰다가 姚襄에게 패배하여 서인으로 강등되기도 하였음. '咄咄怪事'의 고사를 남김. 《晉書》(77)에 전이 있음.
【阿堵】동진 때의 習語. '이, 이것, 여기에'등의 뜻. 원래 '者'가 '~의 것'이며, 그 발음이 고대 '도'와 같았음. 여기에 접두어 '阿'가 첨가된 것으로 봄. 楊勇 〈校箋〉및 周大璞의 「〈阿者〉這個詞」(《江漢學報》, 1962. 2) 참조. 그 외에 〈巧藝〉

(21-13)「傳神寫照, 正在阿堵中」,〈規箴〉(10-9)「謂婢曰; 舉阿堵物卻」,〈雅量〉(6-29)의 관련기록 중 宋明帝《文章志》의「明公何須壁間箸阿堵輩?」의 阿堵 등은 모두 같은 예임.

참고 및 관련 자료

1. 劉孝標 注

『佛經之行中國尙矣, 莫詳其始. 牟子曰:「漢明帝夜夢神人, 身有日光, 明日, 博問羣臣. 通人傅毅對曰:「臣聞天竺有道者, 號曰〈佛〉, 輕擧能飛, 身有日光, 殆將其神也.」於是遣羽林將軍秦景, 博士弟子王遵等十二人之大月氏國, 寫取佛經四十二部, 在蘭臺石室.」劉子政列仙傳曰:「歷觀百家之中, 以相檢驗, 得仙者百四十六人, 其七十四人, 已在佛經, 故撰得七十; 可以多聞博識者遐觀焉.」如此, 卽漢成, 哀之間, 已有經矣. 與牟子, 傳記, 便爲不同. 魏略西戎傳曰: 天竺城中, 有臨兒國. 浮屠經云: 其國王生浮圖. 浮圖者, 太子也. 父曰屑頭邪, 母曰莫邪. 浮圖者, 身服色黃, 髮如青絲, 爪如銅. 其母夢白象而孕; 及生, 從右脅出, 而有髻, 墜地能行七步. 天竺又有神人曰沙律. 昔漢哀帝元壽元年, 博士弟子景慮, 受大月氏王使伊存口傳浮屠經; 曰復豆也, 其人也.」漢武故事曰:「昆邪王殺休屠王, 以其衆來降, 得其金人之神, 置之甘泉宮. 金人皆長丈餘, 其祭不用牛羊, 唯燒香禮拜. 上使依其國俗祀之.」此神全類於佛. 豈當漢武之時, 其經未行於中土, 而但神明事之耳. 故驗劉向, 魚豢之說, 佛至自哀, 成之世明矣. 然則牟, 傳所言四十二者, 其文今存非妄: 蓋明帝遣使廣求異聞, 非是時無經也.』

〈鎏金銅觀音造像〉(吳越) 1958 浙江 金華 萬佛塔 基壇 출토

206(4-24)

사안謝安이 소년 시절에 완광록(阮光祿, 阮裕)에게 공손룡公孫龍의 '백마론白馬論'에 대해 가르침을 청하였다.

완광록은 논論을 지어 가르쳐 주었지만 당시 사안은 완광록의 설명을 잘 알아듣지 못하였다가 거듭 찾아서 모르는 부분에 대해 다시 묻곤 하였다.

완광록이 사안의 이런 태도를 보고 이렇게 칭찬하였다.

"능히 해득할 만한 자도 구해 보기 힘들뿐만 아니라 해득하려고 덤비는 자도 또한 구해 보기 힘든 일인데!"

謝安年少時, 請阮光祿道白馬論, 爲論以示謝. 于時謝不卽解, 阮語重相咨盡.

阮乃歎曰:「非但能言人不可得, 正索解人亦不可得!」

【謝安】字는 安石(320~385). 謝裒의 아들이며 謝琰(望蔡)의 아버지. 謝奕의 동생. 덕망이 있고 기개가 높아 桓彝, 王濛의 사랑을 받음. 처음에는 벼슬에 뜻을 버리고 王羲之, 支遁 등과 산수를 즐기며 조정의 부름에 응하지 않았으나 40이 넘어 桓溫의 司馬를 거쳐 吳興太守, 侍中, 吏部尙書, 太保錄尙書事 등의 관직을 지냄. 뒤에 다시 太傅에 추증되었으며 시호는 文靖.《晉書》(79)에 전이 있음.

【阮光祿】阮裕. 자는 思曠(300?~360?). 처음 王敦의 主簿였으나 그가 찬위의 뜻을 품고 있음을 알고 술과 광달한 행동으로 이를 면함. 臨海太守와 東陽太守를 지냈으나 벼슬에 뜻을 버리고 剡山으로 은거하였음. 뒤에 다시 吏部郞, 秘書監, 侍中, 散騎常侍, 金紫光祿大夫 등의 직책으로 부름을 받았으나 나가지 않음.《晉書》(49)에 전이 있음. 宋 武帝(劉裕)의 이름을 피휘하여 阮光祿, 阮主簿, 阮公, 阮思曠이라 부름.

【白馬論】戰國 시대 趙나라 학자 公孫龍子가 내세운 '白馬非馬論'의 변론. 名家學說의 대표적인 이론. 참고란을 볼 것.

참고 및 관련 자료

1. 《孔叢子》
趙人公孫龍云:「白馬非馬. 馬者所以命形, 白者所以命色. 夫命色者非命形, 故曰白馬非馬也.
2. 《中興書》
裕甚精論難.

207(4-25)

저계야(褚季野, 褚裒)가 손안국(孫安國, 孫盛)에게 이렇게 말하였다.
"북쪽 사람들의 학문은 연종광박淵綜廣博하다."
이에 손안국이 이렇게 받았다.
"남방 사람들의 학문은 청통간요淸通簡要하다."
이 말을 들은 지도림(支道林, 支遁)이 이렇게 평하였다.
"성현들은 학문에 대해 진실로 말로는 표현할 수 없는 경지에 있었지만 중급 이하 사람들에 대해 논한다면, 북인이 책을 보는 것은 마치 밝은 곳에서 달을 보는 것 같고, 남인이 학문을 하는 것은 옹기 창문 틈으로 해를 보는 것과 같겠지!"

褚季野語孫安國云:「北人學問, 淵綜廣博」
孫答曰:「南人學問, 清通簡要」
支道林聞之, 曰:「聖賢固所忘言, 自中人以還, 北人看書, 如顯處視月, 南人學問, 如牖中窺日」

【褚季野】褚裒(303~349). 자는 季野. 東晉 康帝(343~344 재위)의 장인이며 後趙를 토벌하러 나섰으나 병을 얻어 귀환 중에 죽음. 侍中太傅에 추증됨. 《晉書》(93)에 전이 있음. 河北에 살았음.

【孫安國】孫盛. 자는 安國(302?~373). 어릴 때 渡江하여 殷浩와 이름을 같이함. 차례로 陶侃·庾亮·桓溫의 막부에서 일하였고 秘書監을 거쳐 侍中에 오름. 학문에 뛰어나《魏氏春秋》,《晉陽秋》(원래《晉春秋》였음),《易象妙於見形論》등을 지음.《晉書》(82)에 전이 있음.

【支道林】林公. 支公. 支遁. 晉나라 때의 道僧. 河內 林慮人으로 속성은 關氏. 25세 때 출가하여 53세 때 洛陽에서 入滅함. 支硏山에 은거하여 支遁. 支道林. 林公 등으로 불림. 梁나라 慧皎《高僧傳》(4)에 支遁傳이 있음.

참고 및 관련 자료

1. 劉孝標 注
『支所言, 但譬成孫, 褚之理也. 然則學廣則難周, 難周則識闇, 故如顯處視月; 學寡則易覈, 易覈則智明, 故如牖中窺日也.』

2.《論叢》唐長孺
褚裒, 陽翟人, 居河北; 孫盛, 太原人, 居河之南. 所謂南北, 應指河南北也. 東遷僑人, 並不放棄原來籍貫. 孫·褚對話, 爲河南北僑人彼此推重, 與隋書儒林傳序所云:「南人約簡, 得其精華; 北學深蕪, 窮其枝葉不一」

208(4-26)

　　유진장(劉眞長, 劉惔)과 은연원(殷淵源, 殷浩)이 청담을 나누고 있었다. 유진장이 약간 몰리는 듯하자 은연원이 이렇게 말하였다.
　　"아! 그대는 훌륭한 장군이 되어 운제雲梯를 만들어 더 높은 위치를 공격해 보고 싶지 않소?"

劉眞長與殷淵源談, 劉理如小屈.
殷曰:「惡! 卿不欲作將, 善雲梯仰攻.」

【劉眞長】劉惔. 丹陽尹을 지내어 劉尹으로도 부름. 字는 眞長. 劉宏의 손자로 沛國 相 땅 출신. 明帝(323~326 재위)의 廬陵長公主에게 장가들어 駙馬가 됨. 司從左長史. 侍中. 丹陽尹 등을 지냄. 36세에 죽어 孫綽이 "居官無官官之事, 處事無事事之心"이라 誄文을 지어 명언이라 하였음. 《晉書》(75)에 전이 있음.
【殷淵源】殷浩(?~356). 자는 淵源. 殷羨(洪喬)의 아들이며 弱冠에 이미 이름이 났으며 玄言에 뛰어나 당시 풍류 재자의 숭앙을 받음. 정사에도 뛰어나 사람들은 그를 管仲이나 諸葛孔明에 비유할 정도였음. 建武將軍, 揚州刺史, 記室參軍・安西將軍・中軍將軍 등을 역임하였으며 北征에 나섰다가 姚襄에게 패배하여 서인으로 강등되기도 하였음. '咄咄怪事'의 고사를 남김. 《晉書》(77)에 전이 있음.
【雲梯】公輸般이 구름사다리를 만들어 宋나라를 쳐들어오자 墨子가 이에 맞서 철수하도록 논리를 폈음. 《墨子》, 《神仙傳》, 《孟子》 등 참조.

> 참고 및 관련 자료

1. 《墨子》
公輸般爲高梯, 欲以攻宋, 墨子聞之自魯往. 裂裳裹足, 日夜不休, 十日十夜而至於郢. 見楚王曰:「聞大王將攻宋, 有之乎?」王曰:「然」墨子曰:「請令公輸船設攻宋之具, 臣請試守之」於是公輸船設攻宋之計, 墨子繁帶守之. 輸九攻之, 而墨子九郤之; 不能入, 遂輟兵.

209(4-27)

은중군(殷中軍, 殷浩)이 이렇게 말하였다.
"강백(康伯, 韓伯)은 아직 말 밖의 이취理趣를 깨닫지 못하고 있다."

殷中軍云:「康伯未得我牙後惠」

【殷中軍】殷浩(?~356). 자는 淵源. 殷羨(洪喬)의 아들이며 弱冠에 이미 이름이 났으며 玄言에 뛰어나 당시 풍류 재자의 숭앙을 받음. 정사에도 뛰어나 사람들은 그를 管仲이나 諸葛孔明에 비유할 정도였음. 建武將軍, 揚州刺史, 記室參軍·安西將軍·中軍將軍 등을 역임하였으며 北征에 나섰다가 姚襄에게 패배하여 서인으로 강등되기도 하였음. '咄咄怪事'의 고사를 남김. 《晉書》(77)에 전이 있음.

【康伯】韓伯. 자는 康伯. 穎川人. 秀才로 천거되어 著作郎에 부름을 받았으나 응하지 않음. 뒤에 侍中, 丹陽尹, 吏部尚書, 令軍將軍, 豫章太守 등의 벼슬을 지냄. 죽은 후 太常에 추증됨. 韓太常, 韓豫章으로도 불림. 《晉書》(75)에 전이 있음. 은호의 외조카였음.

【牙後惠】말 밖의 이취(言外之理趣)라 함. 칭찬하면서도 나무라는 뜻. 말이나 명망으로 남의 칭찬을 받지 못함을 애석히 여긴다는 뜻이라고도 함.

참고 및 관련 자료

1. 劉孝標 注

『浩別傳曰:「浩善老易, 能淸言」康伯, 浩甥也, 甚愛之.』

2. 楊勇〈校箋〉

『勇按: 牙後惠, 不惜以言語獎惠於人也.』

3. 《南史》謝朏傳

朏好獎人才, 會稽稽孔顗粗有才華, 未爲時知, 孔珪嘗令草讓表以示朏, 朏嗟吟良久, 手自折簡寫之, 謂珪曰:「士子聲名未立, 應共獎成, 無惜齒牙餘論.」其好善如此.

210(4-28)

사진서(謝鎭西, 謝尙)가 젊은 시절에 은호殷浩가 청언淸言에 뛰어나다는 소문을 듣고 그를 찾아갔다. 은호는 남에게 일러준 적이 없던 바로써 사상을 위해 기준이 될 만한 여러 가지 의미를 세워주었는데, 그것만도 수백 마디가 되었다.

그러나 그 말에는 훌륭한 이치가 들어 있었고, 아울러 말의 조리가 풍성하였다. 사상은 족히 마음이 동하고 놀랄 만한 것이었다.

사상은 이를 받아 적고 주석하느라 얼굴에 땀이 흠뻑 젖는 줄도 몰랐다. 이에 은호는 좌우에게 천천히 이렇게 말하였다.

"수건 가져다가 사랑(謝郎, 謝尙)의 얼굴 땀 좀 닦아주도록 하시오."

謝鎭西少時, 聞殷浩能淸言, 故往造之. 殷未過有所通,爲謝標榜諸義, 作數百語; 旣有佳致, 兼辭條豐蔚, 甚足以動心駭聽. 謝注神傾意, 不覺流汗交面.
　殷徐語左右:「取手巾與謝郞拭面.」

【謝鎭西】謝尙(308~357). 자는 仁祖. 謝鯤의 아들이며 王導가 '小安豐'이라 불렀음. 給事黃門侍郎을 거쳐 建武將軍, 鎭西將軍, 歷陽太守, 豫州刺史, 江夏, 義陽 등 都督을 지냄. 穆帝 때 尙書僕射를 지냄. 음악과 기예에 밝았으며 太樂을 처음으로 정리하였던 인물.《晉書》(79)에 전이 있음.
【殷浩】殷中軍. 자는 淵源(?~356). 殷羨(洪喬)의 아들이며 弱冠에 이미 이름이 났으며 玄言에 뛰어나 당시 풍류 재자의 숭앙을 받음. 정사에도 뛰어나 사람들은 그를 管仲이나 諸葛孔明에 비유할 정도였음. 建武將軍, 揚州刺史, 記室參軍·安西將軍·中軍將軍 등을 역임하였으며 北征에 나섰다가 姚襄에게 패배하여 서인으로 강등되기도 하였음. '咄咄怪事'의 고사를 남김.《晉書》(77)에 전이 있음.
【通】劉孝標는 量詞로 쓰인 것이라 하였다. 그러나 이를 서로 아는 사이. 즉 통성명한 사이로 보는 견해도 있다.

참고 및 관련 자료

1. 楊勇〈校箋〉
『量詞:「通, 有作名量詞, 動量詞用. 由通括, 通徹義轉來.」本篇40:「支通一義.」55:「謝看題, 便各使四坐通.」又曰:「支道林先通.」62:「乃至四番後一通.」90:「時流年少, 無不傳寫, 各有一通.」依劉說, 則前三例皆動量詞, 作〈通解〉意; 第四例亦動量詞, 則作〈通括〉意; 最後爲名量詞, 則〈一通〉則〈一本〉也. 此處則作〈通解〉義.』

2. 劉孝標 注
『案: 殷浩大謝尙三歲, 便是時流; 或當貴其勝致, 故爲之揮汗.』

211(4-29)

   선무(宣武, 桓溫)가 명사들을 모아 놓고 《주역周易》을 강의하되 매일 한 괘卦씩 풀이해나가고 있었다.
   간문제(簡文帝, 司馬昱)가 가서 듣고 싶었지만 하루 한 괘밖에 하지 않는다는 소식을 듣자 곧 발길을 돌리며 이렇게 불평하였다.
   "《주역》의 의리는 당연히 매 괘마다 난이도難易가 다른데 어찌 매일 한 괘를 기준으로 한단 말인가?"

宣武集諸名勝講《易》, 日說一卦.
簡文欲聽, 聞此便還; 曰:「義自當有難易, 其以一卦爲限邪?」

【宣武】桓宣武. 桓公. 桓溫(312~373). 자는 元子. 明帝의 사위. 荊州刺史를 지냈으며, 蜀을 정벌하고 前秦을 쳐부숨. 簡文帝를 세우고 자신이 다시 왕위를 빼앗고자 하였었음. 시호는 武侯. 그의 아들 桓玄이 드디어 제위를 찬탈하여 楚나라를 세운 다음 아버지 환온을 宣武皇帝로 추존함.《晉書》(99)에 전이 있음.
【簡文帝】東晉의 제8대 황제 司馬昱. 字는 道萬. 中宗의 少子. 元帝 계실 鄭后 소생이며 司馬紹의 배다른 동생. 穆帝가 어려서 撫軍으로 보필, 뒤에 桓溫이 海西公을 폐하고 이를 세워 皇帝에 오름. 재위 2년(371~372).《世說新語》에서는 흔히 '晉簡文', '簡文', '簡文帝', '簡文皇帝', '相王', '撫軍', '會稽王'등으로 칭함.《晉書》(9)에 紀가 있음.

> 참고 및 관련 자료

1. 劉孝標 注
『易乾鑿度曰:「孔子曰:'易者, 易也, 變易也, 不易也; 管三成德, 爲道苞籥.

易也者, 其德也光明四通, 日月星辰布, 八卦序, 四時和也. 變也者, 天地不變, 不能成朝; 夫婦不變, 不能成家. 不易者, 其位也天在上, 地在下, 君南面, 臣北面, 父坐子伏, 此其不易也. 故易者天地人道也.」鄭玄序易曰:「易之爲名也, 一言而函三義: 簡易一也, 變易二也, 不易三也. 繫辭曰:「乾坤, 易之蘊也, 易之門戶也」又曰:「乾確然示人易矣, 坤隤然示人簡矣; 易則易知, 簡則易從」此言其簡易法則也. 又曰:「其爲道也屢遷, 變動不居, 周流六虛, 上下無常, 剛柔相易, 不可以爲典要, 唯變所適」此則言其從時出入移動也. 又曰:「天尊地卑, 乾坤定矣; 卑高以陳, 貴賤位矣; 動靜有常, 剛柔斷矣」此則言其張設布列不易也.」據此三義而說易之道, 廣矣大矣.」

212(4-30)

　　북방에서 온 어떤 도인道人이 불경의 이치를 따지는데 흥미를 가지고 있어 지도림(支道林, 支遁)과 와관사瓦官寺에서 만나 "소품小品"을 강설하고 있었다.
　　이때 축법심竺法深과 손흥공(孫興公, 孫綽)이 이를 함께 듣고 있었다. 이 도인은 자주 어려운 질문을 하였다.
　　지도림은 이에 대해 청석淸析한 답변에 말소리도 상쾌히 하자 이 도인은 매번 기가 죽고 말았다. 이를 본 손흥공이 축법심에게 물었다.
　　"그대 상인上人께서는 마땅히 역풍가逆風家 같은 높은 학문을 가진 분이신데 어찌 조금 전에 전혀 말을 하지 않고 있었소?"
　　그러나 축법심은 오히려 미소만 지을 뿐 대답도 하지 않았다. 지도림이 이렇게 설명하였다.
　　"백전단白旃檀 같은 향나무는 원래 향기를 갖지 않은 것은 아니지만 어찌 바람을 거슬러 향기를 퍼뜨릴 수 있겠소?"
　　심공은 이 뜻을 알았으나 이연夷然히 별것 아닌 것으로 여겼던 것이다.

有北來道人好才理, 與林公相遇於瓦官寺, 講小品; 于時竺法深・孫興公悉共聽. 此道人語, 屢設疑難; 林公辯答淸析, 辭氣俱爽. 此道人每輒摧屈.

孫問深公:「上人當是逆風家, 向來何以都不言?」

深公笑而不答.

林公曰:「白旃檀非不馥, 焉能逆風?」

深公得此義, 夷然不屑.

【支道林】林公. 支公. 支遁. 晉나라 때의 道僧. 河內 林慮人으로 속성은 關氏. 25세 때 출가하여 53세 때 洛陽에서 入滅함. 支硏山에 은거하여 支遁, 支道林, 林公 등으로 불림. 梁 慧皎《高僧傳》(4)에 支遁傳이 있음.

【瓦官寺】동진 때 유명한 사찰로 364년 慧力이 창건하였음. 지금의 南京市에 있음.

【小品】佛經 중의 短文.

【竺法深】深公(286~374). 진나라 때의 고승. 이름은 潛. 일명 道潛. 18세에 출가하여 中州 劉元眞을 사사하였으며 元嘉 초에 난을 피하여 강남으로 내려옴. 元帝와 明帝 때에 승상 王導와 태위 庾亮가 그를 매우 우대하였음. 만년에 剡山으로 은거하여 원근 제자들이 모여들었음. 佛法과 老莊에 밝아 황제의 부름으로 자주 궁중법회를 열기도 하였음. 慧皎《高僧傳》(4)에 전이 있음.

【孫興公】孫綽. 자는 興公(314~371). 孫楚의 손자로 형 孫統과 남으로 내려와 벼슬에 뜻을 버리고〈遂初賦〉를 씀. 그 외에〈遊天台山賦〉가 유명하며 뒤에 庾亮・殷浩・王羲之의 막료를 거쳐 永嘉太守・散騎常侍를 지냄. 桓溫이 수도를 洛陽으로 옮기려 하자 상소하여 반대함. 廷尉卿에 이르렀으며 長樂侯를 습봉받음.《晉書》(56)에 전이 있음.

【上人】불교에서 스님을 높여 부르는 칭호.

【逆風】학문이 뛰어난 사람 혹은 어떤 사물에 반응을 보임을 뜻함. 또는 단순히 '바람을 거슬리다'의 뜻.

【白旃檀】 檀香나무. 귀향목이라고도 하며 향기가 짙어 좋은 목재로 사용함.
【不屑】 개의치 않음. 별것 아닌 것으로 여김.

참고 및 관련 자료

1. 楊勇〈校箋〉
『船若汲羅密多經十卷, 二十九品, 鳩摩羅什譯.』
2.《人物論》康法暢
法深學義淵博, 名聲蚤著, 弘道法師也.
3.《飜譯名義集》3「衆香篇」
阿難白佛: 世有三種香, 一曰根香, 二曰枝香, 三曰花香. 此三品香, 唯能隨風, 不能逆風.
4.《法句經》卷上
奇花芳草, 不逆風薰. 近道敷開, 德人逼香. 旃檀多香, 靑蓮芳花, 雖曰是眞, 不如戒香.
5.《成實論》
波利質多天樹, 其香則逆風而聞.

213(4-31)

손안국(孫安國, 孫盛)이 은중군(殷中軍, 殷浩)의 집으로 가서 함께 토론을 벌이게 되었다. 서로 정밀한 이론이 오가면서 주인과 손님 사이라는 간격도 없어지고 말았다. 식사 때가 되어 좌우가 음식을 날라 왔지만 그 음식이 식어 네 번이나 바꾸어 오도록 먹는 것도 잊고 있었다.

피아간에 이렇게 주미塵尾를 흔들고 던지며 얘기를 하느라 그 주미의 깃털이 다 빠져 그 털이 음식에까지 날아가 덮어 버렸다. 주인이고 손님이고 저녁이 되도록 식사도 거르게 되었다. 은호가 손성에게 이렇게 말하였다.
"그대는 강구마強口馬는 되지 마시오. 내 그대 코를 뚫어 버릴 테니!"
그러자 손성도 지지 않고 이렇게 대꾸하였다.
"그대는 결비우決鼻牛를 보지 못하였소? 내 그대의 뺨을 뚫어 버리리다!"

孫安國往殷中軍許共論, 往反精苦, 客主無間. 左右進食, 冷而復暖者數四. 彼我奮擲, 塵尾悉脫落, 滿餐飯中, 賓主遂至暮忘食.

殷乃語孫曰:「卿莫作强口馬, 我當穿卿鼻!」

孫曰:「卿不見決鼻牛? 人當穿卿頰!」

【孫安國】孫盛(302?~373). 자는 安國. 어릴 때 渡江하여 殷浩와 이름을 같이함. 차례로 陶侃·庾亮·桓溫의 막부에서 일하였고 祕書監을 거쳐 侍中에 오름. 학문에 뛰어나 《魏氏春秋》,《晉陽秋》,《易象妙於見形論》 등을 지음. 《晉書》(82)에 전이 있음.

【殷中軍】殷浩(?~356). 자는 淵源. 殷羨(洪喬)의 아들이며 弱冠에 이미 이름이 났으며 玄言에 뛰어나 당시 풍류 재자의 숭앙을 받음. 정사에도 뛰어나 사람들은 그를 管仲이나 諸葛孔明에 비유할 정도였음. 建武將軍, 揚州刺史, 記室參軍·安西將軍·中軍將軍 등을 역임하였으며 北征에 나섰다가 姚襄에게 패배하여 서인으로 강등되기도 하였음. '咄咄怪事'의 고사를 남김. 《晉書》(77)에 전이 있음.

【塵尾】육조시대 청담·현학의 선비들이 서로 토론할 때 손에 들고 儀容을 부리던 기구. 사슴꼬리에 상아, 금은, 옥 등으로 장식하였음.

【强口馬】입의 힘이 센말. 입심이 좋은 사람을 비유.

【決鼻牛】코가 터진 소. 즉 콧바람 소리로 흥흥하며 맞서거나 대꾸한다는 뜻.

참고 및 관련 자료

1. 《續晉陽秋》
孫盛善理義, 時中軍將軍殷浩擅名一時; 能與劇談相抗者, 唯盛而已.

214(4-32)

《장자莊子》〈소요유편逍遙遊篇〉은 예로부터 곽상郭象과 상수向秀의 주석이 어려워 당시에도 여러 명현들이 각자 연구에 맛을 들이고 있었으나 그 누구도 곽상과 상수의 주석을 넘어서지 못하였다.

지도림(支道林, 支遁)이 백마사白馬寺에 있으면서 풍태상(馮太常, 馮懷)과 함께 말을 나누다가 〈소요유편〉을 두고 담론을 벌이게 되었다.

지도림의 이론은 탁연히 새로워 앞의 두 사람의 경지를 넘어섰으며, 특이特異한 의리는 여러 명현을 앞질러 있어서 어떤 이도 찾아내지 못한 새로운 맛을 보여주고 있었다.

뒷사람들은 드디어 지도림의 주를 지지하여 이용하게 되었다.

莊子〈逍遙篇〉, 舊是難處, 諸名賢所可鑽味, 而不能拔理於郭·向之外. 支道林在白馬寺中, 將馮太常共語: 因及〈逍遙〉. 支卓然標新理於二家之表, 立異義於衆賢之外, 皆是諸名賢尋味之所不得.

後遂用支理.

【莊子逍遙】《莊子》의 〈逍遙遊篇〉.

【郭象】자는 子玄. 晉나라 때 유명한 玄學家. 《莊子》의 向秀 주가 사라지고 게다가 〈秋水〉와 〈至樂〉편이 없음을 알고 자신의 주를 넣어 〈郭氏注〉를 냄. 뒤에 〈向秀本〉이 발견되어 《장자》의 주가 二本이 전함. 司徒掾을 거쳐 黃門侍郎을 지냈으며 東海王(司馬越)에게 발탁되어 太傅主簿를 역임함. 《晉書》(50)에 전이 있음.

【向秀】자는 子期(227?~272?). 竹林七賢의 하나. 처음 山濤・嵇康・呂安 등과 자연을 즐기다가 嵇康과 呂安이 司馬氏에게 죽임을 당한 후 벼슬길로 들어서서 黃門侍郎, 散騎常侍를 지냄. 《老・莊》에 심취하여 《莊子注》를 완성하였으며, 이를 바탕으로 한 郭象의 《莊子注》가 지금도 전함. 賦에도 뛰어나 〈思舊賦〉를 남김. 《晉書》(49)에 傳이 있음. 向은 姓氏나 地名일 경우 '상'으로 읽음.

【支道林】林公. 支公. 支遁. 晉나라 때의 道僧. 河內 林慮人으로 속성은 關氏. 25세 때 출가하여 53세 때 洛陽에서 入滅함. 支硎山에 은거하여 支遁. 支道林. 林公 등으로 불림. 양나라 慧皎 《高僧傳》(4)에 支遁傳이 있음.

【白馬寺】중국 僧寺 중에 가장 오래 된 사찰. 洛陽의 서쪽에 있음. 동한 明帝 때 攝摩騰, 竺法蘭이 처음으로 서역에서 白馬에 불경을 싣고 이르러 永平 11(A.D. 68년)년에 절을 세움.

【馮太常】馮懷. 자는 祖思. 長樂人으로 太常과 護國將軍 등을 지냄.

참고 및 관련 자료

1. 《馮氏譜》
馮懷字祖思, 長樂人. 歷太常, 護軍將軍.

2. 《逍遙義》 向子期, 郭子玄
夫大鵬之上九萬, 尺鷃之起楡枋, 大小雖差, 各任其性; 苟當其分, 逍遙一也. 然物之芸芸, 同資有待, 得其所待, 然後逍遙耳. 唯聖人與物冥而循大變, 爲能無待而常通; 豈獨自通而已? 又從有待者不失其所待; 不失, 則同於大道矣.

3. 《逍遙義》 支遁
夫逍遙者, 明至人之心也. 莊生建言大道, 而寄指鵬鷃. 鵬以營生之路曠, 故失適於體外; 鷃以在近而笑遠, 有矜伐於心內. 至人乘天正而高興, 遊無窮於放浪;

物物而不物於物, 則遙然不我得, 玄感不爲. 不疾而速, 則所然靡不適, 此所以爲逍遙也. 苦夫有欲當其所足; 足於所足, 快然有似天眞, 猶飢者一飽, 渴者一盈, 豈忘烝嘗於糗糧, 絶觴爵於醪醴哉? 苟非至足, 豈所以逍遙乎?

215(4-33)

은중군殷中軍 은호殷浩가 일찍이 유윤(劉尹, 劉惔)을 찾아가 청담淸談을 나누고 있었다.
시간이 흐르자 은중군의 논리는 점점 모순이 드러나고 뜬 얘기만 끝없이 하는 것이었다. 유윤은 더 이상 대답을 아니 하다가 은호가 돌아간 후에 이렇게 비꼬았다.
"촌놈, 뜻도 모르면서 억지로 남의 좋은 말만 외워 가지고!"

殷中軍浩嘗至劉尹所淸言, 良久, 殷理小屈, 遊辭不已. 劉亦不復答.
殷去後, 乃云:「田舍兒, 强學人作爾馨語!」

【殷中軍】殷浩(?~356). 자는 淵源. 殷羨(洪喬)의 아들이며 弱冠에 이미 이름이 났으며 玄言에 뛰어나 당시 풍류 재자의 숭앙을 받음. 정사에도 뛰어나 사람들은 그를 管仲이나 諸葛孔明에 비유할 정도였음. 建武將軍, 揚州刺史, 記室參軍·安西將軍·中軍將軍 등을 역임하였으며 北征에 나섰다가 姚襄에게 패배하여 서인으로 강등되기도 하였음. '咄咄怪事'의 고사를 남김. 《晉書》(77)에 전이 있음.

【劉尹】劉惔. 字는 眞長. 劉宏의 손자로 沛國 相 땅 출신. 明帝(323~326 재위)의 廬陵長公主에게 장가들어 駙馬가 됨. 司從左長史. 侍中. 丹陽尹 등을 지냄. 36세에 죽어 孫綽이 "居官無官官之事, 處事無事事之心"이라 誄文을 지어 명언이라 하였음.《晉書》(75)에 전이 있음.

216(4-34)

은중군(殷中軍, 殷浩)은 비록 사려가 통달하기는 하였지만, 그 중에서도 재성才性의 이론에 대해서만 아주 정밀하였다. 특히 그가 〈사본四本〉에 대하여 언급할 때면 마치 탕지철성湯池鐵城과 같아서 더 이상 어떻게 공격해 볼 수가 없었다.

殷中軍雖思慮通長, 然於才性偏精; 忽言及〈四本〉, 便若湯池鐵城, 無可攻之勢.

【殷中軍】殷浩(?~356). 자는 淵源. 殷羨(洪喬)의 아들이며 弱冠에 이미 이름이 났으며 玄言에 뛰어나 당시 풍류 재자의 숭앙을 받음. 정사에도 뛰어나 사람들은 그를 管仲이나 諸葛孔明에 비유할 정도였음. 建武將軍, 揚州刺史, 記室參軍・安西將軍・中軍將軍 등을 역임하였으며 北征에 나섰다가 姚襄에게 패배하여 서인으로 강등되기도 하였음. '咄咄怪事'의 고사를 남김.《晉書》(77)에 전이 있음.
【雖思慮通長, 然於才性偏精】문장구문의 "雖~然"으로 보아 "사려는 보통이었지만 재성론에 있어서는 특출하다"로 풀이 될 수도 있음. 이 경우 '通長'은 '通常', 즉 보통상식 정도라는 뜻.

【才性】위진시대 토론의 대상이었던 재능과 인성의 문제를 다룬 것. 才·性의 同, 異, 離, 合을 나누어 〈四本〉이라 함.
【四本】四本論을 뜻함. 사람의 才性을 異同離合의 네 가지로 구분하여 논술한 것. 《才性四本論》이라고도 함.
【湯池鐵城】金城湯池와 같은 말. 함락시킬 수 없는 굳센 방어.

참고 및 관련 자료

1. 《神農書》
夫有石城十仞, 湯池百步, 帶甲百萬而無粟者, 不能自固也.

217(4-35)

지도림(支道林, 支遁)이 〈즉색론卽色論〉을 썼다. 글이 완성되자 이를 왕중랑(王中郞, 王坦之)에게 보여 주었다. 왕중랑은 이를 본 후 도대체 아무 말이 없는 것이었다. 이에 지도림이 물었다.
"말은 없지만 이를 알았다는 뜻이오?"
그러자 왕중랑은 이렇게 대답하였다.
"문수文殊가 없는데 내가 능히 누구에게 칭찬을 받을 수 있겠소?"

支道林造〈卽色論〉, 論成, 示王中郞; 中郞都無言.
支曰:「默而識之乎?」
王曰:「旣無文殊, 誰能見賞?」

【支道林】林公. 支公. 支遁. 晉나라 때의 道僧. 河內 林慮人으로 속성은 關氏. 25세 때 출가하여 53세 때 洛陽에서 入滅함. 支硎山에 은거하여 支遁, 支道林, 林公 등으로 불림. 양나라 慧皎《高僧傳》(4)에 支遁傳이 있음.

【卽色論】慧皎《高僧傳》4의 支遁傳에 지둔이 〈卽色遊玄論〉을 썼다고 함. 이는 당시 중국 불교의 〈六家七宗〉 중에 지둔이 창건한 〈卽色宗〉의 기본 이론이 됨.

【王中郞】王坦之(330~375). 자는 文度. 태원 왕씨 王述의 아들이며, 王忱· 王愷·王愉의 아버지. '江東獨步'라 하였으며 中書令, 北中郞將을 지냄. 〈廢莊論〉을 써서 당시의 방탕을 비난함. 《晉書》(75)에 전이 있음.

【文殊】보살이름. 범어 Manjusri(文殊師利, 曼殊室利). 妙古祥, 妙德으로도 의역됨. 석가모니의 左脇侍 普賢菩薩(理)과 상대되며 머리에 五髻는 大日如來의 五智를 상징하며 劍騎靑獅는 지혜가 예리하고 용맹함을 상징함.

【旣無文殊, 誰能見賞】《유마힐경》에서처럼 유마힐이 대답 없이 묵묵히 있자 문수가 이를 이미 깨달은 것이라고 칭찬해준 내용에 빗댄 것. 즉 "그대가 문수보살이 아닐진대 나의 침묵을 어찌 칭찬해 주는가?"의 뜻.

참고 및 관련 자료

1. 《支道林集》妙觀章
夫色之性也, 不自有色; 色不自有, 雖色而空. 故曰色卽爲空, 色復異空.

2. 《高僧傳》支遁傳
晩移石城山, 又立棲光寺, 宴坐山門, 遊心禪苑, 木食澗飮, 浪志無生; 乃注安般四禪諸經. 乃卽色遊玄論, 聖不辯知論, 道行旨歸, 學道誡等, 追蹤馬鳴, 蹋影龍樹, 義應法本, 不違實相.

3. 《論語》
黙而識之, 誨人不倦, 何有於我哉?

4. 《維摩詰經》
「何者是菩薩入不二法門?」 時維摩詰黙然無言. 文殊師利歎曰: 「是眞人不二法門者也.」

218(4-36)

왕일소(王逸少, 王右軍)가 회계會稽 군수가 되어 부임해 보니 마침 지도림(支道林, 支遁)도 그곳에 있었다. 손흥공(孫興公, 孫綽)이 왕일소에게 물었다.

"지도림은 대단한 분으로 가슴에 품은 뜻이 아주 뛰어납니다. 그대는 한번 만나보고 싶지 않으십니까?"

그러나 왕일소는 본래 스스로도 재주가 있다고 여겼던 터였으므로 그런 인물을 매우 경시하고 있었다.

그래서 얼마 후, 손흥공과 지도림이 같이 수레를 몰고 왕일소를 찾아왔지만 일소는 자신의 영역을 틀어박듯이 하면서 말도 제대로 걸지 않는 것이었다. 지도림은 잠시 후 할 수 없이 되돌아 갈 수밖에 없었다.

얼마 후 마침 왕일소가 막 밖으로 볼 일이 있어 출타하려고 하였을 때 지도림이 그와 마주치게 되었다. 수레가 이미 문 앞에 준비되어 있었지만 지도림은 왕일소를 붙들고 말을 걸었다.

"그대는 급히 떠나지 마시오. 빈도貧道가 그대와 잠시 이야기 좀 하고 싶습니다."

그리고는《장자莊子》〈소요유逍遙遊〉를 주제로 삼아 논의를 벌였는데 지도림의 수천 언은 재조才藻가 신기新奇하여 마치 화란영발花爛映發하는 형세였다.

왕일소는 드디어 옷과 띠를 풀고 앉아 그대로 머물러 떠나지를 못하였다.

王逸少作會稽, 初至, 支道林在焉.
孫興公謂王曰:「支道林拔新領異, 胸懷所及, 乃自佳, 卿欣見不?」

王本自有一往雋氣, 殊自輕之. 後孫與支共載往王許,
王都領域, 不與交言. 須臾支退; 後正值王當行, 車已在門;
支語王曰:「君未可去, 貧道與君小語」

因論《莊子》〈逍遙遊〉; 支作數千語, 才藻新奇, 花爛映發.
王遂披襟解帶, 流連不能已.

【王逸少】 王羲之(303~361, 혹은 309~365, 321~379). 王尊의 조카. 어릴 때 이름은 虎犢. 어려서는 訥言하였으나 뒤에 정치와 예술에 큰 업적을 남김. 특히 글씨에 뛰어나 書聖으로 추앙받았음. 右軍將軍을 지냈으며 자는 逸少. 山陰道士와 《道德經》 글씨를 거위와 바꾼 고사를 남겼으며 그 외에 작품으로 〈蘭亭集序〉·〈樂毅論〉·〈黃庭經〉·〈東方朔畫讚〉·〈姨母〉·〈初月〉·〈憂懸〉·〈喪亂〉 등을 남김. 《晉書》(80)에 전이 있음. 王右軍, 王逸少, 王羲之 등으로 불림. 아들 王獻之와 함께 글씨에 뛰어나 '二王'으로 불림.

〈王逸少(왕희지)〉《三才圖會》

【支道林】 林公. 支公. 支遁. 晉나라 때의 道僧. 河內 林慮人으로 속성은 關氏. 25세 때 출가하여 53세 때 洛陽에서 入滅함. 支硎山에 은거하여 支遁. 支道林. 林公 등으로 불림. 梁 慧皎《高僧傳》(4)에 支遁傳이 있음.

【孫興公】 孫綽. 자는 興公(314~371). 孫楚의 손자로 형 孫統과 남으로 내려와 벼슬에 뜻을 버리고 〈遂初賦〉를 씀. 그 외에 〈遊天台山賦〉가 유명하며 뒤에 庾亮·殷浩·王羲之의 막료를 거쳐 永嘉太守·散騎常侍를 지냄. 桓溫이 수도를 洛陽으로 옮기려 하자 상소하여 반대함. 廷尉卿에 이르렀으며 長樂侯를 습봉받음. 《晉書》(56)에 전이 있음.

【貧道】 위진 시대 승려가 자신을 낮추어 부르던 겸칭.

참고 및 관련 자료

1. 劉孝標 注

『支法師傳曰:「法師然十地. 則知頓悟於十住; 尋莊周, 則辯聖人之逍遙, 當時名勝, 咸味其音旨」道賢論以七沙門比竹林七賢: 遁比向秀, 雅尚老莊; 二子異時, 風尚玄同也.』

219(4-37)

삼승三乘은 불가佛家에서 의미가 어려운 부분인데 지도림(支道林, 支遁)이 이를 분석하여 그 삼승의 교리가 환하게 밝혀지게 하였다. 여러 사람들이 강단 아래에 앉아 그 강론을 듣고 있다가 모두가 알아들었다고 말하였다.

지도림이 단상에서 내려와 앉아 그들과 함께 말을 나누어 보았더니 마침 그 중에 이승二乘까지는 알아들었으되 삼승에 대해서는 역시 혼란을 일으키고 있었다. 지금도 그 교의를 제자들이 비록 전수하고는 있으나 역시 모두 다 터득된 것은 아니다.

三乘佛家滯義, 支道林分判, 使三乘炳然; 諸人在下坐聽, 皆云可通. 支下坐, 自共說, 正當得兩, 入三便亂. 今義弟子雖傳, 猶不盡得.

【三乘】범어의 triyāna의 의역. 聲聞乘(小乘)·緣覺乘(中乘)·菩薩乘(大乘)을 말함. 深淺이 다른 세 가지 득도해탈의 修行途徑. 성문승은 小根器의 사람이

불법을 듣고 四諦를 터득, '阿羅漢果'를 求證하는 것이며, 연각승은 中根器의 사람이 자신의 '十二因緣'을 바탕으로 깨달음을 통해 '辟支佛果'를 구하는 것임. 한편 보살승은 大根器의 사람이 '六度萬行'을 닦아 '佛果'를 구하는 것이라 함. 이 세 가지 길은 세 가지 수레를 타고(乘)가는 것과 같다 하여 '三乘'이라 함.

【支道林】林公. 支公. 支遁. 晉나라 때의 道僧. 河內 林慮人으로 속성은 關氏. 25세 때 출가하여 53세 때 洛陽에서 入滅함. 支硎山에 은거하여 支遁, 支道林, 林公 등으로 불림. 慧皎《高僧傳》(4)에 支遁傳이 있음.

참고 및 관련 자료

1. 《法華經》
三乘者: 一曰聲聞乘, 二曰緣覺乘, 三曰菩薩乘. 聲聞者, 悟四諦而得道也. 緣覺者, 悟因緣而得道也. 菩薩者, 行六度而得道也. 然則羅漢得道, 全由佛教, 故以聲聞爲名也. 辟支佛得道, 或聞因緣而解, 或聽環佩而得悟; 神能獨達, 故以緣覺爲名也. 菩薩者, 大道之人也; 方便則行六度, 眞教則通脩萬善, 功不爲己, 悉皆廣濟, 故以大道爲名也.

2. 《高僧傳》(4) 支遁傳 (慧皎)
晚出山陰, 講維摩經: 遁爲法師, 許詢爲都講. 遁通一義, 衆人咸謂詢無以厝難, 詢每設一難, 謂遁不復能通. 如此至竟, 兩家不竭. 凡在聽者, 咸謂審得遁旨. 廻令自說, 得兩, 三反便亂.

220(4-38)

허연(許掾, 許詢)이 젊은 시절에 사람들이 그를 왕구자王苟子 정도라고 비교하자 그 정도밖에 되지 않느냐고 불만을 가졌다.

이때 마침 여러 명사들이 임법사林法師, 支道林, 支遁와 함께 회계會稽의 서사西寺에서 강해를 하고 있었는데, 왕구자도 그 안에 있었다.

허순은 자기의 분함을 참지 못해 그 서사로 가서 왕구자와 함께 우열을 가려 볼 작정이었다. 이윽고 서로 토론이 벌어져 왕구자가 크게 굴복하였다.

허순이 다시 왕구자의 모순을 지적해 내자 이번엔 왕구자도 참지 못하고 허순의 오류를 지적하였고, 이리하여 서로 엎치락뒤치락하다가 끝내 왕구자가 굴복하고 말았다. 허순은 의기양양해서 지도림 법사에게 물었다.

"저희들의 금방 토론은 어떠하였습니까?"

그러자 지도림은 조용히 이렇게 말하였다.

"그대 말이 훌륭하기는 훌륭하였소. 그러나 어찌 남을 그토록 괴롭히십니까! 그것이 곧 이중理中을 구하는 담론談論이라고 할 수 있겠습니까!"

許掾詢年少時, 人以比王苟子, 許大不平. 時諸人士及林法師, 並在會稽西寺講, 王亦在焉. 許意甚忿, 便往西寺與王論理, 共決優劣; 苦相折挫, 王遂大屈. 許復執王理, 王執許理, 更相覆疏, 王復屈.

許謂支法師曰:「弟子向語何似?」

支從容曰:「君語, 佳則佳矣, 何至相苦邪! 豈是求理中之談哉!」

【許掾】許詢. 字는 玄度. 許允의 현손. 高陽人. 벼슬에 뜻이 없어 孫綽, 郗愔, 王羲之, 謝安, 支遁 등과 會稽에서 산수를 유람하며 黃老에 관심을 보였음. 일찍 죽음. 司徒掾 벼슬을 지냈으므로 掾을 붙여 부름.

【王苟子】王脩(335?~358?). 字는 敬仁. 어릴 때 字는 苟子. 王濛의 아들이며 隸書에 뛰어났었음. 玄談과 淸言에도 특장을 보였음. 著作郞, 文學, 中軍司馬 등을 지냄.《晉書》(93)에 전이 있음.
【西寺】光相寺. 동진 때 會稽에 있던 절.
【理中】진리의 中庸. 折衷至當한 이치를 뜻함.

> 참고 및 관련 자료

1.《文字志》
脩字敬仁, 太原晉陽人, 父濛, 司徒左長史. 修明秀有美稱. 善隸行書, 號曰「流弈淸擧」. 起家著作佐郞, 琅邪王文學, 轉中軍司馬, 未拜而卒, 時年二十四. 昔王弼之歿, 興脩同年, 故脩弟子熙臨終歎曰:「無愧於古人, 而年與之齊也.」

221(4-39)

임도인林道人, 支道林, 支遁이 사공(謝公, 謝安)을 찾아갔다.
당시 동양(東陽, 謝朗)은 아직 총각總角의 어린 나이에 병을 앓고 난 뒤라 몸이 피로를 감당해 내지 못할 때였다. 그때 임도인과 담론을 하다가 드디어 서로 상대를 괴롭히는 지경에 이르고 말았다.
사랑謝朗의 어머니 왕부인王夫人이 벽 틈으로 듣다가 두 번씩이나 사람을 들여보내어 그만 중지시키고 사랑을 불러내어 나오라고 시켰다.
그러나 삼촌 태부(太傅, 謝安)는 그를 못나가게 붙들어 앉혔다. 그러자 어머니 왕부인은 스스로 나서서 이렇게 말하였다.
"나는 어릴 때 과부가 되어 일생을 붙어살면서 오직 이 애만 의지하고 있소."

그러고는 눈물을 흘리며 사랑을 안고 나가 버렸다. 이에 사안은 같이 앉은 객들에게 이렇게 말하였다.
"우리 형수님은 사정辭情이 강개忼慨한 분으로 가히 후세에 전傳을 써서 남길 만한 분입니다. 조정의 선비들에게 한 번 보여 주지 못 하는 것이 한스럽소!"

林道人詣謝公, 東陽時始總角, 新病起, 體未堪勞; 與林公講論, 遂至相苦. 母王夫人在壁後聽之, 再遣信令還, 而太傅留之使竟論.
王夫人因自出云:「新婦少遭家難, 一生所寄, 唯在此兒」
因流涕抱兒以歸.
謝公語同坐曰:「家嫂辭情慷慨, 致可傳述, 恨不使朝士見!」

【支道林】林公. 支公. 支遁. 晉나라 때의 道僧. 河內 林慮人으로 속성은 關氏. 25세 때 출가하여 53세 때 洛陽에서 入滅함. 慧皎 支硏山에 은거하여 支遁, 支道林, 林公 등으로 불림. 梁나라 慧皎《高僧傳》(4)에 支遁傳이 있음.
【謝公】謝安. 字는 安石(320~385). 謝裒의 아들이며 謝琰(望蔡)의 아버지. 謝奕의 동생. 덕망이 있고 기개가 높아 桓彝, 王濛의 사랑을 받음. 처음에는 벼슬에 뜻을 버리고 王羲之, 支遁 등과 산수를 즐기며 조정의 부름에 응하지 않았으나 40이 넘어 桓溫의 司馬를 거쳐 吳興太守, 侍中, 吏部尙書, 太保錄尙書事 등의 관직을 지냄. 뒤에 다시 太傅에 추증되었으며 시호는 文靖.《晉書》(79)에 전이 있음.
【東陽】謝朗. 자는 長度. 어릴 때 자는 胡兒. 謝安의 형 謝據의 장자이며 謝重의 아버지. 사안의 조카인 셈. 著作郎과 東陽太守를 지냄.《晉書》(79)에 전이 있음.

참고 및 관련 자료

1. 《中興書》
朗博涉有逸才, 善言玄理.

2. 《謝氏譜》
朗父據, 取太原王韜女, 名綏.

222(4-40)

지도림(支道林, 支遁)과 허연(許掾, 許詢) 등 여러 사람이 회계왕(會稽王, 司馬昱)의 재실齋室에 모여 강론을 펴고 있었다.

지도림은 법사法師가 되고 허연은 도강都講이 되어, 지도림이 한 번 의義를 통해 주면 모든 사람이 모두 만족하였고, 허순이 질문을 해주면 모두 손뼉을 치며 춤을 출 지경이었다.

그러나 모두들 두 사람의 멋진 모습만 감탄하며 노래한 것이지 그 속의 진리를 깨달아 그런 것은 아니었다.

支道林·許掾諸人, 共在會稽王齋頭. 支爲法師, 許爲都講. 支通一義, 四坐莫不厭心; 許送一難, 衆人莫不抃舞. 但共嗟詠二家之美, 不辯其理之所在.

【支道林】林公. 支公. 支遁. 晉나라 때의 道僧. 河內 林慮人으로 속성은 關氏. 25세 때 출가하여 53세 때 洛陽에서 入滅함. 支硏山에 은거하여 支遁, 支道林, 林公 등으로 불림. 梁나라 慧皎《高僧傳》(4)에 支遁傳이 있음.

【許掾】許詢. 字는 玄度. 許允의 현손으로 어릴 때 이름은 阿訥. 神童이라 불렸음. 高陽人. 벼슬에 뜻이 없어 孫綽, 郗愔, 王羲之, 謝安, 支遁 등과 會稽에서 산수를 유람하며 黃老에 관심을 보였음. 일찍 죽음. 司徒掾 벼슬을 지냈음.

【會稽王】簡文帝. 東晉의 제8대 황제 司馬昱. 字는 道萬. 中宗의 少子. 元帝 계실 鄭后 소생이며 司馬紹의 배다른 동생. 穆帝가 어려서 撫軍으로 보필, 뒤에 桓溫이 海西公을 폐하고 이를 세워 皇帝에 오름. 재위 2년(371~372). 《世說新語》에서는 흔히 '晉簡文', '簡文', '簡文帝', '簡文皇帝', '相王', '撫軍', '會稽王'등으로 칭함. 《晉書》(9)에 紀가 있음.

【齋頭】절에서 치르는 불교모임의 의식의 일종이나 여기서는 사마욱의 서재에 모여 불교 모임을 갖게 되어 이렇게 표현 한 것

【法師·都講】법사는 설법·설명하는 임무, 도강은 질문을 통해 모두가 알아들을 수 있도록 유도하는 임무를 띰. 그러나 위진 시대 불경을 강론할 때 講과 唱이 있어 내용을 말로 풀이해 주는 임무를 〈法師〉, 이를 노래로 唱해 주는 자를 '都講'이라 하였다 함.

참고 및 관련 자료

1. 楊勇〈校箋〉

『齋頭, 廳事中也. 晉書王敦傳:「敦死, 時年五十九. 應祕不發喪, 裹尸以席蠟塗其外, 埋於廳事中.」 吳士鑑注引魏書司馬叡傳作〈埋於齋中.〉緗素雜記:「丞相廳事門曰黃閤.」』

2.《高逸沙門傳》

道林時講維摩詰經.

223(4-41)

사거기(謝車騎, 謝玄)가 부친 안서장군(安西將軍, 謝奕)의 상을 당해 있는 상중인데도, 임도인林道人, 支遁, 支道林은 그를 찾아가 현담을 나누고 저녁이 되어서야 물러 나왔다. 그런데 어떤 이가 길에서 지도림을 만나자 이렇게 물었다.
"공께서는 지금 어디서 오는 길입니까?"
지도림은 이렇게 대답하였다.
"오늘 사효자謝孝子와 극렬하게 담론을 한 번 벌이고 돌아오는 길이오."

謝車騎在安西艱中, 林道人往就語, 將夕乃退.
有人道上見者, 問云:「公何處來?」
答云:「今日與謝孝劇談一出來」

【謝車騎】謝玄(343~388). 자는 幼度. 어릴 때의 자는 遏(羯). 謝奕의 아들이며 謝靈運의 조부. 謝安의 조카. 徐州刺史로서 謝石, 謝琰 등과 肥水(淝水)에서 苻堅을 대파함. 그로 인해 康樂侯公에 봉해졌으며 죽은 뒤 車騎將軍으로 추증됨.《晉書》(79)에 전이 있음.
【安西】謝奕(?~358) 자는 無奕. 謝安의 형이며 謝玄의 아버지. 桓溫의 친구로 安西將軍·豫州刺史 등을 지냄.《晉書》(79)에 전이 있음. '謝奕'으로도 표기함.
【支道林】林公. 支公. 支遁. 晉나라 때의 道僧. 河內 林慮人으로 속성은 關氏. 25세 때 출가하여 53세 때 洛陽에서 入滅함. 支硏山에 은거하여 支遁, 支道林, 林公 등으로 불림. 梁나라 慧皎《高僧傳》(4)에 支遁傳이 있음.
【謝孝子】謝玄이 喪中이어서 부른 말. 당시 상중인 사람을 '孝子'라 불렀음.
【劇談】대화를 끝까지 몰아 궁지에 처하도록 함.

> 참고 및 관련 자료

1. 楊勇〈校箋〉
『劇談, 窮之以詞, 苦相詰難, 輕薄之詞也.』
2. 《謝玄別傳》
玄能淸言, 善名理.

224(4-42)

  지도림(支道林, 支遁)이 동쪽 회계會稽에서 나와 동안사東安寺에 묵고 있었다. 왕장사(王長史, 王濛)는 오랫동안 생각하였던 묘리妙理와 뛰어난 언사言辭를 미리 준비하여 지도림을 찾아가 담론을 시작하였다. 그러나 아무리 해도 지도림의 적수가 되지 못하는 것이었다.
  왕장사는 수백 어語를 서술하면서 스스로 명리기조名理奇藻라고 떠들었지만 지도림은 천천히 이렇게 한마디 하였다.
  "저와 그대는 오랫동안 떨어져 있었는데, 그대의 연구는 도대체 나아진 게 없소."
  왕장사는 얼굴을 붉힌 채 물러서고 말았다.

支道林初從東出, 住東安寺中. 王長史宿構精理, 幷撰其才藻, 往與支語, 不大當對; 王敍致作數百語, 自謂是名理奇藻.

支徐徐謂曰:「身與君別多年, 君義言了不長進」
王大慙而退.

【支道林】林公. 支公. 支遁. 晉나라 때의 道僧. 河內 林慮人으로 속성은 關氏. 25세 때 출가하여 53세 때 洛陽에서 入滅함. 支硏山에 은거하여 支遁, 支道林, 林公 등으로 불림. 梁나라 慧皎《高僧傳》(4)에 支遁傳이 있음.
【東安寺】당시 수도 建康에 있던 절 이름.
【王長史】王濛(309?~347?). 자는 仲祖. 太原 王氏. 王脩, 王蘊, 哀帝王后의 아버지. 司徒左長史를 지냄.《晉書》(93)에 전이 있음.

참고 및 관련 자료

1.《高逸沙門傳》
遁居會稽, 晉哀帝欽其風味, 遣中使至東迎之; 遁遂辭丘壑, 高步天邑.

225(4-43)

은중군(殷中軍, 殷浩)이 〈소품小品〉을 읽다가 그 속에 약 2백 가지의 난제難題들을 뽑아 놓고 있었다. 이들 문제는 한결같이 정미精微하여 세상에서는 그 내용이 너무 어려워 통행되지 못한 채 박혀 있던 것들이었다.
일찍이 지도림(支道林, 支遁)을 만나 알아보려 하였지만 끝내 이루어지지 않았다. 그 소품은 지금도 전하고 있다.

殷中軍讀小品, 下二百籤, 皆是精微, 世之幽滯. 嘗欲與
支道林辯之, 竟不得. 今小品猶存.

【殷中軍】殷浩(?~356). 자는 淵源. 殷羨(洪喬)의 아들이며 弱冠에 이미 이름이
났으며 玄言에 뛰어나 당시 풍류 재자의 숭앙을 받음. 정사에도 뛰어나
사람들은 그를 管仲이나 諸葛孔明에 비유할 정도였음. 建武將軍, 揚州刺史,
記室參軍·安西將軍·中軍將軍 등을 역임하였음. 北征에 나섰다가 姚襄
에게 패배하여 서인으로 강등되기도 하였음. '咄咄怪事'의 고사를 남김.
《晉書》(77)에 전이 있음.
【小品】불경의 상세하게 풀이한 것을 大品, 대략적으로 풀이한 것을 小品
이라 함.

참고 및 관련 자료

1. 劉孝標 注
『釋氏辯空經, 有詳者焉, 有略者焉, 詳者爲大品, 略者爲小品.』
2. 《高逸沙門傳》
殷浩能言名理, 自以有所不達, 欲訪之於遁; 遂邂逅不遇, 深以爲恨. 其爲名識
賞重, 如此之至焉.
3. 《語林》
浩於佛經, 有所不了, 故遣人迎林公; 林公乃虛懷欲往. 王右軍駐之曰:「淵源
思致淵富, 旣未易爲敵; 且己所不解, 上人未必能通, 縱復服從, 亦名不益高;
苦佻脫不合, 便喪十年所保, 可不須往!」林公亦以爲然, 遂止.

226(4-44)

불경佛經에서는 악을 제거하고 훈련을 쌓아 신명神明하게 되면 성인聖人이 될 수 있다고 여기고 있다. 이를 두고 간문제(簡文帝, 司馬昱)가 이렇게 말하였다.

"즉시 봉우리에 올라 급히 극락에 이를 수 있다는 것인지는 모르겠으나, 수양하고 단련하여 이룬다고 하는 것은 그나마 무망한 것은 아니다."

佛經以爲祛練神明, 則聖人可致.
簡文云:「不知便可登峯造極不? 然陶練之功, 尙不可誣」

【簡文帝】東晉의 제8대 황제 司馬昱. 字는 道萬. 中宗의 少子. 元帝 계실 鄭后 소생이며 司馬紹의 배다른 동생. 穆帝가 어려서 撫軍으로 보필, 뒤에 桓溫이 海西公을 폐하고 이를 세워 皇帝에 오름. 재위 2년(371~372). 《世說新語》에서는 흔히 '晉簡文', '簡文', '簡文帝', '簡文皇帝', '相王', '撫軍', '會稽王' 등으로 칭함. 《晉書》(9)에 紀가 있음.

참고 및 관련 자료

1.《釋氏經》
一切衆生, 皆有佛性; 但能脩智慧, 斷煩惱, 萬行具足, 便成佛也.

227(4-45)

우법개于法開가 처음에는 지공支公, 支道林, 支遁과 명성을 다투었으나 뒤에 사람들이 점점 지도림에게 기울자 우법개는 그만 분을 품고 섬현剡縣으로 은둔해 버렸다.

그 후 제자를 도성建康으로 보내어 불법을 강론토록 하면서 회계會稽를 거쳐 가도록 하였다. 이 때 지도림은 마침 〈소품小品〉을 강론하고 있었던 것이다. 법개가 그 제자에게 미리 이렇게 일러두었다.

"회계에 가면 지도림은 〈소품〉을 강론하고 있을 것이다. 네가 도착하면 그는 틀림없이 그 중 이곳을 강의하고 있을 것이다."

그리고 그곳을 짚어 주며 이렇게 공난攻難하라고 수 십 번 가르쳐 주었다.

"이 부분은 예로부터 더 이상 풀어낼 수 없는 곳이다."

제자가 가보았더니 과연 지도림은 우법개의 말대로 마침 그곳을 강의하고 있었다. 그래서 우법개가 시킨 대로 조심스럽게 공난을 펴 나갔다. 이런 방법으로 계속하자 지도림은 끝내 굴복하고 큰 소리로 이렇게 부르짖었다.

"그대는 어찌 남의 부탁을 여기까지 싣고 와서 나를 괴롭히는가!"

于法開始與支公爭名, 後情漸歸支; 意甚不分, 遂遁跡剡下. 遣弟子出都, 語使過會稽. 于時支公正講小品.

開戒弟子:「道林講, 比汝至, 當在某品中」

因示語攻難數十番, 云:「舊此中不可復通」

弟子如言詣支公. 正値講, 因謹述開意; 往反多時, 林公遂屈.

厲聲曰:「君何足復受人寄載來!」

【于法開】진나라 때의 高僧. 의술과 수술(數術)에 능하였다 함. 元華寺에서 수도한 후 靈鷲寺로 옮겨 支道林과 色卽是空에 대해 쟁론을 벌임. 《隋書》 經籍志에 그의 저서 《議論備豫方》 1권이 실려 있으며 慧皎 《高僧傳》(4)에 전이 있음.
【剡縣】지명. 지금의 浙江省 嵊縣.
【弟子】당시 于法開의 제자는 法威라는 스님이었다.

참고 및 관련 자료

1. 《高僧傳》(4) 于法開傳
後移白山靈鷲寺, 每興支道林爭'卽色空'義. 廬江何黙申明開難, 高平郗超宣述林解, 並傳於世.
2. 《名德沙門題目》
于法開才辯從橫, 以數術弘敎.
3. 《高逸沙門傳》
法開初以義學著名, 後與支遁有競, 故遁居剡縣, 更學醫術.

228(4-46)

은중군(殷中軍, 殷浩)이 물었다.
"자연은 사람에게 품수稟受함이 아무런 사심이 없는데, 어찌 선한 사람은 적고 악한 사람은 많은가?"
많은 사람들이 누구도 대답을 못하였다. 그러자 유윤(劉尹, 劉惔)이 이렇게 대답하였다.

"마치 물을 땅에다 쏟고 나면 그 물이 종횡으로 흩어지고 흘러내려 그 어느 것도 대략 방원方圓을 이루지 못하는 이치와 같습니다."
그러자 일시에 모두들 탄복하여 명통名通이라고 하였다.

殷中軍問:「自然無心於稟受. 何以正善人少, 惡人多?」
諸人莫有言者.
劉尹答曰:「譬如瀉水着地, 正自縱橫流漫, 略無正方圓者」
一時絶歎, 以爲名通.

【殷中軍】殷浩(?~356). 자는 淵源. 殷羨(洪喬)의 아들이며 弱冠에 이미 이름이 났으며 玄言에 뛰어나 당시 풍류 재자의 숭앙을 받음. 정사에도 뛰어나 사람들은 그를 管仲이나 諸葛孔明에 비유할 정도였음. 建武將軍, 揚州刺史, 記室參軍·安西將軍·中軍將軍 등을 역임하였음. 北征에 나섰다가 姚襄에게 패배하여 서인으로 강등되기도 하였음. '咄咄怪事'의 고사를 남김. 《晉書》(77)에 전이 있음.
【稟受】'賦與'와 같은 뜻. '자연이 인간에게 모든 것을 부여하면서 아무런 사심이 없다'는 뜻
【劉尹】劉惔. 字는 眞長. 劉宏의 손자로 沛國 相 땅 출신. 明帝(323~326 재위)의 廬陵長公主에게 장가들어 駙馬가 됨. 司從左長史, 侍中, 丹陽尹 등을 지냄. 36세에 죽어 孫綽이 "居官無官官之事, 處事無事事之心"이라 誄文을 지어 명언이라 하였음.《晉書》(75)에 전이 있음.
【名通】精妙한 풀이

참고 및 관련 자료

1.《莊子》
天籟者, 吹萬不同, 而使其自己也.

2. 《莊子》郭象(子玄) 注
無旣無矣, 則不能生有; 有之未生, 又不能爲生. 然則生生者誰哉? 塊然而自生耳! 非我生也. 我不生物, 物不生我, 則自然而已然, 謂之天然. 天然非爲也, 故以天言之, 所以明其自然故也.

229(4-47)

강승연康僧淵이 막 강을 건너 남으로 내려왔을 때 누구 하나 그를 알아주는 자가 없었다. 그래서 그는 항상 시장 가를 배회하면서 빌어먹고 겨우 살아가고 있었다. 그러던 어느 날 우연히 그가 은연원(殷淵源, 殷浩)의 집에 갔더니 마침 많은 빈객이 모여들었다. 은호는 강승연을 안내하여 자리에 앉히고 대강 날씨 이야기를 물은 다음, 드디어 현언의리를 담론하기에 이르렀다. 강승연은 언어와 표현에 조금도 위축되는 기색이 없이 대강의 중요한 내용을 간략히 말한 다음, 계속해서 깊은 이치로 파고 들었다. 이 일로 그는 이름이 알려지게 되었다.

康僧淵初過江, 未有知者, 恆周旋市肆, 乞索以自營. 忽往殷淵源許, 值盛有賓客; 殷使坐, 粗與寒溫, 遂及義理. 語言辭旨, 曾無愧色; 領略粗擧, 一往參詣. 由是知之.

【康僧淵】진나라 때의 高僧. 西域人. 成帝 때에 康法暢·支敏度 등과 함께 渡江하여 東晉에 옴. 뒤에 豫章山에 절을 세우고 불경을 강론함. 慧皎의 《高僧傳》(4)에 전이 있음.

【殷淵源】殷浩(?~356). 자는 淵源. 殷羨(洪喬)의 아들이며 弱冠에 이미 이름이 났으며 玄言에 뛰어나 당시 풍류 재자의 숭앙을 받음. 정사에도 뛰어나 사람들은 그를 管仲이나 諸葛孔明에 비유할 정도였음. 建武將軍, 揚州刺史, 記室參軍·安西將軍·中軍將軍 등을 역임하였음. 北征에 나섰다가 姚襄에게 패배하여 서인으로 강등되기도 하였음. '咄咄怪事'의 고사를 남김. 《晉書》(77)에 전이 있음.

참고 및 관련 자료

1.《高僧傳》(4) 康僧淵傳
康僧淵, 本西域人, 生於長安. 貌雖梵人, 語實中國. 容止詳正, 志業弘深. 誦放光·道行二般若, 卽大小品也. 晉成之世, 與康法暢·支敏度等俱過江. 暢亦有才思, 善爲往復, 著人物始義論等. 常乞素自資, 人未之識. 後遇陳郡殷浩; 浩始問佛經深遠之理, 郤辯俗書性情之義, 自晝至曛, 浩不能屈, 由是改觀. 後於豫章山立寺, 卒於寺焉.

230(4-48)

은호(殷浩, 中軍)와 사안謝安 등 여러 사람이 모였을 때 사안이 은호에게 물었다.
"눈동자가 만물을 접촉하는 것인가, 만물이 눈 안으로 비쳐 들어오는 것인가?"

殷·謝諸人共集.
謝因問殷:「眼往屬萬形, 萬形入眼不?」

【殷浩】자는 淵源(?~356). 殷羨(洪喬)의 아들이며 弱冠에 이미 이름이 났으며 玄言에 뛰어나 당시 풍류 재자의 숭앙을 받음. 정사에도 뛰어나 사람들은 그를 管仲이나 諸葛孔明에 비유할 정도였음. 建武將軍, 揚州刺史, 記室參軍·安西將軍·中軍將軍 등을 역임하였음. 北征에 나섰다가 姚襄에게 패배하여 서인으로 강등되기도 하였음. '咄咄怪事'의 고사를 남김.《晉書》(77)에 전이 있음.

【謝安】字는 安石(320~385). 謝裒의 아들이며 謝琰(望蔡)의 아버지. 謝奕의 동생. 덕망이 있고 기개가 높아 桓彛, 王濛의 사랑을 받음. 처음에는 벼슬에 뜻을 버리고 王羲之, 支遁 등과 산수를 즐기며 조정의 부름에 응하지 않았으나 40이 넘어 桓溫의 司馬를 거쳐 吳興太守, 侍中, 吏部尙書, 太保錄尙書事 등의 관직을 지냄. 뒤에 다시 太傅에 추증되었으며 시호는 文靖.《晉書》(79)에 전이 있음.

참고 및 관련 자료

1. 劉孝標 注

『成實論曰:「眼識不待到而知虛塵, 假空與明, 故得見色. 若眼到色, 則間無空明; 如眼筐觸目, 則不能見色. 當知眼識不到而知.」依如此說, 則眼不往, 形不入, 遙屬而見也. 謝有問, 而殷無答, 疑闕文.』

231(4-49)

어떤 사람이 은중군(殷中軍, 殷浩)에게 물었다.

"어찌하여 장차 관직을 얻기 전에는 먼저 꿈에 관棺을 보게 되고, 장차 재물을 얻기 전에는 오물의 꿈을 먼저 꾸게 됩니까?"

은중군은 이렇게 설명하였다.

"관직이란 본래 냄새나고 썩은 것입니다. 그 때문에 장차 얻기 전엔 꿈에 썩는 관이나 시체를 보게 되는 것입니다. 또한 재물이란 본래 분토糞土와 같은 것이기 때문에 장차 얻기 전엔 먼저 오물의 꿈을 꾸게 되는 것이지요."

당시 사람들이 모두 이 말을 명통名通이라 하였다.

人有問殷中軍:「何以將得位而夢棺器, 將得財而夢屎穢?」

殷曰:「官本是臭腐, 所以將得而夢棺屍; 財本是糞土, 所以將得而夢穢汙.」

時人以爲名通.

【殷中軍】殷浩(?~356). 자는 淵源. 殷羨(洪喬)의 아들이며 弱冠에 이미 이름이 났으며 玄言에 뛰어나 당시 풍류 재자의 숭앙을 받음. 정사에도 뛰어나 사람들은 그를 管仲이나 諸葛孔明에 비유할 정도였음. 建武將軍, 揚州刺史, 記室參軍·安西將軍·中軍將軍 등을 역임하였으며 北征에 나섰다가 姚襄에게 패배하여 서인으로 강등되기도 하였음. '咄咄怪事'의 고사를 남김. 《晉書》(77)에 전이 있음.

【名通】명쾌한 대답. 名言.

> 참고 및 관련 자료

1. 楊勇〈校箋〉
『名通, 猶名言也..』

232(4-50)

은중군(殷中軍, 殷浩)이 동양東陽으로 폐출당한 뒤에 비로소 불경佛經을 보게 되었다. 처음 《유마힐경維摩詰經》을 보게 되었는데, '반야바라밀般若波羅蜜'이라는 말이 너무 많다고 여겼다. 그러나 뒤에는 〈소품小品〉을 읽으면서 그 '반야바라밀'이 너무 적다고 한스러워하였다.

殷中軍被廢東陽, 始看佛經. 初視《維摩詰》, 疑「般若波羅蜜」太多; 後見小品, 恨此語少.

【殷中軍】殷浩(?~356). 자는 淵源. 殷羨(洪喬)의 아들이며 弱冠에 이미 이름이 났으며 玄言에 뛰어나 당시 풍류 재자의 숭앙을 받음. 정사에도 뛰어나 사람들은 그를 管仲이나 諸葛孔明에 비유할 정도였음. 建武將軍, 揚州刺史, 記室參軍・安西將軍・中軍將軍 등을 역임하였음. 北征에 나섰다가 姚襄에게 패배하여 서인으로 강등되기도 하였음. '咄咄怪事'의 고사를 남김. 《晉書》(77)에 전이 있음.
【廢】殷浩가 폐출당한 사건은 〈黜免〉 3 '咄咄怪事'를 볼 것.
【維摩詰經】불경의 하나. 범어 Vimalakirtinirdesa의 역음. 석가의 제자 유마힐(Vimalakirti. 無垢稱)이 기록한 것으로 대승불교의 경전. 漢譯으로는 三國 吳나라 支謙의 《佛說維摩詰經》(2권)과 後秦 鳩摩羅什의 《維摩詰所說經》(3권) 및 唐 玄奘의 《說無垢稱經》(6권) 등이 전함.
【般若波羅蜜】범어 Peajna-paramita의 음역. '般若波羅蜜多'라고도 쓰며 여섯 바라밀 중의 하나. 바라밀은 '최고 지혜의 완성'을 뜻하며 수행방법의 일종임.

(참고 및 관련 자료)

1. 僧肇 注 《維摩經》
維摩詰者, 秦言淨名; 蓋法身之大士, 見居此土, 以弘道也.

2. 楊勇 〈校箋〉

『般若波羅蜜, 屬大品, 經二十七卷, 九十品, 姚秦三藏, 鳩摩羅什共僧叡譯.』

3. 劉孝標 注

『波羅蜜, 此言到彼岸也. 經云:「到者有六焉: 一曰檀; 檀者, 施也. 二曰毗黎; 毗黎者, 持戒也. 三曰羼提; 羼提者, 忍辱也. 四曰尸羅; 尸羅者, 精進也. 五曰禪; 禪者, 定也. 六曰般若; 般若者, 智慧也. 然則五者爲舟, 般若爲導; 導則爲絶有相之流, 升無相之彼岸也. 故曰波羅蜜也.」淵源未暢其致, 少而疑其多; 已而究其宗; 多而患其少也.』

233(4-51)

지도림(支道林, 支遁)과 은연원(殷淵源, 殷浩)이 함께 상왕(相王, 簡文帝, 司馬昱)의 집에 모이자 상왕이 그 두 사람에게 이렇게 말하였다.

"서로 한 번 변론을 교환해 보시지요. 재성才性에 대한 이론은 은연원이 마치 효산崤山이나 함곡관函谷關저럼 튼튼할 깃입니다. 지도림 그대는 조심해야 할 것이외다!"

이에 지도림이 화제를 떠올리면서 재성론에 대한 언급은 가능하면 피하고 멀리 돌아갔다. 이렇게 네 차례 서로 교환하고 나서 깨닫지 못하는 사이에 그들의 화제는 현언玄言 즉, 재성의 문제 속으로 파고들게 되었다. 상왕은 어깨를 두드리며 웃음을 띤 채 이렇게 말하였다.

"이것이 곧 은연원의 뛰어난 수법이오. 어찌 가히 그와 예봉銳鋒을 다투려 하오!"

支道林·殷淵源俱在相王許.

相王謂二人:「可試一交言; 而才性殆是淵源崤函之固, 君其愼焉!」

支初作, 改轍遠之; 數四交, 不覺入其玄中.

相王撫肩笑曰:「此自是其勝場, 安可爭鋒!」

【支道林】林公. 支公. 支遁. 晉나라 때의 道僧. 河內 林慮人으로 속성은 關氏. 25세 때 출가하여 53세 때 洛陽에서 入滅함. 支硏山에 은거하여 支遁, 支道林, 林公 등으로 불림. 梁 慧皎《高僧傳》(4)에 支遁傳이 있음.

【殷中軍】殷浩(?~356). 자는 淵源. 殷羨(洪喬)의 아들이며 弱冠에 이미 이름이 났으며 玄言에 뛰어나 당시 풍류 재자의 숭앙을 받음. 정사에도 뛰어나 사람들은 그를 管仲이나 諸葛孔明에 비유할 정도였음. 建武將軍, 揚州刺史, 記室參軍·安西將軍·中軍將軍 등을 역임하였음. 北征에 나섰다가 姚襄에게 패배하여 서인으로 강등되기도 하였음. '咄咄怪事'의 고사를 남김. 《晉書》(77)에 전이 있음.

【相王】簡文帝, 東晉의 제8대 황제 司馬昱. 字는 道萬. 中宗의 少子. 元帝 계실 鄭后 소생이며 司馬紹의 배다른 동생. 穆帝가 어려서 撫軍으로 보필, 뒤에 桓溫이 海西公을 폐하고 이를 세워 皇帝에 오름. 재위 2년(371~372).《世說新語》에서는 흔히 '晉簡文', '簡文', '簡文帝', '簡文皇帝', '相王', '撫軍', '會稽王' 등으로 칭함.《晉書》(9)에 紀가 있음.

【崤·函】崤山과 函谷關. 戰國 시대 山東과 秦나라를 나누던 험준한 산과 관문. 여기서는 튼튼한 방비를 말함. 제왕의 근거지.

참고 및 관련 자료

1. 劉孝標 注

『崤, 謂二陵之地; 函, 函谷關也. 並秦之險塞, 王者之居. 左思魏都賦曰: 崤函, 帝王之宅.』

234(4-52)

사공(謝公, 謝安)이 제자들이 모여 있는 기회에 이렇게 물었다.
"《모시毛詩》에서 어느 구절이 가장 훌륭한가?"
사알(謝遏, 謝玄)이 이렇게 대답하였다.

"'옛날 내 가보았을 때에는　　　　　　　　　昔我往矣
　버들잎 치렁치렁 늘어졌더니　　　　　　　楊柳依依
　지금 내 다시 돌아와 보니　　　　　　　　今我來思
　궂은 눈비 펄펄 휘날리고 있네'　　　　　　雨雪霏霏
입니다."

이에 사공은 이렇게 말하였다.

"'자세히 헤아려 명령 정하고　　　　　　　　訏謨定命
　먼일까지 살핀 후에 분부 내리네'　　　　　遠猷辰告
이다."

이 구절은 풍아風雅한 사람의 깊은 의취가 들어 있는 내용이라 여겼기 때문이었다.

謝公因子弟集聚, 問:「《毛詩》何句最佳?」
遏稱曰:「『昔我往矣, 楊柳依依; 今我來思, 雨雪霏霏.』」
公曰:「『訏謨定命, 遠猷辰告.』」
謂此句偏有雅人深致.

【謝公】謝安. 字는 安石(320~385). 謝裒의 아들이며 謝琰(望蔡)의 아버지. 謝奕의 동생. 덕망이 있고 기개가 높아 桓彝, 王濛의 사랑을 받음. 처음에는 벼슬에 뜻을 버리고 王羲之, 支遁 등과 산수를 즐기며 조정의 부름에 응하지 않았으나 40이 넘어 桓溫의 司馬를 거쳐 吳興太守, 侍中, 吏部尙書, 太保錄尙書事 등의 관직을 지냄. 뒤에 다시 太傅에 추증되었으며 시호는 文靖.《晉書》(79)에 전이 있음.
【毛詩】漢代 詩四家(毛詩, 韓詩, 魯詩, 齊詩) 중의 하나로 毛萇이 전함. 지금의 《詩經》은 《毛詩》를 지칭함.
【謝遏】謝玄(343~388). 자는 幼度. 어릴 때의 자는 遏(羯). 謝奕의 아들이며 謝靈運의 조부. 謝安의 조카. 徐州刺史로서 謝石, 謝琰 등과 肥水(淝水)에서 苻堅을 대파함. 그로 인해 康樂侯公에 봉해졌으며 죽은 뒤 車騎將軍으로 추증됨.《晉書》(79)에 전이 있음.
【昔我往矣】《詩經》 小雅 采薇의 구절.
【訏謨定命】《詩經》 大雅 抑의 구절.

235(4-53)

장빙張憑은 효렴孝廉으로 천거되어 서울로 나가게 되었다. 그는 늘 자신은 재주가 있어 당시의 명사들과 어울려도 손색이 없다고 자부하였다. 그래서 유윤(劉尹, 劉惔)을 예방하려 하자, 고향의 친구들과 함께 천거되어 온 자들이 모두 비웃었다. 장빙은 그래도 유윤을 예방하였다.

유윤은 마침 물건을 닦는 등 이런저런 일상의 일을 끝내고 있었다. 그는 장빙에게 아랫자리에 앉으라 하고는 날씨에 대한 이야기만 꺼낼 뿐 신운神韻하고 통현通玄한 이야기는 하려 들지 않는 것이었다. 장빙은 자기의 이론을 펴 보이고 싶었지만 기회가 나지 않았다. 조금 후 왕장사(王長史, 王濛) 등 여러 명사들이 모여들어 드디어 청담淸談의 토론이 벌어졌다.

그때 객과 주인의 토론 중에 불통不通하는 것이 생기자, 장빙은 이에 멀리 말석末席에 앉아 있다가 이를 판결해 주었다. 그런데 그 말이 간단하면서도 요지가 심원深遠하여 족히 서로의 회의懷疑를 시원하게 풀어줄 만하여 모두들 놀라워하였다. 이렇게 되자 유진장(劉眞長, 劉尹, 劉惔)은 그를 상석에 앉히고 종일토록 청담을 나누다가 그것도 모자라 머물러 재우면서 새벽이 되도록 계속하였다. 장빙이 이에 떠나려 하자 유윤은 미래를 약속하였다.

"그대는 잠시 돌아가 계시오. 알맞은 때를 보아 우리 반드시 함께 무군(撫軍, 簡文帝)을 방문합시다."

장빙이 고향으로 가기 위해 배로 돌아오자 동료들이 어디서 잤느냐고 물었지만 장빙은 빙그레 웃을 뿐 대답을 아니 하였다. 잠시 후 유진장이 전교傳敎를 보내어 장효렴(張孝廉, 張憑)이 탄 배를 찾았다. 동료들은 모두 놀라 눈이 휘둥그레졌다. 즉시 함께 수레를 몰아 무군(撫軍, 簡文帝)에게 가서 대문에 이르자 유윤이 먼저 앞으로 나가 간문제에게 아뢰었다.

"제가 오늘 공公을 위하여 태상박사太常博士로 뽑을 만한 인물을 구해 왔습니다!"

이윽고 앞으로 나가 간문제와 대화를 나누어 보자 간문제는 놀라 무릎을 치며 감탄하였다.

"장빙은 걷는 모습은 이상하지만 이굴理窟이 그 속에 숨어 있소이다!"

그러고는 즉시 태상박사 직위를 주어 등용하였다.

張憑擧孝廉出都, 負其才氣, 謂必參時彦; 欲詣劉尹, 鄕里及同擧者共笑之. 張遂詣劉; 劉洗濯料事, 處之下坐, 唯通寒暑, 神意不接. 張欲自發, 無端; 頃之, 長史諸賢來清言, 客主有不通處, 張乃遙於末坐判之; 言約旨遠, 足暢彼我之懷. 一坐皆驚.

眞長延之上坐, 清言彌日, 因留宿至曉.

張退, 劉曰:「卿且去, 正當取卿共詣撫軍.」

張還船, 同侶問何處宿? 張笑而不答. 須臾, 眞長遣傳敎
覓張孝廉船, 同侶愡愕. 卽同載詣撫軍.

至門, 劉前進謂撫軍曰:「下官今日爲公得一太常博士妙選!」
旣前, 撫軍與之話言, 咨嗟稱善曰:「張憑勃窣爲理窟!」
卽用爲太常博士.

【張憑】자는 長宗. 太常博士, 吏部郞, 御史中丞 등을 지냄. 《晉書》(75)에 전이
있음.
【孝廉】漢나라 때부터 있었던 인재선발의 한 제도. 孝悌스럽고 廉潔한 자를
추천받아 관직을 수여함.
【劉尹】劉惔. 字는 眞長. 劉宏의 손자로 沛國 相 땅 출신. 明帝(323~326
재위)의 廬陵長公主에게 장가들어 駙馬가 됨. 司從左長史, 侍中, 丹陽尹 등을
지냄. 36세에 죽어 孫綽이 "居官無官官之事, 處事無事事之心"이라 誄文을
지어 명언이라 하였음. 《晉書》(75)에 전이 있음.
【王長史】王濛(309?~347?). 자는 仲祖. 太原 王氏. 王脩, 王蘊, 哀帝王后의
아버지. 司徒左長史를 지냄. 《晉書》(93)에 전이 있음.
【撫軍】簡文帝. 東晉의 제8대 황제 司馬昱. 字는 道萬. 中宗의 少子. 元帝 계실
鄭后 소생이며 司馬紹의 배다른 동생. 穆帝가 어려서 撫軍으로 보필, 뒤에
桓溫이 海西公을 폐하고 이를 세워 皇帝에 오름. 재위 2년(371~372). 《世說
新語》에서는 흔히 '晉簡文', '簡文', '簡文帝', '簡文皇帝', '相王', '撫軍', '會稽王'
등으로 칭함. 《晉書》(9)에 紀가 있음.
【勃窣】첩운연면어. 제대로 걷지 못하는 모습을 형용한 말.
【理窟】玄學의 용어로 義理의 총체. 의리의 淵藪. 才學이 풍부함을 말함.

참고 및 관련 자료

1. 《文章志》宋 明帝
憑字長宗, 吳郡人. 有意氣, 爲鄕閭所稱. 學尙所得, 敏而有文; 太守以才選擧
孝廉, 試策高第. 爲惔所擧, 補太常博士. 累遷吏部郞, 御史中丞.

236(4-54)

태법사(太法師, 法汰, 竺法汰)가 이렇게 말하였다.
"'육통六通'이나 '삼명三明'은 그 귀착점은 같다. 단지 그 이름이 다를 뿐이다."

汰法師云:「『六通』·『三明』同歸, 正異名耳」

【太法師】 竺法汰. 일설에 釋道安의 제자라고도 함. 《高僧傳》(5)에 竺法汰傳이 있음.
【六通】 梵文 sadabhijna의 의역. 불교에서 말하는 6가지 신통력. 즉 天眼通(멀리까지 볼 수 있는 것)·天耳通(막힌 소리도 들을 수 있는 것)·身通(날고 숨을 수 있는 것)·他心通(온갖 걱정을 거울로 비춰보듯 알 수 있는 것)·宿命通(과거의 숙명을 알아낼 수 있는 것)·漏盡通(모든 것을 흘러 보내 해탈할 수 있는 것).
【三明】 범어 trividaya의 역어. 宿住智證明·生死智證明·漏盡智證明을 말함.

참고 및 관련 자료

1. 《道安法師傳》
竺法汰者, 體器弘簡, 道情冥到, 法師友而善焉.
2. 劉孝標 注
『說法太卽安公弟子也.』
3. 楊勇 〈校箋〉
『高傳五竺法汰傳:「竺法汰, 東莞人, 少與道安同學.」 一說非是.』
4. 《俱舍論》
三明者, 一曰宿住智證明, 卽六通宿命通也. 二曰生死智證明, 卽天眼, 天耳,他心, 神境通也. 三曰漏盡智證明, 卽漏盡通也.

5. 劉孝標 注

『經云:「六通者, 三乘之功德也. 一曰天眼通, 見遠方之色. 二曰天耳通, 聞障外之聲. 三曰身通, 飛行隱顯. 四曰他心通, 水鏡萬慮. 五曰宿命通, 神知已往. 六曰漏盡通, 慧解累世. 三明者, 解脫在心, 朗照三世者也.」然則天眼, 天耳, 身通, 他心, 漏盡此五者, 皆見在心之明也. 宿命則過去心之明也. 因天眼發未來之智, 則未來心之明也. 同歸異名, 義在斯矣.』

237(4-55)

지도림(支道林, 支遁)과 허순許詢, 사안謝安 등 덕망이 있는 사람들이 함께 왕몽王濛의 집에 모이게 되었다. 사안은 이에 여러 사람들을 둘러보며 이렇게 제의하였다.

"오늘 모임은 가히 '언회彦會'라 할 수 있습니다. 세월이라는 것도 붙잡아 둘 수 있는 것이 아니며, 이러한 모임도 진실로 언제나 있을 수 있는 것이 아닙니다. 이에 마땅히 서로 글 한 편씩 읊어 자신의 품은 뜻을 표현해 봅시다."

이에 허순이 주인 왕공에게 물었다.

"《장자莊子》책 있소?"

그리고는 그 속에서 〈어부漁父〉편을 펼쳤다.

사안이 그 속에서 글 제목을 정하여 자리에 같이 앉은 이들에게 알려 써보도록 하였다. 지도림이 제일 먼저 썼는데 7백여 자나 되었다. 그 내용과 서술이 정려精麗하고 재조才藻가 기발하여 모든 사람이 훌륭하다고 칭찬하였다. 이에 자리를 같이한 이들이 각기 자신의 정회情懷를 읊어내는 일이 끝나자 사안이 다시 물었다.

"경들은 미진함이 없소?"

이 질문에 모두들 이렇게 찬동하였다.

"오늘의 표현은 하고 싶은 대로 다하지 못한 부분은 거의 없는 듯합니다."

사안은 뒤에 대강 그들에 대한 반박거리를 거론하고 그것을 바탕으로 자신의 뜻을 서술하였는데 그것이 1만여 언=이 되었으며, 그 재기가 우뚝하여 아주 빼어났다. 게다가 스스로 어려운 문제까지 내세워 자신의 의기를 가탁하여 시원하게 터득된 그런 경지가 되었다. 앉았던 이들이 압도당하지 않은 이가 없었다. 이에 지도림은 사안에게 이렇게 말하였다.

"그대는 한결같이 오로지 한길로만 파고들어, 그 까닭으로 이렇게 훌륭한 결과가 저절로 나오게 된 것입니다."

支道林·許·謝盛德, 共集王家.

謝顧謂諸人:「今日可謂彦會, 時旣不可留, 此集固亦難常; 當共言詠, 以瀉其懷.」

許便問主人:「有《莊子》不?」

正得〈漁父〉一篇. 謝看題, 便各使四坐通. 支道林先通, 作七百許語; 敍致精麗, 才藻奇拔, 衆咸稱善. 於是四坐各言懷畢.

謝問曰:「卿等盡不?」

皆曰:「今日之言, 少不自竭.」

謝後粗難, 因自敍其意, 作萬餘語, 才峯秀逸; 旣自難干, 加意氣擬託, 蕭然自得, 四坐莫不厭心.

支謂謝曰:「君一往奔詣, 故復自佳耳.」

【支道林】林公. 支公. 支遁. 晉나라 때의 道僧. 河內 林慮人으로 속성은 關氏. 25세 때 출가하여 53세 때 洛陽에서 入滅함. 支硏山에 은거하여 支遁, 支道林, 林公 등으로 불림. 梁 慧皎《高僧傳》(4)에 支遁傳이 있음.
【許詢】字는 玄度. 許允의 현손. 高陽人. 벼슬에 뜻이 없어 孫綽, 郗愔, 王羲之, 謝安, 支遁 등과 會稽에서 산수를 유람하며 黃老에 관심을 보였음. 일찍 죽음. 司徒掾 벼슬을 지냈음.
【謝安】字는 安石(320~385). 謝裒의 아들이며 謝琰(望蔡)의 아버지. 謝奕의 동생. 덕망이 있고 기개가 높아 桓彝, 王濛의 사랑을 받음. 처음에는 벼슬에 뜻을 버리고 王羲之, 支遁 등과 산수를 즐기며 조정의 부름에 응하지 않았으나 40이 넘어 桓溫의 司馬를 거쳐 吳興太守, 侍中, 吏部尙書, 太保錄尙書事 등의 관직을 지냄. 뒤에 다시 太傅에 추증되었으며 시호는 文靖.《晉書》(79)에 전이 있음.
【王濛】자는 仲祖(309?~347?). 太原 王氏. 王脩, 王蘊, 哀帝王后의 아버지. 司徒左長史를 지냄.《晉書》(93)에 전이 있음.
【彦會】彦士들의 모임. 뛰어난 명사 선비의 모임.
【莊子·漁父】《莊子》의 내용은 참고란을 볼 것.

> 참고 및 관련 자료

1.《莊子》
孔子遊乎緇帷之林, 休坐乎杏壇之上; 孔子絃歌鼓琴, 奏曲未半, 有漁者下船而來, 須眉交白, 被髮揄袂, 行原以上, 距陸而止, 左手據膝, 右手持頤以聽; 曲終, 而招子貢·子路語曰:「彼何爲者也?」曰:「孔氏」曰:「孔氏何治?」子貢曰:「服忠信, 行仁義, 飾禮樂, 選人倫; 孔氏之所治也」曰:「有土之君歟?」曰:「非也」漁父曰:「仁則仁矣, 恐不免其身」孔子聞, 而求問之; 遂言八疵·四病, 以誡孔子.

2.《文字志》
安神情秀悟, 善談玄遠.

238(4-56)

은중군(殷中軍, 殷浩)과 손안국(孫安國, 孫盛), 왕몽王濛, 그리고 사상謝尙 등 현언에 뛰어난 현사들이 모두 회계왕(會稽王, 司馬昱, 簡文帝)의 집에 모였다. 먼저 은중군과 손안국 사이에 '역상묘어현형론易象妙於見形論'에 대한 토론이 벌어졌다. 손안국의 말이 도리에 맞자 그는 의기가 충천하여 하늘을 찌를 정도였다. 자리에 같이한 이들이 손안국의 이론에 모두가 수긍한 것은 아니었지만 그렇다고 그를 굴복시킬 만한 새로운 논리도 없었다. 이때 회계왕은 개연히 탄식하였다.
"유진장(劉眞長, 劉惔)을 오게 하였더라면 능히 저 사람을 제압할 수 있을 텐데."
그리고는 즉시 유진장을 불러왔다. 손성은 스스로도 자기가 유진장만은 못하다고 여기고 있었다. 유진장이 나타나자 먼저 손성으로 하여금 그 본래의 이론을 다시 서술해 보게 하였다. 손성은 방금 펴 보였던 이론을 대강 말하면서도 역시 방금의 그 능란함에는 미치지 못한다고 느꼈다. 유진장은 이에 2백여 마디로 이를 반박하였는데 그 말과 논박이 아주 간결하고 분명하여 손성도 마침내 굴복하고 말았다. 자리하였던 이들이 동시에 손뼉을 치며 환호성을 울렸고 유진장을 칭찬하는 이야기가 오래도록 이어졌다.

殷中軍·孫安國·王·謝能言諸賢, 悉在會稽王許. 殷與孫共論易象妙於見形.
孫語:「道合, 意氣干雲.」
一坐咸不安孫理, 而辭不能屈.
會稽王慨然歎曰:「使眞長來, 故應有以制彼!」

卽迎眞長, 孫意己不如. 眞長旣至, 先令孫自敍本理.
孫粗說己語, 亦覺絕不及向.

劉便作二百許語, 辭難簡切; 孫理遂屈. 一坐同時拊掌
而笑, 稱美良久.

【殷中軍】殷浩(?~356). 자는 淵源. 殷羨(洪喬)의 아들이며 弱冠에 이미 이름이
났으며 玄言에 뛰어나 당시 풍류 재자의 숭앙을 받음. 정사에도 뛰어나
사람들은 그를 管仲이나 諸葛孔明에 비유할 정도였음. 建武將軍, 揚州刺史,
記室參軍·安西將軍·中軍將軍 등을 역임하였음. 北征에 나섰다가 姚襄
에게 패배하여 서인으로 강등되기도 하였음. '咄咄怪事'의 고사를 남김.
《晉書》(77)에 전이 있음.

【孫安國】孫盛. 자는 安國(302?~373). 어릴 때 渡江하여 殷浩와 이름을 같이
함. 차례로 陶侃·庾亮·桓溫의 막부에서 일하였고 秘書監을 거쳐 侍中에
오름. 학문에 뛰어나 《魏氏春秋》, 《晉陽秋》, 《易象妙於見形論》 등을 지음.
《晉書》(82)에 전이 있음.

【王濛】王仲祖(309?~347?). 자는 仲祖. 太原 王氏. 王脩, 王蘊, 哀帝王后의
아버지. 司徒左長史를 지냄. 《晉書》(93)에 전이 있음.

【謝尙】자는 仁祖(308~357). 謝鯤의 아들이며 王導가 '小安豐'이라 불렀음.
給事黃門侍郞을 거쳐 建武將軍, 鎭西將軍, 歷陽太守, 豫州刺史, 江夏, 義陽 등
都督을 지냄. 穆帝 때 尙書僕射를 지냄. 음악과 기예에 밝았으며 太樂을
처음으로 정리하였던 인물. 《晉書》(79)에 전이 있음.

【會稽王】簡文帝. 東晉의 제8대 황제 司馬昱. 字는 道萬. 中宗의 少子. 元帝
계실 鄭后 소생이며 司馬紹의 배다른 동생. 穆帝가 어려서 撫軍으로 보필.
뒤에 桓溫이 海西公을 폐하고 이를 세워 皇帝에 오름. 재위 2년(371~372).
《世說新語》에서는 흔히 '晉簡文', '簡文', '簡文帝', '簡文皇帝', '相王', '撫軍',
'會稽王'등으로 칭함. 《晉書》(9)에 紀가 있음.

【易象妙於見形論】《易》의 '상은 만물에 드러난 현상보다 더욱 묘하다'는
원리에 대한 이론. 내용은 참고란을 볼 것.

【劉眞長】劉惔. 字는 眞長. 劉宏의 손자로 沛國 相 땅 출신. 明帝(323~326
재위)의 廬陵長公主에게 장가들어 駙馬가 됨. 司從左長史, 侍中, 丹陽尹 등을

지냄. 36세에 죽어 孫綽이 "居官無官官之事, 處事無事事之心"이라 誄文을 지어 명언이라 하였음. 《晉書》(75)에 전이 있음.
【辭難】'辭'는 言辭, '難'은 '논박거리, 풀어야할 난제'를 뜻함.

참고 및 관련 자료

1. 〈易象妙於見形論〉劉孝標 注
『聖人知觀器不足以達變, 故表圓應於著龜, 圓應不可爲典要, 故寄妙迹於六爻. 六爻周流, 唯化所適, 故雖一畫, 而吉凶並彰, 微一則失之矣. 擬器託象, 而慶咎交著, 繫器則失之矣. 故設八卦者, 蓋緣化之影迹也; 天下者, 寄見之一形也. 圖影備未備之象, 一形兼未形之形. 故盡二儀之道, 不與乾坤齊妙; 風雨之變, 不與巽坎同體矣.』

239(4-57)

승의僧意가 와관사瓦官寺에 있을 때, 왕구자(王苟子, 王脩)가 찾아와 함께 토론을 벌이자고 하면서 그 자리에서 토론거리를 제시하라고 하였다. 이에 승의가 즉시 이런 문제를 꺼냈다.
"성인은 감정이 있는가, 없는가?"
왕구자가 대답하였다.
"없습니다."
그러자 거듭 물었다.
"성인은 그럼 기둥과 같은가?"
왕구자는 이렇게 대답하였다.

"성인은 마치 점칠 때 쓰는 점판籌算과 같아서, 그 점판 자체는 감정이 없지만 점판을 운용하는 자에게는 감정이 있지요."
 승의가 다시 물었다.
"그렇다면 그 성인, 곧 점판은 누가 운용하는가?"
 이렇게 되자 왕구자는 더 이상 대답을 못하고 돌아서 버렸다.

僧意在瓦官寺中, 王苟子來, 與共語, 便使其唱理, 便謂王曰: 「聖人有情不?」
 王曰:「無」
 重問曰:「聖人如柱邪?」
 王曰:「如籌算; 雖無情, 運之者有情」
 僧意云:「誰運聖人邪?」
 苟子不得答而去.

【僧意】승려. 자세한 사적은 알 수 없음. 劉氏 주에 "未詳僧意氏族所出"이라 함.
【瓦官寺】동진 때 유명한 사찰로 364년 慧力이 창건하였음. 지금의 南京市에 있음.
【王苟子】王脩(335?~358?). 字는 敬仁. 어릴 때 字는 苟子. 王濛의 아들이며 隷書에 뛰어났었음. 玄談과 淸言에도 특장을 보였음. 著作郎, 文學, 中軍司馬 등을 지냄. 《晉書》(93)에 전이 있음.

> 참고 및 관련 자료

1. 다른 본에는 끝의 승의가 말한 구절이 없다. 劉孝標 주에 다음과 같이 밝히고 있다.
『諸本無僧意最後一句, 意疑其闕, 廣校衆本皆然; 唯一書有之, 故取以成其義. 然王脩善言理, 如此論, 特不近人情, 猶疑斯文爲謬也.』

240(4-58)

사마태부(司馬太傅, 司馬道子)가 사거기(謝車騎, 謝玄)에게 물었다.
"혜자(惠子, 惠施)는 그 책이 다섯 수레라 하였는데 어찌 현담玄談에 대해서는 한 마디도 없지요?"
그러자 사현은 이렇게 대답하였다.
"그 묘처妙處가 전하지 못한 때문이겠지요."

司馬太傅問謝車騎:「惠子其書五車, 何以無一言入玄?」
謝曰:「故當是其妙處不傳」

【司馬太傅】司馬道子. 자는 道子(364~402). 흔히 司馬孝文王으로 불림. 簡文帝의 다섯째아들. 文孝王으로도 불림. 10살에 琅琊王에 봉해졌다가 다시 會稽王에 봉해졌음. 孝武帝 때 司徒·揚州刺史·太子太傅를 역임하였으며, 安帝 때 侍中, 太傅, 丞相을 역임함. 그러나 그 아들과 정권을 농단하며 소인을 믿다가 王恭과 孫恩, 桓玄의 공격을 받아 주살당함.《晉書》(64)에 전이 있음.
【謝車騎】謝玄(343-388). 자는 幼度. 어린 때의 자는 遏(羯) 謝奕의 아들이며 謝靈運의 조부. 謝安의 조카. 徐州刺史로서 謝石, 謝琰 등과 肥水(淝水)에서 苻堅을 대파함. 그로 인해 康樂侯公에 봉해졌으며 죽은 뒤 車騎將軍으로 추증됨.《晉書》(79)에 전이 있음.
【惠書五車】莊子에 실려 있는 고사. 혜시의 학문이 풍성함을 칭찬한 말. 참고란을 볼 것.

참고 및 관련 자료

1.《莊子》天下篇
惠施多方, 其書五車, 其道舛駁, 其言不中: 謂卵有毛, 雞三足, 馬有卵, 犬可爲羊,火不熱, 目不見, 龜長於蛇, 丁子有尾, 白狗黑, 連環可解. 能勝人之口, 不能服人之心. 蓋辯者之囿也.

241(4-59)

은중군(殷中軍, 殷浩)이 면직되어 동양東陽으로 옮긴 후, 불경을 널리 읽어 거의 정밀하게 해독하였다. 그러나 다만 '사수事數'라는 곳에 이르자 도대체 뜻을 알 수 없는 것이었다. 이에 우연히 한 도인道人을 만나 표시해 두었던 부분을 질문하고 나서야 곧 시원하게 풀 수 있게 되었다.

殷中軍被廢, 徙東陽, 大讀佛經, 皆精解; 唯至「事數」處不解. 遇見一道人, 問所籤, 便釋然.

【殷中軍】殷浩(?~356). 자는 淵源. 殷羨(洪喬)의 아들이며 弱冠에 이미 이름이 났으며 玄言에 뛰어나 당시 풍류 재자의 숭앙을 받음. 정사에도 뛰어나 사람들은 그를 管仲이나 諸葛孔明에 비유할 정도였음. 建武將軍, 揚州刺史, 記室參軍·安西將軍·中軍將軍 등을 역임하였음. 北征에 나섰다가 姚襄에게 패배하여 서인으로 강등되기도 하였음. '咄咄怪事'의 고사를 남김. 《晉書》(77)에 전이 있음. 면직된 사건은 〈黜免〉3 '咄咄怪事' 참조.
【事數】불경의 용어. 사물의 名相을 분류하는 술어. 참고란을 볼 것.

| 참고 및 관련 자료 |

1. 劉孝標 注
『事數: 謂若五陰·十二入·四諦·十二因緣·五根·五力·七覺之屬.』

242(4-60)

은중감殷仲堪은 현담이론에 정밀하여 사람들은 그가 연구하지 않은 게 없을 것이라 여겼다. 은중감은 이에 이렇게 탄식하였다.
"나로 하여금 사본四本을 이해하게 해 준다면 내 현담玄談이 이쯤서 그치지 않을 텐데!"

殷仲堪精覈玄論, 人謂莫不研究.
殷乃歎曰:「使我解四本, 談不翅爾!」

【殷仲堪】(?~399). 殷融(洪遠)의 손자이며 殷仲文의 종형. 문장과 현언에 뛰어나 韓康伯과 이름을 나란히 하였음. 振威將軍, 荊州刺史 등을 역임함. 뒤에 桓玄에게 죽임을 당함. 《晉書》(84)에 전이 있음.
【四本】鍾會가 지은 〈四本論〉을 가리킴. 四本은 才·性의 異·同·離·合을 다룬 理論.

참고 및 관련 자료

1.《隆安記》周祗
仲堪好學, 而有理思也.

243(4-61)

은형주(殷荊州, 殷仲堪)가 일찍이 원공(遠公, 惠遠, 慧遠)에게 물었다.
"《역易》은 무엇으로 체體를 삼습니까?"
원공은 이렇게 대답하였다.
"《역》은 감응으로 체를 삼지요."
은형주가 다시 물었다.
"서촉西蜀의 동산銅山이 무너질 때 동쪽의 영종靈鐘이 응한다는 것이 바로《역》의 본체입니까?"
원공은 웃기만 할 뿐 아무런 대답이 없었다.

殷荊州曾問遠公:「《易》以何爲體?」
答曰:「《易》以感爲體」
殷曰:「銅山西崩, 靈鍾東應, 便是《易》耶?」
遠公笑而不答.

【殷荊州】殷仲堪(?~399). 殷融(洪遠)의 손자이며 殷仲文의 종형. 문장과 현언에 뛰어나 韓康伯과 이름을 나란히 하였음. 振威將軍, 荊州刺史 등을 역임함. 뒤에 桓玄에게 죽임을 당함.《晉書》(84)에 전이 있음.

【遠公】慧遠(334~417). 惠遠으로도 쓰며 樓煩 출신의 승려. 속성은 賈氏. 21세에 道安을 따라 출가하여 수학 중 中原 대란으로 남으로 내려옴. 慧皎《高僧傳》(6)에 전이 있음.

참고 및 관련 자료

1.《遠法師銘》張野

沙門釋慧遠, 鴈門樓煩人. 本姓賈氏, 世爲冠族. 年十二, 隨舅令孤氏遊學許・洛. 年二十一, 欲南渡, 就范宣子學, 道阻不通, 遇釋道安以爲師; 抽簪落髮, 研求法藏. 釋曇翼每資以燈燭之費. 識鑒淹遠, 高悟冥頤. 安常歎曰:「道流東國, 其在遠乎?」襄陽旣沒, 振錫南遊, 結宇靈岳. 自年六十, 不復出山. 名被流沙. 彼國僧衆, 皆稱漢地有大乘沙門, 每至然香禮拜, 輒東向致敬. 年八十三而終.

2.《東方朔傳》

漢武皇帝時, 未央宮前殿鐘, 無故自鳴, 三日三夜不止. 詔問太史待詔王朔, 朔言恐有兵氣; 更問東方朔, 朔曰:「臣聞銅者山之子, 山者銅之母; 以陰陽氣類言之, 子母相感, 山恐有崩弛者, 故鐘先鳴. 易曰:'鳴鶴在陰, 其子和之, 精之至也.' 其應在後五日內.」居三日, 南郡太守上書言山崩, 延袤二十餘里.

3.《樊英別傳》

漢順帝時, 殿下鐘鳴, 問英, 對曰:「蜀岷山崩. 山於銅爲母, 母崩子鳴, 非聖朝災.」後蜀果上山崩. 日月相應.

244(4-62)

    양부羊孚의 아우가 왕영언(王永言, 王納之, 王訥之)의 딸을 아내로 맞게 되었다. 그런데 왕씨 집안에서 사위 될 자를 보게 되는 날 양부는 동생을 보내면서 함께 왕씨 집에 갔다. 당시 왕영언의 부친 동양태수東陽太守 왕림지王臨之가 살아 있었는데 은중감殷仲堪은 바로 그 왕림지의 사위였다. 그 은중감을 그 왕씨 집에서 만나게 되었다. 양부는 현언에 뛰어나 은중감과 함께 《장자莊子》〈제물론齊物論〉에 대하여 토론을 벌이게 되었다. 은중감이 양부와 다른 의견을 내세우자 양부는 이렇게 말하였다.
    "그대와 네 번 정도 만나 토론을 벌이면 마땅히 같은 결론을 얻어 낼 수 있을 것 같소."
    은중감은 웃으면서 이렇게 말하였다.
    "끝까지 서로 의견을 견지해야지 하필이면 서로 같아지기를 바랍니까?"
    이에 그들이 과연 네 번 정도 모여서 쟁론을 벌인 끝에 하나의 결론에 도달하게 되었다. 은중감은 이렇게 말하였다.
    "끝내 나와 서로 다른 의견이 없어지다니!"
    이렇게 새로운 견해를 뽑아낸 자라고 오랫동안 감탄하였다.

    羊孚弟娶王永言女. 及王家見婿, 孚送弟俱往; 時永言父東陽尙在, 殷仲堪是東陽女婿, 亦在坐. 孚雅善理義, 乃與仲堪道〈齊物〉.
    殷難之, 羊云:「君四番後, 當得見同」
    殷笑曰:「乃可得盡, 何必相同?」
    乃至四番後一通.

殷咨嗟曰:「僕便無以相異!」
歎爲新拔者久之.

【羊孚】 자는 子道. 羊綏의 아들로 太學博士, 兗州別駕, 太尉記室參軍 등을 지냄. 46(혹 31)세에 죽음.
【弟】 羊輔를 가리킴.
【王永言】 王訥之.《晉書》에는 王納之로 되어 있음. 자는 永言. 王臨之의 아들이며 王準之의 아버지. 殷仲堪의 妻舅. 安帝 때 尙書左丞, 御史中丞을 지냄.
【王臨之】 王永言의 아버지. 東陽太守를 지냄.
【殷仲堪】 (?~399). 殷融(洪遠)의 손자이며 殷仲文의 종형. 문장과 현언에 뛰어나 韓康伯과 이름을 나란히 하였음. 振威將軍, 荊州刺史 등을 역임함. 뒤에 桓玄에게 죽임을 당함.《晉書》(84)에 전이 있음.
【番】 양사(量詞).

참고 및 관련 자료

1.《羊氏譜》
輔字幼仁, 太山人, 祖楷, 尙書郞. 父綏, 中書郞. 輔仕至衛軍功曹, 娶琅邪王納之女, 字僧首.

2.《王氏譜》
納之字永言, 琅邪人. 祖彪之. 光祿大夫. 父臨之. 東陽太守. 納之歷尙書左丞·御史中丞.

3.《殷氏譜》
仲堪娶琅邪王臨之女, 字英彦.

245(4-63)

은중감殷仲堪이 말하였다.
"사흘만《도덕경道德經》을 읽지 않아도 곧 혀가 굳어짐을 느끼게 된다."

殷仲堪云:「三日不讀《道德經》, 便覺舌本間强.」

【殷仲堪】(?~399). 殷融(洪遠)의 손자이며 殷仲文의 종형. 문장과 현언에 뛰어나 韓康伯과 이름을 나란히 하였음. 振威將軍, 荊州刺史 등을 역임함. 뒤에 桓玄에게 죽임을 당함.《晉書》(84)에 전이 있음.
【道德經】《老子》書의 別稱. 위진시대 三玄學의 하나이며 唐代에는《道德經》(老子),《南華眞經》(莊子),《沖虛至德眞經》(列子)을 道敎의 三經으로 삼음.

참고 및 관련 자료

1.《晉安帝紀》
仲堪有思理, 能淸言.

246(4-64)

제파(提婆, 伽提婆)가 강남으로 내려오자마자 왕동정(王東亭, 王珣)의 집에서《아비담경阿毗曇經》을 강해하게 되었다. 막 강해를 시작하여 반정도 풀어나갔을 때 청중 속에서 왕동정의 아우 승미(僧彌, 王珉)가 이렇게 말하였다.

"모두 알아들었습니다."

그리고는 앉았던 자들이 네 개의 분조로 나뉘어 도인道人들의 인도를 받아 다른 방으로 옮겨 자신들끼리 강해를 하는 것이었다. 제파의 강해가 끝나자 왕동정이 법강도인法綱道人에게 물었다.

"저는 조금도 모르겠습니다. 그런데 제 아우 아미(阿彌, 僧彌, 王珉)는 어떻게 모두 알았다고 하지요? 그는 무엇을 알았다는 것입니까?"

법강은 이렇게 설명해 주었다.

"그가 대략적인 것을 알았다고 하는 것은 옳습니다. 그러나 정밀한 핵심에 대해서는 다 알았다고 할 수는 없을 겁니다."

提婆初至, 爲東亭第講《阿毗曇》.

始發講, 坐裁半, (僧彌)[僧珍]便云:「都已曉.」

卽於坐分數四, (有意道人)更就餘屋自講.

提婆講竟, 東亭問法綱道人曰:「弟子都未解, (阿彌)[僧珍]那得已解? 所得云何?」

曰:「大略全是 ;故當小未精覈耳.」

【提婆】伽提婆('가라바'로도 읽음) 범어 deva의 역음. 天·天神의 뜻. 여기서는 캐시미르(Kasamira, 罽賓國) 출신의 伽提婆(Samghadeva). 성은 瞿曇(Gautama). 前秦 苻堅 建元 17년(381)에 長安에 이르러 역경 전도사업에 힘써 383년 《阿毘曇八犍度論》30권(지금의 신수대장경 권 26)을 완성함. 부견이 멸망하자 洛陽으로 옮겼다가 晉孝武帝 太元 16년(391) 南渡하여 廬山의 沙門慧遠의 精舍에서 강불하면서 慧遠과 함께 《阿毘曇心論》4권(지금의 신수대장경 권28)을 씀. 그 뒤 安帝 建安 원년(397)에 건안(동진 수도, 지금의 南京)으로 와서 名流들과 어울려 道講·王珣 등의 집에 다니며 傳敎함. 뒤에 다시 캐시미르 승려 伽羅叉와 함께 《中阿含經》20권(지금의 大正新修大藏經 권1)을 짓고, 건안에서 생을 마침. 梁나라 慧皎의 《高僧傳》권1에 전이 있음.

【王東亭】王珣(349~400). 자는 元琳. 어릴 때의 자는 法護, 혹은 阿瓜. 王洽(敬和)의 아들이며 王導의 손자. 王珉(僧彌)의 형. 安帝 때 尙書令, 散騎常侍 등을 역임함. 東亭侯에 봉해짐.《晉書》(65)에 전이 있음.

【阿毗曇經】아비담은 범어 abhidharma(abhidharma)의 역음. 그 때문에 阿毗曇磨로도 씀. '論', 혹 '對法'의 뜻. 佛典에서 '論'의 중요한 저작.

【僧彌】王僧彌, 王珉(361~388). 자는 季琰. 王洽(敬和)의 아들이며 승상 王導의 손자. 형 王珣과 함께 才藝로 이름이 남. 어릴 때 字는 僧彌. 提婆의 《阿毗曇經》을 듣다가 반쯤에 이르러 이미 그 뜻을 알았다 함. 著作郞, 國子博士, 黃門侍郞, 侍中 등을 역임함. 王獻之에 이어 中書令을 지내어 흔히 大令, 小令이라 함.《晉書》(65)에 전이 있음. 그러나 楊勇은 다른 인물의 僧珍이어야 한다고 보았음. 참고란을 볼 것.

【法綱】자세히 알 수 없음. 〈宋本〉에는 '法岡'으로 되어 있음.

참고 및 관련 자료

1.《出經敍》
僧伽提婆, 罽賓人, 姓瞿曇氏. 雋朗有深鑒, 苻堅至長安, 出諸經. 後渡江, 遠法師請譯阿毗曇.

2.《遠法師阿毗曇敍》
阿毗曇心者, 三藏之要領, 詠歌之微言. 源流廣大, 管綜衆經, 領其宗會, 故作者以心爲名焉. 有出家開士字法勝, 以阿毗曇源流廣大, 卒難尋究, 別擇斯部, 凡二百五十偈, 以爲要解, 號之曰'心'. 罽賓沙門僧伽提婆, 少翫斯文, 因請令譯焉.

3. 劉孝標 注
『晉言大法也. 道標法師曰:「阿毗曇者, 秦言無比法也.」』

4.《高僧傳》6 慧遠傳 (慧皎)
後有罽賓沙門僧伽提婆, 博識衆典, 以晉太元十六年來至尋陽. 遠請譯阿毗曇心及三法度論.

5. 楊勇〈校箋〉
『僧彌, 當作'僧珍'. 高傳一僧伽提婆傳:「至隆安元年, 來遊京師, 晉朝王公及風流名士, 莫不造席致敬. 時衛軍東亭侯瑯邪王珣, 延懿有深信, 扶持正法, 建立精舍, 廣招學衆. 提婆旣至, 珣卽延請, 仍於其舍崗阿毗曇, 名僧畢集. 提婆宗致旣精, 辭旨明晰, 振發義理, 衆咸悅悟. 時王僧珍亦在座聽, 後於王屋自講. 珣問法綱道人: '僧珍所得云何?'答曰: '大略全是, 小未精覈耳.'其敷析之明, 易堺人心如此.」今按: 高傳是也. 又王珉阿彌卒於太元十三年, 至隆安元年, 時己十年, 其不能見提婆可知. 疑彌, 珍二字草書形近致誤.』

6. 《出經敍》
提婆以隆安初遊京師, 東亭侯王珣迎至舍, 講阿毗曇. 提婆宗致旣明, 振發義奧, (王僧彌)「王僧珍」一聽便自講, 其明義易啓人心如此. 未詳年卒.

247(4-65)

환남군(桓南郡, 桓玄)과 은형주(殷荊州, 殷仲堪)가 함께 현리玄理를 토론하면서 그때마다 서로의 의견이 맞섰다. 1년 후에는 한두 번 만에 해결이 나는 것이었다. 이에 환현은 자기 스스로 재능과 사고가 쇠퇴하였다고 탄식하였다.
그러자 은중감은 이렇게 말하였다.
"이것이 바로 그대가 이제부터는 이해하는 쪽으로 방향을 잡았다는 뜻입니다."

桓南郡與殷荊州共談, 每相攻難, 年餘後, 但一兩番. 桓自歎才思轉退.

殷云:「此乃是君轉懈」

【桓南郡】桓玄(369~404). 자는 敬道, 桓溫의 아들 安帝를 축출하고 왕위를 선양받아 楚라 하였다가 劉裕에게 멸망함.《晉書》74에 전이 있음.

【殷荊州】 殷仲堪(?~399). 殷融(洪遠)의 손자이며 殷仲文의 종형. 문장과 현언에 뛰어나 韓康伯과 이름을 나란히 하였음. 振威將軍, 荊州刺史 등을 역임함. 뒤에 桓玄에게 죽임을 당함.《晉書》(84)에 전이 있음.

참고 및 관련 자료

1. 《隆安記》周祗
玄善言理, 棄郡邊國, 常與殷荊州仲堪, 終日談論不輟.

248(4-66)

문제(文帝, 曹丕)가 동아왕東阿王에게 일곱 발자국 걷는 사이에 시를 지으라고 다그치면서 만약 이루지 못하면 국법으로 처치하겠다고 하였다. 동아왕은 그 말이 떨어지기 무섭게 곧 이렇게 읊었다.

"콩을 삶아 콩국 끓이네,　　　　　　煮頭持作羹
　콩물을 걸러 즙을 만드네,　　　　　漉菽以爲汁
　콩깍지는 솥 아래 타고 있고　　　　萁在釜下燃
　콩은 솥 안에서 눈물짓네.　　　　　豆在釜中泣
　본래는 같은 뿌리에서 났건만　　　本自同根生
　서로 지지기가 어찌 이리 급한고!"　相煎何太急

문제는 심히 부끄러운 얼굴색을 띠었다.

文帝嘗令東阿王七步作詩, 不成者行大法.

應聲便爲詩曰:『煮豆持作羹, 漉菽以爲汁; 萁在釜下燃, 豆在釜中泣. 本自同根生, 相煎何太急!』

帝深有慙色.

【文帝】曹丕(187~226). 자는 子桓. 曹操의 둘째아들. 아버지 曹操가 죽고 魏王을 습봉하여 漢나라 丞相이 됨. 延康 元年(220)에 禪讓을 받아 황제가 되었으며 연호를 黃初로 바꾸고 국호를 魏나라로, 洛陽을 도읍으로 정함. 재위 7년에 졸하였으며 시호는 文皇帝. 문장에도 뛰어나《典論》을 지었으며 그 중 〈論文〉은 문학 이론과 비평의 유명한 글로 평가받고 있음. 그 외에 〈燕歌行〉은 현존 최초의 7언시로 알려짐.《三國志》(2)에 紀가 있음.《魏志》에 "帝諱丕. 字子桓, 受漢禪"이라 함. 동생 曹植의 똑똑함을 심히 꺼려서 당시 열 살인 그를 시해하려 하였을 때의 이야기가 바로 〈칠보시〉의 고사임.

【東阿王】曹植(192~232). 字는 子建 曹操의 셋째아들이며 曹丕의 아우. 문학과 시문에 뛰어났으며 형으로부터 심한 질투와 미움을 받음. 東阿王에 봉해졌음. 시문 80여 수를 남겼으며 죽은 뒤 陳王에 봉해졌고 시호를 思라 하여 흔히 陳思王으로도 불림.《曹子建集》10권이 전하며《三國志》(19)에 전이 있음.

【本自同根生】《文選》(60) 李善 주,《初學記》(10),《蒙求》(下卷) 등에는 모두 '本是同根生'으로 되어 있음. "七步詩"의 원 출전임.《魏志》에 자세히 기록되어 있음.

> 참고 및 관련 자료

1.《魏志》七步詩
陳思王植, 字子建, 文帝同母弟也. 年十餘歲, 誦詩論及辭賦數萬言. 善屬文, 太祖嘗視其文曰:「汝倩人耶?」植跪曰:「出言爲論, 下筆成章; 顧當面試, 奈何倩人?」時鄴銅雀臺新成, 太祖悉將諸子登之, 使各爲賦. 植援筆立成, 可觀. 性簡易, 不治威儀, 輿馬服飾, 不尙華麗. 每見難問, 應聲而答: 太祖寵愛之, 幾爲太子者數矣. 文帝卽位, 封鄄城侯, 後徙雍丘, 復封爲東阿. 植每求試, 不得, 而國亟遷易, 汲及無懽. 年四十一薨.

249(4-67)

위魏의 조정에서 진晉 문왕文王을 공작公爵으로 봉하면서 아울러 구석九錫의 사물賜物까지 준비하였다. 그러나 문왕은 극구 사양하며 받지 않으려는 것이었다. 그러자 공경과 장교들이 즉시 관아로 가서 문왕에게 권하는 한편 사공司空 정충鄭沖은 사자를 완적阮籍에게 보내어 〈권진문勸進文〉을 지어 오도록 하였다. 당시 완적은 마침 원효니袁孝尼, 袁準)의 집에 있었는데, 전날 밤 숙취로 인하여 그를 붙잡고 일으켜 세우자 겨우 서찰에 글을 지어 내려가는 것이었다. 그리곤 한 글자도 고치지 않고 이에 사자에게 주어 보냈다. 당시 사람들은 그것을 '신필神筆'이라 여겼다.

魏朝封晉文王爲公, 備禮九錫, 文王固讓不受; 公卿將校, 當詣府敦喩. 司徒鄭沖馳遣信就阮籍求文; 籍時在袁孝尼家, 宿醉扶起, 書札爲之, 無所點定, 乃寫付使. 時人以爲「神筆」.

【晉文王】司馬昭. 晉文帝. 晉宣帝의 둘째아들이며 이름은 昭, 자는 子上. 晉武帝 司馬炎이 진나라를 세우고 나서 文帝로 추존함.《晉書》(2)에 紀가 있음.
【九錫】옛날 천자가 제후 중 유공자에 내리는 아홉 가지 사물(賜物). 즉 車馬·衣服·樂則·朱戶·納陛·虎賁·弓矢·鈇鉞·秬鬯酒.

【鄭沖】 자는 文和(?~274). 開封人. 유학과 제자백가에 통달하였으며 陳留太守, 司徒, 太保를 지냈음. 壽光侯에 봉해짐. 蜀亂을 평정한 후 賈充, 羊祜와 함께 禮儀와 律令을 정리함. 시호는 成. 何晏 등과 함께 《論語集解》를 지음. 《晉書》(33)에 전이 있음. 여기의 司空은 司徒의 잘못인 듯.

【阮籍】 자는 嗣宗(210~263). 陳留의 尉氏人. 阮瑀의 아들. 老莊에 밝았으며 거문고, 바둑, 시문 등에 능하였음. 步兵校尉를 역임하여 흔히 '阮步兵'이라 불림. '竹林七賢'중의 하나. 〈豪傑詩〉, 〈詠懷詩〉, 〈達莊論〉, 〈大人先生傳〉 등이 있으며 《三國志》(21), 《晉書》(49)에 전이 있음. 유유자적하며 휘파람을 잘 불었음.

【袁孝尼】 袁準의 字. 陳郡 夏陽人으로 벼슬에 뜻이 없었으며, 아래 사람에게 묻기를 부끄러워하지 않았다 함. 晉 武帝 때 給事中을 역임함.

참고 및 관련 자료

1. 《袁氏世紀》
準字孝尼, 陳郡陽夏人. 父渙, 魏郎中令. 準忠信居正, 不恥下問, 唯恐人不勝己也. 世事多險, 故恬退不敢求進. 著書十餘萬言.

2. 《兗州記》 荀綽
準有儁才, 太始中, 位給事中.

3. 劉孝標 注
『顧愷之晉文章記曰:「阮籍勤進, 落落有宏致, 至轉說徐而攦之也.」一本注: 阮籍勤進文略曰:「竊聞明公周讓, 沖等眷眷, 實懷愚心; 以爲聖王作制, 百代 同風, 褒德賞功, 其來久矣. 周公籍已成之業, 據旣安之勢, 光宅曲阜, 奄有龜蒙: 明公宜奉聖旨, 受玆介福也.」』

250(4-68)

좌태충(左太沖, 左思)이 〈삼도부三都賦〉를 막 완성하였을 때 당시 사람들은 서로 비웃고 비난하였다. 좌사는 이 때문에 대단히 실망하였다.
뒤에 좌사가 이것을 장공(張公, 張華)에게 보여주자 그는 이렇게 일러주었다. "이 〈삼도부〉는 반고班固의 〈양도부兩都賦〉, 그리고 장형張衡 〈이경부二京賦〉와 합해 정족鼎足을 이룰 만하군요. 그러나 그대의 문장은 아직도 세상 사람들에게 평가를 받지 못하고 있으니 마땅히 명사의 추천을 거쳐야 할 거요."
좌사는 이에 황보밀皇甫謐을 찾아가 가르침을 구하였다. 황보밀은 이 〈삼도부〉를 보고 극찬을 아끼지 않으면서 곧 서문까지 써 주었다. 이렇게 되자 처음에 비난하던 자들이 옷깃을 여미고 찬미하지 않은 이가 없었다.

左太沖作〈三都賦〉初成, 時人互有譏訾, 思意不愜.
後示張公, 張曰:「此〈二京〉可三. 然君文未重於世, 宜以經高名之士」
思乃詢求於皇甫謐. 謐見之嗟歎, 遂爲作敍. 於是先相非貳者, 莫不斂衽讚述焉.

【左太沖】左思. 자는 太沖. 齊國人. 祕書를 지냄. 곧 '洛陽紙貴'의 고사를 낳은 인물. 바로 이 고사의 〈三都賦〉를 사람들이 서로 베끼려고 낙양의 종이가 바닥이 나 종이 값이 급등하였다 함. 그 외에 〈詠史詩〉 8수가 유명함. 그의 문집은 사라졌으나 뒤에 《左太沖集》이 집일되어 있음. 《晉書》(92)에 전이 있음.

【三都賦】三都는 蜀(劉備)의 도읍지 益州, 吳(孫權)의 建業, 魏(曹操)의 鄴 등 세 곳 도읍을 부(賦)로 읊은 것.
【張公】張華. 자는 茂先(232~300). 詩, 書, 文章 등에 고루 능하였던 晉나라 때의 문호이며 학자. 司空을 지냈으며 趙王 司馬倫에게 해를 입음. 후인이 집일한 《張茂先集》이 있으며 저서로는 유명한 《博物志》가 전함. 《晉書》(36)에 전이 있음.
【班固】字는 孟堅(32~92). 한나라 때 인물로 아버지 班彪가 《漢書》를 쓰다가 未完으로 죽자 이를 이어 완성함. 그 외에 《白虎通德論》·《兩都賦》·《幽通賦》·《答賓戲》·《典引》·《封燕然山銘》 등을 지음. 《後漢書》(40)에 전이 있음.
【兩都賦】班固의 작품.
【張衡】字는 平子. 〈二京賦〉를 지음.
【二京】한나라 때 張衡(平子)이 반고(班固)의 〈兩都賦〉를 모방하여 二京賦를 지었음. 여기에 다시 左思의 〈三都賦〉까지 합해 모두 세 종류가 되어 鼎足을 이룬다고 여겼음.
【皇甫謐】자는 士安(215~282). '玄晏先生'이라 불림. 저서로《帝王世紀》·《列女傳》·《高士傳》·《甲乙經》 등이 있음.《晉書》(51)에 전이 있음.

참고 및 관련 자료

1.《左思別傳》
思字太沖, 齊國臨淄人. 父雍, 起於筆札, 多所掌練, 爲殿中御史. 思蚤喪母, 雍憐之, 不甚敎其書學. 及長, 博覽名文, 遍閱百家. 司空張華辟爲祭酒, 賈謐學爲祕書郎: 謐誅, 歸鄕里, 專思著述. 齊王冏請爲爲記室參軍, 不起; 時爲三都賦未成也. 後數年疾終. 其三都賦改定, 至終乃上. 初, 作蜀都賦云:「金馬電發於高岡, 碧雞振翼而雲披, 鬼彈飛丸以礌磝, 火井騰光以赫曦.」今無鬼彈, 故其賦往往不同. 思爲人無吏榦而有文才. 又頗以椒房自矜, 故齊人不重也.」

2.《晉書》王隱
謐字士安, 安定朝那人, 漢太尉嵩會孫也. 祖叔獻, 灞陵令. 父叔侯, 擧孝廉. 謐族從皆累世富貴, 獨守寒素, 所養叔母歎曰:「昔孟母以三徙成子, 曾父以烹豕存敎, 豈我居不卜隣, 何爾魯之甚乎? 脩身篤學, 自汝得之, 於我何有?」因對之流涕, 謐乃感激. 年二十餘, 就鄕里席坦受書, 遭人而問, 少有寧日. 武帝借與書一車, 遂博覽. 太子中庶子, 議郎徵, 並不就, 終於家.

3. 《左思別傳》
思造張載, 問岷蜀事, 交接亦疎. 皇甫謐西州高士, 摯仲治宿儒知名, 非思倫疋. 劉淵林, 衛伯輿並蚤終, 皆不爲思賦序注也. 凡諸注解, 皆思自爲; 欲重其名, 故假時人名姓也.

251(4-69)

유령劉伶은 〈주덕송酒德頌〉을 지어 자신의 의기를 그 속에 담았다.

劉伶著〈酒德頌〉, 意氣所寄.

【劉伶】자는 伯倫. 용모가 못생겼다 하며 魏末 司馬氏가 정권을 휘두르자 自然으로 돌아가 老莊을 신봉하여 無爲而治를 주장하면서 음주로 세월을 보냄. 죽림칠현의 하나. 〈酒德頌〉을 남김. 〈任誕〉편 참조. 《晉書》(49)에 전이 있음. 唐 이전에는 〈劉靈〉으로 표기하였음. 그는 죽림칠현 중 술로 제일 이름이 나 있으며 늘 종자를 시켜 삽을 차고 다니게 하며 술 취해 쓰러져 죽는 그 자리를 파서 묻어 달라고 할 정도였다 함.
【酒德頌】유령의 유일한 작품으로 술에 대해 칭송한 글.

> 참고 및 관련 자료

1. 《名士傳》
伶字伯倫, 沛郡人. 肆意放蕩, 以宇宙爲狹. 常乘鹿車, 攜一壺酒, 使人荷鍤隨之. 云: 「死便掘地以埋.」 土木形骸, 遨遊一世.

2.《竹林七賢論》

伶處天地間, 悠悠蕩蕩, 無所用心. 嘗與俗士相迕, 其人攘袂而起, 欲必築之. 伶和其色曰:「雞肋豈足以當尊拳!」其人不覺廢然而返. 未嘗措意文章, 終其世, 凡著酒德頌一篇而已. 其辭曰:「有大人先生者, 以天地爲一朝, 萬朞爲須臾, 日月爲扃牖, 八荒爲庭衢. 行無轍迹, 居無室廬, 幕天席地, 縱意所如. 止則操卮執觚, 動則絜榼提壺, 唯酒是務, 焉知其餘. 有貴介公子, 縉紳處士, 聞吾風聲, 議其所以; 乃奮袂攘襟, 怒目切齒, 陳說禮法, 是非鋒起. 先生於是放捧罌承槽, 銜杯漱醪, 奮髯箕踞, 枕麴藉糟, 無思無慮, 其樂陶陶; 兀然而醉, 慌爾而醒, 靜聽不聞雷霆之聲, 熟視不見太山之形, 不覺寒暑之切肌, 利欲之感情. 俯觀萬物之擾擾, 如江漢之載浮萍; 二豪侍側焉, 如蜾蠃之與螟蛉.

南京 西善橋 宮山墓〈劉伶〉화상, '劉靈'으로 표기되어 있다.

252(4-70)

악령(樂令, 樂廣)은 청언清言에는 뛰어났지만 글을 쓰는 데에는 재능이 없었다. 그가 하남윤河南尹에 임명되자 이를 사양하고자 반악潘岳에게 대신 글로 지어달라고 청하였다. 반악이 이렇게 제의하였다.

"써줄 수 있소. 그러나 그대의 뜻이 어떤 것인지 정확해야 하오!"

악광은 이에 자신의 양보하게 된 뜻을 설명해 주었는데, 그 내용이 2백여 마디는 되었다. 반악은 즉시 그 내용을 잘 엮어 훌륭한 문장을 완성하게 되었다.

이를 두고 당시 사람들은 모두 이렇게 말하였다.

"만약 악광이 반악의 글재주를 빌리지 않았거나, 반악이 악광의 요지를 취하지 않았다면 이런 문장이 태어나지 못하였을 것이다."

樂令善於淸言, 而不長於手筆.
將讓河南尹, 請潘岳爲表; 潘云:「可作耳; 要當得君意」
樂爲述己所以爲讓, 標位二百許語; 潘直取錯綜, 便成名筆.
時人咸云:「若樂不假潘之文, 潘不取樂之旨, 則無以成斯矣」

【樂令】樂廣(?~304). 자는 彦輔. 王衍과 같은 시대 인물로 당시 청담 풍조에 이름을 날렸음. 여러 관직을 거쳐 王戎을 이어 尙書令이 됨. 그 때문에 흔히 '樂令'으로도 불림. 두 딸이 있어 하나는 衛玠에게, 하나는 成都王(司馬穎)에게 시집을 보냈으나 마침 사마영과 長沙王(司馬乂)의 싸움이 심해지자 근심을 품고 죽음.《晉書》(43)에 전이 있음. 단 '樂'은 성씨의 경우 '악'(yue)

으로 읽으나(예 樂毅)《世說新語辭典》(1992, 四川)에서는 '락'(le)의 항목에 실려 있어 '락광'으로 되어 있음.
【潘岳】자는 安仁(247~300). 文學에 뛰어났던 인물. 〈悼亡詩〉로 유명함.《文選》 (23·57) 참조.《晉書》(55)에 전이 있음.

참고 및 관련 자료

1.《晉陽秋》
岳字安仁, 榮陽人. 夙以才穎發名. 善屬文, 淸綺絶世, 蔡邕未能過也. 仕至黃門侍郞, 爲孫秀所害.

253(4-71)

하후담夏侯湛이 〈주시周詩〉를 완성하자 이를 반안인(潘安仁, 潘岳)에게 보여주었다. 그러자 반안인은 이렇게 평하였다.
"이는 한갓 온아溫雅한 내용일 뿐만 아니라 따로 효제지성孝悌之性까지 드러나 보이는구려."
그러고는 반안인 자신도 드디어 〈가풍시家風詩〉라는 글을 지었다.

夏侯湛作〈周詩〉成, 示潘安仁.
安仁曰:「此文非徒溫雅, 乃別見孝悌之性.」
潘因此遂作〈家風詩〉.

【夏侯湛】자는 孝若(243~291). 太尉掾을 거쳐 郎中을 지냈으며 太子舍人, 尙書郎, 野王令, 中書侍郎, 南陽相 등을 역임함. 문장에 뛰어나 논저가 30여 편이 있었음. 항상 潘岳과 함께 다녀 '連璧'이라는 고사를 남김. '하후잠'으로도 읽음.《晉書》(55)에 전이 있음.

【周詩】소위 笙詩로《詩經》小雅에 있는〈南陔〉·〈白華〉·〈華黍〉·〈由庚〉·〈崇丘〉·〈由儀〉여섯 편. 제목만 있고 가사가 없음. 이에 夏侯湛이 그 뜻을 생각해 스스로 지어 이를〈周詩〉라 하였음.

【潘安仁】潘岳(247~300). 자는 安仁. 文學에 뛰어났던 인물.〈悼亡詩〉로 유명함.《文選》(23·57) 참조.《晉書》(55)에 전이 있음.

【家風詩】조상의 덕을 기리며 스스로 경계를 삼는 내용.《藝文類聚》(23)에 실려 있음.

참고 및 관련 자료

1.《文士傳》

湛字孝若, 譙國人, 魏征西將軍夏侯淵曾孫也. 有盛才, 文章巧思, 善補雅詞, 名亞潘岳, 歷中書侍郎.

2.《夏侯湛集》敍

周詩者, 南陔·白華·華黍·由庚·崇丘·由儀六篇, 有其義而亡其辭; 湛續其亡, 故云周詩也.

3. 劉孝標 注

『旣殷斯虔, 仰說洪恩; 夕定辰省, 奉朝侍昏. 宵中告退, 鷄鳴在門; 孳孳恭誨, 夙夜是敦.』

4. 劉孝標 注

『岳家風詩, 載其宗祖之德, 及自戒也.』

5.〈家風詩〉(《藝文類聚》23)

晉潘安仁家風詩曰:「綰髮綰髮, 髮亦鬢止. 日祇日祇, 敬亦愼止. 靡專靡有, 受父之母. 鳴鶴匪和, 析薪弗荷. 隱憂孔疚, 我堂靡搆. 義方旣訓, 家道穎穎. 豈敢荒寧, 一日三省」

254(4-72)

　　손자형(孫子荊, 孫楚)이 부인이 죽자 장례를 치르고 상복을 벗으면서 시를 지어 왕무자(王武子, 王濟)에게 보였다.
　　"문장이 정情에서 생겨나는 것인가? 아니면 정이 문장에서 우러나오는 것인가? 이를 알지는 못하겠지만 이 글을 보니 그 처연함이 부부 사이의 애중愛重함을 더욱 느끼게 하네."

孫子荊除婦服, 作詩以示王武子.
王曰:「未知文生於情? 情生於文? 覽之悽然, 增伉儷之重」

【孫子荊】孫楚(?~294). 자는 子荊. 晉初의 인물. 40이 지나 벼슬길에 올랐음. 著作郎, 馮翊太守 등을 역임함.《晉書》(56)에 전이 있음.
【王武子】王濟. 자는 武子(240?~285?). 王渾의 아들.《易》과《老莊》에 밝아 裵楷와 이름을 날렸음. 武帝의 딸 常山公主의 남편. 侍中을 역임함. 말에 대해서 잘 알았다고 함. 王愷와 사치와 호기를 다툰 일로도 유명함. 中書郎, 驍騎將軍, 侍中 등을 역임함.《晉書》(42)에 전이 있음.
【伉儷】짝. 부부를 일컬음.

참고 및 관련 자료

1.《孫楚集》
婦胡母氏也. 其詩曰:「時邁不停, 日月電流; 神爽登遐, 忽已一豊制有敘, 告除靈丘; 臨詞感痛, 中心若抽.」
2. 劉孝標 注
『一作文於情生, 情於文生.』

으로 읽으나(예 樂毅)《世說新語辭典》(1992, 四川)에서는 '락'(le)의 항목에 실려 있어 '락광'으로 되어 있음.
【潘岳】 자는 安仁(247~300). 文學에 뛰어났던 인물. 〈悼亡詩〉로 유명함.《文選》(23·57) 참조.《晉書》(55)에 전이 있음.

참고 및 관련 자료

1.《晉陽秋》
岳字安仁, 滎陽人. 夙以才穎發名. 善屬文, 淸綺絶世, 蔡邕未能過也. 仕至黃門侍郞, 爲孫秀所害.

253(4-71)

하후담夏侯湛이 〈주시周詩〉를 완성하자 이를 반안인(潘安仁, 潘岳)에게 보여 주었다. 그러자 반안인은 이렇게 평하였다.

"이는 한갓 온아溫雅한 내용일 뿐만 아니라 따로 효제지성孝悌之性까지 드러나 보이는구려."

그리고는 반안인 자신도 드디어 〈가풍시家風詩〉라는 글을 지었다.

夏侯湛作〈周詩〉成, 示潘安仁.
安仁曰:「此文非徒溫雅, 乃別見孝悌之性.」
潘因此遂作〈家風詩〉.

【夏侯湛】자는 孝若(243~291). 太尉掾을 거쳐 郞中을 지냈으며 太子舍人, 尙書郞, 野王令, 中書侍郞, 南陽相 등을 역임함. 문장에 뛰어나 논저가 30여 편이 있었음. 항상 潘岳과 함께 다녀 '連璧'이라는 고사를 남김. '하후잠'으로도 읽음.《晉書》(55)에 전이 있음.
【周詩】소위 笙詩로《詩經》小雅에 있는 〈南陔〉·〈白華〉·〈華黍〉·〈由庚〉·〈崇丘〉·〈由儀〉 여섯 편. 제목만 있고 가사가 없음. 이에 夏侯湛이 그 뜻을 생각해 스스로 지어 이를 〈周詩〉라 하였음.
【潘安仁】潘岳(247~300). 자는 安仁. 文學에 뛰어났던 인물. 〈悼亡詩〉로 유명함.《文選》(23·57) 참조.《晉書》(55)에 전이 있음.
【家風詩】조상의 덕을 기리며 스스로 경계를 삼는 내용.《藝文類聚》(23)에 실려 있음.

참고 및 관련 자료

1.《文士傳》
湛字孝若, 譙國人, 魏征西將軍夏侯淵曾孫也. 有盛才, 文章巧思, 善補雅詞, 名亞潘岳, 歷中書侍郞.

2.《夏侯湛集》敍
周詩者, 南陔·白華·華黍·由庚·崇丘·由儀六篇, 有其義而亡其辭; 湛續其亡, 故云周詩也.

3. 劉孝標 注
『旣殷斯虔, 仰說洪恩; 夕定辰省, 奉朝侍昏. 宵中告退, 鷄鳴在門; 孳孳恭誨, 夙夜是敦.』

4. 劉孝標 注
『岳家風詩, 載其宗祖之德, 及自戒也.』

5.〈家風詩〉(《藝文類聚》23)
晉潘安仁家風詩曰:「綰髮綰髮, 髮亦鬢止. 日祗日祗, 敬亦愼止. 靡專靡有, 受父之母. 鳴鶴匪和, 析薪弗荷. 隱憂孔疚, 我堂靡構. 義方旣訓, 家道穎穎. 豈敢荒寧, 一日三省.」

254(4-72)

 손자형(孫子荊, 孫楚)이 부인이 죽자 장례를 치르고 상복을 벗으면서 시를 지어 왕무자(王武子, 王濟)에게 보였다.
 "문장이 정情에서 생겨나는 것인가? 아니면 정이 문장에서 우러나오는 것인가? 이를 알지는 못하겠지만 이 글을 보니 그 처연함이 부부 사이의 애중愛重함을 더욱 느끼게 하네."

孫子荊除婦服, 作詩以示王武子.
王曰:「未知文生於情? 情生於文? 覽之悽然, 增伉儷之重」

【孫子荊】孫楚(?~294). 자는 子荊. 晉初의 인물. 40이 지나 벼슬길에 올랐음. 著作郞, 馮翊太守 등을 역임함. 《晉書》(56)에 전이 있음.
【王武子】王濟. 자는 武子(240?~285?). 王渾의 아들. 《易》과 《老莊》에 밝아 裵楷와 이름을 날렸음. 武帝의 딸 常山公主의 남편. 侍中을 역임함. 말에 대해서 잘 알았다고 함. 王愷와 사치와 호기를 다툰 일로도 유명함. 中書郞, 驍騎將軍, 侍中 등을 역임함. 《晉書》(42)에 전이 있음.
【伉儷】짝. 부부를 일컬음.

참고 및 관련 자료

1. 《孫楚集》
婦胡母氏也. 其詩曰:「時邁不停, 日月電流; 神爽登遐, 忽已一周. 禮制有敘, 告除靈丘; 臨詞感痛, 中心若抽.」

2. 劉孝標 注
『一作文於情生, 情於文生.』

255(4-73)

태숙광太叔廣은 아주 언변이 뛰어났고, 지중치(摯仲治, 摯虞)는 글을 잘 지어 모두 경卿 벼슬을 하고 있었다. 매번 자리를 같이 할 때면 지중치는 태숙광의 언변에 눌려 말도 못 붙였다. 그 때마다 중치는 물러나와 글을 지어 태숙광을 대적하였는데, 그럴 경우 태숙광이 아무런 답을 내놓지 못하였다.

太叔廣甚辯給, 而摯仲治長於翰墨, 俱爲列卿. 每至公坐, 廣談, 仲治不能對; 退箸筆難廣, 廣又不能答.

【太叔廣】자는 季思(?~304). 東平人. 八王之亂 때 자살함.
【摯仲治】摯虞(?~311). 字는 仲治. 長安人. 皇甫謐의 제자이며 秘書監, 太常卿을 지냄. 《晉書》(51)에 전이 있음.

참고 및 관련 자료

1. 《晉書》王隱

廣字季思, 東平人. 倫死後, 河間王顒廢太子覃, 拜成都王爲太弟, 欲使詣洛: 廣子孫多在洛, 慮害, 乃自殺. 摯虞字仲治, 京兆長安人. 祖茂, 秀才. 父模, 魏太僕卿. 虞與廣名位略同: 廣長口才, 虞長筆才, 俱少政事. 衆坐廣談, 虞不能對: 虞退筆難廣, 廣不能答. 於是更相嗤笑, 紛然於世. 廣無可記, 虞多所錄, 於斯爲勝也.

【三都賦】三都는 蜀(劉備)의 도읍지 益州, 吳(孫權)의 建業, 魏(曹操)의 鄴 등 세 곳 도읍을 부(賦)로 읊은 것.
【張公】張華. 자는 茂先(232~300). 詩, 書, 文章 등에 고루 능하였던 晉나라 때의 문호이며 학자. 司空을 지냈으며 趙王 司馬倫에게 해를 입음. 후인이 집일한 《張茂先集》이 있으며 저서로는 유명한 《博物志》가 전함. 《晉書》 (36)에 전이 있음.
【班固】字는 孟堅(32~92). 한나라 때 인물로 아버지 班彪가 《漢書》를 쓰다가 未完으로 죽자 이를 이어 완성함. 그 외에 《白虎通德論》·《兩都賦》·《幽通賦》·《答賓戲》·《典引》·《封燕然山銘》 등을 지음. 《後漢書》(40)에 전이 있음.
【兩都賦】班固의 작품.
【張衡】字는 平子. 〈二京賦〉를 지음.
【二京】한나라 때 張衡(平子)이 반고(班固)의 〈兩都賦〉를 모방하여 二京賦를 지었음. 여기에 다시 左思의 〈三都賦〉까지 합해 모두 세 종류가 되어 鼎足을 이룬다고 여겼음.
【皇甫謐】자는 士安(215~282). '玄晏先生'이라 불림. 저서로 《帝王世紀》·《列女傳》·《高士傳》·《甲乙經》 등이 있음. 《晉書》(51)에 전이 있음.

참고 및 관련 자료

1. 《左思別傳》
思字太沖, 齊國臨淄人. 父雍, 起於筆札, 多所掌練, 爲殿中御史. 思蚤喪母, 雍憐之, 不甚敎其書學. 及長, 博覽名文, 遍閱百家. 司空張華辟爲祭酒, 賈謐擧爲祕書郞: 謐誅, 歸鄕里, 專思著述. 齊王囧請爲爲記室參軍, 不起; 時爲三都賦未成也. 後數年疾終. 其三都賦改定, 至終乃上. 初, 作蜀都賦云:「金馬電發於高岡, 碧雞振翼而雲披, 鬼彈飛丸以磆礑, 火井騰光以赫曦.」今無鬼彈, 故其賦往往不同. 思爲人無吏幹而有文才. 又頗以椒房自矜, 故齊人不重也.」

2. 《晉書》王隱
謐字士安, 安定朝那人, 漢太尉嵩會孫也. 祖叔獻, 灞陵令. 父叔侯, 擧孝廉. 謐族從皆累世富貴, 獨守寒素, 所養叔母歎曰:「昔孟母以三徙成子, 曾父以烹豕存敎, 豈我居不卜隣, 何爾魯之甚乎? 脩身篤學, 自汝得之, 於我何有?」因對之流涕. 謐乃感激. 年二十餘, 就鄕里席坦受書, 遭人而問, 少有寧日. 武帝借與書一車, 遂博覽. 太子中庶子, 議郞徵, 並不就, 終於家.

3.《左思別傳》

思造張載, 問岷蜀事, 交接亦疎. 皇甫謐西州高士, 摯仲治宿儒知名, 非思倫匹. 劉淵林, 衛伯輿並蚤終, 皆不爲思賦序注也. 凡諸注解, 皆思自爲; 欲重其名, 故假時人名姓也.

251(4-69)

유령劉伶은 〈주덕송酒德頌〉을 지어 자신의 의기를 그 속에 담았다.

劉伶著〈酒德頌〉, 意氣所寄.

【劉伶】 자는 伯倫. 용모가 못생겼다 하며 魏末 司馬氏가 정권을 휘두르자 自然으로 돌아가 老莊을 신봉하여 無爲而治를 주장하면서 음주로 세월을 보냄. 죽림칠현의 하나. 〈酒德頌〉을 남김. 〈任誕〉편 참조.《晉書》(49)에 전이 있음. 唐 이전에는 〈劉靈〉으로 표기하였음. 그는 죽림칠현 중 술로 제일 이름이 나 있으며 늘 종자를 시켜 삽을 차고 다니게 하며 술 취해 쓰러져 죽는 그 자리를 파서 묻어 달라고 할 정도였다 함.
【酒德頌】 유령의 유일한 작품으로 술에 대해 칭송한 글.

참고 및 관련 자료

1.《名士傳》
伶字伯倫, 沛郡人. 肆意放蕩, 以宇宙爲狹. 常乘鹿車, 攜一壺酒, 使人荷鍤隨之. 云:「死便掘地以埋.」土木形骸, 遨遊一世.

2. 《竹林七賢論》

伶處天地間, 悠悠蕩蕩, 無所用心. 嘗與俗士相忤, 其人攘袂而起, 欲必築之. 伶和其色曰: 「雞肋豈足以當尊拳!」其人不覺廢然而返. 未嘗措意文章, 終其世, 凡著酒德頌一篇而已. 其辭曰: 「有大人先生者, 以天地爲一朝, 萬朞爲須臾, 日月爲扃牖, 八荒爲庭衢. 行無轍迹, 居無室廬, 幕天席地, 縱意所如. 止則操卮執觚, 動則絜榼提壺, 唯酒是務, 焉知其餘. 有貴介公子, 縉紳處士, 聞吾風聲, 議其所以; 乃奮袂攘襟, 怒目切齒, 陳說禮法, 是非鋒起. 先生於是放捧罌承槽, 銜杯漱醪, 奮髥箕踞, 枕麴藉糟, 無思無慮, 其樂陶陶; 兀然而醉, 慌爾而醒, 靜聽不聞雷霆之聲, 熟視不見太山之形, 不覺寒暑之切肌, 利欲之感情. 俯觀萬物之擾擾, 如江漢之載浮萍; 二豪侍側焉, 如蜾蠃之與螟蛉.

南京 西善橋 宮山墓 〈劉伶〉화상, '劉靈'으로 표기되어 있다.

252(4-70)

악령(樂令, 樂廣)은 청언清言에는 뛰어났지만 글을 쓰는 데에는 재능이 없었다. 그가 하남윤河南尹에 임명되자 이를 사양하고자 반악潘岳에게 대신 글로 지어달라고 청하였다. 반악이 이렇게 제의하였다.

"써줄 수 있소. 그러나 그대의 뜻이 어떤 것인지 정확해야 하오!"

악광은 이에 자신의 양보하게 된 뜻을 설명해 주었는데, 그 내용이 2백여 마디는 되었다. 반악은 즉시 그 내용을 잘 엮어 훌륭한 문장을 완성하게 되었다.

이를 두고 당시 사람들은 모두 이렇게 말하였다.

"만약 악광이 반악의 글재주를 빌리지 않았거나, 반악이 악광의 요지를 취하지 않았다면 이런 문장이 태어나지 못하였을 것이다."

樂令善於淸言, 而不長於手筆.

將讓河南尹, 請潘岳爲表; 潘云:「可作耳; 要當得君意.」

樂爲述己所以爲讓, 標位二百許語; 潘直取錯綜, 便成名筆.

時人咸云:「若樂不假潘之文, 潘不取樂之旨, 則無以成斯矣.」

【樂令】樂廣(?~304). 자는 彦輔. 王衍과 같은 시대 인물로 당시 청담 풍조에 이름을 날렸음. 여러 관직을 거쳐 王戎을 이어 尙書令이 됨. 그 때문에 흔히 '樂令'으로도 불림. 두 딸이 있어 하나는 衛玠에게, 하나는 成都王(司馬穎)에게 시집을 보냈으나 마침 사마영과 長沙王(司馬乂)의 싸움이 심해지자 근심을 품고 죽음.《晉書》(43)에 전이 있음. 단 '樂'은 성씨의 경우 '악'(yue)

256(4-74)

강좌(江左, 東晉)의 은태상殷太常 부자(殷融, 殷浩)는 모두 현담玄談에 뛰어난 인물들이었지만 달변과 눌변訥辯의 차이가 있었다. 은호揚州의 구담口談은 극렬한 지경에 이를 때면 태상은 문득 이렇게 일러주곤 하였다.
"너는 내가 금방 한 말을 다시 한번 생각해 보아라."

江左殷太常父子並能言理, 亦有辯訥之異.
揚州口談至劇, 太常輒云:「汝更思吾論」

【江左】 長江의 왼쪽 곧 江東. 東晉時代를 가리킴.
【殷太常父子】 殷融(字 洪遠)과 殷浩(揚州). 이들은 叔姪간이지만 六朝時代에는 통칭하였음.

(참고 및 관련 자료)

1.《中興書》
殷融字洪遠, 陳郡人. 桓彛有人倫鑒, 見融甚歎美之. 著象不盡意, 大賢須易論, 理義精徵, 談者稱焉. 兄子浩, 亦能淸言. 每與浩談, 有時而屈; 退而著論, 融更居長. 爲司徒左西屬. 飮酒善舞, 終日嘯詠, 未嘗以世務自嬰. 累遷吏部尙書·太常卿卒.

257(4-75)

　　유자숭(庾子崇, 庾敳)이 〈의부意賦〉라는 글을 지어 완성하자 조카 문강(文康, 庾亮)이 이를 보고 여쭈었다.
　　"만약 뜻意이 있다면 부賦로 다 나타낼 수 없고, 만약 뜻意이 없다면 무엇을 부賦한다는 말입니까?"
　　유자숭은 이렇게 대답하였다.
　　"이는 바로 유의有意와 무의無意 사이에 있기 때문이란다!"

庾子嵩作意賦成, 從子文康見, 問曰:「若有意邪? 非賦之所盡! 若無意邪? 復何所賦?」
答曰:「正在有意無意之間!」

【庾子崇】 庾敳(261~311). 자는 子嵩. 王衍의 중시를 받아 吏部郎. 東海王(司馬越)의 太傅가 되었으며 石勒의 난에 왕연과 함께 피살됨.《晉書》(50)에 전이 있음.
【意賦】 작품 이름. 賦는 당시 문학작품의 한 장르로 '서술하다, 진술하다'의 뜻을 지니고 있음.《晉書》庾敳傳 참조.
【文康】 庾亮(289~340). 자는 元規. 蘇峻, 祖約의 난을 평정하였으며 명제 때 王導를 이어 中書監이 됨. 征西大將軍, 荊州刺史 등을 지냄. 청담을 좋아하였으며 老莊에 밝았음. 죽은 후 太尉에 추증되었고 시호는 文康.《晉書》(73)에 전이 있음. 庾敳의 조카.

참고 및 관련 자료

1.《晉陽秋》
敳永嘉中爲石勒所害. 先是, 敳見王室多難, 知終嬰其禍, 乃作意賦以寄懷.

258(4-76)

곽경순(郭景純, 郭璞)이 이런 시를 지어 읊었다.

"숲 속엔 조용한 나무 없고,　　　　　　　林無靜樹
　냇물은 흐름을 멈춤이 없네."　　　　　　川無停流

그러자 완부阮孚가 이렇게 평하였다.
"깊은 물과 높은 봉우리의 소슬함은 실로 이를 말로 표현할 수가 없는 것이다. 매번 이 글을 읽을 때마다 문득 정신과 형체가 세상을 초월함을 느끼게 한다."

郭景純詩云:『林無靜樹, 川無停流.』

阮孚云:「泓崢蕭瑟, 實不可言; 每讀此文, 輒覺神超形越.」

【郭璞】字는 景純(276~324). 經·史·文學, 占術, 天文 등 각 방면에 박통하여 《爾雅》·《方言》·《山海經》·《穆天子傳》 등에 注를 씀. 王敦의 記室參軍이 되어 그의 起兵을 저지하다가 피살됨.《晉書》(72)에 전이 있음.
【林無靜樹】이 시는 郭璞의 〈幽思篇〉시임.
【阮孚】자는 遙集(297~327). 阮咸의 둘째아들이며 阮咸이 고모집 여종이었던 鮮卑族 여자를 좋아하여 그 사이에 태어남. 元帝 때 安東參軍을 거쳐 侍中, 吏部尙書, 丹陽尹을 역임함. 成帝 때 서울에 난이 일어날 것을 예상하고 廣州刺史를 요구하여 떠나지 못한 채 죽음.《晉書》(49)에 전이 있음.

참고 및 관련 자료

1. 《晉書》王隱

郭璞字景純, 河東聞喜人. 父瑗, 建平太守.

2. 《郭璞別傳》

璞奇博多通, 文藻粲麗, 才學賞豫, 足參上流. 其詩賦誄頌, 並傳於世: 而訥於言, 造次詠語, 常人無異. 又不持儀檢, 形質頹索, 縱情嫚惰, 時有醉飽之失. 友人干令升戒之曰:「此伐性之斧也」璞曰:「吾所受有分, 恆恐用之不盡, 豈酒色之能害?」王敦取爲參軍. 敦縱兵都輦, 乃諧以大事: 璞極言成敗, 不爲回屈. 敦忌而害之.

259(4-77)

유천(庾闡, 庾仲初)이 〈양도부揚都賦〉를 지어 환온桓溫과 유량庾亮을 이렇게 칭찬하였다.

"환온은 정의를 드러내는 표준이요, 유량은 백성이 우러러볼(望) 대상이다. 소리에 비유하면 쇳소리요, 덕에 비유하면 옥이 반짝이는 것이로다."

유공(庾公, 庾亮)은 그의 작품이 완성되었다는 소식을 듣고 누구보다 먼저 이를 구해보고 아울러 선물까지 주었다.

그러자 유천은 '망望'자를 '준儁'으로, '양亮'자를 '윤潤'자로 고쳐 써버렸다.

庾闡始作揚都賦, 道溫·庾云:「溫挺義之標, 庾作民之望; 方響則金聲, 比德則玉亮」

庾公聞賦成, 求看, 兼贈貺之.
闡更改「望」爲「雋」, 以「亮」爲「潤」云.

【庾闡】자는 仲初. 尙書郎을 지냈으며 蘇峻의 난을 평정한 공으로 彭城內史에 올랐으며 郗鑒에게 추천되어 散騎侍郎 등과 給事中 등을 지냄. 〈揚都賦〉 및 시부(詩賦) 등 문집 10卷이 전함.《晉書》(92)에 전이 있음.
【揚都賦】庾闡의 부 작품. 東晉의 도성인 揚州의 치소 建康을 노래한 것. 《藝文類聚》(61),《全晉文》(38) 참조.
【桓溫】桓宣武. 桓公(312~373). 자는 元子. 明帝의 사위. 荊州刺史를 지냈으며, 蜀을 정벌하고 前秦을 쳐부숨. 簡文帝를 세우고 자신이 다시 왕위를 빼앗고자 하였음. 시호는 武侯. 그의 아들 桓玄이 드디어 제위를 찬탈하여 楚나라를 세운 다음 아버지 환온을 宣武皇帝로 추존함.《晉書》(99)에 전이 있음.
【庾亮】자는 元規(289~340). 蘇峻, 祖約의 난을 평정하였으며 명제 때 王導를 이어 中書監이 됨. 征西大將軍, 荊州刺史 등을 지냄. 청담을 좋아하였으며 老莊에 밝았음. 죽은 후 太尉에 추증되었고 시호는 文康.《晉書》(73)에 전이 있음.
【望, 雋, 亮, 潤】환온을 낮추고 유량을 높인 것. '望'은 온 사람이 우러러보는 '聲望'의 뜻이며 '雋'은 '俊秀하다'의 뜻으로 望보다는 낮음. 그리고 亮은 庾亮의 이름에 들어 있어 이를 潤으로 바꾸어 避諱함과 아울러 그 뜻을 더욱 높인 것.

참고 및 관련 자료

1.《中興書》
闡字仲初, 潁川人, 太尉亮之族也. 少孤, 九歲便能屬文. 遷散騎侍郎, 領大著作. 爲揚都賦, 邈絶當時. 五十四卒.

2.《藝文類聚》(61)〈揚都賦〉
晉庾闡楊都賦曰:「子未聞楊都之巨偉也. 左滄海, 右岷山. 龜鳥津其落, 江漢演其源. 碣金摽乎象浦, 注桐柏乎玄川. 昔句吳端委, 延州儷臧. 高讓殆於庶幾, 英風亞乎穎陽. 土映黃旗之景, 巒吐紫蓋之祥. 巖栖赤松之館, 岫啓繒雲之堂. 龍符渙而夏德興, 群神萃而玉帛昌也. 天包龍輇, 地奄衡霍. 玄聖所遊, 陟方所託. 我皇晉之中興, 而駿命是廓. 靈運啓於中宗, 天網振其絶絡. 於是乎源澤浩瀁, 林阜隱薈, 彭蠡吞江, 荊牙吐瀨. 赴三峽之隘, 洞九川之會. 泮五嶺而分流, 鼓沱潛而碎沛.」(下略)

260(4-78)

손흥공(孫興公, 孫綽)이 〈유공뢰庾公誄〉를 짓자 원양(袁羊, 袁喬)이 이렇게 평하였다.
"이를 보고 있노라면 긴장했다 풀어졌다 하는군!"
이에 당시 사람들은 이 말을 아주 명상名賞이라고 하였다.

孫興公作庾公誄.
袁羊曰:「見此張緩」
于時以爲名賞.

【孫興公】孫綽. 자는 興公(314~371). 孫楚의 손자로 형 孫統과 남으로 내려와 벼슬에 뜻을 버리고 〈遂初賦〉를 씀. 그 외에 〈遊天台山賦〉가 유명하며 뒤에 庾亮·殷浩·王羲之의 막료를 거쳐 永嘉太守·散騎常侍를 지냄. 桓溫이 수도를 洛陽으로 옮기려 하자 상소하여 반대함. 廷尉卿에 이르렀으며 長樂侯를 습봉받음.《晉書》(56)에 전이 있음.

【張緩】 '一張一緩'. 혹은 '一張一弛'와 같음. 긴장과 풀어짐이 조화를 이룸. 《禮記》雜記(下)에 "文武之道, 一張一弛"라 함. 그러나 〈三民本〉에는 '舒緩'의 뜻으로 보았음.
【庾公誄】 庾亮(289~340)에 '喬有文才'라 함
【名賞】 아주 정확한 鑑賞. 정확한 평가.

261(4-79)

유중초(庾仲初, 庾闡)가 〈양도부揚都賦〉를 완성하여 이를 유량에게 바쳤다. 유량은 유천 자신의 친족이기도 하여 크게 그의 이름값을 올려주기 위해 이렇게 말하였다.
"가히 〈이경부二京賦〉가 셋이요, 〈삼도부三都賦〉에 이를 포함시키면 넷이로다."
그래서 사람들이 다투어 그 글을 베끼느라 서울의 종이 값이 비싸졌다. 그러자 사태부(謝太傅, 謝安)는 이렇게 말하였다.
"그래서는 안 된다. 이는 옥하가옥屋下架屋일 뿐이다! 일마다 그렇게 흉내 내고 모방한다면 천박함과 편협함을 면할 수 없다."

庾仲初作〈揚都賦〉成, 以呈庾亮; 亮以親族之懷, 大爲其名價云:「可三〈二京〉, 四〈三都〉」

於此人人競寫, 都下紙爲之貴.

謝太傅云:「不得爾. 此是屋下架屋耳! 事事擬學, 而不免儉狹」

【庾闡】자는 仲初. 尙書郞을 지냈으며 蘇峻의 난을 평정한 공으로 彭城內史에 올랐으며 郗鑒에게 추천되어 散騎侍郞 등과 給事中 등을 지냄. 〈揚都賦〉 및 시부(詩賦) 등 문집 10卷이 전함.《晉書》(92)에 전이 있음.

【揚都賦】庾闡의 부 작품. 東晉의 도성인 揚州의 치소 建康을 노래한 것.《藝文類聚》(61),《全晉文》(38) 참조.

【庾亮】자는 元規(289~340). 蘇峻, 祖約의 난을 평정하였으며 명제 때 王導를 이어 中書監이 됨. 征西大將軍, 荊州刺史 등을 지냄. 청담을 좋아하였으며 老莊에 밝았음. 죽은 후 太尉에 추증되었고 시호는 文康.《晉書》(73)에 전이 있음.

【二京賦】張衡의 〈二京賦〉. 여기에 〈양도부〉를 더하면 셋이 된다는 뜻.

【三都賦】좌사의 〈三都賦〉. 여기에 〈양도부〉를 더하면 넷이 된다는 뜻.

【謝太傅】謝安. 字는 安石(320~385). 謝裒의 아들이며 謝琰(望蔡)의 아버지. 謝奕의 동생. 덕망이 있고 기개가 높아 桓彛, 王濛의 사랑을 받음. 처음에는 벼슬에 뜻을 버리고 王羲之, 支遁 등과 산수를 즐기며 조정의 부름에 응하지 않았으나 40이 넘어 桓溫의 司馬를 거쳐 吳興太守, 侍中, 吏部尙書, 太保錄尙書事 등의 관직을 지냄. 뒤에 다시 太傅에 추증되었으며 시호는 文靖.《晉書》(79)에 전이 있음.

【屋下架屋】집 속에 다시 집을 짓는다는 뜻. 이미 이루어진 속에 다시 모방하여 덧붙임을 말함.

참고 및 관련 자료

1.《論揚雄太玄經》王隱

玄經雖妙, 非益也. 是以古人謂其屋下架屋.

262(4-80)

습착치習鑿齒는 역사에 깊은 조예가 있었다. 선무(宣武, 桓溫)가 그를 높이 여겨 미처 서른이 되기 전에 문득 형주荊州의 치중治中 벼슬을 시켜 주었다. 습착치는 감사하다는 편지를 환온에게 보내면서 은근히 이렇게 속마음을 털어놓았다.

"그대 같은 명공明公을 만나지 못하였다면 저는 평생 형주의 말단 직원從事으로 늙을 뻔하였습니다."

뒤에 습착치가 서울로 와서 간문제(簡文帝, 司馬昱)를 배알하게 되었다. 뵙고 나오자 선무桓溫가 물었다.

"왕상相王, 간문제을 만나본 느낌이 어떻소?"

그러자 습착치는 이렇게 대답하였다.

"저는 일생동안 이런 위대한 분을 뵌 적이 없습니다!"

이때부터 착치는 미움을 받아 끝내 형양衡陽 군수로 좌천되었다. 착치는 울분으로 정신이 착란 되어 병중에 《한진춘추漢晉春秋》를 지었는데 인물 품평이 대단하였다.

習鑿齒史才不常, 宣武甚器之; 未三十, 便用爲荊州治中.

鑿齒謝牋亦云:「不遇明公, 荊州老從事耳.」

後至都, 見簡文返命; 宣武問:「見相王何如?」

答云:「一生不曾見此人!」

從此忤旨, 出爲衡陽郡, 性理遂錯.

於病中猶作《漢晉春秋》, 品評卓逸.

【習鑿齒】자는 彦威(?~384). 襄陽人. 桓溫의 戶曹參軍을 지냈으며 뒤에 滎陽太守에 오름.《漢晉春秋》54권을 써서 蜀을 정통으로 보고 魏나라를 篡逆한 것으로 여겨 桓溫이 晉室을 엿보는 것을 비난함. 苻堅이 襄陽을 함락한 후 그를 長安까지 불러 대접함.《晉書》(82)에 전이 있음.
【宣武】桓宣武. 桓公. 桓溫(312~373). 자는 元子. 明帝의 사위. 荊州刺史를 지냈으며, 蜀을 정벌하고 前秦을 쳐부숨. 簡文帝를 세우고 자신이 다시 왕위를 빼앗고자 하였음. 시호는 武侯. 그의 아들 桓玄이 드디어 제위를 찬탈하여 楚나라를 세운 다음 아버지 환온을 宣武皇帝로 추존함.《晉書》(99)에 전이 있음.
【漢晉春秋】習鑿齒가 한나라 光武帝로부터 晉나라 愍帝까지의 역사를 기술한 책. 총 54권. 蜀을 정통으로 보고 魏를 찬역한 것으로 기술하였음.

참고 및 관련 자료

1.《續晉陽秋》
鑿齒少而博學, 才情秀逸; 溫甚奇之, 自州從事歲中三轉至治中. 後以忤旨, 左遷戶曹參軍, 衡陽太守. 左郡著漢晉春秋, 斥溫覬覦之心也.

2.《習鑿齒集》
靜漢末累世之交爭, 廓九域之蒙晦, 大定千載之盛功者, 皆司馬氏也. 若以魏有代王之德, 則不足有靜亂之功, 則孫, 劉鼎立, 共工, 秦政, 猶不見敍於帝王, 況踵制數州之衆哉? 且漢有係周之業, 則晉無所承魏之迹矣. 春秋之時, 吳楚稱王, 若推有德, 彼必自係於周, 不推吳楚者也. 況長轡廟堂, 吳蜀兩定, 天下之功也.

263(4-81)

손흥공(孫興公, 孫綽)이 이렇게 말하였다.
"〈삼도부三都賦〉와 〈이경부二京賦〉는 오경五經의 음악이다."

孫興公云:「〈三都〉·〈二京〉, 五經鼓吹」

【孫興公】孫綽. 자는 興公(314~371). 孫楚의 손자로 형 孫統과 남으로 내려와 벼슬에 뜻을 버리고 〈遂初賦〉를 씀. 그 외에 〈遊天台山賦〉가 유명하며 뒤에 庾亮·殷浩·王羲之의 막료를 거쳐 永嘉太守·散騎常侍를 지냄. 桓溫이 수도를 洛陽으로 옮기려 하자 상소하여 반대함. 廷尉卿에 이르렀으며 長樂侯를 습봉받음.《晉書》(56)에 전이 있음.
【鼓吹】음악 이름. 鼓, 鉦, 簫, 笳 등의 악기로 구성된 軍樂의 일종. 뒤에 음악이라는 범칭으로 쓰임. 여기서는 五經의 뜻을 바탕으로 이를 아름답게 꾸민 것이라는 뜻.
【三都賦】左思의 〈魏都賦〉, 〈吳都賦〉, 〈蜀都賦〉를 가리킴.
【二京賦】張衡의 〈東京賦〉, 〈西京賦〉.

참고 및 관련 자료

1.《晉書》孫綽傳
絶重張衡·左思之賦, 每云三都二京, 五經之鼓吹也.

264(4-82)

사태부(謝太傅, 謝安)가 주부主簿 육퇴陸退에게 물었다.
"그대 장인 장빙張憑은 어째서 모뢰母誄는 지으면서 부뢰父誄는 짓지 않습니까?"
육퇴는 이렇게 대답하였다.

"이유는 장부丈夫의 덕은 저절로 행장에 기록되지만 아녀자婦人의 미덕은 특별히 뇌誄를 쓰지 않으면 나타낼 길이 없다고 여겼기 때문일 것입니다."

謝太傅問主簿陸退:「張憑何以作母誄, 而不作父誄?」
退答曰:「故當是丈夫之德, 表於事行; 婦人之美, 非誄不顯」

【謝太傅】謝安. 字는 安石(320~385). 謝裒의 아들이며 謝琰(望蔡)의 아버지. 謝奕의 동생. 덕망이 있고 기개가 높아 桓彛, 王濛의 사랑을 받음. 처음에는 벼슬에 뜻을 버리고 王羲之, 支遁 등과 산수를 즐기며 조정의 부름에 응하지 않았으나 40이 넘어 桓溫의 司馬를 거쳐 吳興太守, 侍中, 吏部尙書, 太保錄尙書事 등의 관직을 지냄. 뒤에 다시 太傅에 추증되었으며 시호는 文靖.《晉書》(79)에 전이 있음.
【陸退】자는 黎民. 吳郡人. 고조 陸凱는 오나라 승상이었으며 조부 陸仰은 이부랑, 그리고 아버지 陸伊는 주부였음. 張憑의 사위. 光祿大夫를 지냄.
【張憑】자는 長宗. 太常博士, 吏部郎, 御史中丞 등을 지냄.《晉書》(75)에 전이 있음.
【誄】죽은 자의 덕을 사모하여 행장을 써서 기록한 것.

참고 및 관련 자료

1.《陸氏譜》
退字黎民, 吳郡人. 高祖凱, 吳丞相. 祖仰, 吏部郎, 父伊, 州主簿. 退仕至光祿大夫.

265(4-83)

　　왕경인(王敬仁, 王脩)이 나이 겨우 열셋에 〈현인론賢人論〉이라는 글을 지었다. 그의 아버지 왕장사(王長史, 王濛)가 이를 유진장(劉眞長, 劉惔)에게 보여주자 유진장은 이렇게 회답하였다.
　　"경인이 지은 글을 보니 이 정도면 미언微言의 대열에 참가할 수 있겠습니다."

王敬仁年十三, 作賢人論, 長史送示眞長.
眞長答云:「見敬仁所作論, 便足參微言」

【王敬仁】王脩(335?~358?). 字는 敬仁. 어릴 때 字는 苟子. 王濛의 아들이며 隷書에 뛰어났음. 玄談과 淸言에도 특장을 보였음. 著作郞, 文學, 中軍司馬 등을 지냄.《晉書》(93)에 전이 있음.
【賢人論】왕수의 글.《全晉文》(29)에 실려 있음.
【王長史】王濛(309?~347?). 자는 仲祖. 太原 王氏. 王脩, 王蘊, 哀帝王后의 아버지. 司徒左長史를 지냄.《晉書》(93)에 전이 있음.
【劉眞長】劉尹. 劉惔. 字는 眞長. 劉宏의 손자로 沛國 相 땅 출신. 明帝 (323~326 재위)의 廬陵長公主에게 장가들어 駙馬가 됨. 司從左長史, 侍中, 丹陽尹 등을 지냄. 36세에 죽어 孫綽이 "居官無官官之事, 處事無事事之心"이라 誄文을 지어 명언이라 하였음.《晉書》(75)에 전이 있음.
【微言】玄言. 淸談. 원래는 孔子의《春秋》大義를 두고 한 말임.

참고 및 관련 자료

1.《晉書》王脩傳
年十二, 作賢人全論.

2. 《書斷》
年十六, 著賢令論.
3. 《王脩集》
或問: 易稱賢人黃裳元吉; 苟未能闇與理會, 何得不求通? 求通則有損, 有損則元吉之稱將虛設乎?」答曰:『賢人誠未能闇與理會, 然居然體從; 比之理盡, 猶一豪之領一梁. 一豪之領一梁, 雖於理有損, 不足以撓梁. 賢有情之至寡, 豪有形之至小; 豪不至撓梁, 於賢人何有損之者哉?

266(4-84)

손흥공(孫興公, 孫綽)이 말하였다.
"반악潘岳의 문장은 찬란하여 비단을 펴놓은 것 같아, 어느 곳도 멋지지 않은 곳이 없다. 육기陸機의 문장은 마치 모래를 쳐서 금을 걸러내는 것 같아, 왕왕 보물을 발견하게 된다."

孫興公云:「潘文爛若披錦, 無處不善; 陸文若排沙簡金, 往往見寶」

【孫興公】孫綽(314~371). 자는 興公. 孫楚의 손자로 형 孫統과 남으로 내려와 벼슬에 뜻을 버리고 〈遂初賦〉를 씀. 그 외에 〈遊天台山賦〉가 유명하며 뒤에 庾亮·殷浩·王羲之의 막료를 거쳐 永嘉太守·散騎常侍를 지냄. 桓溫이 수도를 洛陽으로 옮기려 하자 상소하여 반대함. 廷尉卿에 이르렀으며 長樂侯를 습봉받음. 《晉書》(56)에 전이 있음.

【潘岳】 자는 安仁(247~300). 文學에 뛰어났던 인물. 〈悼亡詩〉로 유명함.《文選》
(23·57) 참조.《晉書》(55)에 전이 있음.
【陸機】 자는 士衡(261~303). 吳郡人. 조부 陸遜과 아버지 陸抗은 모두 吳나라
將相을 지냈으며 西晉이 吳나라를 멸하자 10년 동안 문을 잠그고 공부하여
동생 陸雲과 함께 洛陽으로 들어가 고관과 사귀어 '二十四友'에 그 이름이
오름. 太子洗馬를 거쳐 著作郞, 平原內史를 지냈으며 八王의 난에 成都王
(司馬穎)이 長沙王(司馬乂)를 토벌하는 일에 참여함. 뒤에 河北大都督을
지냈으나 전투에 패하여 孟玖, 盧志 등의 참훼를 입어 동생과 함께 피살됨.
당시 대문장가로 〈文賦〉는 중국문학비평사에 유명한 글로 평가받음.《晉
書》(54)에 전이 있음.

참고 및 관련 자료

1.《續文章志》
岳爲文, 選言簡章, 淸綺絶倫.

2.《文士傳》
機善屬文, 司空張華見其文章, 篇篇稱善, 猶譏其作文大冶. 謂曰:「人之作文, 患於不才; 至子爲文, 乃患太多也.」

3.《詩品》潘岳 (鍾嶸)
其源出於仲宣, 翰林嘆其翩翩然如翔禽之有羽毛, 衣服之有綃縠, 猶淺於陸機. 謝混云:「潘詩爛若舒錦, 無處不佳; 陸文如披沙簡金, 往往見寶.」嶸謂益壽輕華, 故以潘爲勝; 翰林篤論, 故嘆陸爲深. 余常言: 陸才如海, 潘才如江.」又陸機條:「其源出於陳思, 才高詞贍, 擧體華美; 氣少於公幹, 文劣於仲宣. 尚規矩, 不貴綺錯, 有傷直致之奇. 然其咀嚼英華, 厭飫膏澤, 文章之淵泉也. 張公嘆其大才, 信矣.

267(4-85)

　　간문제(簡文帝, 司馬昱)가 허연(許掾, 許詢, 許玄道)에게 이렇게 말하였다.
"현도玄道의 오언시는 가히 그 절묘함이 이 시대 사람들을 압도할 수 있다 하리라."

簡文稱許掾云:「玄度五言詩, 可謂妙絶時人」

【簡文帝】東晉의 제8대 황제 司馬昱. 字는 道萬. 中宗의 少子. 元帝 계실 鄭后 소생이며 司馬紹의 배다른 동생. 穆帝가 어려서 撫軍으로 보필, 뒤에 桓溫이 海西公을 폐하고 이를 세워 皇帝에 오름. 재위 2년(371~372).《世說新語》에서는 흔히 '晉簡文', '簡文', '簡文帝', '簡文皇帝', '相王', '撫軍', '會稽王'등으로 칭함.《晉書》(9)에 紀가 있음.
【許掾】許詢. 字는 玄度. 許允의 현손. 高陽人. 벼슬에 뜻이 없어 孫綽, 郗愔, 王羲之, 謝安, 支遁 등과 會稽에서 산수를 유람하며 黃老에 관심을 보였음. 일찍 죽음. 司徒掾 벼슬을 지냈으므로 掾을 붙여 부름.

참고 및 관련 자료

1.《續晉陽秋》
詢有才藻, 善屬文. 自司馬相如, 王褒·揚雄諸賢, 世尙賦頌, 皆體則詩騷, 傍綜百家之言. 及至建安, 而詩章大盛; 逮乎西朝之末, 潘陸之徒, 雖時有質文, 而宗歸不異也. 正始中, 王弼, 何晏, 好莊老玄勝之談, 而世遂貴焉. 至過江, 佛理尤盛; 故郭璞五言, 始會合道家之言而韻之. 詢及太原孫綽, 轉相祖尙. 又加以釋氏三世之辭, 而詩騷之體盡矣. 詢, 綽並爲一時文宗, 自此作者悉體之. 至義熙中, 謝混始改.

2. 《詩品》
孫·許·桓·庾諸公詩, 皆平典似道德論, 建安風力盡矣. 逮義熙謝益壽裴然繼作.
3. 《南齊書》文學傳論
江左風味, 盛道家之言. 郭璞擧其靈變, 許詢極其名理, 仲文玄氣, 猶不盡解, 謝混淸新, 得名未盛.

268(4-86)

손흥공(孫興公, 孫綽)이 〈천태산부天太山賦〉를 지어 범영기(范榮期, 范啓)에게 보이면서 이렇게 자랑하였다.
"그대는 이것을 땅에 던져 보게. 금석성金石聲이 날 걸세!"
그러자 범영기는 이렇게 놀려댔다.
"아마도 그대의 금석소리는 오음五音에 맞는 소리는 아닐걸!"
그리고 계속 읽어 내려가다가 매번 뛰어난 구절에 이르면 문득 이렇게 말하였다.
"좋아, 이는 틀림없이 우리들의 이야기를 쓴 것이야."

孫興公作〈天台山賦〉成, 以示范榮期云:「卿試擲地, 要作金石聲!」
范曰:「恐子之金石, 非宮商中聲?」
然每至佳句, 輒云:「應是我輩語」

【孫興公】孫綽. 자는 興公(314~371). 孫楚의 손자로 형 孫統과 남으로 내려와 벼슬에 뜻을 버리고 〈遂初賦〉를 씀. 그 외에 〈遊天台山賦〉가 유명하며 뒤에 庾亮·殷浩·王羲之의 막료를 거쳐 永嘉太守·散騎常侍를 지냄. 桓溫이 수도를 洛陽으로 옮기려 하자 상소하여 반대함. 廷尉卿에 이르렀으며 長樂侯를 습봉받음.《晉書》(56)에 전이 있음.
【范榮期】范啓. 자는 榮期. 愼陽人. 秘書郞, 黃門侍郞을 지냈으며 당시 淸談家 庾龢, 韓伯, 袁宏과 등 사귀었음.
【佳句】〈天太山賦〉의 "赤城霞起而建標, 瀑布飛流而界道"의 구절을 가리킴.

> 참고 및 관련 자료

1.《中興書》
范啓字榮期, 愼陽人. 父堅, 護軍長史. 啓以才義顯於世, 仕至黃門郞.

269(4-87)

사안석(謝安石, 謝安)이 간문제(簡文帝, 司馬昱)의 시호에 대한 의문議文을 쓰자 이를 다 훑어본 환공(桓公, 桓溫)이 좌중에게 던져주어 돌려보게 하면서 이렇게 칭찬하였다.
"이는 사안謝安의 쇄금碎金이다."

桓公見謝安石作簡文諡議, 看竟, 擲與坐上諸客曰:
「此是安石碎金」

【桓宣武】桓公. 桓溫(312~373). 자는 元子. 明帝의 사위. 荊州刺史를 지냈으며, 蜀을 정벌하고 前秦을 쳐부숨. 簡文帝를 세우고 자신이 다시 왕위를 빼앗고자 하였었음. 시호는 武侯. 그의 아들 桓玄이 드디어 제위를 찬탈하여 楚나라를 세운 다음 아버지 환온을 宣武皇帝로 추존함.《晉書》(99)에 전이 있음.

【謝安】字는 安石(320~385). 謝裒의 아들이며 謝琰(望蔡)의 아버지. 謝奕의 동생. 덕망이 있고 기개가 높아 桓彝, 王濛의 사랑을 받음. 처음에는 벼슬에 뜻을 버리고 王羲之, 支遁 등과 산수를 즐기며 조정의 부름에 응하지 않았으나 40이 넘어 桓溫의 司馬를 거쳐 吳興太守, 侍中, 吏部尙書, 太保錄尙書事 등의 관직을 지냄. 뒤에 다시 太傅에 추증되었으며 시호는 文靖.《晉書》(79)에 전이 있음.

【簡文帝】東晉의 제8대 황제 司馬昱. 字는 道萬. 中宗의 少子. 元帝 계실 鄭后 소생이며 司馬紹의 배다른 동생. 穆帝가 어려서 撫軍으로 보필, 뒤에 桓溫이 海西公을 폐하고 이를 세워 皇帝에 오름. 재위 2년(371~372).《世說新語》에서는 흔히 '晉簡文', '簡文', '簡文帝', '簡文皇帝', '相王', '撫軍', '會稽王'등으로 칭함.《晉書》(9)에 紀가 있음.

【議文】시호에 대해 논의한 글.

【碎金】부스러기 금. 즉 평소 실력으로 나온 글. 높이 평가한 말.

참고 및 관련 자료

1.《晉紀》謝安의 議文 (劉謙之)

謹案諡法:「一德不懈曰簡, 道德博聞曰文.」易簡而天下之理得. 觀乎人文, 化成天下, 儀之景行, 猶有仿佛. 宜尊號曰太宗, 諡曰簡文.

270(4-88)

원호(袁虎, 袁宏)는 어릴 때 가난하여 일찍이 남의 조량租糧을 운반해 주는 일에 고용되어 있었다. 사진서(謝鎭西, 謝尙)가 배를 타고 그가 일하는 근처를 지나다가 밤에 맑은 바람 밝은 달 속에 어떤 이가 강가의 상인들 객선에서 시를 읊고 있는 소리를 듣게 되었다. 그런데 심히 정치情致가 있었다. 그 시는 오언五言이었는데, 일찍이 들어본 바가 없는 것으로 너무 감탄스럽고 아름다워 견딜 수가 없었다. 이에 사람을 보내어 완곡하게 내용을 물어보았더니 그것은 바로 원호 자신의 자작시 〈영사시詠史詩〉였던 것이다. 이리하여 서로 만나보게 되었고 사진서는 크게 그를 칭찬하였다.

袁虎小貧, 嘗爲人傭, 載運租. 謝鎭西經船行, 其夜清風朗月, 聞江渚間估客船上, 有詠詩聲, 甚有情致; 所誦五言, 又其所未嘗聞, 歎美不能已. 卽遣委曲訊問, 乃是袁自詠其所作〈詠史詩〉. 因此相要, 大相賞得.

【袁虎】袁宏(328~376). 자는 彦伯. 어릴 때는 虎라 불렀으며, 어려서 고아가 됨. 문장이 뛰어나 謝尙의 발탁으로 大司馬 桓溫의 記室이 됨. 著述에 힘써 《後漢記》·《竹林名士傳》·《北征賦》·《三國名臣頌》을 지었으며 《三國名臣頌》은 《晉書》에 수록되어 있음. 《晉書》(92)에 전이 있음.

【謝鎭西】謝尙(308~357). 자는 仁祖. 謝鯤의 아들이며 王導가 '小安豐'이라 불렀음. 給事黃門侍郎을 거쳐 建武將軍, 鎭西將軍, 歷陽太守, 豫州刺史, 江夏, 義陽 등 都督을 지냄. 穆帝 때 尙書僕射를 지냄. 음악과 기예에 밝았으며 太樂을 처음으로 정리하였던 인물. 《晉書》(79)에 전이 있음.

【詠史詩】袁宏의 작품으로 《藝文類聚》(55)에 그 시가 수록되어 있음.

참고 및 관련 자료

1. 《續晉陽秋》
虎少有逸才, 文章絶麗, 曾爲詠史詩, 是其風情所寄. 少孤而貧, 以運租爲業. 鎭西謝尚, 時鎭牛渚, 乘秋佳風月, 率爾與左右微服泛江; 會虎在運租船中諷詠, 聲旣淸會, 辭又藻拔, 非向所曾聞. 遂往聽之, 乃遣問訊. 答曰:「是袁臨汝郞. 誦詩, 卽其詠史之作也.」尙佳其率有勝致, 卽遣要迎, 談話申旦. 自此名譽日茂.

271(4-89)

손흥공(孫興公, 孫綽)은 이렇게 말하였다.
"반악潘岳의 문장은 얕으면서 깨끗하고, 육기陸機의 문장은 깊으면서 무잡蕪雜하다."

孫興公云:「潘文淺而淨, 陸文深而蕪.」

【孫興公】孫綽(314~371). 자는 興公. 孫楚의 손자로 형 孫統과 남으로 내려와 벼슬에 뜻을 버리고 〈遂初賦〉를 씀. 그 외에 〈遊天台山賦〉가 유명하며 뒤에 庾亮・殷浩・王羲之의 막료를 거쳐 永嘉太守・散騎常侍를 지냄. 桓溫이 수도를 洛陽으로 옮기려 하자 상소하여 반대함. 廷尉卿에 이르렀으며 長樂侯를 습봉받음. 《晉書》(56)에 전이 있음.
【潘岳】자는 安仁(247~300). 文學에 뛰어났던 인물. 〈悼亡詩〉로 유명함. 《文選》(23・57) 참조. 《晉書》(55)에 전이 있음.

【陸機】 자는 士衡(261~303). 吳郡人. 조부 陸遜과 아버지 陸抗은 모두 吳나라 將相을 지냈으며 西晉이 吳나라를 멸하자 10년 동안 문을 잠그고 공부하여 동생 陸雲과 함께 洛陽으로 들어가 고관과 사귀어 '二十四友'에 그 이름이 오름. 太子洗馬를 거쳐 著作郞, 平原內史를 지냈으며 八王의 난에 成都王(司馬穎)이 長沙王(司馬乂)를 토벌하는 일에 참여함. 뒤에 河北大都督을 지냈으나 전투에 패하여 孟玖, 盧志 등의 참훼를 입어 동생과 함께 피살됨. 당시 대문장가로 〈文賦〉는 중국문학비평사에 유명한 글로 평가받음. 《晉書》(54)에 전이 있음.
【蕉雜】 잘 다듬지 않아 거친 自然美를 그대로 지니고 있음을 뜻함.

272(4-90)

배랑(裴郞, 裴榮, 裴啓)이 《어림語林》을 지어 세상에 내놓자 원근의 많은 사람들에게 크게 소문이 퍼져 나갔다. 당시의 명류와 젊은이들 중에 누구 하나 이를 베껴 한 부씩 가지고 있지 않은 자가 없었다. 그 글 속에 왕동정(王東亭, 王珣)이 지은 〈경황공주로하부經黃公酒壚下賦〉가 실려 있었는데 아주 재정才情이 뛰어난 글이었다.

裴郞作語林, 始出, 大爲遠近所傳; 時流年少, 無不傳寫, 各有一通. 載王東亭作〈經黃公酒壚下賦〉, 甚有才情.

【裴郞】 裴啓(裴榮으로도 씀). 古今人物을 논한 글로 《語林》(10)에 실려 있음 (이를 《裴子》라고도 함). 裴榮은 裴榮期의 오기인 듯함.

【語林】《隋書》經籍志에 "語林十卷, 東晉處士裴啓撰亡"이라 함. 지금은 魯迅의 輯軼本《古小說鉤沈》이 있음.
【王東亭】王珣(349~400). 자는 元琳. 어릴 때의 자는 法護, 혹은 阿瓜. 王洽(敬和)의 아들이며 王導의 손자. 王珉(僧彌)의 형. 安帝 때 尙書令, 散騎常侍 등을 역임함. 東亭侯에 봉해짐.《晉書》(65)에 전이 있음.
【經黃公酒壚下賦】'황공의 酒壚 아래를 지나면서 쓴 부'라는 뜻. 酒壚는 술집, 목로주점, 토로주점.

참고 및 관련 자료

1. 楊勇〈校箋〉

『黃公酒壚, 宋本作〈王公酒壚〉, 非. 傷逝篇2, 輕詆篇24註三, 晉書王戎傳皆有〈黃公酒壚〉. 酒壚, 累土以居酒甕者. 正字通:「酒壚, 賣酒區.」漢書司馬相如傳:「文君當盧」, 顏注:「賣酒之處, 累土爲盧以居酒瓮; 四邊隆起, 其一面高, 形如鍛盧, 故名.』

2.《裴氏家傳》

裴啓字榮期, 河東人. 父穉, 豐城令. 榮期少有風姿才氣, 好論古今人物; 撰語林數卷, 號曰裴子.」檀道鸞謂裴松之以爲啓作語林; 榮儻別名啓乎?

273(4-91)

사만謝萬이 〈팔현론八賢論〉을 지었다. 그런데 손흥공(孫興公, 孫綽)과 그 내용을 두고 의견이 오가면서 약간의 견해 차이가 있었다.

사만은 뒤에 이 문장을 고군제(顧君齊, 顧夷)에게 보여 주었다. 이에 고군제는 이렇게 말하였다.

"나도 역시 이런 글을 지은 적이 있소. 그래서 그대도 마땅히 아무런 지명도를 얻지 못하리라는 것을 알았소!"

謝萬作〈八賢論〉, 與孫興公往反, 小有利鈍.
謝後出以示顧君齊, 顧曰:「我亦作, 知卿當無所名!」

【謝萬】자는 萬石(320?~361?). 謝安의 아우로 일찍 이름이 났으며 簡文帝가 재상으로 삼았음. 撫軍從事中郞을 거쳐 豫州刺史, 淮南太守 등을 역임함. 升平 연간에 北征하여 慕容儁을 토벌하러 나섰으나 실패하여 서인으로 강등됨. 언론에도 뛰어났으며 문장을 잘 지었음. 《晉書》(79)에 전이 있음.

【八賢論】漁父, 屈原, 司馬季主, 賈誼, 楚老, 龔勝, 孫登, 嵇康 등 여덟 명을 四隱과 四顯으로 나누어 우열을 가린 문장. 지금은 전하지 않으며 《全晉文》(83)에 頌文 2則이 남아 있음.

【顧君齊】顧夷. 吳郡 출신으로 主薄에 발탁되었으나 나가지 않음.

【利鈍】의견이 오갈 때의 승부. 의견 차이로 훌륭함을 칭찬받지 못함을 뜻함.

〈賈誼〉초상

【無所名】주제를 잘못 택하였다는 뜻.

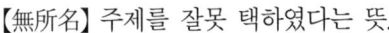

1.《中興書》

萬善屬文, 能談論. 萬集載其敍四隱四顯, 爲八賢之論: 謂漁父, 屈原, 季主, 賈誼, 楚老, 龔勝, 孫登, 嵇康也. 其旨以處者爲優, 出者爲劣. 孫綽難之, 以謂體玄識遠者, 出處同歸. 文多不載.

2.《顧氏譜》

夷字君齊, 吳郡人. 祖廞, 孝廉. 父霸, 少府卿. 夷辟州主簿, 不就.

274(4-92)

환선무(桓宣武, 桓溫)가 원언백(袁彦伯, 袁宏)을 시켜 〈북정부北征賦〉를 짓도록 하였다. 다 이루어지자 환선무는 당시의 공경公卿들과 명현名賢들을 모아 놓고 함께 감상하였는데 모두들 감탄을 아끼지 않았다. 이 때 왕순王珣도 자리를 같이하였다. 그는 문득 이런 아쉬움을 털어놓았다.

"유감스럽게도 한 구절이 빠졌군요. 능히 '사寫'자 운을 넣어 보충한다면 이 부는 더욱 완전할 텐데."

그 소리를 들은 원언백은 앉은자리에서 붓을 들고 덧붙였다.

"감개感慨가 내 마음에서 끊임없이 우러나와　　　感不絶於余心
유풍流風을 헤쳐나가 홀로 이 글을 쓰네."　　　泝流風而獨寫

환공이 보고 왕순에게 이렇게 말하였다.

"지금 이 일로는 원언백을 더 칭찬하지 않을 수 없네!"

桓宣武命袁彦伯作〈北征賦〉, 旣成, 公與時賢共看, 咸嗟嘆之.

時王珣在坐云:「恨少一句; 得「寫」字足韻, 當佳.」

袁卽於坐攬筆益云:『感不絶於余心, 泝流風而獨寫.』

公謂王曰:「當今不得不以此事推袁!」

【桓宣武】桓公. 桓溫(312~373). 자는 元子. 明帝의 사위. 荊州刺史를 지냈으며, 蜀을 정벌하고 前秦을 쳐부숨. 簡文帝를 세우고 자신이 다시 왕위를 빼앗고자 하였었음. 시호는 武侯. 그의 아들 桓玄이 드디어 제위를 찬탈하여

楚나라를 세운 다음 아버지 환온을 宣武皇帝로 추존함.《晉書》(99)에 전이 있음.

【袁彦伯】袁宏(328~376). 자는 彦伯. 어릴 때는 虎라 불렸으며, 어려서 고아가 됨. 문장이 뛰어나 謝尙의 발탁으로 大司馬 桓溫의 記室이 됨. 著述에 힘써《後漢記》·《竹林名士傳》·《北征賦》·《三國名臣頌》을 지었으며《三國名臣頌》은《晉書》에 수록되어 있음.《晉書》(92)에 전이 있음. 謝安의 南司馬가 되었다가 뒤에 吏部郞을 거쳐 東陽太守가 되었음.

【北征賦】袁宏이 桓溫을 따라 鮮卑를 정벌하여 지은 글.

【王珣】자는 元琳(349~400). 어릴 때의 자는 法護, 혹은 阿瓜. 王洽(敬和)의 아들이며 王導의 손자. 王珉(僧彌)의 형. 安帝 때 尙書令, 散騎常侍 등을 역임함. 東亭侯에 봉해짐.《晉書》(65)에 전이 있음.

참고 및 관련 자료

1.《續晉陽秋》

宏從溫征鮮卑, 故作北征賦. 宏文之高者.

2.《文集》〈北征賦〉의 일부 (袁宏)

聞所聞於相傳, 云獲麟於此野; 誕靈物以瑞德, 奚授體於虞者? 悲尼父之慟泣, 似實慟而非假; 豈一物之足傷? 實致傷於天下! 感不絶於余心, 遡流風而獨寫.

3.《晉陽秋》

宏嘗與王珣, 伏滔同侍溫坐, 溫令滔讀其賦, 至'致傷於天下', 其本於此改韻. 珣云:「此賦所詠, 慨深千載; 今於天下之後便移韻, 於寫送之致, 如爲未盡.」滔乃云:「得益(寫)韻一句, 或當小勝」桓公語宏:「卿試思益之.」宏應聲而益. 王, 伏稱善.

275(4-93)

손흥(孫興公, 孫綽)이 이렇게 말하였다.

"조보좌(曹輔佐, 曹毗)의 문재文才는 마치 흰색 바탕의 밝은 광채가 나는 그 좋은 비단을 마름질해놓고는, 겨우 천한 일꾼의 바지를 만드는 것 같아 무늬와 채색은 분명히 있는데, 재단은 전혀 맞지 않는 것 같다."

孫興公道:「曹輔佐才, 如白地明光錦; 裁爲負版絝, 非無文采, 酷無裁製.」

【孫興公】孫綽. 자는 興公(314~371). 孫楚의 손자로 형 孫統과 남으로 내려와 벼슬에 뜻을 버리고 〈遂初賦〉를 씀. 그 외에 〈遊天台山賦〉가 유명하며 뒤에 庾亮·殷浩·王羲之의 막료를 거쳐 永嘉太守·散騎常侍를 지냄. 桓溫이 수도를 洛陽으로 옮기려 하자 상소하여 반대함. 廷尉卿에 이르렀으며 長樂侯를 습봉받음.《晉書》(56)에 전이 있음.
【曹輔佐】曹毗. 孝廉으로 천거되어 郞中, 太學博士에 오름. 〈揚都賦〉가 있으며 관직은 光祿勳을 역임함.《晉書》(92)에 전이 있음.
【負版】등짐을 지고 토목 노동일을 하는 사람. 노동자.

참고 및 관련 자료

1.《中興書》
曹毗字輔佐, 譙國人, 魏大司馬休玄孫也. 好文籍, 能屬辭. 累遷太學博士·尙書郞·光祿勳.
2.《論語》"孔子武負版者"의 鄭玄 주:
「版, 謂邦國籍也; 負之者, 賤隸人也.」

276(4-94)

원언백(袁彦伯, 袁宏)이 《명사전名士傳》을 완성하자 이를 사공(謝公, 謝安)에게 보여주었다. 사안은 이를 보고 웃으면서 이렇게 말하였다.
"내 일찍이 여러 사람들에게 강북(江北, 西晉) 시대의 이야기를 들려주되 이는 그저 즐거운 웃음거리로 삼으려 한 것일 따름이었는데 그대 언백이 드디어 그 내용을 이렇게 책으로 내었구려!"

袁彦伯作《名士傳》成, 見謝公.
公笑曰:「我嘗與諸人道江北事, 特作狡獪耳; 彦伯遂以箸書!」

【袁彦伯】袁宏(328~376). 자는 彦伯. 어릴 때는 虎라 불렸으며, 어려서 고아가 됨. 문장이 뛰어나 謝尙의 발탁으로 大司馬 桓溫의 記室이 됨. 著述에 힘써 《後漢記》·《竹林名士傳》·《北征賦》·《三國名臣頌》을 지었으며 《三國名臣頌》은 《晉書》에 수록되어 있음. 《晉書》(92)에 전이 있음.
【名士傳】袁宏이 쓴 《竹林名士傳》을 말함. 《晉書》文苑傳 袁宏에 의하면 3권으로 正始名士(夏候太初, 何平叔, 王轉嗣)·竹林名士(阮嗣宗, 山巨源, 向子期, 劉伯倫, 阮仲容, 王濬沖)·中朝名士(裴叔則, 樂彦輔, 王夷甫, 庾子嵩, 王安期, 阮千里, 衛叔寶, 謝幼輿)로 나누어 씀. 본 《世說新語》의 劉孝標 주에 인용된 《名士傳》, 혹 《竹林名士傳》은 이를 말함.
【謝公】謝安(320~385). 字는 安石. 謝裒의 아들이며 謝琰(望蔡)의 아버지. 謝奕의 동생. 덕망이 있고 기개가 높아 桓彛, 王濛의 사랑을 받음. 처음에는 벼슬에 뜻을 버리고 王羲之, 支遁 등과 산수를 즐기며 조정의 부름에 응하지 않았으나 40이 넘어 桓溫의 司馬를 거쳐 吳興太守, 侍中, 吏部尙書, 太保錄尙書事 등의 관직을 지냄. 뒤에 다시 太傅에 추증되었으며 시호는 文靖. 《晉書》(79)에 전이 있음.
【狡獪】당시의 習語로 우스갯소리. 즐겁게 떠들며 하는 골계담.

참고 및 관련 자료

1. 楊勇〈校箋〉에 인용된 周氏의《記》

『狡獪, 猶今言玩皮搗亂開玩笑之類, 爲六代習語. 宋書四一明恭王皇后傳:「若行此事, 官便應作孝子, 豈復得出人狡獪?」南齊書四二蕭坦之傳:「少帝于宮中及出後堂, 雜戲狡獪」劉敬叔異苑五:「以爲狡獪」皆不宜釋爲狡黠之意.』

2. 劉孝標 注

『宏以夏侯太初, 何平叔·王輔嗣爲正始名士, 阮嗣宗·嵇叔夜·山巨源·向子期·劉伯倫·阮仲容·王濬沖爲竹林名士; 裴叔則·樂彦輔·王夷甫·庾子崇·王安期·阮千里·衛叔寶·謝幼輿爲中朝名士.』

277(4-95)

왕동정王東亭이 환공(桓公, 桓溫)의 속관이 되어 그곳에 도착하였더니 이미 관리들이 대문 앞에 엎드려 순서를 기다리고 있었다. 환공이 사람을 시켜 왕동정의 백사白事를 먼저 몰래 훔쳐 가져오게 하였다. 이를 안 왕동정은 즉시 대문 앞에서 다시 글을 지었는데 원래의 문장에 있던 내용과 한 글자도 중복된 것이 없었다.

王東亭到桓公, 吏旣伏閤下, 桓令人竊取其白事. 東亭卽於閤下更作, 無復向一字.

【桓公】桓宣武. 桓溫(312~373). 자는 元子. 明帝의 사위. 荊州刺史를 지냈으며, 蜀을 정벌하고 前秦을 쳐부숨. 簡文帝를 세우고 자신이 다시 왕위를

빼앗고자 하였었음. 시호는 武侯. 그의 아들 桓玄이 드디어 제위를 찬탈하여 楚나라를 세운 다음 아버지 환온을 宣武皇帝로 추존함. 《晉書》(99)에 전이 있음.
【白事】아뢰기 위하여 만든 문서. 보고문서.

참고 및 관련 자료

1. 《續晉陽秋》
珣學涉通敏, 文高當世.

278(4-96)

환선무(桓宣武, 桓溫)가 북정北征에 나서자 원호(袁虎, 袁宏)가 따라 나섰다가 잘못하여 그만 관직에서 파면되었다. 그런데 환온은 마침 포고문을 작성하여 붙여야 할 일이 생겼다. 그래서 급히 원굉을 불러 떠날 말머리 앞에서 즉시 쓰도록 명하였다. 원굉은 손에 붓을 들고 쉬지도 않고 잠깐 사이에 일곱 장을 써 내려갔는데 아주 훌륭한 글이었다. 마침 왕동정(王東亭, 王珣)이 곁에서 지켜보다가 그 재주에 크게 탄성을 질렀다.
그러자 원호는 이렇게 말하였다.
"그저 치설지간齒舌之間만 날카로울 뿐이지요."

桓宣武北征, 袁虎時從, 被責免官. 會須露布文, 喚袁倚馬前會作; 手不輟筆, 俄得七紙, 絶可觀. 東亭在側, 極歎其才. 袁虎云:「當令齒舌間得利.」

【桓宣武】桓公. 桓溫(312~373). 자는 元子. 明帝의 사위. 荊州刺史를 지냈으며, 蜀을 정벌하고 前秦을 쳐부숨. 簡文帝를 세우고 자신이 다시 왕위를 빼앗고자 하였었음. 시호는 武侯. 그의 아들 桓玄이 드디어 제위를 찬탈하여 楚나라를 세운 다음 아버지 환온을 宣武皇帝로 추존함.《晉書》(99)에 전이 있음.
【北征】선비족을 정벌하러 간 일.
【袁虎】袁宏(328~376). 자는 彦伯. 어릴 때는 虎라 불렀으며, 어려서 고아가 됨. 문장이 뛰어나 謝尙의 발탁으로 大司馬 桓溫의 記室이 됨. 著述에 힘써 《後漢記》・《竹林名士傳》・《北征賦》・《三國名臣頌》을 지었으며《三國名臣頌》은《晉書》에 수록되어 있음.《晉書》(92)에 전이 있음.
【免官】袁虎의 파면 사건은 〈輕詆〉(11)를 참조할 것.
【王東亭】王珣(349~400). 자는 元琳. 어릴 때의 자는 法護, 혹은 阿瓜. 王洽(敬和)의 아들이며 王導의 손자. 王珉(僧彌)의 형. 安帝 때 尙書令, 散騎常侍 등을 역임함. 東亭侯에 봉해짐.《晉書》(65)에 전이 있음.
【齒舌】口舌. 言辯辭令. 그러나 이 부분의 해석에 대해 王世貞은《世說筆本》에서 의미가 난해하다고 하였음. 참고란을 볼 것.

참고 및 관련 자료

1.《桓溫別傳》
溫以太和四年, 上疏自征鮮卑.
2.《世說筆本》王世貞
此語最深難解, 言袁有此才而官不利, 徒得東亭嘆賞, 齒舌間得利而已, 何益於事? 據此則'當'作'徒'乃通.

279(4-97)

원굉(袁宏, 袁虎)이 처음 〈동정부東征賦〉를 지을 때 도공(陶公, 陶侃)의 일은 어느 곳에도 언급하지 않았다. 그러자 호노(胡奴, 陶範)가 그를 유인하여 좁은 방에 가두고 칼을 들고 이렇게 협박하였다.

"우리 아버지 도간의 공로가 이와 같은데 그대는 〈동정부〉를 지으면서 어찌 그렇게 소홀하게 하였는가?"

원굉은 궁지에 몰려 어떻게 할 수가 없어 얼른 이렇게 대답하였다.

"내 그대의 아버지를 크게 언급하였는데 어찌 없다고 하오?"

그리고는 이렇게 낭송하였다.

"정금을 백 번 단련하니	精金百鍊
끊어야 할 곳 능히 끊어주네.	在割能斷
그 공은 남을 다스리고	功則治人
직분과 생각은 난을 평정하였네.	職思靖亂
장사長沙, 陶侃의 공이야말로	長沙之功
역사에 길이 칭송받을 일일세!"	爲史所讚

袁宏始作〈東征賦〉, 都不道陶公.

胡奴誘之狹室中, 臨以白刃, 曰:「先公勳業如是, 君作〈東征賦〉, 云何相忽略?」

宏窘蹙無計, 便答:「我大道公, 何以云無?」

因誦曰:『精金百鍊, 在割能斷; 功則治人, 職思靖亂. 長沙之勳爲史所讚!』

【袁宏】袁虎(328~376). 자는 彦伯. 어릴 때는 虎라 불렸으며, 어려서 고아가 됨. 문장이 뛰어나 謝尙의 발탁으로 大司馬 桓溫의 記室이 됨. 著述에 힘써 《後漢記》·《竹林名士傳》·《北征賦》·《三國名臣頌》을 지었으며 《三國名臣頌》은 《晉書》에 수록되어 있음. 《晉書》(92)에 전이 있음.

【東征賦】江東의 英傑을 노래한 글. 《全晉文》(57)에 수록되어 있음.

【陶公】陶侃(259~334). 자는 士行. 혹은 士衡. 蘇峻의 난을 평정한 공로로 侍中과 太尉 등을 역임하였으며 長沙郡公에 봉해짐. 江夏, 武昌의 太守와 荊州, 廣州, 江州, 湘州의 刺史를 지낼 때 선정을 베풀었음. 《晉書》(66)에 전이 있음. 陶淵明의 증조임.

【胡奴】陶範. 자는 道則. 陶侃의 아홉째아들. 《晉書》(66)에 전이 있음.

【長沙】陶侃(259~334)을 가리킴.

참고 및 관련 자료

1. 《續晉陽秋》(이 기록은 약간 다른 부분이 있다.)

宏爲大司馬記室參軍, 後爲東征賦, 悉稱過江諸名望. 時桓溫在南州, 宏語衆云: 「我決不及桓宣城.」 時伏滔在溫府, 與宏善, 苦諫之. 宏笑而不答. 滔密以啓溫, 溫甚忿; 以宏一時文宗, 又聞此賦有聲, 不欲令人顯問之. 後遊靑山飮酌, 旣歸, 公命宏同載, 衆爲危懼. 行數里, 問宏曰:「聞君作東征賦, 多稱先賢; 何故不及家君?」 宏答曰:「尊公稱謂, 自非下官所敢專; 故未呈啓, 不敢顯之耳.」 溫乃云: 「君欲爲何辭?」 宏卽答云:「風鑒散朗, 或搜或引; 身雖可亡, 道不可隕! 宣城之節, 信義爲允.」 溫泫然而止.」 二說不同, 故詳載焉.

280(4-98)

어떤 이가 고장강(顧長康, 顧愷之)에게 물었다.
"그대의 〈쟁부箏賦〉를 혜강嵇康의 〈금부琴賦〉에 비교하면 어떻습니까?"
그러자 고개지는 이렇게 대답하였다.
"감상을 할 줄 모르는 〈쟁부〉가 나중에 나온 것이라 하여 내다 버릴 것이요, 깊이 안목이 있는 자라면 역시 높고 기이하다고 여겨 귀함을 받을 것입니다."

或問顧長康:「君〈箏賦〉, 何如嵇康〈琴賦〉?」
顧曰:「不賞者, 作後出相遺; 深識者, 亦以高奇見貴.」

【顧長康】顧愷之(대략346~407). 동진 때 유명한 화가이며 文章家. 三絶(才絶·畫絶·癡絶)로 불림. 《文集》과 《啓蒙記》가 있었으나 지금 전하지 않음. 그의 〈四時〉 시(春水滿四澤, 夏雲多奇峯, 秋月揚明輝, 冬嶺秀孤松)는 《陶淵明集》에 들어가 잘못 실려 있음. 《晉書》(92)에 전이 있음.
【箏賦】연(鳶), 風箏을 두고 읊은 부.
【嵇康】자는 叔夜. 죽림칠현의 하나. 〈任誕〉편 참조.
【琴賦】거문고를 두고 읊은 부. 《文選》(18)에 수록되어 있음.

> 참고 및 관련 자료

1. 《晉書》顧愷之傳
嘗爲箏賦成, 謂人曰:「吾賦比之嵇康琴, 不賞者必以後出相遺; 深識者, 亦當以高奇見貴.」
2. 《中興書》
愷之博學有才氣, 爲人遲鈍; 而自矜尙, 爲時所笑.

3. 《文章志》宋明帝

桓溫云:「顧長康體中癡, 點各半, 合而論之, 正平平耳.」世云有三絶, 畫絶·文絶·癡絶.

4. 《續晉陽秋》

愷之矜伐過實, 諸年少因相稱譽, 以爲戲弄. 爲散騎常侍, 與謝瞻連省, 夜於月下長詠, 自云得先賢風制, 瞻每遙贊之; 愷之得此, 彌自力忘倦. 瞻將眠, 語搥脚人令代, 愷之不覺有異, 遂幾申旦而後止.

281(4-99)

은중문殷仲文은 천품이 아주 대단하였지만 독서는 넓게 하지 못하였다. 이에 부량傅亮, 또는 사령운謝靈運이 이렇게 탄식하였다.

"만약 은중문으로 하여금 원표袁豹의 반만큼만 독서를 하게 하였더라도 그 재능은 결코 반고班固에 못하지 않을 텐데."

殷仲文天才宏贍, 而讀書不甚廣.

(傅亮)[謝靈運]歎曰:「若使殷仲文讀書半袁豹, 才不減班固.」

【殷仲文】 자는 仲文(?~407). 殷顗의 아우이며 桓玄의 姊夫. 諮議參軍, 侍中, 尚書, 東陽太守 등의 벼슬을 역임함. 뒤에 모반으로 주살당함. 《晉書》(99)에 전이 있음.

4. 문학文學 485

【傅亮】본문에 '博亮'은 '傅亮'의 오기로 보기도 하며《晉書》殷仲文傳에는 謝靈運으로 되어 있음. 傅亮(?~426)은 자가 季友이며《宋書》(43) 및《南史》(15)에 전이 있음.〈識鑒〉편 참조.

【袁豹】자는 士蔚(373~414). 謝安의 사랑을 받아 丹陽尹을 지냄. 劉裕가 蜀을 벌할 때 檄文을 씀.《宋書》(52) 및《南史》(26)에 전이 있음.

【班固】字는 孟堅(32~92). 한나라 때 인물로 아버지 班彪가《漢書》를 쓰다가 未完으로 죽자 이를 이어 완성함. 그 외에《白虎通德論》·《兩都賦》·《幽通賦》·《答賓戲》·《典引》·《封燕然山銘》등을 지음.《後漢書》(40)에 전이 있음.

참고 및 관련 자료

1. 《續晉陽秋》
仲文雅有才藻, 著文數十篇.

2. 《晉書》殷中文傳
仲文善屬文, 爲世所重. 謝靈運嘗云:「若殷仲文讀書半袁豹, 則文才不減班固. 言其文多而見書少也.」

3. 《文章敍》丘淵之
豹字士蔚, 陳郡人. 祖耽, 歷陽太守. 父質, 琅邪内史. 豹, 隆安中著作佐郎, 累遷太尉長史·丹陽尹. 義熙九年卒.

4. 《續漢書》
固字孟堅, 右扶風人. 幼有雋才, 學無常師. 善屬文, 經傳無不究覽.

282(4-100)

양부羊孚가 〈설찬雪讚〉을 지었는데 그 글에 이런 구절이 있었다.

"그 맑은 자질이 변하여　　　　　資淸以化
　기운 타고 흩날리네.　　　　　　乘氣以霏
　세상 만물 만나면 능히 깨끗이 해주고　遇象能鮮
　그 맑은 것 다시 빛나게 하네."　　卽潔成輝

환윤桓胤은 드디어 이 글귀를 부채에 써넣었다.

作孚羊〈雪讚〉云:『資淸以化, 乘氣以霏, 遇象能鮮, 卽潔成輝』
桓胤遂以書扇.

【羊孚】자는 子道. 羊綏의 아들로 太學博士, 兗州別駕, 太尉記室參軍 등을 지냄. 46(혹 31)세에 죽음.
【雪讚】눈에 대한 찬양의 글.《全晉文》(140)에 실려 있음.
【桓胤】자는 茂遠. 桓沖의 손자. 中書郞과 祕書監을 지냈으며 桓玄이 찬위하고 나서는 吏部尙書가 되었으나 환현이 敗死하자 다시 殷仲文 등과 모반을 꾀하다가 살해됨.《晉書》(74)에 전이 있음.

참고 및 관련 자료

1.《中興書》
胤字茂遠, 譙國人. 祖沖, 太尉. 父嗣, 江州刺史. 胤少有淸操, 以恬退見稱, 仕至中書令. 玄敗, 徙安成郡, 後見誅.

283(4-101)

왕효백(王孝伯, 王恭)이 서울에 있을 때 오석산五石散을 먹고 행산行散하면서 그 아우 왕도(王睹, 王爽)의 문 앞에 이르러 이렇게 물었다.
"고시古詩 중에 어느 구절이 가장 훌륭한가?"
왕상이 미처 대답을 하지 못하자 효백은 이렇게 읊었다.

"만나는 것마다 옛것이 없으니　　　　　　所遇無故物
　어찌 빨리 늙지 않으리오!'　　　　　　　焉得不速老

라 하였으니 이 시구가 아주 훌륭한 거야."

王孝伯在京行散, 至其弟王睹戶前, 問:「古詩中何句爲最?」睹思未答. 孝伯詠:「『所遇無故物, 焉得不速老!』此句爲佳」

【王孝伯】 王恭(?~398). 자는 孝伯. 太原 王氏. 著作郞·祕書丞·吏部郞 등을 지냄. 뒤에 난을 일으켰다가 피살됨.《晉書》(84)에 전이 있음.
【五石散】 본문에는 行散. 당시 유행하던 養生藥. 환각작용이 있었음.
【王睹】 王爽(?~398). 자는 季明. 어릴 때의 자는 睹(道). 王蘊의 아들이며 王恭의 아우. 黃門侍郞과 侍中을 지냄. 孝武帝가 죽자 王國寶가 밤에 그 遺詔를 몰래 작성하려 하자 이를 반대하였다가 면직됨. 뒤에 王恭이 임금의 측근을 제거하려 기병하면서 왕상을 寧朔將軍으로 삼았으나 실패하여 주살당함.《晉書》(93)에 전이 있음.
【古詩】〈古詩十九首〉중의 제11수의 구절.

참고 및 관련 자료

1. 《中興書》

爽字季明, 恭第四弟也. 仕至侍中. 恭事敗, 及玄執政, 詔贈太常.

2. 《古詩十九首》제11수

『回車駕言邁, 悠悠涉長道. 四顧何茫茫, 東風搖百草. 所遇無故物, 焉得不速老. 盛衰各有時, 立身苦不早. 人生非金石, 豈能長壽考. 奄忽隨物化, 榮名以爲寶.』

284(4-102)

환현桓玄이 일찍이 강릉성江陵城의 남루南樓에 올라 이렇게 말하였다.

"내 지금 왕효백(王孝伯, 王恭)을 위하여 뇌뢰誄를 짓고자 한다."

이에 한참을 읊다가 드디어 붓을 잡고 써내려 갔다. 그리고 그는 잠깐 앉은자리에서 그 뇌문誄文을 완성하였다.

桓玄嘗登江陵城南樓. 云:「我今欲爲王孝伯作誄」
因吟嘯良久, 隨而下筆, 一坐之間, 誄以之成.

【桓玄】(369~404). 桓溫의 아들로 安帝를 협박하여 帝位를 양위 받아 국호를 '楚'라 하였음. 그리고 아버지 桓溫을 '宣武皇帝'로 추존함. 뒤에 宋을 세운 劉裕에게 죽임을 당함. 《晉書》(99)에 전이 있음.

【王孝伯】王恭(?~398). 자는 孝伯. 太原 王氏. 著作郞·祕書丞·吏部郞 등을 지냄. 뒤에 난을 일으켰다가 피살됨.《晉書》(84)에 전이 있음.

> 참고 및 관련 자료

1.《晉安帝紀》
玄文翰之美, 高於一世.
2.《桓玄文集》誄敍
隆安二年九月十七日, 前將軍, 靑·兗二州刺史, 太原王孝伯薨. 川岳降神, 哲人是育; 旣爽其靈, 不貽其福. 天道芒昧, 孰測倚伏! 大爲反噬, 豺狼翹陸; 嶺摧高梧, 林殘故竹. 人之云亡, 邦國喪牧; 于以誄之, 爰旌芳郁.」文多不盡載.

285(4-103)

환현桓玄이 당초 서하西夏를 겸병하고 형주荊州·강주江州의 이주二州, 그리고 이부二府, 일국一國을 영도하게 되었을 때 마침 겨울의 첫눈이 내렸다. 그 다섯 곳에서 모두 축하의 편지가 날아들었는데 환현은 자신의 의사청議事廳에서 그 편지의 판서版書가 들어오면 그 뒤에 답장을 썼다.
모두가 훌륭한 문장이었다. 그러면서도 서로 중복되거나 엇섞이지도 않았다.

桓玄初幷西夏, 領荊·江二州, 二府·一國. 于時始雪, 五處俱賀, 五版並入. 玄在廳事上, 版至卽答; 版後皆粲然成章, 不相揉雜.

【桓玄】자는 敬道(369~404). 大司馬 桓溫의 막내아들. 南郡公에 봉해졌었음. 劉裕의 기병에 맞섰다가 建康에서 참수당함.《晉書》(99)에 전이 있음. 譙國龍亢人. 대사마 桓溫의 少子이며 아버지를 이어 南郡公이 됨.
【西夏】中原의 서부.《通鑑》124 宋紀 6의 胡三省 주에 "江左六朝以荊楚爲西夏"라 함.
【二府】將軍府와 都督府.
【一國】자신이 봉을 받은 南郡公.

참고 및 관련 자료

1.《桓玄別傳》
玄旣克殷仲堪, 楊栓期, 後遣使諷朝廷; 朝廷以玄都督八州, 領江州·荊州二刺史.

286(4-104)

환현桓玄이 군대를 이끌고 서울로 밀고 들어왔다. 양부羊孚는 당시 연주별가兗州別駕로써 서울을 떠나 환현의 군문에 이르러 그를 예방하였다. 그리고 이런 편지를 전하게 하였다.
"세상이 잠깐 사이에 변란 속에 휩쓸려 심사가 우울하더니 명공明公께서 새벽빛을 열어 쌓인 어둠을 거두어 주시고 하나의 근원으로써 백류百流를 맑게 하여 주시는군요."
환온은 이 글을 보자 급히 그를 불러 그 앞으로 나가 이렇게 반가워하였다.

"자도(子道, 羊孚)! 자도! 어찌 이리도 늦게 왔소?"

그리고는 즉시 그를 자신의 기실참군記室參軍으로 삼았다.

그런데 맹창孟昶이 유뢰지劉牢之의 주부主簿였는데, 환현의 군문에 사죄하러 왔다가 양부를 보자 이렇게 애원하였다.

"양후(羊侯, 羊孚), 양후, 우리 집안 온 식구의 생명이 그대에게 달려 있소!"

桓玄下都, 羊孚爲兗州別駕, 從京來詣門, 牋云:「自頃世故睽離, 心事綸縕; 明公啓晨光於積晦, 澄百流以一源.」

桓見牋, 馳喚前, 云:「子道, 子道! 來何遲?」

卽用爲記室參軍.

孟昶爲劉牢之主簿, 詣門謝, 見云:「羊侯, 羊侯, 百口賴卿!」

【桓玄】자는 敬道(369~404). 大司馬 桓溫의 막내아들. 南郡公에 봉해졌었음. 劉裕의 기병에 맞섰다가 建康에서 참수당함.《晉書》(99)에 전이 있음. 譙國 龍亢人. 대사마 桓溫의 少子이며 아버지를 이어 남군공이 됨. 桓靈寶, 桓南郡으로 부르며 義興太守를 지냈으므로 桓義興이라고도 부름. 安帝를 협박한 사건임.

【羊孚】자는 子道. 羊綏의 아들로 太學博士, 兗州別駕, 太尉記室參軍 등을 지냄. 46(혹 31)세에 죽음.

【孟昶】자는 彦達(?~410). 혹 彦遠. 王恭에게 발탁되어 丹陽尹을 지냄. 桓玄에 반대하였다가 약을 먹고 자살함.《晉書》安帝紀 및〈王恭傳〉참조.〈企羨〉편 6참조.

【劉牢之】자는 道堅(?~402). 淝水之戰에서 苻堅을 무찌른 장군. 桓玄에 반대하였다가 자살해 죽음.《晉書》(84)에 전이 있음.

참고 및 관련 자료

1. 《續晉陽秋》

牢之字道堅, 彭城人. 世以將顯. 父遁, 征虜將軍. 牢之沈毅多計數, 爲謝玄參軍; 苻堅之役, 以驍猛成功. 及平王恭, 轉徐州刺史. 桓玄下都, 以牢之爲前鋒行征西將軍. 玄至歸降, 用爲會稽內史; 欲解其兵, 奔而縊死.

임동석(茁浦 林東錫)

慶北 榮州 上茁에서 출생. 忠北 丹陽 德尙골에서 성장. 丹陽初中 졸업. 京東高 서울 教大 國際大 建國大 대학원 졸업. 雨田 辛鎬烈 선생에게 漢學 배움. 臺灣 國立臺灣師範 大學 國文研究所(大學院) 博士班 졸업. 中華民國 國家文學博士(1983). 建國大學校 教授. 文科大學長 역임. 成均館大 延世大 高麗大 外國語大 서울대 등 大學院 강의. 韓國中國言語學會 中國語文學研究會 韓國中語中文學會 會長 역임. 저서에《朝鮮 譯學考》(中文)《中國學術概論》《中韓對比語文論》. 편역서에《수레를 밀기 위해 내린 사람들》《栗谷先生詩文選》. 역서에《漢語音韻學講義》《廣開土王碑研究》《東北 民族源流》《龍鳳文化源流》《論語心得》〈漢語雙聲疊韻研究〉 등 학술 논문 50여 편.

임동석중국사상100

세설신어 世說新語

劉義慶 撰 / 林東錫 譯註
1판 1쇄 발행/2011년 5월 1일
2쇄 발행/2017년 3월 20일
발행인 고정일
발행처 동서문화사
창업 1956. 12. 12. 등록 16-3799
서울중구다산로12길6(신당동,4층) ☎546-0331~5 (FAX)545-0331
www.dongsuhbook.com
잘못 만들어진 책은 바꾸어 드립니다.

＊

이 책의 출판권은 동서문화사가 소유합니다.
의장권 제호권 편집권은 저작권 법에 의해 보호를 받는 출판물이므로 무단전재와 무단복제를 금합니다.
이 책의 일부 또는 전부 이용하려면 저자와 출판사의 서면허락을 받아야 합니다.

＊

사업자등록번호 211-87-75330
ISBN 978-89-497-0690-0 04080
ISBN 978-89-497-0542-2 (세트)